Aachener Studien zur Wirtschafts-, Sozial- und Technologiegeschichte
herausgegeben von Paul Thomes und Tobias Dewes

Band 24

Begründet von Paul Thomes und Christoph Rass

Wissensmanagement – Die Universität als innovatives Unternehmen?

Eine longitudinale und wissenstheoretische Analyse des Wissenstransfers in höheren Bildungseinrichtungen.

Von der Fakultät für Wirtschaftswissenschaften der Rheinisch-Westfälischen Technischen Hochschule Aachen zur Erlangung des akademischen Grades eines Doktors der Wirtschafts- und Sozialwissenschaften genehmigte Dissertation

vorgelegt von

Tobias Dewes

Berichter: Univ.-Prof. Dr. phil. Paul Thomes

Univ.-Prof. Dr. rer. pol. Stephanie Paluch

Tag der mündlichen Prüfung: 9. Juni 2021

Aachener Studien zur Wirtschafts-, Sozial- und Technologiegeschichte

Band 24

Tobias Dewes

Wissensmanagement – Die Universität als innovatives Unternehmen?

Eine longitudinale und wissenstheoretische Analyse des Wissenstransfers in höheren Bildungseinrichtungen.

Shaker Verlag
Düren 2021

Bibliografische Information der Deutschen Nationalbibliothek
Die Deutsche Nationalbibliothek verzeichnet diese Publikation in der Deutschen Nationalbibliografie; detaillierte bibliografische Daten sind im Internet über http://dnb.d-nb.de abrufbar.

Zugl.: D 82 (Diss. RWTH Aachen University, 2021)

Coverbild: Eigene Collage; Bilder: Hochschularchiv RWTH, IvanPais, Arek Socha, Gerd Altmann und Harald Krömer

Lehr- und Forschungsgebiet
Wirtschafts-, Sozial- und
Technologiegeschichte
RWTH Aachen
Kackertstraße 7
52072 Aachen

Printed in Germany.

ISBN 978-3-8440-8277-7
ISSN 2366-3693

Shaker Verlag GmbH • Am Langen Graben 15a • 52353 Düren
Telefon: 02421 / 99 0 11 - 0 • Telefax: 02421 / 99 0 11 - 9
Internet: www.shaker.de • E-Mail: info@shaker.de

Vorwort

Wissen und Bildung gelten mehr denn je als zentrale Ressourcen, wenn es darum geht, Zukunft nachhaltig und gerecht zu gestalten. Tobias Dewes nimmt das 150jährige Bestehen des Wissenschaftsunternehmens RWTH Aachen zum Anlass, um dieses elementare Thema der sich selbst so bezeichnenden Wissensgesellschaft kritisch zu problematisieren: das Wissen und dessen Management. Er betritt damit Neuland. Denn zumindest im deutschsprachigen Raum fehlt bislang eine breite wissenschaftliche Aufarbeitung.

Zudem schickt sich die Digitalisierung an, Wissenskulturen disruptiv zu verändern. Wir brauchen also dringend mehr systematische Erkenntnisse. Und dazu trägt die Dissertation entscheidend bei. Sie analysiert zunächst Wissenstheorie, -management, -transfer sowie Organisationsstrukturen und -kultur. In einem zweiten Schritt interpretiert die Studie erstmals die RWTH über die Zeit hinweg im Spiegel der Wissensdynamiken, ergänzt um eine Strukturanalyse und eine aktuelle empirische Datenerhebung. Sie schließt damit eine generelle Wissenslücke und schafft zugleich eine Diskussionsbasis für die künftige Ausrichtung der Thematik; eminent wichtig angesichts des global-digitalen Umbruchs von Forschung und Lehre.

Paul Thomes

Danksagung

An dieser Stelle bedanke ich mich bei all denjenigen, die mich bei und während der Anfertigung dieser Arbeit unterstützt und motiviert haben.

Zuerst gebührt mein Dank meinem Doktorvater Herrn Prof. Dr. Paul Thomes, der mich während der gesamten Zeit ununterbrochen unterstützt hat und jederzeit ein offenes Ohr für Fragen und Probleme hatte. Gleichzeitig war er es auch, der mich überhaupt zu dem Themenfeld meiner Dissertation inspiriert und ermutigt hat.

Zusätzlich danke ich im selben Zuge auch meiner Zweitgutachterin Frau Prof. Dr. Stephanie Paluch, deren Unterstützung ebenfalls eine bedeutende Hilfe war. Den Professorinnen und Professoren, die in der Prüfungskommission mitgewirkt haben, gebührt ebenso mein Dank. Für die konstruktive Kritik und die hilfreichen Anregungen bei der Erstellung dieser Arbeit bedanke ich mich von ganzem Herzen. Auch meinen ehemaligen Kolleginnen und Kollegen am eigenen Lehrstuhl sowie den Nachbarlehrstühlen sei an dieser Stelle für ihr offenes Ohr und ihr Feedback gedankt.

Den Professorinnen und Professoren der RWTH, die an meiner Befragung teilgenommen haben, gebührt ebenfalls ein großes Dankeschön. Ohne die Bereitschaft und Offenheit zur Teilnahme und damit der Weitergabe von Informationen zum Thema Wissensmanagement an den entsprechenden Professuren der RWTH wäre die Untersuchung so nicht realisierbar gewesen.

Zum Ende bedanke ich mich noch ganz herzlich bei meiner Familie und meinen Freunden, die mich nicht nur unterstützt, sondern auch, wenn notwendig, für die entsprechende Ablenkung und Erholung im Alltag gesorgt haben.

Tobias Dewes

Inhalt

Abkürzungen

BMBF	Bundesministerium für Bildung und Forschung
CDS	Center for Doctoral Studies
CEWS	Center of Excellence Woman and Science
CiL	Center for innovative Learning Technologies
CLS	Center für Lehr- und Lernservices
CPL	Center for Professional Leadership
DFG	Deutsche Forschungsgemeinschaft
DIKW	Data, Information, Knowledge, Wisdom
ExAcT	Excellent Academic Teaching
GESIS	Gesellschaft Sozialwissenschaftlicher Infrastruktureinrichtungen
IHK	Industrie- und Handelskammer
LPM	Lernplattformmanagement
MfL	Medien für die Lehre
RWTH	Rheinisch Westfälische Technische Hochschule
SECI	Socialization, Externalization, Combination, Internalization
TH	Technische Hochschule
ZHV	Zentrale Hochschulverwaltung

Abbildungen

1. Einleitung – Motive, Ziele und Methodik

Die voranschreitende Automatisierung und Digitalisierung hat zu enormen Produktivitätsschüben in der Wirtschaft geführt und beflügelt damit den Massenkonsum der Gesellschaft.[1] Die Auswirkungen spiegeln sich auch im Verhalten und den Entwicklungen in der Gesellschaft wider. Es treten nicht nur neue Herausforderungen auf, sondern ähnlich wie bei andern Entwicklungsschüben zuvor, werden bestehende Probleme stärker in den Mittelpunkt des gesellschaftlichen Diskurses gerückt. Unsere Wahrnehmung täuscht nicht. In der eigenen Wohnumgebung hat längst mit der Heimelektronik als auch im Produktions- und Dienstleistungsbereich, ein rasanter Anstieg des Einsatzes von Computersystemen stattgefunden. Wie zuvor während der ersten industriellen Revolution, als Maschinen die menschliche Arbeit erstmals im großen Stil ersetzen konnten, befürchtet die Gesellschaft erneut, dass der Mensch durch Maschinen, insbesondere durch intelligente Maschinen, ersetzt wird und damit seine produktive Funktion in der Wertschöpfungskette der Wirtschaft verliert. Durch die eigene alltägliche anekdotische Evidenz und etliche wissenschaftliche Untersuchungen wissen wir, dass solche Szenarien weder damals noch heute eingetreten sind.[2]

Vergleiche für Deutschland zeigen im Jahr 2019 deutlich geringere Arbeitslosenzahlen als in den Vorjahren auf, auch ein Beleg gegen maschineninduzierte Arbeitslosigkeit, doch darf sich auf diesem Status Quo nicht ausgeruht werden. Al-

---

[1] Wenn im Rahmen der Arbeit eine geschlechtsspezifische Form eines Wortes genutzt wird, sind immer alle Geschlechter gemeint.
[2] Vgl. Zur Künstlichen Intelligenz: Murray Shanahan, The Technological Singularity. Cambridge 2015; Ethem Alpaydın, Machine Learning. The New Al. London, 2016. Zur Industriellen Revolution: Dieter Ziegler, Die industrielle Revolution. Darmstadt 2005.

lein in dem Zeitfenster von 2005-2019 hat sich trotz Wirtschaftskrise die Arbeitslosenzahl halbiert und somit deutlich reduziert.[3] Die Ursachen dafür sind dabei unterschiedlicher Natur, ändern aber wenig an den Ängsten der Bevölkerung. Bei vorherigen Entwicklungsschüben wurde unter anderem durch Verlagerung der menschlichen Arbeitskraft vom sekundären zum tertiären Sektor eine Massenarbeitslosigkeit verhindert. Im neuen kursierenden Szenario besteht allerdings die Problematik, dass der maschinelle Ersatz von menschlichen Arbeitskräften, neben den ohnehin schon betroffenen primären und sekundären Sektor, im tertiären Sektor um sich greift. Der Mensch hat somit keine sektorale Ausweichmöglichkeit. Dass Maschinen uns Menschen in punkto physischer Arbeitskraft schon seit mehreren Jahrhunderten überlegen sind, ist unbestritten, aber im Bereich der kognitiven Arbeit sind die Menschen nach wie vor den von ihnen entwickelten Maschinen überlegen.

Darunter fallen explizit alle Aspekte des Wissens, egal ob Aneignung, Transfer oder Nutzen. Teile dieser Prozesse sind neben Kreativität vor allem auch erfahrungsbasierte und individuelle Erkenntnisse von Menschen; Grund genug, sich insbesondere des Themenfeldes Wissen intensiv anzunehmen und diesen komplexen Bereich wissenschaftlich zu untersuchen. Denn die Weiterentwicklung künstlicher Intelligenz stagniert nicht, und weite Teile des Lernprozesses werden nicht nur digitalisiert, sondern entsprechend maschinengerecht aufbereitet. Algorithmen und Künstliche Intelligenz sollen die zuvor bereitgestellten Daten und Informationen ebenso verarbeiten können wie der menschliche Nutzer. Der erste Schritt in der Vermittlung von Wissen ist auf der Seite der Digitalisierung und durch den Einsatz von künstlicher Intelligenz längst erfolgt. Viele Universitäten,

---

[3] Vgl. Statistisches Bundesamt, destatis, Registrierte Arbeitslose und Arbeitslosenquote nach Gebietsstand, online verfügbar: https://www.destatis.de/DE/Themen/Wirtschaft/Konjunkturindikatoren/Lange-Reihen/Arbeitsmarkt/lrarb003ga.html, abgerufen am 05.09.2020.

Forschungseinrichtungen und IT-Unternehmen beschäftigen sich kontinuierlich mit diesen Entwicklungen.

Bildung oder – noch präziser ausgedrückt – Wissen hat in den letzten Jahrzehnten weltweit enorm an Bedeutung als essenzieller Produktionsfaktor, der neben der physischen Arbeitskraft von Menschen geleistet werden kann, gewonnen. In einem potentiellen Wettbewerb zwischen Menschen und Maschinen gilt es sich auf die eigenen Stärken zu besinnen, um einen Fortschritt für die gesamte Zivilisation zu erreichen. Dabei ist nicht nur ein Erhalt der wirtschaftlichen Leistungsfähigkeit einer Gesellschaft gemeint, sondern auch die Schaffung von Gleichgewichten zu Natur, Umwelt, Kultur und Bildung im Allgemeinen. Dementsprechend muss der Fokus nicht nur auf einem Erhalt des Ist-Zustandes abzielen, sondern vor allem dafür sorgen, diesen zu optimieren.

Ziel der Arbeit ist es, die aktuelle Situation und die bisherigen Entwicklungsstufen des Tertiärbereichs des Bildungswesens zu analysieren und an einem Fallbeispiel exemplarisch darzustellen. Dies geschieht auf Basis verschiedener Methoden und Modelle des Wissensmanagements sowie der Organisationstheorie. Die Optimierung des Wissenstransfers zwischen unterschiedlichen Individuen und das Aufdecken und Nutzen von verborgenem Wissen ist daher von zentraler Bedeutung. Ebenso muss dabei klar aufgezeigt werden, welche Strukturen dafür notwendig sind, und welche Barrieren diese Prozesse behindern. Die Arbeit konzentriert sich bei der Analyse auf den Faktor Wissen und dabei auf den Tertiärbereich der Bildung in Form einer universitären Fallstudie. Referenzrahmen ist dabei das deutsche Bildungssystem. Aufgestellte Thesen und Methoden werden dabei im Verlauf der Untersuchung intensiver an dem Fallbeispiel der RWTH Aachen exemplarisch getestet, ausgewertet und evaluiert. Es sollen dabei insbesondere die nachfolgenden drei Aspekte fokussiert werden. Mit welchen Herausforderungen sah sich die RWTH in Ihrer 150-jährigen Geschichte konfrontiert? Wie hat sie sich im Gesamtkontext gesellschaftspolitischer Entwicklungen positioniert? Welche

Rolle nimmt die RWTH im Zuge der Digitalisierung ein und welche eigenen Ziele werden dabei verfolgt? Dabei wird ebenfalls untersucht, in wie weit die RWTH als Akteurin im Wertschöpfungssegment neben den Bereichen Wissen und Bildung die Region Aachen beeinflusst. Ergänzend dazu wird ermittelt, wie der bevorzugte Wissenstransfer innerhalb der Professuren abläuft, welche Barrieren vorherrschen und wie das eigene Handeln der Professur im Gesamtsystem der Organisation verortet ist. Die Kombination aus diesen einzelnen Elementen, Fragestellungen und den verwendeten Methoden, wird dann genutzt, um zu validieren, ob die RWTH aus wissenstheoretischer und organisationaler Perspektive ein Unternehmen ist.

Trotz dieser aktuellen Thematik ist Wissensmanagement im deutschsprachigen Raum und der deutschsprachigen Forschung wenig diskutiert. Es handelt sich dabei um ein Nischenthema, das primär nur hinsichtlich potentieller ökonomischer Vorteile für Unternehmen untersucht wurde. Im englischen Sprachraum ist die Thematik deutlich präsenter, insbesondere im Sektor der Informations- und Kommunikationstechnologie vertreten, breitet sie sich dort mehr und mehr auch in den allgemeinen Dienstleistungssektor aus. Vereinzelt findet man auch Ansätze für den öffentlichen Sektor. Für den Bildungsbereich gibt es auch international noch wenige Forschungsarbeiten. Die existierenden Ansätze fokussieren jedoch rein den Wissenstransfer zwischen Hochschule und Industrie bzw. Wirtschaft oder aber den Aspekt von Forschungskooperationen.[4] Auch im Bereich der Wissenschaftsgeschichte wird das Thema erst seit kurzem überhaupt gestreift und unter

---

[4] Vgl. Ulf Rosner, Regionalökonomische Effekte von Hochschulen: Theorie, Messkonzepte und Wirkungsweisen am Beispiel der Otto-von-Guericke-Universität Magdeburg und der Hochschule Magdeburg-Stendal (FH). Magdeburg 2006; Thomas H. Davenport, Gilbert J. Probst, Knowledge Management Case Book - Siemens Best Practises. 2. Auflage, New Jersey 2002; Nancy M. Dixon, Common Knowledge. How Companies Thrive by Sharing What They Know. Boston 2000; Lorenz Blume, Oliver Fromm, Wissenstransfer zwischen Universitäten und regionaler Wirtschaft: eine empirische Untersuchung am Beispiel der Universität Gesamthochschule Kassel. In: Vierteljahrshefte zur Wirtschaftsforschung, Vol. 69, Heft 1, S.

neuen Gesichtspunkten untersucht. Diese Ansätze entfernen sich von klassischen Hochschulgeschichten und Chroniken und verfolgen modernere interdisziplinäre Ansätze.[5] Das Konzept dieser Arbeit stellt dabei aber ein Novum dar. Das betrifft nicht nur die Kombination von Methoden diverser geschichtsfremder Disziplinen, sondern auch der Transfer derselben in einen historischen Kontext. Zusätzlich wird dabei auch nicht nur eine typisch historische Fragestellung, sondern eine interdisziplinäre wirtschaftsorientierte Problemstellung analysiert, deren Ziel wiederum nicht wie üblich ein güterproduzierendes Wirtschaftssystem ist, sondern der Bereich von Kultur und Bildung. Stattdessen rücken unterschiedlichste Aspekte von Bildungseinrichtungen in den Fokus, auch die Wissensproduktion und neue Hochschulkonzepte. Dementsprechend soll diese Arbeit einerseits das Thema in der deutschsprachigen Forschung zukunftsorientiert etablieren, weitere Forschung induzieren und generell dabei helfen, es auch auf den Bildungssektor zu erweitern.

Der Aufbau der Studie lässt sich grafisch wie in Abbildung 1 gezeigt darstellen. Im Mittelpunkt steht die RWTH als Fallbeispiel. Über ihr liegt die Kernthematik Wissen, deren Untersuchung durch die Studie zur RWTH, einer Analyse der Wissenstheorie und dem Wissenstransfer und der Untersuchung der Organisationsstruktur und Organisationskultur umklammert ist. Die drei Säulen stehen dabei in wechselseitig voneinander abhängigen und sich gegenseitig beeinflussenden Beziehungen. Zuerst werden die Wissens- und Organisationssäule analysiert, dies bereits in Relation zum Tertiärbereich des Bildungssystems. Danach wird die Fallstudie, die RWTH analysiert, dabei kommen bereits die Ergebnisse der ersten

---

109-123; Michael Fritsch et al., Hochschulen, Innovation, Region. Wissenstransfer im räumlichen Kontext. Berlin 2007; Aino Kianto, Pia Hurmelinna-Laukkannen, Paavo Ritala, Intellectual capital in service- and product-oriented companies. In: Journal of Intellectual Capital, Vol. 11, Heft 3, S. 305-325.

[5] Ein Beispiel ist der Steiner Verlag mit der 2019 erfolgten Umfirmierung und Strukturierung der alten Pallas Athene Reihe zur neuen Reihe Wissenschaftskulturen. Die Reihe ist nun Dreiteilig aufgebaut, I Wissenschaftsgeschichte, II Wissensforschung und III Pallas Athene. Geschichte der institutionalisierten Wissenschaft.

beiden Säulen zu tragen. Gleichzeitig fußt die Fallstudie auf zwei Untersuchungskonzepten, einer historischen Langzeitanalyse über die gesamten 150 Jahre des Bestehens der RWTH und einer Kurzzeitanalyse zum Ist-Zustand. Beide sind eng miteinander verzahnt und die Kombination sorgt zugleich dafür, dass die Lücken und Schwächen der einzelnen Analyseformen ausgeglichen werden.

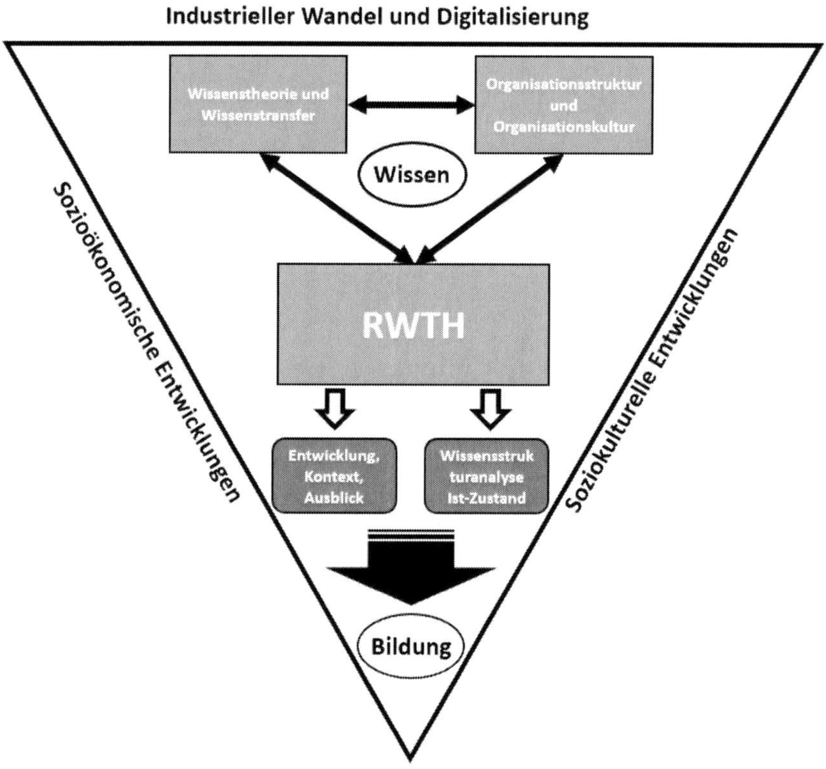

***Abbildung 1**: Struktur der Untersuchung; eigene Darstellung.*

Das Ergebnis dieser Untersuchung lässt weitere Schlüsse für das Bildungssystem im Allgemeinen ziehen bzw. hilft dabei, potentielle Entwicklungen für die Zukunft abzuschätzen und mögliche Hilfsstellungen zu bieten. Neutraler formuliert, auch für andere Kontexte als Untersuchungsmuster nutzbar: Die Analyse und Problemlösung einer gegenwärtigen Situation, erweitert um Erfahrungen und Ansätze aus der Vergangenheit, um eine Organisation für zukünftige Herausforderungen optimal und verantwortungsbewusst vorzubereiten.

Die Arbeit versteht sich so gesehen auch als Beitrag, unterschiedliche Ansätze zur Wissensanalyse disziplinenübergreifend zusammenzubringen. Dabei gilt es Gemeinsamkeiten aufzudecken und einzelne Herangehensweisen zu vereinheitlichen, um eine bessere Vergleichbarkeit zu erreichen und Kooperation zu fördern. Die komplexen Herausforderungen unserer Gegenwart erfordern schon jetzt ein stärkeres Zusammenwirken von unterschiedlichen Disziplinen, jedoch bestehen gerade dabei auch im wissenschaftlichen Kontext noch die größten Probleme. Ein erster bereits angelaufener Ansatz ist die Etablierung der Wissenschaftskommunikation als eigenes Feld zur Vermittlung zwischen Disziplinen und zwischen Wissenschaft und Gesellschaft. Deren Arbeit, insbesondere innerhalb der Wissenschaft, wird durch die hier angewandte Herangehensweise bereits im Forschungsprozess selbst unterstützt und vereinfacht damit die Endkommunikation. Damit entsteht auch ein Muster für andere Forschungsarbeiten.

Neben der eigentlichen Fallstudie, die das Prinzip direkt umsetzt und mit einem multidisziplinaren Ansatz bearbeitet, wird diese Methodik näher erläutert und strukturell aufgebaut. Wissen wird dabei nicht nur interdisziplinär definiert, sondern dieses Konzept auch direkt in einem fachspezifischen Kontext eingesetzt. Gleichzeitig wird auch untersucht, in wie weit Wechselwirkungen im Wissenstransfer und Wissensaustausch bestehen, die sich sowohl für die Universität als auch für Unternehmen nutzen lassen. Daher werden auch nicht alle herausgearbeiteten Aspekte auf den Untersuchungsgegenstand angewandt. Die Annäherung der Universität an ein Unternehmen, hinsichtlich der organisationalen Operationsweise, dient dazu, zu evaluieren, welche Mechanismen der Wirtschaft sich auf die Universität übertragen lassen und umgekehrt.

Nicht zuletzt sollen noch einige wichtige, thematisch relevante Merkmale des Untersuchungsobjekts, der RWTH Aachen, nicht nur gesammelt, sondern auch entsprechend strukturiert werden, um diese darauf aufbauend für die Untersuchung zu nutzen. Dadurch entsteht ein komplett neuer Datenbestand zur RWTH und ihrer Entwicklung, der als Basis für weitere Untersuchungen dient. Dabei werden die qualitativen Entwicklungen, induziert aus der Universität selbst und den allgemeinen gesellschaftlichen und politischen Entwicklungen in Deutschland, miteinbezogen. Primärer Fokus liegt auf dem Bildungssektor insbesondere der Hochschullandschaft. Gleichzeitig dienen die in Kapitel 2 und 3 bearbeiteten Aspekte als Grundlage für die Bereiche der Wissenstheorie für den Fragebogen. Analog dazu gilt dies für die Organisationsebene und die in den Kapiteln 4 und 5 untersuchten Elemente der Organisationsstrukturen und -kulturen. Dabei werden diese Bereiche nicht nur singulär betrachtet, sondern miteinander verknüpft und so zur Konstruktion der Fragen und Items für den Fragebogen ausgebaut. Anhand der Analyse des Untersuchungsobjekts RWTH wird vorab bereits der fallstudienbezogene Rahmen abgesteckt und so in Anlehnung an die beiden anderen Säulen für den Fragebogen hochschulspezifisch aufbereitet.

Methodisch verfolgt die Arbeit einen mixed methods Ansatz. Er greift neben quantitativen und qualitativen Methoden auch innerhalb des Spektrums auf mehrere unterschiedliche Methoden zurück. Der zuvor bereits erwähnte Fragebogen ist der Kernpfeiler des quantitativen Teils, ergänzt wird er durch einen weiteren an der Kliometrie angelehnten statistischen Teil zu Strukturdaten der RWTH. Die qualitative Ebene wird in Form einer Literatur- und Modelldiskussion abgebildet. Ergänzt durch eine hermeneutische Diskursanalyse. Die Anwendung der Hermeneutik unterstützt dabei die gezielte Analyse der historischen Quellen zum Untersuchungsobjekt und der Einordnung einzelner Daten und Quellen in den gesamtgesellschaftlichen Kontext ihrer Entstehungszeit. Zusätzlich fließen die Ergebnisse der qualitativen Analyse in das Fundament der Untersuchungswerkzeuge des quantitativen Teils mit ein und sorgen so für eine ideale Verbindung innerhalb des Methodenmix. Konkret bedeutet dies, dass die Ergebnisse der Literatur- und Modelldiskussionen unmittelbar in die Erstellung des Fragebogens einfließen. Dieser stellt das zentrale Element der empirischen Analyse im quantitativen Teil dar. Gleichzeitig wird die historische Entwicklung der RWTH an Hand sechs ausgewählter Themenblöcke analysiert und dargestellt. Dies geschieht direkt mit einer Einbettung in den jeweiligen soziokulturellen und soziökonomischen Kontext des entsprechenden Zeitfensters. Einen vergleichbaren Forschungsansatz zur Analyse des deutschen Bildungssystems gibt es bisher noch nicht.

Ziel dabei ist es, einen möglichst weitgehend holistischen Einblick zu erlangen, um auch der interdisziplinären Herangehensweise gerecht zu werden. Dabei gehen die Ansätze der unterschiedlichen Disziplinen ohne besondere Nennung nahtlos ineinander über. Durch diesen historisch-empirischen Ansatz werden Theorie und Praxis unmittelbar in Relation zueinander gesetzt. Es wird nicht einfach nur die Geschichte einer Universität dargeboten. Stattdessen wird die Gesamtentwicklung einer Organisation über einen Zeitraum von 150 Jahren kontextualisiert im Spiegel der gesamtgesellschaftlichen Dynamiken. Daraus lassen sich Schlüsse ziehen, wie einzelne Akteure im Bildungssystem sowohl auf vergangene, als auch aktuelle Probleme reagieren und diese bewältigen. Die Arbeit sorgt dabei zusätzlich für einen Lückenschluss der Aufarbeitung der RWTH-Geschichte der letzten 25 Jahre, seit der Jubiläumsschrift von 1995. Dies ermöglicht nicht nur ein besseres Verständnis der Vergangenheit und Gegenwart der RWTH, sondern bietet auch einen Analyseansatz für wissensbasierte Handlungsstränge und Empfehlungen für die Zukunft der Hochschule.

2 Wissenstheorie und Wissensmanagement

Abseits des Alltagsgeschehens gilt auch für den Wissenschaftssektor, dass der Begriff Wissen heute verstärkt in unzähligen Variationen und den verschiedensten Kontexten disziplinübergreifend auftaucht. Insbesondere seit der ersten Industriellen Revolution gewinnt er enorm an Bedeutung.[6] Aktive Forschung und wissenschaftliche Analysen zu bestehenden Problemen und Prozessen der Wissensdomäne dominieren mehr und mehr die unterschiedlichsten Disziplinen. Eine Professionalisierung und gezieltere Ausbildung von Fachkräften wird auf der einen Seite von der Industrialisierung und der wachsenden Wirtschaft angetrieben, ist aber selbst ebenfalls Treiber.[7] Als Paradebeispiele können die Chemie oder auch die Elektrotechnik insbesondere gegen Ende des 19. Jahrhunderts herangezogen werden. Das im Rahmen dieser Arbeit genutzte Fallbeispiel, die RWTH Aachen, ist selbst ein Produkt dieser Zeit und dieser Entwicklungen. Die wissenschaftliche Ausbildung und Forschung richtet sich in dieser Phase intensiv auf einen Anwendungsbezug, die verstärkt aufkommenden Ingenieursstudiengängen sind ein weiteres Ergebnis dieser Entwicklungen. Der klassische Mechaniker oder Techniker muss sich stärker mit theoretischen wissenschaftlichen Erkenntnissen auseinandersetzen. Er erfährt eine Aufwertung zum Ingenieur und erwirbt damit auch einen wissenschaftlichen Prestigegewinn. Es treten dabei bereits tiefgreifende Veränderungen auf, die Wissen immer stärker in Konkurrenz zu physischer Arbeitskraft als bedeutenden Wirtschaftsfaktor setzen.

---

[6] Vgl. Charles Van Doren, Das Universalwissen der Menschheit. Von der Antike bis zur Gegenwart. Erftstadt 2005, S. 311-358.

[7] Vgl. Hans-Werner Hahn, Die industrielle Revolution in Deutschland (Enzyklopädie Deutscher Geschichte, Bd. 49), München 2011, S. 98-115.

Wissensintensive Tätigkeiten, Wissenspotentiale, Wissensvorsprung, Weitergabe von Wissen oder auch Aussagen wie *„Wissen ist Macht"*[8] lassen sich allgegenwärtig in Gesprächen oder Medien regelmäßig finden. Während die ursprüngliche Version dieser Redewendung noch klaren Bezug auf Wissenschaft im Allgemeinen nahm, änderte sich diese Bedeutung im deutschen Sprachraum zur Wende des 19. zum 20. Jahrhundert. Ausschlaggebend war die Rede von Wilhelm Liebknecht zum Stiftungsfest des Dresdner Bildungs-Vereins am 5. Februar 1872, hier wird der Bereich neben der Wissenschaft auf menschliches Wissen allgemein ausgeweitet.[9] Die Rede wurde 1904 zusätzlich in vollem Umfang publiziert und seine Version fand kurz darauf auch Einzug in die deutsche Enzyklopädie-Landschaft.[10] Doch zu selten wird konkret definiert und umrissen, was Wissen überhaupt ist, oder was in dem entsprechenden Kontext darunter verstanden wird. Insbesondere, wenn dabei noch Sprachgrenzen überschritten werden, wird auch die Abgrenzung zwischen Wissen und Bildung zu selten korrekt transferiert. In vielen Fällen zeigt sich bei genauerer Analyse, dass die Verwendung des Begriffs Wissen schlicht falsch ist. Es handelt sich dabei häufig um Fälle schlechter Recherche, mangelnde Kenntnisse der Materie oder schlicht Ignoranz, zusammengefasst eine mangelhafte Beschäftigung mit der Thematik selbst. Fälschlicherweise werden dabei Daten oder Informationen schon als Wissen bezeichnet oder damit gleichgesetzt. Dies ist nicht nur wissenschaftlich vollkommen falsch, sondern auch etymologisch.[11]

---

[8] Ursprünglich im 16. Jahrhundert geprägt durch den englischen Philosophen Francis Bacon, *„nam et ipsa scientia potestas est"* (Denn auch die Wissenschaft selbst ist Macht), vgl. Georg Büchmann, Geflügelte Worte. Der Citatenschatz des Deutschen Volks. 13. vermehrte und umgearbeitete Auflage, Berlin 1882, S. 218.
[9] Vgl. Wilhelm Liebknecht: Wissen ist Macht – Macht ist Wissen. Vortrag gehalten zum Stiftungsfest des Dresdener Bildungsvereins am 5. Februar 1872. Berlin 1904.
[10] Vgl. Meyers Großes Konversations-Lexikon, Band 11. Leipzig 1907, S. 194; Brockhaus Kleines Konversations-Lexikon, 5. Auflage, Band 1. Leipzig 1911, S. 981.
[11] Vgl. Kapitel 2.1.

Zahlreiche philosophische und psychologische Studien beschäftigen sich mit Analysen der menschlichen Existenz, Kognition, Wahrnehmung, aber auch direkt mit Wissen sowie Weisheit und zeigen die Unterschiede deutlich auf.[12] Ein einzelner Blick in solch eine Untersuchung zeigt bereits, wie breit gefächert und verzweigt die Forschung zum Themenfeld Wissen ist und das diese auch nur disziplinübergreifend vollständig gedeutet werden kann. Oft wird das Untersuchungsobjekt nur für das eigene Themenfeld eingegrenzt und Kopplungseffekte auf andere Bereiche dabei nicht einfach nur ausgelassen, sondern gar nicht erwähnt. Zumindest die Andeutung, dass das Untersuchungsobjekt diversen Kopplungseffekten unterliegt und welche angrenzenden Disziplinen direkt beeinflusst werden, sollte angegeben werden. In den Wirtschaftswissenschaftlichen Untersuchungen zum Thema Wissen ist der umgekehrte Fall relativ präsent. Die Bedeutung der Auswirkungen auf unterschiedliche Bereiche wird breit dargeboten, allerdings die Verwurzelung des eigentlichen Objekts Wissen, die unterschiedlichen Ausprägungen und Teilbereiche, und was darunter zu verstehen ist, jedoch vernachlässigt.[13]

Eine vollständige Neuanalyse und intensive Diskussion von Wissen kann natürlich nicht als Leistung von jeder einzelnen Untersuchung gefordert werden. Insbesondere ist dies bei Zeitschriftenartikeln, die ohnehin nur einen geringen Umfang an Seiten zur Darstellung der eigenen Forschungsarbeit zur Verfügung ha-

---

[12] Vgl. Michael Polanyi, The Tacit Dimension. Nachdruck, Gloucester 1983; Kerstin Fink, Knowledge Potential Measurement and Uncertainty. Wiesbaden 2004; Peter Busch, Tacit Knowledge in Organizational Learning. Hershey and London 2008. Alvin I. Goldman, Knowledge in a Social World. Oxford 1999.

[13] Vgl. Christoph Körting, Wirkungsmodell zu Wissensvermittlungs- und Vernetzungsprozessen in Unternehmen. Analyse organisationaler Kompetenzebenen einer akademischen Weiterbildungsmaßnahme in der Automobilindustrie, Wiesbaden 2020; Holger Kohl, Ronald Orth, Kai Mertins - Trends im Wissensmanagement: Neue Wege zur Steigerung des Humankapitals in Unternehmen in: Controlling, Jahrgang 32 (2020), Heft 1, S. 20-26; Frank H. Witt (Hg.), Unternehmung und Informationsgesellschaft Management — Organisation — Trends. Wiesbaden 2000.

ben, fernab der Realität. Jedoch muss dann auf eine andere Definition und Abgrenzung des Begriffes verwiesen werden und auch eine Begründung erfolgen, warum ausgerechnet diese verwendet wird.

Zusätzlich muss bei der Verwendung mehrsprachiger Literatur darauf geachtet werden, dass begriffliche Übersetzungen oft nicht den realen Nutzen oder Bezug des eigentlichen Wortes treffen. Als für diese Untersuchung relevantes Beispiel ist der Begriff Wissenstransfer zu nennen. Während im Deutschen Wissenstransfer und Technologietransfer oft synonym und in Kombination gebraucht werden, entspricht dies absolut nicht der englischen Übersetzung *Knowledge Transfer*. Das korrekte Pendant dessen, was im Deutschen überwiegend als Wissenstransfer bezeichnet wird, ist im wissenschaftlichen Diskurs *Knowledge Sharing*. Was wörtlich übersetzt eher einem Wissensaustausch entspricht. Gleichzeitig steht beim *Knowledge Sharing* der kommunikative Austausch im Vordergrund, Wissen aufdecken und einem anderen Individuum mitteilen. Ein *Knowledge Transfer* entspricht, vereinfacht dargestellt, eher einem Kopiervorgang, wie er bei einer Datei oder einer Druckkopie vorliegt. Wissen wird eins zu eins exakt von einem Objekt zum nächsten übertragen. Dies würde theoretisch ebenfalls den Aspekt der eigenen Erfahrung überschreiben. Da Menschen aber auch in dem Prozess der Weitergabe von Wissen als auch beim Erhalt von Wissen neue Erfahrungen machen, verzerrt dies die Analyse. Daher wird im weiteren Verlauf der Arbeit insbesondere im Kontext der Wissenskultur auch die Begrifflichkeit Wissensaustausch genutzt, da hier die kommunikativen Aspekte im Fokus stehen.

Bei der Herangehensweise sind sich die unterschiedlichen Disziplinen sehr uneins, aber bei genauer Analyse lässt sich in Ansätzen ein gemeinsamer Nenner finden. Es muss eine klare Abgrenzung des Begriffs Wissen erfolgen, um den eigenen themenspezifischen Analysen und Forschungsfeldern eine solide und gesicherte Basis zu bieten.[14] Nur so ist auch eine saubere wissenschaftliche Bearbeitung mit nachvollziehbaren, vergleichbaren und auch replizierbaren Ergebnissen möglich, die wiederum einen grundlegenden Anspruch, den jede wissenschaftliche Untersuchung erfüllen muss, darstellen.[15]

Das Kernobjekt Wissen wird in dieser Untersuchung separiert von der nachfolgenden Fallstudie analysiert und multidimensional aus der Perspektive unterschiedlicher Disziplinen bearbeitet. Dabei kommen im Rahmen eines holistischen Ansatzes Untersuchungen von Wissen aus den Geisteswissenschaften und der Psychologie zum Einsatz, die mit Auswirkungsanalysen anderer Disziplinen wie zum Beispiel der Wirtschaftswissenschaft kombiniert werden. Analog gilt dies auch für das Wissensmanagement. Zur Analyse von Wissen werden in dieser Untersuchung mehrere Modelle parallel aber auch gegeneinander eingesetzt. Diese erfahren dabei zusätzlich eine Aktualisierung oder eine Umstrukturierung, indem sie miteinander kombiniert werden. Da verschiedene Ebenen, eine äußere und eine innere, durchleuchtet werden müssen, ist ein einzelnes Modell nicht ausreichend. Es wird nicht nur eine Definition von Wissen selbst und die Abgrenzung zu anderen Begriffen und Parametern benötigt, sondern auch eine Unterscheidung von unterschiedlichen Wissensformen. Auch wenn nicht alle Facetten die in den entsprechenden Kapiteln für Wissensmodelle erarbeitet werden, Anwendung in dieser Arbeit finden, so sollen sie doch als Anregung oder Rahmenkonstrukt für weitere Forschungsarbeiten dienen.

---

[14] Vgl. Chaim Zins, Conceptual Approaches for Defining Data, Information, and Knowledge. In: Journal of the American Society for Information Science and Technology, Vol. 58, Heft 4, S. 479–493; David M. Berry, Anders Fagerjord, Digital Humanities. Knowledge and Critique in a Digital Age. Cambridge 2017; Harry Collins, Tacit and Explicit Knowledge. Chicago 2010.

[15] Vgl. DFG, Grundlagen der Wissenschaft und Sicherung guter wissenschaftlicher Praxis, online verfügbar: https://www.dfg.de/foerderung/grundlagen_rahmenbedingungen/gwp/index.html.

2.1 Wissen und Eigenschaften des Wissens

Um Wissensmanagement besser einordnen zu können, ist es wichtig, den Begriff des Wissens zu konkretisieren und abzugrenzen. In der Literatur lassen sich vielfältige Definitionen finden, die sich auch innerhalb ein und desselben Themengebiets unterscheiden. Allen voran als Basis zur Definition und Abgrenzung von Wissen dient dieser Arbeit das Werk von Polanyi[16] in Ergänzung mit dem DIKW-Modell (Data, Information, Knowledge, Wisdom). Für eine stärkere Praxisorientierung werden das Konzept und Modell von Nonaka und Takeuchi[17] sowie ein Ansatz des *Building Block Approach*, wie ihn Probst[18] verwendet, angewandt. Dadurch ergibt sich zwangsläufig eine Synthese und Modifizierung der bestehenden Modelle, um eine Symbiose mit den neuen Herausforderungen anderer Disziplinen zu erlangen und auch insbesondere unter dem Aspekt der Digitalisierung zu aussagekräftigen Ergebnissen zu kommen. Diese Untersuchung orientiert sich am Grundkonstrukt der Definition von Probst:

> *„Wissen bezeichnet die Gesamtheit der Kenntnisse und Fähigkeiten, die Individuen zur Lösung von Problemen einsetzen. Dies umfasst sowohl theoretische Erkenntnisse als auch praktische Alltagsregeln und Handlungsanweisungen. Wissen stützt sich auf Daten und Informationen, ist im Gegensatz zu diesen jedoch immer an Personen gebunden.*

---

[16] Vgl. Polanyi, Tacit Dimension.

[17] Vgl. Ikujiro Nonaka, Hirotaka Takeuchi, Die Organisation des Wissens. Wie japanische Unternehmen eine brachliegende Ressource nutzbar machen. 2. Auflage, Frankfurt am Main 2012.

[18] Vgl. Gilbert Probst, Steffen Raub, Kai Romhardt, Wissen managen. Wie Unternehmen ihre wertvollste Ressource optimal nutzen. 7. Auflage, Wiesbaden 2012.

Es wird von Individuen konstruiert und repräsentiert deren Erwartungen über Ursache-Wirkungs-Zusammenhänge"[19].

Wie auch in dieser Definition enthalten, haben die in der Literatur zu findenden Wissensdefinitionen gemeinsam, dass der Mensch im Wissensgenerierungsprozess unerlässlich ist.[20] Dies ist der entscheidende Punkt, an dem hier bei dieser Definition interveniert werden muss. Die jüngeren Erkenntnisse und Fortschritte im Bereich der künstlichen Intelligenz zeigen auf, dass diese durchaus selbst in der Lage ist, Wissen zu generieren. Auch wenn dies bislang nur in einem stark eingegrenzten Feld mit vorgegebenen Spektren möglich ist.[21]

North ergänzt im Vergleich zu Probst noch und fügt Folgendes hinzu: *„Wissen entsteht als individueller Prozess in einem spezifischen Kontext und manifestiert sich in Handlungen."*[22] Diese Definitionen heben wichtige Aspekte des Begriffs Wissen, nämlich die Handlungs- und Objektbezogenheit, hervor. Auch wenn für North dabei noch Personen im Zentrum stehen, ist seine Ergänzung insbesondere im Kontext der Fortschritte in künstlicher Intelligenz elementar. Unter Berücksichtigung dieser beiden Definitionen und der Arten des Wissens sowie der Bedeutung von Daten und Informationen ergibt sich nach Synthese von Polanyi und Nonaka und Takeuchi die nachfolgende eigene Definition für Wissen.

---

[19] Probst, Wissen, S. 23.

[20] Vgl. Tilo Pfeifer, et al., Querschnittsaufgabe 4: Wissensmanagement, in: Klaus Henning, Regina Oertel, Ingrid Isenhardt (Hg.), Wissen-Innovation-Netzwerke. Wege zur Zukunftsfähigkeit. Berlin/Heidelberg 2003, S. 181.

[21] Vgl. Bundesverband Informationswirtschaft, Telekommunikation und neue Medien e.V, Deutsches Forschungszentrum für künstliche Intelligenz GmbH (Hg.), Künstliche Intelligenz. Wirtschaftliche Bedeutung, gesellschaftliche Herausforderungen, menschliche Verantwortung. Berlin 2017; Thomas Christian Bächle et al., Selbstlernende autonome Systeme? Medientechnologische und medientheoretische Bedingungen am Beispiel von Alphabets Differentiable Neural Computer (DNC), In: Christoph Engemann, Andreas Sudmann (Hg.), Machine Learning-Medien, Infrastrukturen und Technologien der Künstlichen Intelligenz. Bielefeld 2018, S. 167-194.

[22] Klaus North, Wissensorientierte Unternehmensführung. Wissensmanagement gestalten. 6. Auflage, Wiesbaden 2016, S. 38f.

Definition von Wissen:

> *Alle individuell angeeigneten Kenntnisse und Fähigkeiten, die ein Wissensträger in der erforderlichen Situation zur Problemlösung einsetzt, bezeichnet man als Wissen. Diese objektgebundenen Expertisen können praktischer oder theoretischer Natur sein und werden aus der Verarbeitung von Daten und Informationen gewonnen.*

Wenn in dieser Arbeit von Wissen gesprochen wird, dann liegt jeweils die zuvor genannte Definition zu Grunde. Eine Eigenschaft von Wissen, insbesondere unter volkswirtschaftlichen Aspekten, ist die Verflechtung mit der Wertschöpfung. Wissen selbst ist längst ein entscheidender Produktionsfaktor geworden. Das klassische Modell der Produktionsfaktoren, wie es von Adam Smith und auch David Ricardo bereits vor einigen Jahrhunderten wissenschaftlich aufgearbeitet wurde,[23] muss im Kontext der steigenden Bedeutung von Wissen und dem Wandel der Arbeitswelt ebenfalls überdacht werden. Es gibt bereits mehrfach Ansätze Wissen als Produktionsfaktor zu berücksichtigen, aber durchgesetzt haben diese sich bisher noch nicht oder wurden nicht weiter verfolgt.[24] Im Angesicht der Industrialisierungsdynamiken und der sektoralen Verschiebungen auf dem Arbeitsmarkt sollte entweder Wissen als vierter Produktionsfaktor hinzugefügt, Arbeit durch Wissen ersetzt oder Arbeit explizit in physische und geistige Arbeit unterteilt werden. Während jegliche Arbeiten, die körperliche Anstrengungen erfordern, schon seit Jahrzehnten mehr und mehr mechanisiert und automatisiert werden, erfolgt

---

[23] Vgl. Jean-Baptiste Say, Ausführliches Lehrbuch der praktischen Ökonomie, Leipzig 1845, S. 120-122.

[24] Vgl. Olaf Katenkamp, Quo Vadis Wissensmanagement? in: Arbeit - Zeitschrift für Arbeitsforschung, Arbeitsgestaltung und Arbeitspolitik, Heft 1 2003, S. 16-36.

dies nun auch verstärkt mit einfachen nicht physisch anstrengenden Arbeitsleistungen im Dienstleistungssektor.[25] Gleichzeitig steigt der Bedarf an hochqualifizierten Arbeitskräften, die besonders viel oder qualitativ hochwertiges Wissen für die jeweiligen Branchen besitzen.

Die Teilbereiche der Erzeugung, Akquise und Weiterentwicklung von Wissen werden nachfolgend in Form der Gewinnung von Wissen analysiert. Bei der Wissensgewinnung muss zwischen einer individuellen und der organisationalen Wissensgewinnung unterschieden werden. Die Wissensgewinnung stellt einen essenziellen Beitrag zur Erhaltung und Weiterentwicklung der Marktposition einer Organisation dar. Die Wettbewerbsvorteile, die durch einen Wissensvorsprung gegenüber der Konkurrenz bestehen, sind bereits mehrfach untersucht worden und zeigen sich auch in der Praxis an diversen Modellen und Theorien, wie dem Prinzip des First Movers oder der Innovationstheorie.[26] Während eine Organisation von der individuellen Wissensaneignung einzelner Wissensträger profitiert, ist diese Beziehung umgekehrt nicht automatisch auch mit Vorteilen für einzelne Wissensträger verknüpft, diese können neben positiven Veränderungen dadurch auch unbeeinflusst bleiben oder negativ beeinflusst werden. Da mit dem Untersuchungsgegenstand eine Organisation analysiert wird, liegt der Fokus auf Verbesserungen für die Organisation und vernachlässigt dabei andere Auswirkungen auf individuelle Wissensträger abseits der Verbesserung oder Neugewinnung von Wissensständen.

Eine Organisation gewinnt Wissen auf mehrere Arten, die einander weder ausschließen noch direkte Verbindungen miteinander enthalten müssen und sich auf drei unterschiedliche Möglichkeiten runterbrechen lassen. Die erste Option ist die Gewinnung neuer Wissensmedien wie z.B. Mitarbeiter. Die zweite Option ist die

---

[25] Vgl. Oliver Stettes, Arbeitswelt der Zukunft: Wie die Digitalisierung den Arbeitsmarkt verändert. In: Institut der deutschen Wirtschaft, IW-Analysen, No. 108. Köln 2016.

[26] Vgl. Joseph Schumpeter, Theorie der wirtschaftlichen Entwicklung: eine Untersuchung über Unternehmergewinn, Kapital, Kredit, Zins und den Konjunkturzyklus. Wien 1911.

Verbesserung und Weiterbildung von vorhandenen Wissensträgern. Für die dritte Option steht ein anderer Prozess im Vordergrund, vorhandene Wissenspotentiale, egal in welcher Form, werden miteinander kombiniert, um vollkommen neues o-der nicht in der Organisation vorhandenes Wissen zu generieren. Insbesondere bei der Kombination von verfügbaren Wissenspotentialen ist zu beachten, dass das dabei erzeugte Wissen in einigen Fällen nur temporär vorhanden ist. Dies ist aber nicht zwangsweise als eine kritische Situation in Form einer Bedrohung durch Wissensverlust anzusehen.

Das auf diese Weise erzeugte temporäre Wissen lässt sich gezielt reproduzieren, indem die verwendeten Wissensträger erneut kombiniert werden. Es erfüllt die Funktion eines Wissens on Demand. Statt dieses Wissen dauerhaft auf Vorrat zu halten wird es nur bei Bedarf erzeugt. Diese Vorgehensweise eignet sich besonders, um einige Aspekte von *Hidden Knowledge*[27], zu entdecken, oder nachdem diese erkannt wurden, zu verstetigen und zu nutzen. Dass die Problematiken zur Erkennung und Nutzung von *Hidden Knowledge* mit der Größe von Organisationen korrelieren, hat Davenport am Beispiel des Unternehmens Siemens ausführlich analysiert und auch an anderen Beispielen dargestellt.[28]

---

[27] In der deutschsprachigen Literatur existiert kein einheitlicher eigener Fachbegriff. Bei gängigen Verwendungen wie „unbekannten", „versteckten", „unsichtbaren" oder „potentielles" Wissen werden immer nur Teilaspekte des Gesamtbegriffs abgedeckt. Daher wird nachfolgend weiter der englische Begriff genutzt.

[28] Vgl. Thomas H. Davenport, Laurence Prusak, Wenn Ihr Unternehmen wüßte, was es alles weiß... Das Praxisbuch zum Wissensmanagement. Landsberg/Lech 1999; Davenport/Probst, Knowledge Management Case Book - Siemens Best Practises.

2.2 Wissensarten und Wissensträger

Nonaka und Takeuchi teilen Wissen in zwei Kategorien auf. Zum einen in explizites und zum anderen in implizites Wissen. Explizites Wissen ist hierbei in Daten, Fakten und Informationen ausdrückbares theoretisches Wissen, welches sich gut in analogen und digitalen Informationssystemen abspeichern lässt und somit problemlos weitergegeben werden kann. Im Gegensatz dazu kann implizites Wissen nicht problemlos übertragen werden. Das implizite Wissen ist in schlecht greifbaren Systemen des Menschen, wie den eigenen Überzeugungen, Vorstellungen, Wertesystemen oder über lange Zeit angeeigneten Fertigkeiten abgespeichert. Dabei handelt es sich um das Wissen, das in Köpfen der einzelnen Personen verborgen ist und nur schwer veräußerlicht werden kann.[29] Solange das Wissen in impliziter Form vorliegt, ist es für die gesamte Organisation nicht zugänglich, da es sich nur sehr problematisch exakt identifizieren und transferieren lässt. Hierbei spielen physische und psychische Erfahrungswerte eine enorme Rolle. Nonaka und Takeuchi umschreiben implizites Wissen auch mit dem Knowhow-Begriff, der komplexes und durch Erfahrungen angereichertes Expertenwissen meint, welches kaum sprachlich weiterzugeben ist.[30]

Im Gegensatz zum expliziten Wissen ist die Kodifizierung von implizitem Wissen zu großen Teilen bisher noch nicht möglich und erschwert somit die Wissensweitergabe. Es gibt aber diverse Prozesse und Versuche diesen Anteil zu reduzieren um den Transfer zu erleichtern, digitale und technologisch optimierte Hilfsmittel fördern dabei diesen Prozess. Ein Ansatz zur Optimierung des Transfers von implizitem Wissen ist die Umwandlung von implizitem Wissen zu explizitem Wissen, jedoch ist dies auch nicht ohne weiteres möglich. Aus diesem Grund sind die

---

[29] Vgl. Franz Lehner, Wissensmanagement. Grundlagen, Methoden und technische Unterstützung. 2. Auflage, München 2008, S. 49.
[30] Vgl. Nonaka /Takeuchi, Organisation, S. 12 und S. 23f.

Weitergabe und die Speicherung von implizitem Wissen eine große Herausforderung für das Wissensmanagement.[31]

Explizites Wissen	Implizites Wissen
leicht artikulierbar	schwer zu artikulieren
bewusstseinsfähig	nicht bewusstseinsfähig
leicht zur verifizieren	schnell einsetzbar
leicht zu transferieren	schwer zu transferieren
leicht speicherbar	schwer speicherbar
auffindbar in Dokumenten	an Personen gebunden

Abbildung 2: *Wissenstypen; eigene Darstellung; angelehnt an Mescheder/Sallach.* [32]

Für die Untersuchung des Wissenstransfers ist die Einteilung von Wissen nach dem Wissensträger von Bedeutung. Sie bezieht sich auf die Unterscheidung zwischen individuellem Wissen und kollektivem Wissen. Das individuelle Wissen existiert in den einzelnen Organisationsmitgliedern und ist unmittelbar an seinen Träger gebunden.[33] Es ist für andere nicht zugänglich und wird durch Kommunikation oder Vorführung mit Nachmachen weitergegeben.[34] Dementsprechend gibt

---

[31] Vgl. North, Unternehmensführung, S. 46f.
[32] Vgl. Bernhard Mescheder, Christian Sallach, Wettbewerbsvorteile durch Wissen. Knowledge Management, CRM und Change Management verbinden. Heidelberg 2012, S. 13.
[33] Vgl. Michael Thiel, Wissenstransfer in komplexen Organisationen. Effizienz durch Wiederverwendung von Wissen und Best Practices. Wiesbaden 2002, S. 17f.
[34] Vgl. Rolf Franken, Andreas Gadatsch, Integriertes Knowledge Management. Konzepte, Methoden, Instrumente und Fallbeispiele. Braunschweig/Wiesbaden 2002, S. 7.

es auch unterschiedliche Wissensträger. *„Unter den Begriff Wissensträger werden diejenigen körperlichen Trägermedien subsumiert, in denen sich Wissen manifestieren kann"*[35]. Amelingmeyer definiert Wissensträger und teilt diese in personelle, kollektive und materielle Wissensträger ein. Damit geht sie bereits einen Schritt weiter als North oder Probst, die ihren Fokus auf humane Träger einschränken. Die jeweiligen Träger haben verschiedene Speichereigenschaften und sind nicht für alle Wissensarten geeignet. Hierbei spielt die Einteilung von implizitem und explizitem Wissen eine bedeutende Rolle. Für das Unternehmen ist es wichtig, frühzeitig zu erkennen, in welchen Wissensträgern sich das entsprechende Wissen befindet, um darauf aufbauend konkrete Maßnahmen für das Wissensmanagement abzuleiten.[36]

Die menschlichen Wissensträger spielen für das Wissensmanagement eine besondere Rolle, da sie im Gegensatz zu materiellen Wissensträgern Wissen erzeugen oder anwenden können. Außerdem sind Personen als Wissensträger in jeder Hierarchieebene eines Unternehmens mit unterschiedlichem Wissen vertreten. Bisherige Ansätze mit künstlicher Intelligenz setzten diese nur als einen Komplementär ein. Dieses Kompetenzgeflecht lässt sich nochmals in Fach-, Methoden-, Sozial- und Persönlichkeitskompetenz zerlegen.[37] Kollektive Wissensträger werden als *„Einheit personeller und gegebenenfalls materieller Wissensträger verstanden [..], die in ihrer Gesamtheit über ein originäres kollektives Wissen verfügt, das über die Summe des Wissens der einzelnen Mitglieder hinausgeht"*[38]. Innerhalb einer Organisation entstehen kollektive, formelle Wissensträger durch die Bildung von Abteilungen, Teams oder Projektgruppen.

---

[35] Jenny Amelingmeyer, Wissensmanagement. Analyse und Gestaltung der Wissensbasis von Unternehmen. 3. Auflage, Wiesbaden 2004, S. 53.
[36] Vgl. Amelingmeyer, Wissensmanagement, S. 54f.
[37] Vgl. Ebd., S. 55.
[38] Ebd., S. 67.

Zusätzlich entstehen informelle kollektive Wissensträger durch gemeinsame Aktivitäten, wie beispielsweise freizeitliche Treffen, gemeinsame Weiterbildungszeiten oder frühere Zusammenarbeit. Aber auch regelmäßige informelle Treffen am Arbeitsplatz haben diesen Effekt. Die kollektive Wissensbasis wird beispielsweise in Vorgehensweisen, Abläufen oder gemeinsamen Grundverständnissen zur Zusammenarbeit und zu Aufgabeninhalten gesichert. Allgemein zählen als materielle Wissensträger z.B. Handbücher, Zeitschriften, digitale Speichermedien, Intranet-Systeme oder aber auch objektgebundene Dienstleistungen. Diese Art von Wissensträgern wird von Menschen gespeist und kann kein neues Wissen generieren. Sie dienen beispielsweise der Archivierung, Speicherung, aber auch Vermittlung von Wissen an andere Mitarbeiter.[39] Intelligente Maschinen zielen langfristig auf dieselbe Ebene wie der Mensch innerhalb dieses Prozesses, bewegen sich aber aktuell eher noch zwischen beiden Ebenen. Während die Passivität des Mediums in mehrfachen Anwendungen bereits abgelegt wurde, ist die Generierung von Wissen durch Künstliche Intelligenz noch eine Nische und auf einem rudimentären Level.

Das individuelle Wissen ist eine grundlegende Basis für den Unternehmenserfolg. Dennoch hängt das Gelingen vieler Projekte und Strategien in Unternehmen erheblich von der effizienten Kombination verschiedener Wissensbestandteile und Wissensträger ab. Des Weiteren beruht das Problemlösungspotenzial des Unternehmens häufig nicht nur auf den individuellen Fähigkeiten der Mitarbeiter, sondern überwiegend auf der Fähigkeit kollektiver Problemlösungsprozesse. Diese basieren allerdings auf den individuellen Bestandteilen des organisationalen Wissens. Dementsprechend stellt das kollektive Wissen mehr als eine Gesamtmenge an Wissen einzelner Wissensträger dar. In diesem Zusammenhang definieren

---

[39] Vgl. Amelingmeyer, Wissensmanagement, S. 57ff und S. 67f.; North, Unternehmensführung, S. 107.

Probst et al. den Begriff der organisationalen Wissensbasis, welcher die Gesamtheit des relevanten Wissens im Unternehmen beschreibt.[40] Dadurch erlangt eine Organisation ihr eigenes Spezialwissen, mit dem sie sich von Konkurrenten abgrenzen kann. Beide Konstrukte unterschiedlicher Wissensarten schließen sich nicht gegenseitig aus, im Gegenteil: Sie sollten sogar kombiniert werden, um eine Organisation ganzheitlich zu durchleuchten.

Die organisationale Wissensbasis besteht immer aus individuellen und kollektiven Wissensbeständen, auf die eine Organisation zur Entscheidungs- oder Problemlösungsfindung zurückgreifen kann. Außerdem enthält sie die Daten und Informationsbestände. Letztlich sind es die Mitarbeiter, die die Fähigkeit zur Transformation von Daten über Informationen in individuelles Wissen haben, das sie für das Unternehmen gewinnbringend einsetzen können. Dadurch wird der Mitarbeiter zum zentralen Träger der organisationalen Wissensbasis.

Zusammenfassend lässt sich an dieser Stelle festhalten, dass den Mitarbeitern als zentrale Wissensträger eine besondere Bedeutung zukommt. Schließlich sind sie es, die mit ihren individuellen Fähigkeiten und Fertigkeiten zum erfolgreichen Agieren von Organisationen beitragen.[41] Für den Erfolg wissensorientierter Unternehmensführung ist zusätzlich entscheidend, wie der Prozess der Überführung von individuellem in kollektives Wissen und umgekehrt gestaltet wird. Die dafür notwendigen Prozessschritte werden in einem Konzept erfasst, welches auf Nonaka und Takeuchi zurückgeht. Eine wichtige Unterscheidung von Wissen für die Beschreibung dieses Prozesses ist die bereits zuvor erläuterte Differenzierung in Bezug auf seine Verfügbarkeit in explizites und implizites Wissen.[42]

---

[40] Vgl. Probst/Raub/Romhardt, Wissen, S. 18 und S. 21f; Sascha Armutat, et al., Wissensmanagement erfolgreich einführen. Strategien - Instrumente – Praxisbeispiele. Düsseldorf 2002, S. 15.

[41] Vgl. Probst/Raub/Romhardt, Wissen, S. 18-24.

[42] Vgl. North, Unternehmensführung, S. 46f.

2.3 Die Wissenspyramide und die Wissenstreppe

Als Abgrenzungsrahmen im Feld der Wissenstheorie, um unter anderem Wissen zu definieren, dient für diese Arbeit das DIKW Modell.[43] Folglich wird zwischen Daten, Informationen, Wissen und Weisheit unterschieden. Diese sind auch in der genannten Reihenfolge stufenweise aufeinander aufbauend in Form einer Pyramide angeordnet. Weisheit, als ein Prozess der Selbstreflektion über das eigene Wissen, wird hier analog zu den Untersuchungen von Rowley[44] und Zins[45], die sich unabhängig voneinander intensiv mit dem Modell beschäftigt haben, ausgelassen. Für den Wissenstransfer sind neben dem Wissen, das zugleich Handlungsobjekt und das Ziel darstellt, die beiden Vorstufen Daten und Information deutlich wichtiger und aussagekräftiger als der Aspekt Weisheit. Daten und Informationen lassen sich beide zusätzlich qualitativ und quantitativ erfassen.

Zusätzlich kommt insbesondere im Kontext der Digitalisierung den beiden Stufen eine besondere Bedeutung als dynamische Kernfaktoren im Transferprozess zu. Gravierende Einschnitte bringen hier nicht nur allgemein die elektronische Datenverarbeitung, sondern insbesondere das maschinelle Lernen oder Künstliche Intelligenz. Das ursprüngliche DIKW Modell selbst stammt aus einem vollständig analog modellierten auf Menschen fokussierten Umfeld und berücksichtigt Auswirkungen von Technologie nur geringfügig.[46] Da die voranschreitende Digitalisierung den Transferprozess aber nachhaltig beeinflusst, ist eine Anpassung not-

---

[43] Vgl. Saša Baškarada, Andy Koronios, Data, Information, Knowledge, Wisdom (DIKW): A Semiotic Theoretical and Empirical Exploration of the Hierarchy and its Quality Dimension. In: Australasian Journal of Information Systems, Vol. 18 Heft 1, 2013, S. 5-24.

[44] Vgl. Jennifer Rowley, The Wisdom Hierarchy Representations of the DIKW Hierarchy. In: Journal of Information Science, Vol. 33 Heft 2, 2007, S. 163–180.

[45] Vgl. Zins, Conceptual, S. 479-493.

[46] Vgl. Martin Frické, The Knowledge Pyramid: a Critique of the DIKW Hierarchy. In: Journal of Information Science Vol. 35 Heft 2, 2009, S. 131-42; Rowley, Hierarchy, S. 163–180.

wendig. Auf Grund dieser Zustände wird das Modell für die hier vorliegende Untersuchung daher auf eine dreistufige Pyramide mit den Stufen Wissen, Informationen und Daten reduziert. Wissen wird dabei zusätzlich in implizites und explizites Wissen aufgeteilt und das Modell um die Verarbeitungsschritte der Digitalisierung ergänzt. Im Nachfolgenden wird daher von der Wissenspyramide oder dem DIW-Modell[47] gesprochen. Damit das Modell überhaupt zu einer Anwendung herangezogen werden kann, ist, wie auch schon eingangs angeschnitten, erst eine Definition der einzelnen Stufen der Pyramide notwendig.

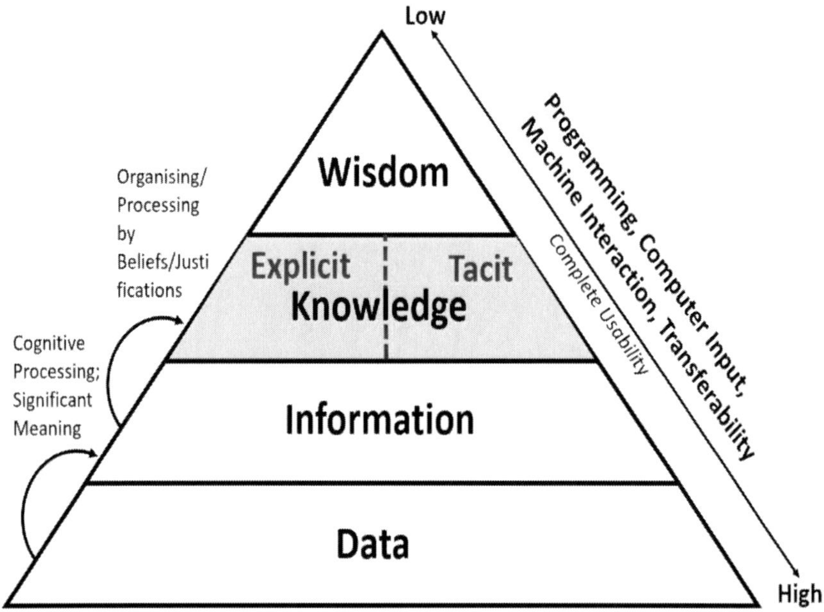

Abbildung 3: *DIKW-Modell, erweitert; eigene Darstellung; angelehnt an Davenport/Prusak, Unternehmen & Nonaka/Takeuchi, Organisation.*

[47] Daten, Informationen, Wissen (DIW).

Die Wissenspyramide macht die Unterschiede zwischen Daten, Informationen und Wissen deutlich.[48] Es gilt dabei, dass allein bereits der Aufbau der Pyramide wie in Abbildung 3 erkenntlich Aufschluss über die ansteigende Komplexität und Wertigkeit von Daten bis hin zu Wissen gibt.[49] Die unterste Ebene der Pyramide enthält die Daten, die in ihrer Rohform weder Bewertungen noch Interpretationen enthalten und aus Fakten, Zahlen, Statistiken, Bildern oder Textfragmenten bestehen. Informationen sind im Gegensatz dazu mit Bedeutung und Zweck versehene Daten, zu denen ein Bezug hergestellt wurde. Davenport und Prusak beschreiben Informationen daher auch als Nachrichten oder Botschaften, die einen Empfänger und einen Sender besitzen und etwas im Verhalten, der Wahrnehmung oder der Beurteilung des Empfängers bewirken und ihn damit wiederum verändern. Wenn diese Informationen vernetzt, also selektiert, verbunden und bewertet werden, so entsteht in Verbindung mit menschlichen Erfahrungen, Erwartungen, Absichten oder Engagement Wissen. Umwandlungsprozesse von Daten über Informationen zu Wissen müssen primär noch unweigerlich von Menschen initiiert werden. Zwischenmenschliche Beziehungen wirken zusätzlich als relevante Katalysatoren für die Umwandlungsprozesse, sodass der Mensch eine besondere Rolle im Wissensmanagement einnimmt.[50] Künstliche Intelligenz nimmt noch nur eine komplementäre Funktion ein, ist aber in Einzelexperimenten bereits erfolgreich getestet worden, und war in der Lage, selbst Wissen zu generieren.

Sehr eng angelehnt an die Pyramide ist die Wissenstreppe von North, allerdings mit einer deutlichen Fokussierung auf den Unternehmensalltag. Die einzelnen Elemente stehen ebenfalls in einer hierarchischen Beziehung zueinander, wobei

---

[48] In der Literatur existieren auch weitere Modelle der Wissenspyramide, die beispielsweise oben um die Ebene der Weisheit oder unten um die Ebene der Zeichen erweitert wurden. Im Rahmen dieser Arbeit reicht die Unterscheidung zwischen Daten, Informationen und Wissen jedoch aus.

[49] Vgl. Pfeifer et al., Wissensmanagement, S. 179.

[50] Vgl. Davenport/Prusak, Unternehmen, S. 27f.; Armutat, Wissensmanagement, S. 14, S. 29 und S. 33.

Wissen an oberste Stelle steht, und bauen auch zusätzlich aufeinander auf. Die Wissenstreppe startet mit Zeichen (Buchstaben, Ziffern, Sonderzeichen), die durch Regeln (z.B. eine Syntax) zu Zeichenfolgen (Zahlen, Worte) werden. Dies sind die sogenannten Daten. Wird diesen Daten ein Bedeutungskontext zugewiesen, entstehen Informationen. Im betriebswirtschaftlichen Kontext werden diese wiederum zur Vorbereitung von Entscheidungen und Handlungen eingesetzt. Informationen werden individuell verarbeitet und mit anderen aktuellen oder bereits gesicherten Erfahrungen verknüpft. In diesem Zusammenhang wird Wissen als Prozess der zweckgerichteten Vernetzung von Informationen in einem spezifischen Kontext betrachtet. Informationen sind daher eine notwendige Voraussetzung für die Generierung von Wissen und nur im Zusammenhang mit einer Vernetzung wertvoll.

Die nachfolgende Abbildung 4 veranschaulicht die hierarchische Ordnung grafisch in Anlehnung an die vorangehenden Erläuterungen der Begriffe der Zeichen bis zur Wettbewerbsfähigkeit wie von North definiert. Durch die Anwendung entwickelt sich Wissen zu Können und erst dann gewinnt es an Wert für ein Unternehmen. Damit Wissen in die Fähigkeiten und Fertigkeiten (Können) umgewandelt und weiter in Handlungen umgesetzt wird, muss dafür die Motivation bestehen (Wollen). Zusätzlich ist ein Freiraum für die Umsetzung (Dürfen) notwendig. Wird in konkreten Problemsituationen richtig gehandelt, so liegt Kompetenz vor. Ein Ausbau dieser Kompetenzen führt zu den einzigartigen Kernkompetenzen, die zur Wettbewerbsfähigkeit des Unternehmens beitragen.[51] Zusammenfassend lässt sich feststellen, dass der Umgang mit Information und Wissen einen bedeutenden Faktor für die Wettbewerbsfähigkeit oder auch die Leistungsfähigkeit einer Organisation darstellt.

---

[51] Vgl. North, Unternehmensführung, S. 36-39.

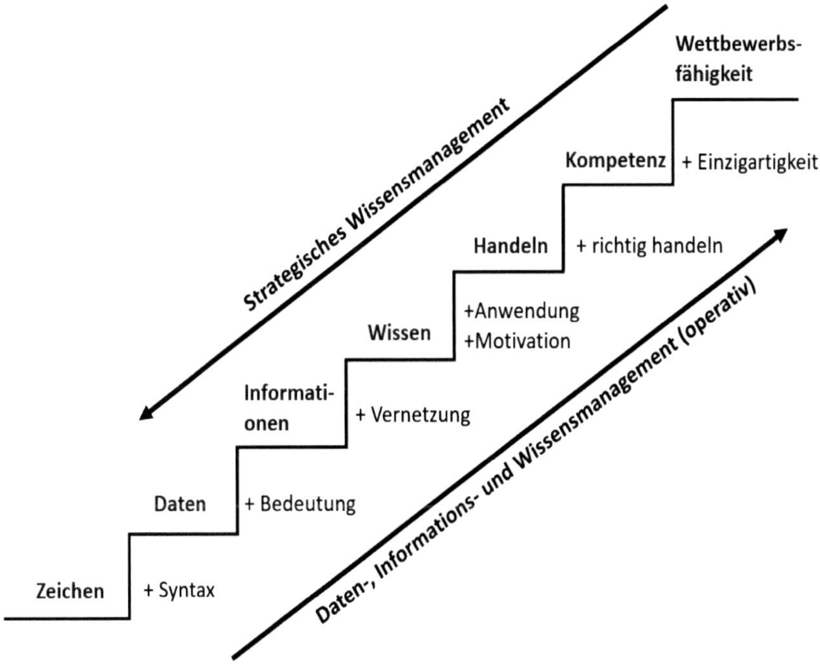

Abbildung 4: *Wissenstreppe; eigene Darstellung; frei nach North.*[52]

2.4 Wissensmanagementkonzepte

In der Literatur finden sich unterschiedliche Modelle und Konzepte des Wissensmanagements, unabhängig der Disziplin, wieder. Am häufigsten genannt werden unter anderem die Wissensspirale nach Nonaka und Takeuchi und die Bausteine des Wissensmanagements nach Probst. Es existieren jedoch noch weitaus mehr Modelle, wie z.B. das Modell des systemischen Wissensmanagements nach

[52] Vgl. North, Unternehmensführung, S. 37.

Willke, das Wissensmarkt-Modell nach North oder das Münchener Modell nach Reinmann-Rothmeier und Mandl, um eine Auswahl zu nennen.[53]

An dieser Stelle werden jedoch lediglich die Konzepte von Nonaka und Takeuchi sowie Probst weiter vorgestellt. Ein Grund dafür ist, dass diese am besten mit den vorangehenden Modellen verknüpft werden können und im Zusammenspiel einen fundierten Einblick in die grundlegenden Abläufe des Wissensmanagements bieten. Auch eignen sich diese Ansätze universal für alle Organisationsformen. Um den Wissensmanagementprozess ganzheitlich analysieren zu können, müssen für das Verständnis einzelne Ebenen voneinander abgegrenzt werden:

I. Erzeugung, Akquise und Weiterentwicklung von Wissen
II. Identifikation, Bewertung und Kategorisierung von Wissen
III. Einsatz von Wissen
IV. Transfer von Wissen
V. Erhaltung von Wissen

Daraus ergeben sich die fünf Schlüsselprozesse, die für jeglichen Organisationstyp angewandt werden können um die einzelnen Ebenen im Wissensmanagement anzusprechen. Die Prozesse selbst sind wiederum auch untereinander verknüpft und müssen je nach Untersuchungsgegenstand miteinander kombiniert untersucht werden. Abgeleitet sind diese fünf Ebenen aus dem Building Block Approach von Probst, der in Kapitel 2.4.3 näher erläutert wird.[54]

Um das Organisationswissen gewinnbringend und nachhaltig einzusetzen und damit auch einen Wettbewerbsvorteil gegenüber Konkurrenten zu erzielen, lohnt es sich, ein strategisches Wissensmanagement in der Organisation einzuführen. In

---

[53] Vgl. Willke, Helmut, Systemisches Wissensmanagement, 2. Auflage, Stuttgart 2001; North, Unternehmensführung, S. 241-306; Gabi Reinmann-Rothmeier, Eine integrative Sicht auf das Managen von Wissen, in: Wissensmanagement, Heft 5, 2001, S. 51-54; weitere Konzepte sind u.a. zu finden in: Lehner, Wissensmanagement, S. 72.
[54] Vgl. Probst/Raub/Romhardt, Wissen, S. 31-35.

der Wissensmanagementliteratur finden sich nicht nur etliche Modelle und Konzepte, auch die Definition von Wissensmanagement ist nicht einheitlich. El Sawy und Josefek definieren Wissensmanagement beispielsweise folgendermaßen:

> „*Knowledge management is set of activities aided by information technology infrastructures that are designed to help enterprises more effectively create, capture, synthesize, and deploy organizational knowledge*"[55]

Hierbei ist zu beachten, dass IT-Technologien nur eine Ergänzung anderer Wissensmanagement-Praktiken sein sollten und lediglich als Leit- und Speichersysteme anzusehen sind, die den Wissensaustausch unterstützen können.[56] Die Rolle der künstlichen Intelligenz, die eine Sub-Rolle zwischen den Akteuren einnimmt, wird dabei allerdings vollständig ausgeblendet. Mitunter ist die Hauptaufgabe des Wissensmanagements vor allem das Schaffen einer Wissensaustauschkultur, die die Wissenserschaffung, den Wissensaustausch und die Nutzung von Wissen fördert.[57] Dies entspricht den zuvor genannten Ebenen I, III und IV.

2.4.1 Die Wissensspirale

Die Generierung von Unternehmenswissen definieren Nonaka und Takeuchi als die „*Fähigkeit eines Unternehmens, Wissen zu erzeugen, es in der ganzen Orga-*

---

[55] Omar A. El Sawy, Robert A. Josefek Jr., Business Process as Nexus of Knowledge, in: Clyde Holsapple (Hg.), Handbook on Knowledge Management 1. Knowledge Matters. Berlin/Heidelberg 2003, S. 427.
[56] Vgl. Rob Cross, Lloyd Baird, Technology Is Not Enough. Improving Performance by Building Organizational Memory, in: MIT Sloan Management Review, Bd. 41 Heft 3, 2000, S. 69-78, hier S. 71; Davenport/Prusak, Unternehmen, S. 54.
[57] Vgl. Mian M. Ajmal, Kai U. Koskinen, Knowledge Transfer in Project-Based Organizations: An Organizational Culture Perspective, in: Project Management Journal, Bd. 39 Heft 1, 2008, S. 7-15, hier S. 13.

nisation zu verbreiten und ihm in Produkten, Dienstleistungen und Systemen Ausdruck zu verleihen"[58]. Da Wissen jedoch nur von einzelnen Personen oder einem Kollektiv geschaffen wird, muss die Organisation den Mitarbeitern ein Grundgerüst für den Wissensaustausch mit anderen Mitarbeitern anbieten. Dadurch kann ein Prozess in Gang gesetzt werden, der individuelles Wissen in Organisationswissen umwandelt und erzeugt.[59] Diesen Wissensschaffungsprozess eines Unternehmens haben Nonaka und Takeuchi in der von ihnen definierten Wissensspirale grafisch verdeutlicht.

Nonaka und Takeuchi entwickeln ihr Modell für die Schaffung und Verbreitung von Wissen auf organisationaler Ebene. Die Basis dieses Modells bilden zwei Dimensionen der Wissensschaffung. Die epistemologische Dimension beschreibt dabei eine Unterscheidung zwischen implizitem und explizitem Wissen. Dies entspringt der grundlegenden Theorie von Michael Polanyi.[60] Die ontologische Dimension demonstriert verschiedene Ebenen der Wissensschaffung. Dabei wird zwischen Individuum, Gruppe, Unternehmen und Unternehmensinteraktion unterschieden. Innerhalb dieser beiden Dimensionen vollzieht sich die Spirale der Wissensgenerierung durch ständiges Zusammenwirken von implizitem und explizitem Wissen. Dieses bewegt sich währenddessen von einer ontologisch niedrigen auf eine höhere Ebene. Das Zusammenwirken der beiden Wissensarten wird als Wissensumwandlung bezeichnet und findet in vier verschiedenen Formen in einem sozialen Prozess statt:[61]

Wenn Personen untereinander implizites Wissen durch Erfahrung, Beobachtung oder Nachahmung austauschen, liegt Sozialisation vor. Die Externalisierung ist die Transformation von implizitem in explizites Wissen. Dies geschieht in der Theorie durch Artikulation mithilfe von Dialog und Reflexion. In diesem Prozess

---

[58] Nonaka/Takeuchi, Organisation, S. 17.
[59] Vgl. Ebd., S. 76.
[60] Vgl. Polanyi, Tacit Dimension.
[61] Vgl. Nonaka/Takeuchi, Organisation, S. 71-74.

werden neue explizite Konzepte in Form von Modellen, Metaphern und Analogien geschaffen. Die Kombination ist ein Ablauf, der die Zusammenführung von neuem und bereits bestehendem explizitem Wissen ermöglicht. Der Austausch und die Kombination von Wissen werden durch Medien wie Dokumente, Computer und Kommunikationsmittel unterstützt. Durch die Neuzusammenstellung von Wissen entsteht auch neues explizites Wissen, das für das gesamte Unternehmen zur Verfügung steht. Die Internalisierung ist ein Lernprozess, der mit dem Prinzip des *„Learning by doing"* zu vergleichen ist. Durch die Anwendung und die daraus erzielte Verinnerlichung wird explizites Wissen in implizites Wissen transformiert.[62]

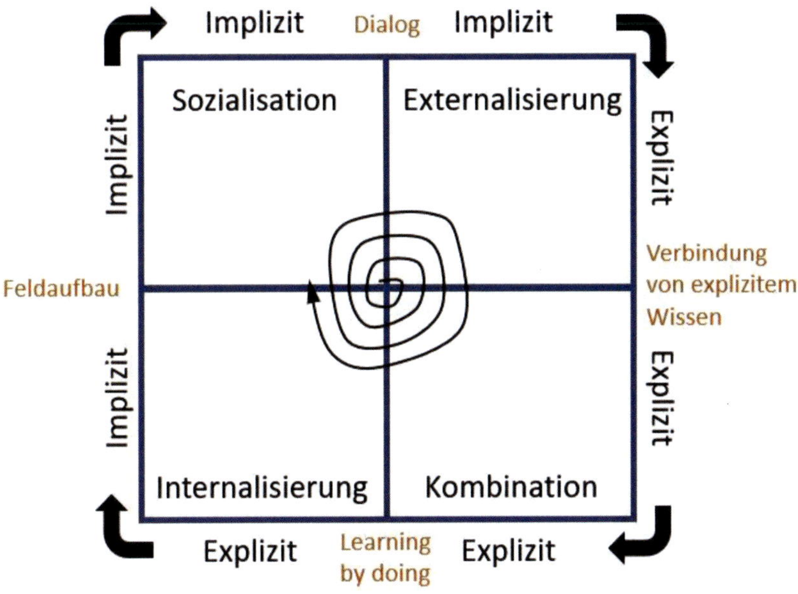

Abbildung 5: *SECI-Modell; eigene Darstellung; frei nach Nonaka und Takeuchi.*

---

[62] Vgl. Nonaka/Takeuch, Die Organisation des Wissens, S. 74-84.

Die vorangehende Abbildung 5 visualisiert das Prinzip der Wissensspirale durch die vier beschriebenen Formen der Wissensschaffung. In dieser vereinfachten Form wird es auch als SECI-Modell bezeichnet.[63] Jedoch kann Wissen von Organisationen nur dann gezielt genutzt werden, wenn es explizit wird. Ein neues Wissenskapital entsteht dann, wenn die Erfahrungen durch alle vorangegangenen Wissensumwandlungsprozesse internalisiert werden. Das erfordert eine kontinuierliche und dynamische Interaktion zwischen implizitem und explizitem Wissen. Da die vier Formen der Wissensschaffung in einem dynamischen Prozess aufeinander wirken, setzen sie sich zu einer Wissensspirale zusammen.[64]

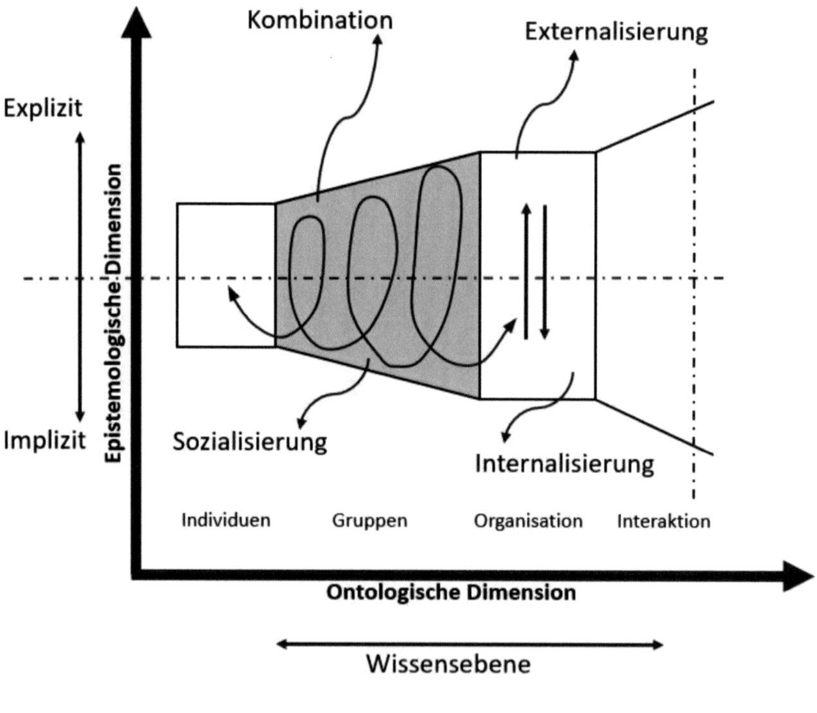

Abbildung 6: *Wissensspirale; eigene Darstellung; frei nach Nonaka und Takeuchi.*

---

[63] Socialization, Externalization, Combination, Internalization (SECI)
[64] Vgl. Nonaka/Takeuchi, Organisation, S. 84ff.

Die Weiterbewegung auf der epistemologischen Dimension der Wissensspirale verstärkt das mobilisierte implizite und explizite Wissen der Mitarbeiter. Dadurch bewegt sich dieses auch in der ontologischen Dimension weiter und durchdringt ausgehend vom Individuum die Gruppen- und Organisationsebenen und wächst gegebenenfalls auch über Organisationsgrenzen hinaus. Durch dieses Zusammenwirken der zwei Dimensionsebenen der Wissensspirale kann neues Organisationswissen nach Nonaka und Takeuchi erschaffen werden. Sie definieren außerdem fünf Voraussetzungen für einen erfolgreichen Start der Wissensspirale. Dazu zählen Intuition, Autonomie, Fluktuation und kreatives Chaos, Redundanz sowie notwendige Vielfalt.[65] Dabei ist die Autonomie der Mitarbeiter ebenfalls ein Merkmal bzw. eine Dimension der im späteren Verlauf genauer analysierten Wissensaustauschkultur. Die erweiterte Form der Wissensspirale wird grafisch entsprechend nach Abbildung 6 illustriert.

In der ontologischen Dimension entwickelt sich eine weitere Spirale, die die Transformation von individuellem Wissen in Gruppenwissen oder Unternehmenswissen vorantreibt. Die ontologische Dimension beruht auf der Tatsache, dass eine Organisation ohne Individuum nicht in der Lage ist, Wissen zu entwickeln. Es ist in der Grundstruktur offen genug, um auch Spielraum für künstliche Intelligenz zu lassen. Die Organisation kann nur die Rahmenbedingungen schaffen und die Individuen bei der Wissensschaffung unterstützen und fördern. Wenn implizites Wissen die vier Wissensumwandlungsprozesse auf der höheren ontologischen Ebene durchläuft, wird es gestärkt und ausgehend von dem einzelnen Individuum über Gruppen, Abteilungen und das Unternehmen hinaus transferiert.[66] Auf diese Weise wird einerseits das individuelle Wissen organisationsweit zugänglich gemacht. Anderseits entsteht dabei eine Wissenszunahme für das Unternehmen. Dazu dienen sowohl direkte Kommunikation zwischen den Personen

---

[65] Vgl. Nonaka/Takeuchi, Organisation, S. 94-107.
[66] Vgl. Ebd., S. 84-87.

als auch die Anwendung der Informations- und Kommunikationstechnologien.[67] Die größte Herausforderung für das Unternehmen besteht darin, implizites personengebundenes Wissen zu explizieren und zu dokumentieren und somit für alle Mitarbeiter verfügbar zu machen.

2.4.2 Der Building Block Approach im Wissensmanagement

Das Wissensmanagementmodell nach Probst, Raub und Romhardt ist ein aus der direkten Unternehmenspraxis heraus entwickeltes Modell. Es wird auch als Building Block Approach bezeichnet und ist aus operativen und strategischen Bausteinen aufgebaut, die jeweils Teilaspekte des Wissensmanagements repräsentieren. Das Zusammenspiel dieser Bausteine, die Zielsetzung, Umsetzung und Kontrolle des Wissensmanagements abdecken, bilden einen klassischen Managementkreislauf. Dadurch bleibt laut Probst et al. die Eingliederung in aktive Managementstrukturen gewährt. Wie in Abbildung 7 erkenntlich setzten sich die acht Bausteine des Modells dabei aus sechs operativen Bausteinen und zwei strategischen Bausteinen zusammen.

Wissensidentifikation, Wissenserwerb, Wissensentwicklung, Wissensverteilung, Wissensnutzung und Wissensbewahrung sind Teil der operativen Bausteine. Die Wissensziele und Wissensbewertung hingegen gehören zu den strategischen Bausteinen.[68] Auf der operativen Seite verfolgt das Modell das Ziel den richtigen Umgang mit der Ressource Wissen in den täglichen Arbeitsroutinen zu implementieren. Die strategischen Bausteine sollen die Normen und Werte der Mitarbeiter in die Richtung der unternehmenspolitischen Visionen und der Schaffung einer Wissensaustauschkultur lenken.

---

[67] Vgl. North, Unternehmensführung, S.49f.

[68] Vgl. Probst/Raub/Romhardt, Wissen, S. 31-35.

Dadurch wird die Wissensteilung in der Kultur des Unternehmens verankert und wirkt dem Vorenthalten von Wissen zwischen Mitarbeitern entgegen.[69]

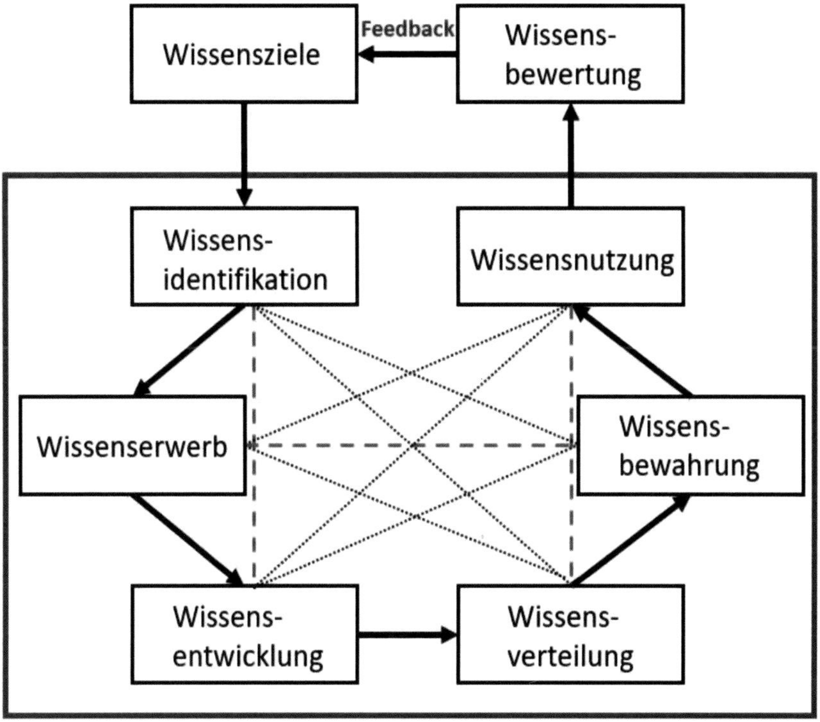

Abbildung 7: *Building Blocks of Knowledge Management; eigene Darstellung; frei nach Probst et al.*

Es ist festzuhalten, dass Schwierigkeiten des Wissensmanagements häufig auf kulturelle Faktoren zurückzuführen sind. Das damit einhergehende Fehlen einer

[69] Vgl. Probst/Raub/Romhardt, S. 33 und S. 42.

Wissensaustauschkultur ist eine Barriere für die erfolgreiche Implementierung von Wissensmanagement.[70]

[70] Vgl. Dieter Herbst, Erfolgsfaktor Wissensmanagement. Das professionelle 1x1. Berlin 2000, S. 33f.

3 Systemische Grundlagen des Wissenstransfers und Wissensaustauschs

Um ein Verständnis für die Fragestellung im Bereich Wissensmanagement zu schaffen, wird auf die für die vorliegende Arbeit wesentlichen theoretischen Grundlagen bei der Übertragung, Aneignung und Generierung von Wissen eingegangen. Nachdem der Begriff Wissen bereits im vorangegangenen Kapitel näher analysiert wurde, folgt nun der Austausch von Wissen. Dazu werden ausgewählte Konzepte des Wissensmanagements dargestellt, die für die Thematik des Wissenstransfers von Bedeutung sind. Daran anschließend werden eine Reihe von in der Literatur häufig genannten Barrieren, die im Zusammenhang mit dem innerbetrieblichen Wissenstransfer auftreten können, vorgestellt. Dabei stehen die technischen und organisatorischen Hindernisse ebenso im Vordergrund wie personenbezogene Widerstände.

3.1 Wissenstransfer und Wissensaustausch

Da es eben nicht nur Menschen sind, die sich Wissen aneignen oder Wissen weitergeben, wird in dieser Arbeit neutral von Objekten gesprochen. Die Objekte, die Wissen besitzen, werden dabei auch als Trägermedien oder Wissensartefakte bezeichnet. Gleichzeitig muss dabei noch unterschieden werden, ob es sich bei dem Wissensträger um ein passives oder ein aktives Objekt handelt. Dies wird in Abbildung 8 grafisch dargestellt und erfolgt entsprechend einer Trennung zwischen den Ebenen. Aktive Objekte können Wissen selbstständig aufnehmen oder durch eigene ausgeführte Aktionen weitergeben. Ein passives Wissensobjekt, wie zum Beispiel ein Buch, kann Wissen nur durch aktives Einwirken des anderen Transferobjektes erhalten. Ähnlich verhält es sich mit der Weitergabe von Wissen bei passiven Objekten. Diese können, wenn audiovisuell unterstützt, zumindest ihr kodifiziertes Wissen selbst darbieten, allerdings handelt es sich dabei nur um die spezielle Art der Wissensspeicherung auf dem Medium. Eine Reaktion auf erweiterte Aktionen des Transferpartners bleibt dabei aus, es handelt sich um eine Einbahnstraßeninteraktion. Eine Replikation passiver Wissensmedien untereinander oder eine Erweiterung des Wissens ist ebenfalls nur durch Einwirken Dritter möglich.

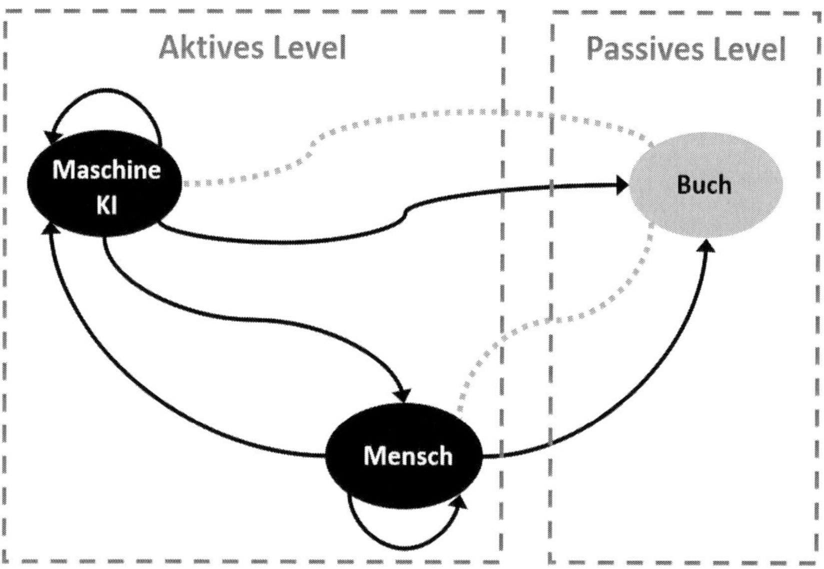

Abbildung 8: *Transferlevel; eigene Darstellung.*

Die Hauptschwierigkeit dieses Prozesses liegt darin, dass das Wissen selbst immaterieller Natur ist und sich nur sehr schwer erfassen lässt. Wenn erfasst, gelingt dies auch nicht vollständig. Es sind lediglich die Auswirkungen oder Ergebnisse der Anwendung von Wissen, ebenso auch der Transfer, die sich zumindest teilweise erfassen lassen. Dies funktioniert in der Regel aber auch nur in Abhängigkeit der Trägermedien oder der Transfergeflechte. Wissen gerät hierbei in eine ambivalente Ausnahmesituation. Einerseits ist es immer an ein Trägermedium gebunden, andererseits ist dieses Trägermedium nicht zwangsweise ein lebendiges oder physisches Objekt. Eine Organisation kann Wissen beisitzen und dieses Wissen auch mit anderen Objekten teilen. Gleichzeitig ist das Wissen einer Organisation die Summe aller in der Organisation enthaltenen Wissensträger, ergänzt um das Produkt der Kombination unterschiedlicher Wissensträger der Organisation.[71]

Wie gelangt Wissen zu einem Wissensträger und welche Voraussetzungen müssen dafür erfüllt sein? Es ist dabei ebenfalls zu beachten, woher das zu transferierende Wissen kommt und welche Bedingungen für die beteiligten Wissensmedien gelten. Eine förderliche Rahmenbedingung zur Analyse ist die Übertragung des Transferprozesses in eine abstrakte Ebene. Dies dient dazu, sich von dem Grundgedanken eines Mensch-Mensch Transfers zu lösen. Durch die Digitalisierung und Weiterentwicklung von Maschinen bzw. Robotern ist es verstärkt notwendig transhumane Transfergeflechte miteinfließen zu lassen.[72] Zusätzlich ist auch der softwaregestützte oder simulationsbedingte Wissenstransfer zu inkludieren.

Dementsprechend wird nicht von einem Menschen, sondern erst einmal von einem Objekt ausgegangen. Das Objekt, das das Wissen innehat, wird dabei als Transmitter bezeichnet und überträgt dieses Wissen zu einem anderen Objekt, dem Receiver. Egal ob implizites oder explizites Wissen, im Wissenstransferprozess gibt es immer eine Transmitter-Receiver Beziehung. Es ist dabei jedoch nicht festgelegt, wie viele Transmitter gleichzeitig an einen Receiver Wissen weitergeben oder wie viele Receiver Wissen von einem oder mehreren Transmittern gleichzeitig empfangen. Eine Vermischung der Wissensformen, implizites mit ex-

---

[71] Vgl. Stephen Duffield, Whitty S. Jonathan, Developing a Systemic Lessons Learned Knowledge Model for Organisational Learning through Projects. In: International Journal of Project Management, Vol. 33, Heft 2, 2015, S. 311-324.
[72] Vgl. Eric Tsui, Brian J. Garner, Steffen Stab, The Role of Artificial Intelligence in Knowledge Management. In: Knowledge-Based Systems, Bd. 13 Nr. 5, 2000, S. 235-239.

plizitem Wissen, ist im Transferprozess sogar gewünscht und bringt auch deutliche, langfristige Vorteile für die entsprechende Organisation mit sich. Nonaka und Takeuchi haben dies sehr deutlich bei der Anwendung des SECI-Modells am Fallbeispiel Toyota demonstriert.[73]

Die Bedeutung des Begriffes Wissenstransfer ist wie bereits erwähnt in der Literatur nicht einheitlich festgelegt. Um den Wissenstransfervorgang zu beschreiben, verwenden englischsprachige Autoren überwiegend den Begriff *Knowledge Sharing*. In den deutschsprachigen Wissensmanagementmodellen sind die Begriffe Wissensdiffusion, Wissensaustausch und Wissensverteilung vorzufinden. Folgende Definition von Thiel bildet eine Grundlage zum Verständnis von Wissenstransfer für die vorliegende Arbeit:

> *„Unter Wissenstransfer ist die zielgerichtete Wiederverwendung des Wissens eines Transferpartners durch (einen) andere(n) Transferpartner zu verstehen, wobei es sich bei den Transferpartnern um Individuen oder Kollektive handeln kann. Wissen kann dabei unverändert oder angepasst wiederverwendet werden oder als Input für die Generierung neuen Wissens dienen. Die Wiederverwendung setzt das Verstehen des transferierten Wissens sowie seine Anwendung durch den Empfänger voraus. Ein Wissenstransfer umfasst damit eine Lernkomponente und in der Regel auch eine Logistikkomponente."*[74]

Daraus ergibt sich, dass der Wissenstransfer eine zielgerichtete direkte Wissensübertragung von einem Transferpartner (Transmitter) zu einem anderen Transferpartner (Empfänger) darstellt. Der Empfänger erhält am Ende ein identisches Wissensabbild. Diese Rollen können in einer Transfer-Situation aber auch ändern. Somit agieren Mitarbeiter einer Organisation als Wissensträger einerseits und als

[73] Vgl. Nonaka/Takeuchi, Organisation, S. 80-90.
[74] Thiel, Wissenstransfer, S. 32f.

Wissenssuchende anderseits.[75] Der Transfervorgang umfasst dabei zwei Aktionen: die Weitergabe von Wissen durch einen Sender und die Aufnahme des übermittelten Wissens bzw. Anwendung durch einen Empfänger.[76] Diese Handlungen stimmen größtenteils mit den Bausteinen Wissensverteilung und Wissensnutzung im Konzept des Wissensmanagements nach Probst überein.

Den Begriff Wissensverteilung definieren Probst et al. als *„Prozess der Verbreitung bereits vorhandenen Wissens innerhalb des Unternehmens."*[77] Es handelt sich dabei sowohl um die Zusammenführung von verteiltem Wissen als auch um eine dauerhafte Bereitstellung des vorhandenen Wissens für die gesamte Organisation. Daher stellen die Autoren das Problem der Wissenslogistik in den Mittelpunkt. Dieses wird aus zwei Perspektiven nach dem push-pull Prinzip betrachtet: der optimalen Versorgung der Mitarbeiter (push) und der Unterstützung bei der Wissenssuche (pull).[78]

Die Ziele des Bausteins Wissensnutzung sind die Sicherstellung der tatsächlichen Anwendung der wertvollen Fähigkeiten und Wissensbestände im Unternehmensalltag sowie die Überwindung der Nutzungsbarrieren der Mitarbeiter. Die Bausteine des Modells beschreiben jeweils einen Kernprozess des Wissensmanagements und weisen enge Verbindungen untereinander auf.[79] Demnach stellt der Wissenstransferprozess ein wichtiges Handlungsfeld des Wissensmanagements dar, das andere Wissensmanagementprozesse beeinflusst. Der Wissensaustausch kann in diesem Kontext als ein Prozess innerhalb des Wissenstransfers angesehen werden. Es ist der Aspekt des kommunikativen Informationstransfers bei zeitgleicher Übertragung einer senderzentrierten Vernetzung der Informationen.

---

[75] Vgl. Thiel, Wissenstransfer, S. 32f.
[76] Vgl. Davenport/Prusak, Unternehmen, S. 203.
[77] Probst/Raub/Romhardt, Wissen, S. 32.
[78] Vgl. Franken/Gadatsch, Integriertes Knowledge Management, S. 11f.
[79] Vgl. Probst/Raub/Romhardt, Wissen, S. 30ff.

Der Wissenstransfer kann sowohl direkt durch persönlichen Kontakt zu den Wissensträgern, Face-to-Face Kommunikation, erfolgen als auch indirekt mit der Unterstützung von Informations- und Kommunikationstechnologien. Die persönliche Kommunikation bietet ein unmittelbares Feedback, eine sprachliche Ausdrucksvielfalt und soziale Präsenz. Daher eignet sich diese Form des Wissensaustauschs am besten zur Übermittlung von vielfältigen und komplexen Sachverhalten. Ein gemeinsamer Erfahrungshintergrund bzw. Vorwissen in einem bestimmten Wissensbereich ist erforderlich, damit ein erfolgreicher Wissenstransfer gelingen kann. Im Fall des indirekten Austauschs auf der Wissensebene Mensch-Mensch wird das Wissen durch Vernetzung mit der Unterstützung eines technischen Mediums kommuniziert. Dazu zählt text-, audio- und videobasierter Wissensaustausch durch Telekommunikation oder Nachrichtenübermittlung.[80]

Bei den Transferbeziehungen zwischen Wissens- und Datenebene, Mensch-Maschine, findet textbasierter Wissenstransfer durch Dokumentation und Information statt. Dieser wird von Informationssystemen wie Datenbanken und Dokumenten unterstützt.[81] Die werkzeuggestützten Methoden des Wissensaustausches bieten den Vorteil, dass explizites Wissen in Form von Informationen und Berichten nicht nur dokumentiert und gesichert wird, sondern auch für alle Mitarbeiter der Organisation verfügbar gemacht werden kann. Die technischen Hilfsmittel ermöglichen dabei einen Wissensaustausch zwischen Wissensträger und Wissensnachfrager unabhängig von der Zeit und vom jeweiligen Ort.[82]

---

[80] Vgl. Corinna Engelhardt, Karl Hall, Johann Ortner (Hg.), Prozesswissen als Erfolgsfaktor. Effiziente Kombination von Prozessmanagement und Wissensmanagement. Wiesbaden 2004, S. 248f.

[81] Vgl. Erich Hartlieb, Wissenslogistik. Effektives und effizientes Management von Wissensressourcen. 2. Auflage, Wiesbaden 2012, S. 157f.

[82] Vgl. Matthias Werner, Einflussfaktoren des Wissenstransfers in wissensintensiven Dienstleistungsunternehmen. Eine explorativ-empirische Untersuchung bei Unternehmensberatungen. Wiesbaden 2004, S. 99f.

3.2 Barrieren im innerbetrieblichen Wissenstransfer

Damit eine gezielte Förderung des Wissenstransferprozesses erreicht wird, müssen hemmende Faktoren zunächst bekannt sein. Nur dann können diese gezielt behandelt oder eliminiert werden. Das Ziel dieser Einheit besteht darin, die am häufigsten auftretenden Barrieren zu ermitteln und darzustellen. Es gilt dabei diejenigen zu identifizieren, die einen optimalen Wissenstransfer zwischen den Mitarbeitern und Unternehmensbereichen beeinträchtigen können. Beim Wissenstransfer sind Barrieren solche Herausforderungen, die hemmende, aber überwindbare Hindernisse darstellen.[83] In der unternehmerischen Praxis verhindern etliche Faktoren den Wissenstransferprozess, die zudem vielfältige Ursachen haben und sich auf mehreren Ebenen der Organisation befinden können. Zur besseren Analyse und um einen Überblick über die möglichen Barrieren zu erlangen, werden sie in drei Dimensionen aufgeteilt. Als Zuordnung dienen die drei Gestaltungsfelder des holistischen Wissensmanagements Technik, Organisation und Mensch. Diese werden auch anschließend für die Entwicklung der umfassenden Handlungsempfehlungen eingesetzt.

Die Dimension Technik enthält benutzerfreundlich gestaltete und auf die Bedürfnisse der Anwender abgestimmte Informations- und Kommunikationstechnologie, die zur Unterstützung des Wissenstransfers eingesetzt werden kann. Dabei geht es um die Gewährleistung eines reibungslosen Wissensflusses zwischen Wissensträgern über räumliche und zeitliche Grenzen hinweg. Die Wissensdokumentation ist ein weiterer elementarer Baustein dieses Bereichs.[84]

---

[83] Vgl. Hedwig Schmid, Barrieren im Wissenstransfer. Ursachen und deren Überwindung. Wiesbaden 2013, S. 22.

[84] Vgl. Hans J. Bullinger, Kristina Wagner, Peter Ohlhausen, Intellektuelles Kapital als wesentlicher Bestandteil des Wissensmanagements. In: Hermann Krallmann (Hg.), Wettbewerbsvorteile durch Wissensmanagement. Methodik und Anwendungen des Knowledge Management. Stuttgart 2000, S. 73-90, hier S. 79f.

Bei der Dimension der Organisation steht das Unternehmen als Ganzes im Mittelpunkt. Hierbei handelt es sich um die Gestaltung von wissensaustauschfreundlichen Strukturen, Prozesse und Rahmenbedingungen, die den Umgang mit dem Faktor Wissen erleichtern. In diesem Zusammenhang müssen die nichttechnischen Wissensmanagementmethoden entwickelt und gleichzeitig in der Unternehmensorganisation verankert werden. Sprich, sie müssen Einzug in die Organisationsstruktur finden. Dadurch besteht für Führungskräfte die Möglichkeit, die formalen Abläufe und Strukturen des Unternehmens gezielt anzupassen und die Bereitschaft aller Mitarbeiter zum Wissenstransfer zu fördern.

In der dritten Dimension Mensch liegt der Fokus auf der Schaffung einer wissens- und lernförderlichen Organisationskultur, die die Mitarbeiter wertschätzt und sie zum aktiven Wissensaustausch motiviert. Dafür sind geeignete Anreiz- und Beförderungssysteme erforderlich, die sowohl materielle als auch immaterielle Anreize beinhalten.[85] Da diese drei Gestaltungsfelder sich einander wechselseitig beeinflussen, werden sie als Ganzes betrachtet.

3.2.1 Technische Barrieren

Um einen effektiven Wissenstransfer organisationsweit zu ermöglichen, ist eine geeignete technische Infrastruktur erforderlich. Diese Infrastruktur ist so zu gestalten, dass die Mitarbeiter zu jeder Zeit an jedem Ort die Möglichkeit haben, Informationen schnell und unkompliziert auszutauschen.[86] Die bloße Bereitstellung solcher technischen Systeme allein ist nicht ausreichend zur Erreichung des Wissenstransfers. Insbesondere die Anwendung wird oft durch eine Vielzahl von

---

[85] Vgl. Alexander Richter, IT-gestütztes Wissensmanagement, Theorie, Anwendungen und Barrieren. 2. Auflage, Berlin 2008, S. 40f.
[86] Vgl. Martin Kuppinger, Michael Woywode, Vom Intranet zum Knowledge Management. Die Veränderung der Informationskultur in Organisationen. München 2000, S. 45.

Teilungs- und Nutzungsbarrieren behindert. Ein allgemeiner Grund hierfür kann die Ablehnung der technischen Mittel durch die Mitarbeiter sein. Wenn der Endnutzer wenig Sinn und Nutzen in der Softwarelösung sieht, so nimmt er nur den Mehraufwand für sich persönlich wahr. Dadurch sinkt in der Regel auch die Bereitschaft, diese anzuwenden. Nur wenn der Nutzen offensichtlich ist, entsteht eine ausreichende Akzeptanz durch Anwender.[87]

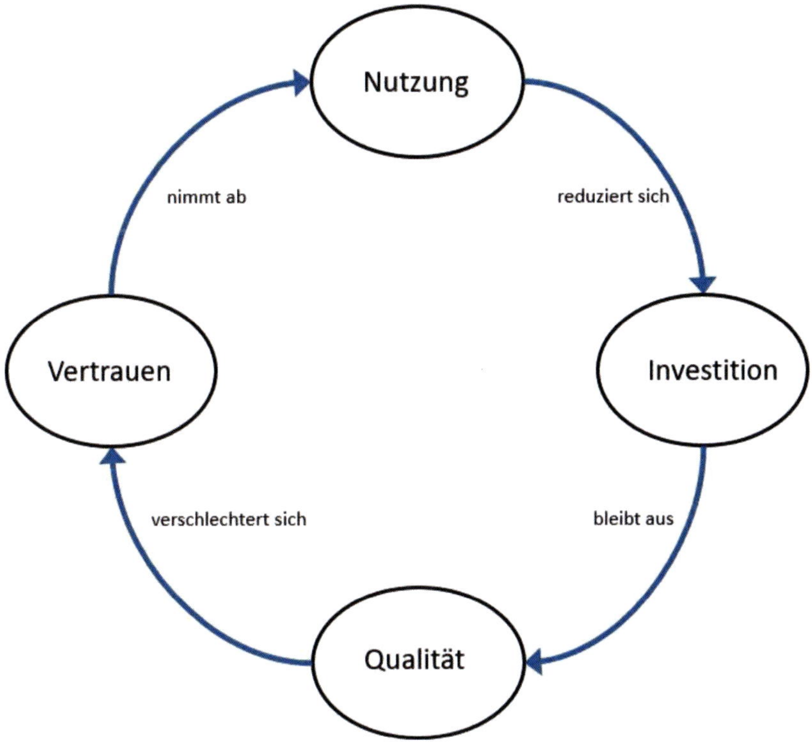

Abbildung 9: *Todesspirale; eigene Darstellung in Anlehnung an Probst.*

[87] Vgl. Kuppinger/Woywode, Vom Intranet zum Knowledge Management, S. 131f.

Diese Problematik wird zusätzlich durch mangelnde Benutzerfreundlichkeit der Wissensinfrastruktur verstärkt. Die Mitarbeiter wollen möglichst direkt auf das notwendige Wissen zugreifen. Die Wissensinfrastruktur muss wichtige Kriterien wie Einfachheit der Benutzung, geringer Zeitaufwand sowie Anschlussfähigkeit erfüllen, um dadurch eine schnelle Auffindung und Übertragung von Wissen auf einfache Weise zu ermöglichen.[88]

Darüber hinaus kann der Nutzwert von kodifiziertem Wissen durch die mangelnde Qualität der Inhalte negativ beeinträchtigt werden. Viele schriftliche Wissensdokumente entsprechen aufgrund mangelnder Investition oft nur unzureichend den Bedürfnissen der anvisierten Nutzergruppe. Meist, weil sie unvollständig, veraltet oder nicht nachvollziehbar sind. Infolgedessen bleiben sie ungelesen. Ohne kontinuierliche Aktualisierung und Pflege der Inhalte sinkt die Qualität des vorhandenen Wissens dauerhaft. Das Vertrauen in die darin enthaltenen Daten oder Informationen nimmt ebenfalls ab und die Nutzung reduziert sich noch weiter. Dies kann zu einer Todesspirale der elektronischen Wissensbasis führen, wenn durch die geringe Nutzung erst recht weitere Investitionen ausbleiben. Dies behindert wiederum zusätzlich eine korrekte Entscheidungsfindung.[89]

Generell ist es besonders wichtig, dass die technischen Wissensquellen durch ihre nutzungsgerechte Gestaltung und Qualität ein Equilibrium zwischen Such- und Lernkosten sowie der Nützlichkeit ihrer Anwendung herstellen. Eine auf konkrete Wissensbedürfnisse der Endnutzer orientierte Ausrichtung bewirkt wiederum, dass nicht nur die Akzeptanz der Technologien bei den Mitarbeitern steigt, sondern dass auch eine nachhaltige und einfach zu handhabende Wissensnachfrage ermöglicht wird.[90] Auch muss festgestellt werden, ob die Mitarbeiter eine Schulung für die Anwendung benötigen und wenn ja, dass diese bereitgestellt wird.

---

[88] Vgl. Probst/Raub/Romhardt, Wissen, S. 186-189.
[89] Vgl. Ebd., S. 217f.
[90] Vgl. Ebd., S. 187f.

Als zusätzlicher Grund für die ablehnende Haltung gegenüber IT-gestützten Lösungen können fehlende Kompetenz und Technophobie genannt werden. Hiermit sind auch Zweifel an den eigenen Fähigkeiten sowie mangelndes Interesse an der jeweiligen Anwendung verbunden. Deswegen fehlt den Mitarbeitern oft die Motivation, sich den Umgang mit diesen selbst beizubringen. Die Dokumentation des persönlichen Wissens und eine Weitergabe von Erfahrungen an andere wird demzufolge als Hürde empfunden und führt dazu, dass wertvolles Wissen verloren geht. Auch wenn der Mitarbeiter gerne anderen helfen will. Diese Hindernisse können durch entsprechende Aufklärung, interne Schulungen oder Weiterbildungsmaßnahmen abgebaut werden.[91]

In diesem Zusammenhang ist es die Aufgabe des Managements, die Mitarbeiter zum Einsatz der verfügbaren Technologien im Rahmen des Wissenstransfers nicht nur zu motivieren, sondern auch zu befähigen. Es muss auch ein entsprechendes Zeitfenster zur Nutzung eingeräumt werden, damit die Anwendung nicht zu einem Gefühl oder einer tatsächlichen zusätzlichen Arbeitslast für die Mitarbeiter wird. Doch eine Bereitstellung der technischen Infrastruktur allein kann ohne die Berücksichtigung organisatorischer und sozialer Faktoren nicht viel zum Wissensaustausch beitragen.[92]

3.2.2 Organisatorische Barrieren

Der innerbetriebliche Wissenstransfer kann durch organisatorische Faktoren behindert werden. Der zentrale Grund liegt oft in einer mangelnden Vernetzung der

---

[91] Vgl. Stefan Rathswohl, Entwicklung eines Modells zur Implementierung eines Wissensmanagements (Schriftenreihe Bauwirtschaft I, Forschung, Bd. 28). Kassel 2014, S. 43.

[92] Vgl. Uwe C. Trillitzsch, Felix Klostermeier, Wahl und Ausgestaltung der Werkzeuge als Grundlage einer erfolgreichen Wissensvernetzungs-Strategie. In: Peter Pawlowsky, Rüdiger Reinhardt, Wissensmanagement für die Praxis. Methoden und Instrumente zur erfolgreichen Umsetzung. Neuwied 2002, S. 225-252, hier S. 249.

Wissensträger. Dies ist jedoch eine zwingend erforderliche Basis für die Übertragung und Nutzung von Wissen im Unternehmen. Da Wissen immer objekt- oder personengebunden ist, müssen die Möglichkeiten zur Interaktion beziehungsweise Kommunikation zwischen diesen zum Zweck des Wissenstransfers geschaffen werden.[93] In dieser Hinsicht können beispielsweise eine ungeeignete betriebliche Architektur sowie räumliche Distanz von Mitarbeitern und Abteilungen den Wissensfluss negativ beeinflussen. Vor allem die physische Nähe ist ein sehr wichtiger Faktor, den es beim Wissenstransfer zu beachten gilt. Die Bürostrukturen sind so zu gestalten, dass die Arbeitsplätze wichtiger Kommunikationspartner oder der Mitarbeiter, die in einem Team oder Projekt zusammenarbeiten, sich räumlich in unmittelbare Nähe zueinander befinden. Home-Office führt hierbei zu einer deutlichen Nachteilssituation für die Mitarbeiter. Insbesondere dann, wenn dadurch keine oder kaum Möglichkeiten zu einem informellen Austausch bestehen.

Die dadurch mögliche direkte Kommunikation und bessere persönliche Erreichbarkeit fördern formlose Austauschbeziehungen und damit die Produktivität.[94] Auch häufigere Begegnung und ein Austausch durch zufälliges Aufeinandertreffen wird dadurch gefördert. Zudem können die Hindernisse, welche einen freien Wissensfluss über die Hierarchie- und Abteilungsgrenzen hinweg erschweren, durch die Einrichtung von offenen Kommunikationsräumen wie Sitzecken oder einer Cafeteria abgebaut werden. Solche Optionen bieten den Mitarbeitern die Möglichkeit außerhalb des Arbeitsplatzes, Treffen kurzfristig zu verabreden und sich beispielweise in den Kaffeeecken informell auszutauschen. Zusätzlich wird damit auch ein Raum für die Entstehung von persönlichen Kontakten und Wissensnetzwerken geschaffen.[95]

---

[93] Vgl. Hans-Georg Schnauffer, Brigitte Stieler-Lorenz, Sibylle Peters, Wissen vernetzen. Wissensmanagement in der Produktenentwicklung. Heidelberg 2004, S. 10.
[94] Vgl. Probst/Raub/Romhardt, Wissen, S. 150, 189.
[95] Vgl. Kuppinger/Woywode, Vom Intranet zum Knowledge Management, S. 51f.

Zusätzlich wichtig für den Wissenstransfer ist die vertikale Kommunikation von oben nach unten, denn eine mangelhafte Informationsvermittlung kann sich als weitere Hürde erweisen. Die Führungsaufgabe der Vorgesetzten besteht darin, ihre Mitarbeiter rechtzeitig und gewissenhaft mit Informationen zu versorgen, die für die Ausführung ihrer Tätigkeit und die Entscheidungsprozesse relevant sind. Gleichzeitig aber auch darauf zu achten, dass dies in der horizontalen Ebene ebenfalls gelingt. Dabei soll es nicht zu einer Informationsüberlastung kommen.[96] Darüber hinaus soll die Geschäftsführung Informationen wie Managemententscheidungen, Kerngrößen der Organisation und Abteilungserfolge sowie die Ziele transparent den Mitarbeitern gegenüber kommunizieren.[97] Das trägt dazu bei, dass die Belegschaft sich als Teil der Organisation wichtig und wertgeschätzt fühlt. Somit werden die Loyalität und die Bindung der Mitarbeiter an die Organisation gestärkt.[98]

Neben einer gezielten Verteilung von Informationen entlang des hierarchischen Weges müssen die Wissenssuchenden die Möglichkeiten haben, selbst ihren Wissensbedarf zu decken. Die mangelnde Transparenz über Wissensquellen verhindert dabei die effektive Suche nach benötigtem Wissen und verursacht Ineffizienzen, uninformierte Entscheidungen und Doppelarbeit.[99] Um das in der Organisation verfügbare Wissen übersichtlich zu gestalten und die Identifikation von Wissen zu erleichtern, bieten sich verschiedene Arten von Wissenslandkarten an. Dieses Wissensmanagementinstrument liefert eine Reihe strukturierter grafischer Verzeichnisse von Wissensträgern, -beständen, -quellen, -strukturen und ihrer

---

[96] Vgl. Ernst Zander, Führung in Klein- und Mittelbetrieben. 7. Auflage, Freiburg im Breisgau 1990, S. 100f.
[97] Vgl. Kuppinger/Woywode, Vom Intranet zum Knowledge Management, S. 53f.
[98] Vgl. Tim Schneider, Interne Kommunikation im Unternehmen. Die richtigen Instrumente zum Erfolg. Saarbrücken 2007, S. 27f.
[99] Vgl. Probst/Raub/Romhardt, Wissen, S. 31.

Anwendung. Es beinhaltet selbst kein Wissen, sondern verweist nur auf vorhandenes Wissen. Wissenslandkarten erzeugen dadurch Wissenstransparenz innerhalb einer Organisation und fördern die Nutzung der Wissensbestände.[100]

Ein geringer Stellenwert von Wissen innerhalb der Organisation ist eine weitere wichtige Barriere in der organisatorischen Dimension. Wenn das Management die Bedeutung des Wissens und die Notwendigkeit des Wissenstransfers nicht überzeugend genug kommuniziert, sehen die Mitarbeiter den Nutzen nicht und werden daher dafür auch keine Zeit investieren. Um dieses Problem zu überwinden, ist eine Verankerung konkreter Ziele für den Umgang mit Wissen in Form eines Wissensleitbildes in die Unternehmensstrategie erforderlich. Das Wissensleitbild ist eine Einleitung für das Verhalten der Belegschaft in Bezug auf den Wissenstransfer.[101] Um die Widerstände seitens der Mitarbeiter zu unterbinden, müssen sie in den Entwicklungsprozess der Leitsätze eingebunden werden. Als ein weiteres Hindernis des Wissenstransfers können sich mangelnde Kapazitäten und Ressourcen erweisen. Oft sind nicht genug Zeit, Finanzmittel oder Personal vorhanden, um die anspruchsvollen Wissensziele zu erreichen. In diesem Zusammenhang spielen die Unterstützung und der Rückhalt der Führungskräfte eine entscheidende Rolle. Sie müssen die gewünschten Werte und Normen vorleben, die notwendigen Veränderungen einleiten und im Rahmen des Wissenstransfers benötigte Ressourcen freigeben.[102]

---

[100] Vgl. Lehner, Wissensmanagement, S. 184-188.
[101] Vgl. Probst/Raub/Romhardt, Wissen, S. 45.
[102] Vgl. Björn Alex, Dieter Becker, Jan Stratmann, Ganzheitliches Wissensmanagement und wertorientierte Unternehmensführung. In: Klaus Götz (Hg.), Wissensmanagement. Zwischen Wissen und Nichtwissen. 4. Auflage, Mering 2002, S. 47-69, hier S. 51.

3.3 Der Faktor Mensch

Die Berücksichtigung des Faktors Mensch spielt für den Erfolg des innerbetrieblichen Wissenstransfers eine tragende Rolle. Die aktive Teilnahme der Mitarbeiter als die zentralen Wissensträger innerhalb der Organisation und nach wie vor Primärobjekte des Wissenstransferprozesses ist ausschlaggebend. Mangelnde Bereitschaft zum Teilen des eigenen Wissens mit anderen ist das häufigste Hindernis, das dem Wissensaustausch im Weg steht. Laut Probst et al. hängt die individuelle Teilungsbereitschaft von zwei Faktoren ab: die Fähigkeit zur Teilung von Wissen und die Bereitschaft dazu. Eingeschränkte individuelle Kommunikations- und Kooperationsfähigkeit sowie mangelnde soziale Kompetenz können die Teilungsfähigkeit gefährden. Der Besitzerstolz über das persönliche Expertenwissen und die Angst, durch die Wissenspreisgabe die eigene Machtstellung im Unternehmen zu verlieren, schränken den Willen zur Wissensteilung nachhaltig ein. Zusätzlich kann die vermeintliche und reale Zeitknappheit infolge von Informationsflut zu einer Zurückhaltung des eigenen Wissens führen.[103]

Neben den Teilungsbarrieren bestehen auch die personenbezogenen Nutzungsbarrieren, die sich als mangelnde individuelle Bereitschaft zur Nutzung von fremdem Wissen erweisen. Überschätzung der eigenen Fähigkeiten oder die Angst vor dem Verlust des eigenen Status als Experte sind die häufigsten Ursachen für solche Verhaltensmuster. Ergänzend kann das individuelle Beharren auf einer routinemäßigen Arbeitsweise dazu führen, dass das Potenzial neuen Wissens nicht erkannt und dessen Anwendung verweigert wird. In diesem Fall spricht man von der Betriebsblindheit oder Ignoranz aus Gewohnheit. Außerdem ist die Anforderung von Wissen unweigerlich mit einem Eingestehen einer Wissenslücke der

---

[103] Vgl. Probst/Raub/Romhardt, Wissen, S. 167.

Nachfrager verbunden. Dies birgt Potential zu zusätzlicher Sorge vor Bloßstellung und negativer Kritik anderer Kollegen. So kann es passieren, dass einzelne Mitarbeiter nur aus diesen Gründen untätig bleiben und die Probleme verschweigen. Dadurch wird die Nutzung des im Unternehmen bestehenden Wissens blockiert.[104] Ebenfalls können soziale Diskrepanzen oder persönliche Fehden innerhalb der Belegschaft zu selektivem Vorenthalten von Wissen führen.

Damit der Wissenstransfer in beiden Richtungen (Wissen teilen und Wissen aufnehmen) möglich wird, bedarf es einer wissensfördernden Organisationskultur, die auf Offenheit und gegenseitigem Vertrauen der Kollegen basiert.[105] Eine offene, konstruktive Feedbackkultur und der richtige Umgang einer Organisation mit den Fehlern ihrer Mitarbeiter sind weitere wichtige Aspekte der Unternehmenskultur. Daher ist es wichtig, dass die positive Fehlerkultur im Unternehmen aufgebaut wird und die Fehler nicht als Versagen, sondern als Lernmöglichkeiten und Chance gesehen werden, welche die Wissensbasis der Mitarbeiter und des Unternehmens erweitern.[106] Eine explizite Untersuchung der Kulturaspekte erfolgt in Kapitel 5.

Ein zusätzlicher wesentlicher Schwachpunkt, der häufig einem effizienten Wissenstransfer entgegensteht, ist die geringe Motivation der Mitarbeiter. Das Management des Unternehmens muss dafür sorgen, dass es sich für die Mitarbeiter lohnt, ihr Wissen mit anderen zu teilen und weiterzuentwickeln. Die Beiträge zum Wissenstransfer sollen nicht unbedingt durch materielle Anreize honoriert wer-

---

[104] Vgl. Probst/Raub/Romhardt, Wissen, S. 185f.
[105] Vgl. Georg Mannsperger, 30 Minuten Wissensmanagement als Wettbewerbsvorteil. Offenbach 2010, S. 17.
[106] Vgl. Wolfgang Jaspert, Gerrit Fischer, Wissensmanagement heute. Strategische Konzepte und erfolgreiche Umsetzung. München 2008, S. 77, 208.

den, sondern vielmehr durch die Wertschätzung und Anerkennung für die Leistungen.[107] Die Aufgabe des Managements ist es dementsprechend, wissensorientierte Anreiz- und Beförderungssysteme zur Förderung der freiwilligen Wissensteilung und -nutzung seitens der Mitarbeiter aktiv und systematisch zu gestalten. Essentiell ist hierfür die Unterstützung der intrinsischen Motivation, bei welcher die Selbstverwirklichung und Anerkennung eine deutlich größere Rolle spielt als rein materielle Anreize. Außerdem ist es empfehlenswert, die Anreizsysteme so zu gestalten, dass sie sowohl den Unternehmenszielen als auch den Bedürfnissen der einzelnen Mitarbeiter entsprechen. Als Bezugsgröße muss für das Anreizsystem die Festlegung der konkreten Wissensziele dienen.

Ein Beispiel dafür ist das sogenannte *Management by Knowledge Objectives*. Die Mitarbeiter vereinbaren mit ihren Vorgesetzen gemeinsame Wissensziele, die schließlich mit dem erreichten Ergebnis anhand von Soll-Ist-Vergleichen regelmäßig gemessen und angepasst werden. Dabei handelt sich vor allem um persönliche Qualifizierungsziele. Die Mitarbeiter können zum Beispiel eigene Kompetenzen weiterentwickeln oder ihr Wissen durch die Einarbeitung von neuen Kollegen weitergeben. Darüber hinaus werden sie gefordert, sich an der Wissenszielformulierung zu beteiligen. Sie bekommen damit die Möglichkeit, ihre eigenen Lernprozesse selbst mitzugestalten. Die Erreichung der festgelegten Wissensziele kann außerdem durch monetäre Anreize in Form von Prämien oder einer Gehaltserhöhung motiviert werden, sollte dabei aber nicht das primäre Ziel darstellen.[108]

---

[107] Vgl. Jürgen Kluge et al., Wissen entscheidet. Wie erfolgreiche Unternehmen ihr Know-how managen - eine internationale Studie von McKinsey. Frankfurt/Wien 2003, S. 34f.
[108] Vgl. North, Unternehmensführung, S. 143-146.

4 Organisationsstrukturen

Wie schon eingangs angeschnitten, haben Organisationsstrukturen ebenfalls Einfluss auf die Organisationskultur bzw. hier speziell die Wissensaustauschkultur. In diesem Kapitel gilt es vor allem die Organisationsstrukturen darzustellen, deren zentrale Aspekte zu erläutern und die Besonderheiten in Großunternehmen und Hochschulen herauszuarbeiten. Die exakte Bedeutung und die jeweiligen Auswirkungen im Kontext der Organisationskultur werden im nachfolgenden Kapitel behandelt.

Den Anfang stellen die Begrifflichkeiten einer Organisation und deren Organisationsstruktur dar. In der Literatur sind disziplinübergreifend sehr viele verschiedene Definitionsansätze vorhanden, je nach zugrundeliegender Theorie. Gängige Argumentationslinien verfolgen Erläuterungen der Organisation u.a. als ein Mittel zur Steigerung der Effizienz, als ein Instrument zur Herrschaftssicherung, als einen Apparat, der das Individuum einengt und in eine vorgefertigte Rolle zwängt, als eine Möglichkeit, um individuelle Freiheit zu gewinnen, als einen Knotenpunkt von Verträgen oder auch als ein System, dessen Code die Kommunikation von Entscheidungen ist.[109] Antriebe der Herrschaftssicherung und Einengung von Individuen zum Beispiel sind bereits in ihrer Grundessenz schädlich für den freien Wissenstransfer. Sie zielen auf die Selbststärkung und die Schwächung der anderen ab, sie verfolgen kurzum das Ziel, Wissen vorzuenthalten oder falsches Wissen weiterzugeben. Diese negativen Maßnahmen sind typische Praktiken solcher Organisationsstrukturen.

Als entscheidende Merkmale einer Organisation zählen Frese, Graumann und Theuvsen auf, dass eine Mehrheit von Personen und deren Handlungen betrachtet

---

[109] Vgl. Alfred Kieser, Peter Walgenbach, Organisation. 5. Auflage, Stuttgart 2007, S. 1.

werden. Gleichzeitig verbindet genau diese Personen und deren Handeln die Ausrichtung auf ein gemeinsames Ziel, sodass das Handeln einer Person das Handeln anderer Personen innerhalb der Organisation beeinflussen kann.[110] Kieser und Walgenbach definieren Organisationen als soziale Gebilde, die dauerhaft ein Ziel verfolgen und eine formale Struktur aufweisen, mit deren Hilfe die Aktivitäten der Mitglieder auf das verfolgte Ziel ausgerichtet werden sollen.[111] Beides sind positive Grundstrukturen, um einen förderlichen Wissenstransfer innerhalb einer Organisation zu erzeugen. Bezüglich Organisationsstrukturen schreiben Frese et al., dass diese im entscheidungsorientierten Kontext die Folge organisatorischer Regelungen sind. Diese organisatorischen Regelungen bzw. die Gestaltung soll dafür Sorge tragen, dass die einzelnen Individuen die übergeordneten Organisationsziele verfolgen. So stellen diese Regelungen Erwartungen an die Individuen bezüglich ihres Handelns durch die genaue Vorgabe der Aufgaben oder andere verhaltensbeeinflussende Maßnahmen dar.[112] Ein gemeinsames Ziel wiederum hat den Effekt, ein Gemeinschaftsgefühl zu erwecken. Ein Team arbeitet zusammen, und wertvolle Erkenntnisse werden geteilt. Auch Effekte der Schwarmintelligenz können hier zum Zuge kommen. Auch Kieser und Walgenbach schließen sich dieser Ansicht von Frese et al. an:

> *„Unter der formalen Struktur einer Organisation verstehen wir zunächst ein System von geltenden Regelungen zur Steuerung von Leistung und Verhalten der Organisationsmitglieder."*[113]

Da beide Grundkonzepte einem Wissenstransfer förderlich sind, als Unternehmenskultur somit auch eine positive Wissensaustauschkultur erzeugen, sind diese

---

[110] Vgl. Erich Frese, Matthias Graumann, Ludwig Theuvsen, Grundlagen der Organisation. Entscheidungsorientiertes Konzept der Organisationsgestaltung. 10. Auflage, Wiesbaden 2012, S. 20.
[111] Vgl. Kieser/Walgenbach, Organisation, S. 6.
[112] Vgl. Frese/Graumann/Theuvsen, Grundlagen, S. 6f und S. 50.
[113] Kieser/Walgenbach, Organisation, S. 21.

Konzepte besonders gut für das Ziel der Arbeit geeignet. Organisationsstrukturen sollen mit Wissensstrukturen kombiniert werden, um die Universität selbst näher analysieren zu können. Es wird in der Arbeit davon ausgegangen, dass die Organisationsstruktur ein geltendes Regelungssystem einer Organisation ist, die das Handeln und Verhalten der Organisationsmitglieder auf die Ziele der Organisation ausrichtet. Sprich: das gemeinsame Ziel als intrinsische Motivation.

4.1 Zentrale Aspekte der Organisationsstruktur

Um das Wesen der Organisationsstruktur besser verstehen zu können, wird der Linie und der Aufteilung von Kieser und Walgenbach gefolgt. Für die tiefergehende Erläuterung der Organisationsstruktur verwenden sie fünf Dimensionen. Diese Dimensionen sind Spezialisierung (Arbeitsteilung), Koordination, Konfiguration (Leitungssystem), Entscheidungsdelegation (Kompetenzverteilung) und Formalisierung.[114] Hierarchien sind zwar mitbedacht, aber nicht zwangsweise als flach oder pyramidenförmig vorgeschrieben, zentraler Kern ist die Vorgabe eines Handlungsrahmens.

Spezialisierung und Koordination sind die beiden Grundprinzipien einer Organisationsstruktur. Die Spezialisierung oder auch Arbeitsteilung entsteht durch die Verteilung von Arbeitspaketen und Teilaufgaben auf einzelne Mitarbeiter, da die Gesamtaufgabe in Summe nicht von einer einzelnen Person bewältigt werden kann. Da das Handeln und die einzelnen Teilaufgaben der jeweiligen Mitarbeiter jedoch auf die zu erfüllende Gesamtaufgabe abgestimmt sein müssen, ist daher die Koordination der Teilaufgaben notwendig. Die Konfiguration regelt die hierarchische Ordnung und die damit verbundene Weisungsbefugnis unter den Mit-

---

[114] Vgl. Kieser/Walgenbach, Organisation, S. 71.

arbeitern. Parallel dazu existiert die Dimension der Kompetenzverteilung beziehungsweise der Entscheidungsdelegation. Diese legt fest, welche Mitarbeiter in welchem Rahmen verbindliche Entscheidungen treffen dürfen. Die Dimension der Formalisierung regelt durch schriftliche Fixierungen die Beziehung zwischen einzelnen Mitarbeitern.[115]

Spezialisierung/Arbeitsteilung

Bei entsprechender Größe einer Organisation muss die Gesamtaufgabe in Teilaufgaben unterteilt werden. Diese Teilaufgaben unterscheiden sich in ihrer Art. Werden nur Mengen aufgeteilt, so gleichen sich die entstandenen Aufgaben, und es ist nicht mehr von Spezialisierung die Rede. Durch die Aufteilung der Arbeit entstehen verschiedene Stellen in einer Organisation.[116] Gruppen oder Abteilungen entstehen, wenn mehrere Stellen zu einer Einheit zusammengefasst werden. Denen wiederum werden Leitungsstellen bzw. Instanzen übergeordnet.[117] Instanzen werden Rechte und Pflichten – darunter Entscheidungsbefugnisse, Weisungsbefugnisse und Verantwortung – zuteil, die sich auf die untergeordneten Stellen und deren Aufgaben beziehen.[118] Es bildet sich somit auch das klassische Schema eines Organigramms in Baumform ab. Die Bildung von Abteilungen hat im Wesentlichen zwei Ziele. Zum einen soll die oberste Instanz bzw. Organisationsleitung von Entscheidungs- und Leitungsaufgaben entlastet werden, zum anderen soll die Abstimmung erleichtert werden, da auftretende Abstimmungsprobleme innerhalb der Abteilung von den Instanzen gelöst werden und abteilungsübergreifend zwischen den beteiligten Abteilungsinstanzen geklärt werden können.[119]

---

[115] Vgl. Kieser/Walgenbach, Organisation, S. 71f.
[116] Vgl. Ebd., S. 72f.
[117] Vgl. Ebd., S. 82.
[118] Vgl. Ebd., S. 82ff.
[119] Vgl. Ebd., S. 85.

Dies geht auch damit einher, dass Macht von der Spitze abgegeben und auf eine niedrigere Ebene übertagen wird.

Grundlegend wird zwischen funktionalen und divisionalen Organisationsstrukturen unterschieden. In welchem Rahmen und bezüglich welchen Aufgabentyps die Mitarbeiter ihre Aufgaben teilen, hängt von der Art der Organisationsstruktur ab. Werden Abteilungen auf der ersten Ebene unter der Organisationsleitung nach der Verrichtung oder Funktion gebildet, so liegt eine funktionale Organisationsstruktur vor. Werden jedoch die Abteilungen nach Kriterien gebildet, die Objekte, Regionen oder Kundengruppen in den Fokus stellen, so spricht man von einer divisionalen Organisationsstruktur. Auf den folgenden hierarchischen Ebenen können die spezialisierten Stellen oder Abteilungen, unabhängig vom übergeordneten Organisationsstrukturtyp, wiederum entweder nach dem Verrichtungsprinzip oder dem Objektprinzip gestaltet werden.[120]

Ein zu hoher Grad an Spezialisierung der Einheiten kann zu monotonen Arbeitsabläufen und damit verbundenen negativen Auswirkungen wie einer hohen Fluktuation oder einem hohen Krankenstand führen. Allerdings sind auch positive Merkmale wie z.B. eine geringe Einarbeitungszeit und eine steile Lernkurve von neuen Mitarbeitern oder Kosteneinsparungen durch den möglichen Einsatz von minder qualifiziertem Personal zu nennen.[121] Je nach Organisation sind hier Vor- und Nachteile einer hohen Spezialisierung gegeneinander abzuwägen. Zusätzlich muss die Spezialisierung nicht zwangsläufig mit einer Disqualifizierung der Aufgaben einhergehen. So existieren auch Stellen, die von hochqualifiziertem Personal zu besetzen sind, wie z.B. juristische Aufgabenbereiche oder Forschungstätigkeiten.[122]

---

[120] Vgl. Kieser/Walgenbach, Organisation, S. 88f.
[121] Vgl. Ebd., S. 75f.
[122] Vgl. Ebd., S. 80.

Koordination

Bedingt durch die Spezialisierung und/oder Arbeitsteilung wird eine zusätzliche Struktur benötigt. Es bedarf einer Koordination, die dafür Sorge tragen soll, dass alle Teilaufgaben im Sinne der Organisationsziele erledigt werden und die Absprachen zwischen den einzelnen Mitarbeitern, die aus den arbeitsbezogenen Abhängigkeiten der Arbeitsteilung resultieren, funktionieren.[123] Kieser und Walgenbach arbeiten dabei zwei Arten der Koordination heraus. Zum einen gibt es die Vorauskoordination, bei der möglichst viele Koordinationsfragen bereits im Voraus geklärt werden und bei der Weisungen hierarchisch schrittweise von oben nach unten weitergegeben werden. Zum anderen gibt es die Feedbackkoordination, die hierarchisch gesehen unten beginnt und Missstände nach oben weiterleitet, sodass darauf reagiert werden kann und neue Koordinationsmaßnahmen eingeleitet werden können. So wird die Feedbackkoordination auch als Korrekturkoordination bezeichnet.[124] Hierbei zeigt sich zugleich, dass ein paralleles Praktizieren beider Maßnahmen für den Wissenstransfer am förderlichsten ist. Idealerweise in mehreren Schleifen, wie es je nach Organisation auch bereits aus dem Projektmanagement implementiert ist.[125] Die Koordination bedient sich verschiedener Instrumente. Kieser und Walgenbach unterscheiden zwischen persönlicher, unpersönlicher bzw. technokratischer, kultureller und berufsrollenstandardisierter Koordination.[126]

---

[123] Vgl. Kieser/Walgenbach, Organisation, S. 93f.
[124] Vgl. Ebd., S. 98f.
[125] Vgl. Ken Schwaber, Jeff Sutherland, The Scrum Guide. November 2017, online verfügbar: https://www.scrum.org/resources/scrum-guide, abgerufen am: 05.09.2020.
[126] Vgl. Kieser/Walgenbach, Organisation, S.100f. und S. 126f.

Die persönliche Koordination zeichnet sich durch die Kommunikation über Instanzen aus. Die Instanzen können hierbei sowohl pluralistischer als auch personenspezifischen Art sein.[127] Unter die persönlichen Koordinationsformen fallen die Koordination durch persönliche Weisung, deren Kommunikationswege vertikaler Natur sind und die Koordination durch Selbstabstimmung, die sich durch Gruppenentscheidungen und damit durch horizontale Kommunikation charakterisiert. Die Koordinationsentscheidungen, die im Zuge persönlicher Koordination getroffen werden, sind im Gegensatz zur unpersönlichen Koordination bestimmten Personen zuzuordnen.[128] insbesondere für den Transferprozess von implizitem Wissen ist dieser Schritt unerlässlich. Durch die natürliche Dokumentation und Nachverfolgbarkeit ist auch für den Umwandlungsprozess von implizitem zu explizitem Wissen eine gute Grundlage vorhanden.

In die Kategorie der unpersönlichen Koordination fällt die Koordination durch Programme, Pläne und organisationsinterne Märkte. *„Programme legen den Ablauf von Aktivitäten auf Dauer fest"*[129]. Trifft ein Mitarbeiter auf ein Problem, so muss er dies lösen, indem er das im Programm festgeschriebene Verfahren anwendet. Nachteil dabei ist, dass es sich in erster Linie um ein statisches Verfahren handelt und extreme Abhängigkeit von der Aktualität der dahinterliegenden Datenbank besteht. Pläne werden im Gegensatz dazu für bestimmte Perioden aufgestellt und können inhaltlich von Periode zu Periode variieren. Sie verfolgen jedoch immer ein konkretes Ziel.[130] Organisationsinterne Märkte werden hingegen geschaffen, wenn die Koordinations- und Anreizeffekte von Märkten genutzt wer-

---

[127] Pluralinstanzen zeichnen sich nach Kieser und Walgenbach dadurch aus, dass die Aufgaben der Instanz von allen Stelleninhabern der jeweiligen organisatorischen Einheit gemeinsam wahrgenommen werden, sodass es zwar eine Stellenhierarchie, aber keine Personenhierarchie gibt (Vgl. Kieser/Walgenbach, Organisation, S. 95f.).
[128] Vgl. Ebd., S. 101.
[129] Ebd., S. 111.
[130] Vgl. Ebd., S. 111f.

den sollen, sodass Ressourcen in jeglicher Hinsicht effizienter eingesetzt werden.[131] Da die getroffenen Entscheidungen bei der unpersönlichen Koordination nicht mehr genau nachverfolgt und somit keiner bestimmten Person zugeordnet werden können, werden die Koordinationsmedien für die Mitarbeiter zur Institution.[132]

Die Organisationskultur wird dabei ebenfalls als ein Koordinationsinstrument aufgezählt. Die geteilten Normen und Werte innerhalb einer Kultur begünstigen laut Kieser und Walgenbach die Koordination der einzelnen Aufgaben bzw. Aktivitäten.[133] An dieser Stelle ist jedoch zu erwähnen, dass die Organisationskultur durchaus die Koordination unterstützen kann, es jedoch auch Kulturtypen gibt, durch die die Koordination erschwert wird. Voraussetzung dafür, dass die Organisationskultur ein Koordinationsinstrument darstellt, ist, dass die Kultur überwiegend koordinationsfördernde Normen und Werte besitzt. Außerdem findet Koordination durch die Standardisierung von Berufsrollen und Qualifikationen statt. Beispielsweise werden bestimmte implizite Rollen während der Ausbildung erlernt, die im späteren Arbeitsalltag weiterhin als geltende Normen angewendet werden. Außerdem existieren gewisse standardisierte Qualifikationen und Arbeitsabläufe in fast allen Berufsbereichen, die zur Ausführung der späteren Tätigkeit zwingend erreicht bzw. erlernt werden müssen. Ein weit verbreitetes Beispiel, das dieses Koordinationsinstrument erläutert, ist ein Operationsablauf. Wenn ein Chirurg, ein Anästhesist und zwei Operationsschwestern das erste Mal zusammenarbeiten, können diese ohne vorherige Absprachen durch ihre erlernten Berufsrollen und Qualifikationen trotzdem Hand in Hand arbeiten und eine Operation professionell durchführen.[134]

---

[131] Vgl. Kieser/Walgenbach, Organisation, S. 115.
[132] Vgl. Ebd., S. 101.
[133] Vgl. Ebd., S. 120.
[134] Vgl. Ebd., S.126f.; Henry Mintzberg, Die Mintzberg-Struktur. Organisationen effektiver gestalten. Landsberg/Lech 1992, S. 22f.

Der Koordinationsbedarf wächst mit der Größe der Gruppe exponentiell an und nimmt mehr Zeit in Anspruch. Um im Allgemeinen den Koordinationsbedarf einer Organisation zu reduzieren, gibt es die Möglichkeit Abteilungen zu bilden, Ressourcen flexibel einzusetzen oder einen Überschuss an Ressourcen bereitzustellen sowie den Abstimmungsbedarf mithilfe von Standards oder Bandbreiten zu beschränken.[135]

Konfiguration/Leitungssystem

Pugh et al. stellen die Konfiguration einer Organisation als die äußere Form des Stellengefüges dar.[136] Dieser Aspekt nimmt vor allem die Instanzen inklusive deren Entscheidungs- und Weisungsbefugnisse in den Blick, weshalb in der Literatur auch vom Leitungssystem gesprochen wird. Es wird dabei geregelt, wer welche Macht abgibt und welches Wertgefüge dabei gilt. Da durch die Einrichtung von Abteilungen und Instanzen auch Weisungsbeziehungen zwischen den Stellen einer Organisation einhergehen, existieren auch Unter- und Überordnungsverhältnisse innerhalb des Stellengefüges. Klassischerweise unterscheidet man diesbezüglich zwischen Ein- und Mehrliniensystemen. Die idealtypische Form eines Einliniensystems sieht vor, dass eine höhere Stelle mehreren untergeordneten Stellen Weisungen erteilt, während diese untergeordneten Stellen nur von einer einzigen Instanz Weisungen empfangen.

Vorteile des Einliniensystems sind die Klarheit der Verantwortungsverhältnisse und eine solide Koordinationsgrundlage. Nachteile sind die übermäßig starke Beanspruchung der Instanzen, lange Informationswege, geringe Reaktionsgeschwindigkeiten und die möglichen Informationsverzerrungen auf dem Dienstweg. Das Mehrliniensystem ist hingegen so ausgelegt, dass eine untergeordnete Stelle von

---

[135] Vgl. Kieser/Walgenbach, Organisation, S.99f.

[136] Vgl. Derek S. Pugh et al., Dimensions of Organization Structure. In: Administrative Science Quarterly, Vol. 13 Heft 1, 1968, S. 65-105, hier S. 78.

mehreren übergeordneten und spezialisierten Instanzen Weisungen empfängt. Dieses System profitiert von kurzen Dienstwegen und professionellen Entscheidungen, da die Instanzen Spezialisten in ihrem jeweiligen Gebiet sind. Hier ist als nachteilig zu erwähnen, dass ein hoher Koordinationsaufwand entsteht und es leicht zu Verwirrungen bezüglich des Zuständigkeitsbereichs und der Weisungsbefugnisse der Instanzen kommen kann. Außerdem wird die Zurechnung von Verantwortlichkeit erschwert sowie mangels Überschneidungsfreiheit der Zuständigkeiten die Konkurrenzstreitigkeit zwischen den Instanzen gesteigert.[137]

Um die Vorteile beider Systeme zu kombinieren, gibt es in der Praxis häufig Hybridformen dieser Leitungssysteme. Als Beispiel ist hier die Matrixorganisation zu nennen, bei der die Leitungsfunktionen gleichwertig auf zwei Dimensionen, beispielsweise Produkt und Verrichtung, verteilt sind.[138] Aber auch Maßnahmen zur Zentralisierung einzelner Arbeitsbereiche, die bei allen Abteilungen anfallen, führen zu einem gängigem Hybridsystem. Häufig ist das im Bereich der Buchhaltung oder bei juristischen Angelegenheiten zu finden.

Teile der Konfigurationsdimension sind ebenfalls die Stellenarten. Hier wird zwischen zwei Stellentypen unterschieden, und zwar den Linien- und Stabstellen. Linienstellen befassen sich direkt mit der Erfüllung der Hauptaufgaben der Organisation und umfassen somit Ausführungsstellen und Instanzen. Stabstellen sind hingegen Leitungshilfsstellen, die keine Entscheidungs- bzw. Weisungsbefugnis besitzen, jedoch Instanzen unterstützen.[139]

Die Konfiguration ist zusätzlich durch zwei weitere Merkmale unterteilt, die Gliederungstiefe und die Leitungsspanne. Die Gliederungstiefe entspricht der Anzahl der hierarchischen Ebenen, sie wird in der Literatur z.B. auch vertikale Spanne

---

[137] Vgl. Kieser/Walgenbach, Organisation, S. 127-134; Robert Staerkle, Leitungssystem. In: Erich Frese (Hg.), Handwörterbuch der Organisation (Enzyklopädie der Betriebswirtschaftslehre, Bd. 2). 3. Auflage, Stuttgart 1992, S. 1229-1239, hier S. 1231f.
[138] Vgl. Staerkle, Leitungssystem, S. 1234.
[139] Vgl. Kieser/Walgenbach, Organisation, S. 135f.

oder Leitungstiefe genannt. Als Leitungsspanne wird die Anzahl einer Instanz direkt untergeordneten Stellen bezeichnet. Diese beiden Aspekte hängen insofern zusammen, als dass eine große Leitungsspanne mit weniger hierarchischen Ebenen auskommt - und umgekehrt.[140]

Entscheidungsdelegation/Kompetenzverteilung

Die Entscheidungsdelegation thematisiert den inhaltlichen Umfang von Entscheidungsbefugnissen, während sich die Konfiguration mit der Struktur der Weisungsbeziehungen auseinandersetzt.[141] Sie ist damit aber per se mit der Konfiguration eng verbunden. Kieser und Walgenbach definieren die *„Entscheidungsdelegation [als] die umfangmäßige Verteilung der Entscheidungsbefugnisse in einer Organisation"*[142], welche *„die Zuweisung von Aufgaben, die Vorgabe von Zielen für die Aufgabenerfüllung, die Ausstattung mit den zur Aufgabenerfüllung notwendigen Rechten [...] und die Zuweisung von Verantwortung"*[143] beinhaltet. Liegt eine reine Entscheidungszentralisation vor, so verfügt nur die oberste Instanz über Entscheidungsbefugnisse. Dies entspricht einer strikten Hierarchie, für den Wissenstransfer nicht optimal, da der wechselseitige Austausch mit und auf unterschiedlichen Leitungsebenen fehlt. Bei einer Entscheidungsdezentralisation wird der Großteil der Entscheidungen auf den hierarchisch untersten Ebenen gefällt.[144] Simon et al. fassen es folgendermaßen zusammen:

> *„An administrative organization is centralized to the extent that decisions are made at relatively high levels in the organization; decentral-*

---

[140] Vgl. Kieser/Walgenbach, Organisation, S. 148f.; Staerkle, Leitungssystem, S. 1235.
[141] Vgl. Kieser/Walgenbach, Organisation, S. 152.
[142] Ebd., S. 153.
[143] Ebd.
[144] Vgl. Ebd., S. 155.

ized to the extent that discretion and authority to make important decisions are delegated by top management to lower levels of executive authority."[145]

Dale konstatiert an dieser Stelle die Dezentralisierung wie folgt: Der Grad der Dezentralisierung steigt mit der Anzahl der Entscheidungen, die auf unteren Hierarchieebenen getroffen werden dürfen, mit der Bedeutsamkeit dieser delegierten Entscheidungen, mit der Anzahl der Stellen, die von diesen Entscheidungen betroffen sind und mit abnehmender Rücksprachepflicht bzgl. der Entscheidungen mit den übergeordneten Instanzen.[146]

Formalisierung

Die Formalisierung wird mit dem Einsatz schriftlich fixierter organisatorischer Regeln gleichgesetzt und stellt damit ein Merkmal der Bürokratisierung dar.[147] Gleichzeitig ist es eine Grundlage zur Dokumentation von Arbeitsabläufen und Organisationsprozessen. Kieser und Walgenbach sowie Vahs fassen die von Pugh et al.[148] aufgestellten Teildimensionen der Formalisierung als Strukturformalisierung, Informationsflussformalisierung und Leistungsdokumentation zusammen. Die Strukturformalisierung bezieht sich auf die schriftliche Fixierung von Organisationsschaubildern bzw. Organigrammen, Stellenbeschreibungen und Programmen. Insbesondere die Organigramme können organisationsintern auch zum

---

[145] Herbert A. Simon et al., Centralization vs. Decentralization in Organizing the Controller's Department. New York 1954, S. 1f.

[146] Vgl. Ernest Dale, Planning and Developing the Company Organization Structure. New York 1952, S. 107.

[147] Vgl. Kieser/Walgenbach, Organisation, S. 157.

[148] Vgl. Pugh, Dimensions, S. 76.

Knowledgemapping der Verantwortlichkeiten oder Spezialisierungen dienen,[149] im Idealtypus mit zusätzlichen Referenzen hin zu Personen oder Fachabteilungen.

Die Informationsflussformalisierung umfasst die Regelungen zur schriftlichen Kommunikation in der Organisation. Hierbei kann es sich beispielsweise um schriftliche Dienstanweisungen, Mitteilungen, Protokolle oder ähnliches handeln. Insbesondere im Zuge der Digitalisierung und durch hohen Softwareeinsatz verbreiten sich Wikis in den Unternehmen als Sammlungen expliziten Wissens. Unter der Leistungsdokumentation werden die Regelungen zur schriftlichen Leistungserfassung und -beurteilung, wie z.B. Arbeitszeitkarten, Arbeitsstatistiken oder Personalbeurteilungsbögen, zusammengefasst.[150] Wenn zusätzlich mehrere Ebenen für Feedbackschleifen gegeben sind, werden diese Evaluationsprozesse ebenfalls darunter abgebildet.

4.2 Großunternehmen und ihre Organisationsstrukturen

Nachdem zuvor die grundlegenden Aspekte der Organisationstheorie analysiert wurden, folgt nun die Umsetzung auf der Praxisebene. Kurzum: Wie sind Organisationen strukturiert? Da deutsche Hochschulen im Durchschnitt ca. 1788 Mitarbeiter beschäftigen,[151] ist es sinnvoll, die Organisationsstrukturen von Hochschulen mit Unternehmen zu vergleichen, die bzgl. der Mitarbeiterzahl dieselbe

---

[149] Vgl. Corinna Pelz, Annette Schmitt, Markus Meis, Knowledge Mapping als Methode zur Auswertung und Ergebnispräsentation von Fokusgruppen in der Markt- und Evaluationsforschung. In: Forum Qualitative Sozialforschung, Vol. 5 Heft 2, 2004, o.S.

[150] Vgl. Kieser/Walgenbach, Organisation, S. 157-163; Dietmar Vahs, Organisation. Ein Lehr- und Managementbuch. 9. Auflage, Stuttgart 2015, S. 116f.

[151] Die durchschnittliche Mitarbeiterzahl an deutschen Hochschulen ergibt sich durch die Gesamtanzahl der haupt- und nebenberuflichen Mitarbeiter an deutschen Hochschulen im Jahr 2019 von 704.607 dividiert durch die Anzahl der deutschen Hochschulen von 394. Vgl. HRK, Hochschulrektorenkonferenz: Hochschulen in Zahlen 2019, online verfügbar: https://www.hrk.de/fileadmin/redaktion/hrk/02-Dokumente/02-06-Hochschulsystem/Statistik/2019-05-16_Final_fuer_Homepage_2019_D.pdf, abgerufen am 05.09.2020.

Größenordnung aufweisen. Folglich scheiden die kleinen und mittleren Unternehmen aus und im Folgenden wird auf die speziellen Organisationsstruktureigenschaften von Großunternehmen[152] eingegangen. Hierbei werden die im vorangegangenen Kapitel erläuterten Dimensionen der Organisationsstruktur eingesetzt, jedoch nur die Aspekte aufgegriffen, die weitestgehend konstant bleiben und nicht je nach Auslegung der Unternehmensphilosophie variieren.

Hinsichtlich der Spezialisierung von Großunternehmen lässt sich festhalten, dass große Unternehmen viele spezialisierte Stellen und Abteilungen aufweisen. Durch die große Anzahl an Mitarbeitern kann und muss die Gesamtaufgabe in sehr kleine, spezielle Teilaufgaben unterteilt werden, sodass ein hoher Grad der Arbeitsteilung erreicht wird. Dadurch können deren ökonomische Vorteile genutzt werden. Des Weiteren steigt auch der Professionalitätsgrad der Mitarbeiter mit steigender Unternehmensgröße.[153] Dies korreliert mit einem größeren Wissensbedarf und fördert die Schaffung wissensintensiver Arbeitsbereiche, aber auch den Ausbau der Automatisierung und damit Eliminierung einfacher Tätigkeiten.

Die Koordination durch Programme oder Pläne übernimmt neben den anderen Koordinationsinstrumenten in großen Unternehmen einen Großteil des Koordinationsbedarfs. Grundlegend steigt der finanzielle Nutzen der Erstellung solcher Programme mit steigender Unternehmensgröße, da mehr Mitarbeiter von diesen profitieren und effizienter arbeiten können. Zusätzlich werden die einzelnen Stellenanforderungen mit zunehmender Spezialisierung einfacher, sodass diese besser

---

[152] Bzgl. der Arbeitnehmeranzahl gelten Kapitalgesellschaften laut §267 Abs. 3 HGB als Großunternehmen, sobald 250 Mitarbeiter überschritten werden.
[153] Vgl. Derek S. Pugh, et al., The Context of Organization Structure. In: Administrative Science Quarterly, Vol. 14 Heft 1, 1969, S. 91-114, hier S. 98; Alfred Kieser, Der situative Ansatz. In: Alfred Kieser, Mark Ebers (Hg.), Organisationstheorien. 8. Auflage, Stuttgart 2019, S. 176f.; John Child, Predicting and Understanding Organization Structure. In: Administrative Science Quarterly, Vol. 18 Heft 2, 1973, S. 168-185, hier S. 171.

in Programmen abgebildet bzw. im Voraus durch Pläne koordiniert werden können. Mit steigender Mitarbeiteranzahl nimmt zwar auch die Anzahl heterogener Stellen zu, jedoch steigt auch die Anzahl homogener Stellen, sodass ein geschriebenes Programm gleichzeitig von mehreren Mitarbeitern angewendet werden kann.[154]

Bei konkreter Betrachtung der Konfigurationsdimension zeigt sich, dass die Leitungsspanne in Großunternehmen tendenziell größer ausfällt als bei kleineren Unternehmen. Hierbei müssen jedoch Startups als eine Sonderform außen vor gelassen werden, klassische hierarchische Strukturen kommen dort nur selten zu tragen. Ursache sind die geringe Größe, finanzielle Ausstattung und potentielle externe Abhängigkeit. Einerseits verringert sich durch die heterogenen Stellen und die damit verbundene Komplexität der Koordination die Leitungsspanne der Instanzen. Andererseits existieren in Großunternehmen auch viele homogene Stellen, sodass eine Instanz mehreren homogenen Stellen übergeordnet werden kann. Zudem kann die Leitungsspanne durch den Einsatz von Programmen oder Plänen für die unterstellten homogenen Stellen zusätzlich vergrößert werden.[155]

Bei der Entscheidungsdelegation in großen Unternehmen ist davon auszugehen, dass es sich hier tendenziell um eine ausgeprägtere Entscheidungsdezentralisierung handelt. Die Unternehmensleitung ist größenbedingt nicht mehr in der Lage, alle Entscheidungen für die Organisation alleine zu treffen und ist somit gezwungen, Entscheidungen zu delegieren. Außerdem wird durch verstärkten Einsatz technokratischer Koordination die Entscheidungsdelegation erleichtert, da einzusetzende Programme die Optionen zur Entscheidungsfindung einschränken bzw. vorgeben und somit gesichert ist, dass die Entscheidung im Einklang mit den Organisationszielen ist.[156] Die Interessenswahrung des Unternehmensziels dient

[154] Vgl. Kieser, Ansatz, S. 178; Pugh et al., Context, S. 98.
[155] Vgl. Kieser, Ansatz, S. 178.
[156] Vgl. Child, Organization, S. 181f.; Kieser, Ansatz, S. 178.

hierbei als Leitlinie. Großunternehmen weisen außerdem einen höheren Formalisierungsgrad auf. Dies fußt zum einen auf dem größeren Bedarf an Programmen und Plänen, dient aber zusätzlich der Kontrolle von beispielsweise dezentralen Entscheidungen.[157] Auch erfordern betriebliche Belange, sei es auf Ebene der Arbeitnehmervertreter oder im Bereich der abteilungsübergreifenden Projektarbeit, eine Zusammenarbeit mehrerer Abteilungen und damit klare Strukturen und Handlungsempfehlungen.

4.3 Hochschulen und ihre Organisationsstrukturen

Bei den Hochschulen ergeben sich aus dem gesetzlichen Rahmen sowie den jeweiligen Grundordnungen der Hochschulen die entsprechenden Organisationsstrukturen. Generell kann davon ausgegangen werden, dass das Rektorat bzw. Präsidium, der Hochschulrat sowie der Senat die höchsten Instanzen einer Hochschule sind. Dies ist entsprechend länderübergreifend in den Hochschulgesetzten verankert. Während das Rektorat die Hochschule leitet, berät der Hochschulrat das Rektorat, wacht über dessen Geschäftsführung und übernimmt u.a. die strategische Steuerung der Hochschule. Der Hochschulrat übernimmt diese Funktion und bildet damit ein Äquivalent des Aufsichtsrates. Der Senat ist hingegen für Angelegenheiten zuständig, die die gesamte Hochschule bezüglich Forschung oder Lehre betreffen und von grundsätzlicher Bedeutung sind. Außerdem stehen dem Rektorat beratende Stabstellen zur Seite.[158] Es können je nach Bedarf in Abstimmung mit dem Senat jederzeit weitere Stabsstellen eingerichtet werden.

---

[157] Vgl. Child, Organization, S. 171; Pugh et al., Context, S. 98; Kieser, Ansatz, S. 176ff.
[158] Vgl. Universität zu Köln (Hg.), Organisation. Informationen zu den Leitungsorganen und Gremien (27.05.2015), online verfügbar: https://www.portal.uni-koeln.de/uni-organisation.html, abgerufen am 27.06.2020; Universität Hamburg (Hg.), Organisation (15.06.2017), online verfügbar: https://www.uni-hamburg.de/uhh/organisation.html, abgerufen am: 27.06.2020; Ludwig-Maximilians-Universität München (Hg.), Organisation der LMU (o.J.),

In Deutschland bestehen Hochschulen prinzipiell aus Fakultäten, Instituten bzw. Fachbereichen, denen ein Dekan vorangestellt ist und die im Regelfall in verschiedene Lehrstühle gegliedert sind. An diesen Lehrstühlen wird vor allem hoch qualifiziertes wissenschaftliches Personal eingesetzt, das durch Forschung und Lehre die Hauptaufgabe der Hochschule vorantreibt. Die Leitung eines Lehrstuhls geht wiederum von einem Professor des Fachgebiets aus. Unterstützt werden die Lehrstühle meist durch ein Sekretariat, welches verwaltungsbezogene Aufgaben übernimmt.[159] Zusätzlich werden zur Unterstützung auch studentische Hilfskräfte eingesetzt.

Zusätzlich existiert jedoch auch die Hochschulverwaltung, die vom Kanzler der Hochschule geleitet wird und in verschiedenste Dezernate, wie z.B. Personal, Finanzen oder Infrastruktur, aufgeteilt ist. Auch dem Kanzler sind verschiedene Stabstellen zur Unterstützung zugeteilt. Die zentrale Hochschulverwaltung ist für die Erfüllung unterschiedlicher Aufgaben bezüglich Planung, Verwaltung und Rechtsangelegenheiten der Hochschule verantwortlich.[160]

Nachfolgend wird analog zu der Unternehmensebene auf die speziellen Organisationsstruktureigenschaften von Hochschulen eingegangen. Hierbei werden erneut die fünf Dimensionen der Organisationsstruktur als Analysewerkzeug einge-

---

online verfügbar: https://www.uni-muen- chen.de/einrichtungen/orga_lmu/index.html, abgerufen am: 27.06.2020; Rheinisch-Westfälischen Technischen Hochschule Aachen (Hg.), Hochschulorgane. Organisationsplan der RWTH Aachen (15.01.2019), online verfügbar: http://www.rwth-aachen.de/cms/root/Die-RWTH/Einrichtungen/~enz/Organisation/, abgerufen am 27.06.2020.

[159] Vgl. Universität Augsburg (Hg.), Was ist ein Lehrstuhl? (06.12.2012), online verfügbar: https://www.uni-augsburg.de/einrichtungen/studienberatung/faq/lehrstuhl/, abgerufen am: 27.06.2020.

[160] Vgl. Universität Hamburg, Organisation; Universität zu Köln (Hg.), Organigramm der Zentralen Verwaltung der Universität zu Köln (30.05.2018), online verfügbar: https://www.portal.uni-koeln.de/sites/uni/images/karriere/verw/2018_05_30_ZV_ohne_Namen_Organigramm.pdf, abgerufen am 27.06.2020; Rheinisch-Westfälischen Technischen Hochschule Aachen (Hg.), Verwaltung (10.01.2018), online verfügbar: http://www.rwth-aachen.de/cms/root/Die-RWTH/Einrichtungen/~eoh/Verwaltung/, abgerufen am 27.06.2020.

setzt, jedoch ebenfalls nur die Aspekte aufgegriffen, die pauschal auf eine durchschnittliche Hochschule anwendbar sind. Der Spezialisierungsgrad an Hochschulen ist sehr hoch, da im Kerngeschäft einer Hochschule hochspezialisierte und -qualifizierte Mitarbeiter, sprich Professoren, Doktoranden oder wissenschaftliche Mitarbeiter, tätig sind.[161]

Die Lehrstuhlebene wird prinzipiell durch persönliche Weisung und Standardisierung der Berufsgruppen und Qualifikation koordiniert.[162] In den darüber liegenden Ebenen funktioniert das Koordinationsinstrument der vertikalen persönlichen Weisung nicht mehr, da die Professoren bzw. Lehrstuhlinhaber mehr Qualifikationen in ihrem Bereich aufweisen als die übergeordneten Ebenen. Prinzipiell sind alle Lehrstühle einer Fakultät gleichgestellt. Hier kommt ebenfalls die Koordination durch Standardisierung der Berufsgruppen und Qualifikation zum Tragen.[163] Für eine standardisierte Koordination durch Programme oder Planung sind die zu bewältigenden Aufgaben des professionellen wissenschaftlichen Personals an Hochschulen zu komplex.[164] Einzig in der Lehre bezüglich Grundkompetenzen oder des Prüfungswesens herrscht ein hoher Grad der Programmierung durch formalisierte Regeln, die in der jeweiligen Prüfungs- und Studienordnung festgeschrieben sind.[165] Eine Koordination durch die Organisationskultur ist in Hochschulen im wissenschaftlichen Bereich ebenfalls schwer zu erreichen, da sich die Professoren und Doktoranden tendenziell ihrem spezifischen Fachkreis und des-

---

[161] Vgl. Detlef Müller-Böling, Zur Organisationsstruktur von Universitäten. In: Die Betriebswirtschaft, Vol. 57 Heft 5, 1997, S. 603-614, hier S. 603f; Marcel Schütz, Keine Organisation wie jede andere. Kann die Organisation von Hochschulen kategorisiert werden? In: Forschung und Lehre, Jahrgang 26, Heft 12/19. S. 1090-1092.
[162] Vgl. Ebd.
[163] Vgl. Ebd., S. 605; Ada Pellert, Expertenorganisationen reformieren. In: Anke Hanft (Hg.), Hochschulen managen?. Zur Reformierbarkeit der Hochschulen nach Managementprinzipien. Neuwied/Kriftel/Berlin 2000, S. 39-56, hier S. 49.
[164] Vgl. Mintzberg, Mintzberg-Struktur, S. 259f.
[165] Vgl. Hans Brinckmann, Die neue Freiheit der Universität. Operative Autonomie für Lehre und Forschung an Hochschulen. Berlin 1998, S. 129.

sen Wissenschaftsgemeinschaft verbunden fühlen und auch nur durch die Anerkennung dieser Gemeinschaft an Reputation gewinnen. Das Zugehörigkeitsgefühl gegenüber der Hochschule spielt eine untergeordnete Rolle.[166] Jedoch kann dies aber für eine Fakultät oder ein Institut mit mehreren Professuren im Gesamten auf einer kleineren Ebene erreicht werden.

Bei der Konfiguration von Hochschulen ist festzuhalten, dass diese im Kernbereich Forschung und Lehre drei Hierarchieebenen, bestehend aus dem Rektorat, Dekanat und Lehrstuhl, besitzen. Somit haben Hochschulen eine geringe Gliederungstiefe und sind bezogen auf die Fachgebiete und Institute divisionalisiert. Mintzberg und Pellert charakterisieren die Konfiguration von Hochschulen als Profibürokratie oder auch Expertenorganisation, wobei beide Begrifflichkeiten dasselbe Konzept verkörpern.[167] Die Profibürokratie oder auch Expertenorganisation zeichnet sich durch wenige hierarchische Ebenen, eine kleine Anzahl an Führungskräften und einen voll ausgebauten Hilfsstab aus, sodass der Fokus auf das Kerngeschäft gelegt werden kann. Beispielsweise haben Hochschulen u.a. eigene Bibliotheken, Mensen, Kopierdienste oder Archive sowie den zentralen Verwaltungsapparat, der den Kernbetrieb der Hochschulen bzgl. Forschung und Lehre sicherstellt.[168] Die Zentralisierung bestimmter redundanter Einrichtungen ist an der Hochschule meist ein notwendiges System, vorrangig im Bereich von Prüfungsangelegenheiten.

Im wissenschaftlichen Bereich der Lehre und Forschung herrscht eine starke Entscheidungsdezentralisierung, sodass die Professoren und auch die wissenschaftlichen Mitarbeiter einen hohen individuellen Autonomiegrad genießen. Durch die Fachkompetenz der Mitarbeiter wird ihnen gleichermaßen professionelle Autorität zuteil, da die Fachkompetenzen auf der Ebene der Hochschulleitung nicht im

---

[166] Vgl. Pellert, Expertenorganisationen, S. 43.
[167] Vgl. Mintzberg, Mintzberg-Struktur, S. 256; Pellert, Expertenorganisationen, S. 41; Brinckmann, Freiheit S. 54, S.136 und S. 139f.
[168] Vgl. Mintzberg, Mintzberg-Struktur, S. 262f.

selben Maße vorhanden sind. Da die Leitungsentscheidungen in Expertenorganisationen bzw. Profibürokratien eng mit den fachlichen Kompetenzen verknüpft sind, sind die Machtbefugnisse der Rektoren und Dekane erheblich eingeschränkt.[169]

Abschließend lässt sich für die Entscheidungsdelegation feststellen, dass im wissenschaftlichen Kernbereich Forschung und Lehre eine Bottom-up- und in den Verwaltungsstrukturen eine Top-down-Hierarchie vorherrscht.[170]Im Verwaltungsbereich der Hochschulen liegt ein sehr hoher Formalisierungsgrad angesichts der Hochschulregelungen vor, was z.B. durch die Masse der amtlichen Bekanntmachungen zum Ausdruck kommt.[171] Andere Aspekte müssen allein aus rechtlichen Gründen stärker formalisiert abgewickelt werden. Im wissenschaftlichen Bereich liegt dieser Grad etwas geringer. Hier ist jedoch wiederum die Forschungsfinanzierung ausschlaggebend dafür, wie stark formalisiert der Ablauf sein muss.

4.4 Organisationsstrukturen von Unternehmen und Hochschulen im Vergleich

Als abschließender Schritt der Aufschlüsselung der Organisationsstrukturen werden die Organisationsstruktureigenschaften von Großunternehmen und Hochschulen verglichen, um im nächsten Kapitel die Auswirkungen der Organisationsstrukturen auf die jeweilige Wissensaustauschkultur vergleichend betrachten zu können. Festzuhalten ist, dass der Spezialisierungsgrad sowohl an Hochschulen

---

[169] Vgl. Müller-Böling, Organisationsstruktur, S. 603; Mintzberg, Mintzberg-Struktur, S. 259, S. 263 und S. 268; Pellert, Expertenorganisationen, S. 41 und S. 46; Brinckmann, Freiheit, S. 140.

[170] Vgl. Mintzberg, Mintzberg-Struktur, S. 267.

[171] Vgl. Rheinisch-Westfälischen Technischen Hochschule Aachen (Hg.), Amtliche Bekanntmachungen (o.J.), online verfügbar: http://www.rwth-aachen.de/go/id/xhf, abgerufen am: 27.06.2020.

als auch bei Großunternehmen u.a. durch die großen Mitarbeiterzahlen sehr hoch ist. Während in Großunternehmen neben persönlicher Weisung und der Organisationskultur vor allem auch durch Programme oder Pläne koordiniert werden kann, wird in Hochschulen im wissenschaftlichen Kernbereich nur auf Lehrstuhlebene u.a. durch persönliche Weisung koordiniert. Es tritt somit eine viel höhere Zersplitterung auf. Dementsprechend muss bei der Untersuchung ein besonderes Augenmerk auf die Ebene der Professuren gelegt werden, diese sind vergleichbar mit Abteilungen in Unternehmen. Vorrangig wird die Koordination der Lehrstühle autonom gestaltet, da hier nur eine Koordination durch die Standardisierung von Berufsrollen und Qualifikationen vorherrscht. Bezüglich der Konfiguration organisiert sich die Hochschule durch eine Profibürokratie, die sich hier im speziellen durch drei Hierarchieebenen und viele Stabstellen/-abteilungen auszeichnet.

Durch den Einsatz standardisierter Koordinationsinstrumente wie Programme und Planung ist es in Großunternehmen möglich, große Leitungsspannen einzusetzen. Theoretisch wäre dies zwar an Hochschulen auf Fakultätsebene realisierbar, würde aber die Eigenständigkeit der Professuren und die Forschungsvielfalt dramatisch einschränken. Grund sind die fachgebundenen Zuordnungen zu Fakultäten, die unberührt der jeweiligen Forschungsausrichtungen sind. Eine Alternative könnte hier ein Department Modell nach Themen und Forschungsfeldern bieten, unabhängig der jeweiligen Fachrichtung der Professur. Eine Etablierung gemeinsamer Forschungsprogramme und dazugehöriger Ablaufpläne ließe sich leichter umsetzen.

Je nach Organisationsprinzipien und Größe des Unternehmens kann hier jedoch nicht gleichzeitig auf die Gliederungstiefe geschlossen werden. Auch bezogen auf die Entscheidungsdelegation kann es bei Großunternehmen sowohl zentrale als auch dezentrale Entscheidungsprozesse geben. Da die Unternehmensführung jedoch ab einer gewissen Größe zwangsläufig Entscheidungen delegieren muss, liegt hier immer ein gewisser Mindestgrad an Entscheidungsdezentralisierung vor. In Hochschulen werden im wissenschaftlichen Kernbereich Entscheidungen ebenfalls dezentral getroffen, während Prüfungsangelegenheiten überwiegend zentral organisiert werden. Sowohl in Großunternehmen als auch in Hochschulen liegt angesichts der Organisationsgrößen der Formalisierungsgrad tendenziell hoch. Durch die geringen organisatorischen Unterschiede sind ein Vergleich und eine Betrachtung der Hochschule als Unternehmen somit sinnvoll. Auch ist es förderlich bei der Analyse der Transferprozesse. Je geringer die Unterschiede, umso höher die Wahrscheinlichkeit zur erfolgreichen Adaption genutzter Maßnahmen zum Wissenserhalt und Wissensaustausch. Analog gilt dies auch für potentiell auftretende Barrieren. Zu klären ist hierbei jedoch noch Art, Umfang und Auswirkung der Barrieren auf den Wissenstransfer.

5 Organisationskultur

Da das Wissensmanagement zur erfolgreichen Umsetzung eine Organisationskultur benötigt, die den Wissenstransfer unterstützt, ist es an dieser Stelle unerlässlich, die Organisationskultur zu charakterisieren. Welche Faktoren förderlich für das Wissensmanagement sind und damit die Kultur zu einer sogenannten Wissensaustauschkultur machen, wird im weiteren Verlauf dieses Kapitels untersucht. Sehr kompakt definieren Besanko et al. eine Unternehmenskultur folgendermaßen:

„A firm's culture is a set of values, beliefs, and norms of behavior shared by members of a firm that influences employee preferences and behavior.“[172]

Wenn nur einfache Strukturen und das Wachstum eines Unternehmens charakterisiert werden sollen, ist diese kurze Definition durchaus zufriedenstellend. Während dies hinsichtlich des Wissensmanagements für ein Grundverständnis ausreichend ist, wird für die weiterführende Analyse ein komplexeres Konstrukt benötigt. Dieser Arbeit wird daher die nachfolgende Definition von Schein zugrunde gelegt, da dessen weiterführendes 3-Ebenen-Modell eine Organisationskultur deutlich grundlegender erklärt und zugleich eine solide Grundlage für ein tiefergehendes Verständnis bietet. Es erfüllt auch die notwendigen Rahmenbedingungen zur Verknüpfung der Wissenstheorie. Zusätzlich lässt es sich gut auf das Bildungssystem übertragen.

> *„Die Kultur einer Gruppe kann als die Ansammlung gemeinsamen Lernens dieser Gruppe definiert werden, die Probleme der externen Anpassung und der internen Integration; das, was gut funktioniert hat, um gültig zu sein, wird neuen Gruppenmitgliedern gelehrt, was richtig ist,*

---

[172] David Besanko et al., Economics of Strategy. 6. Auflage, Hoboken 2012, S. 482.

und was sie in Bezug auf solche Probleme wahrnehmen, denken und fühlen sollen. Diese Summe von Gelerntem stellt ein Muster oder System von Überzeugungen dar, von Werten und Verhaltensregeln, die als so grundlegend empfunden werden, dass sie schließlich aus der Bewusstheit verschwinden."[173]

Gemeinsames Lernen charakterisiert hierbei den Prozess der Identitätsbildung, der durch das erfolgreiche Lösen von Aufgaben und dabei exponierten Verhaltensweisen gebildet wird. Aus den gelernten Einzelteilen setzt sich Stück für Stück ein *„Muster von Glauben und Werten"*[174] zusammen, das zu selbstverständlichen Verhaltensregeln, Überzeugungen und Werten führt. Diese Muster werden in Rituale eingebettet und bilden unter anderem das kulturelle Erbgut einer Gruppe oder Organisation.[175]

Ein wichtiges Kriterium, das ausführlich von Smith und McKeen analysiert und festgehalten wurde, ist, dass eine Kultur weder pauschal gut oder schlecht ist. Sie fördert jedoch Verhaltensweisen oder Werte, die bestimmte Organisationsziele unterstützen oder anderenfalls behindern. Des Weiteren macht eine Organisationskultur viele Regeln überflüssig bzw. unvollständige Verträge vollständig. Die Kultur selbst hält die Mitarbeiter dazu an, bestimmte Regeln oder Verhaltensweisen einzuhalten.[176] Die Kultur ist eine starke Kraft, die auch darauf Einfluss hat, welche Charaktere in die Organisation passen, wie in der Organisation miteinander umgegangen wird, was von einem Mitarbeiter erwartet wird und u.a. auch,

---

[173] Edgar H. Schein, Peter Schein, Organisationskultur und Leadership. 5. Auflage, München 2018, S. 5.
[174] Schein, Organisationskultur, S. 6.
[175] Vgl. Ebd.
[176] Vgl. Heather A. Smith, James D. McKeen, Instilling a Knowledge-Sharing Culture. Kingston 2011, S. 2f.

welche Belohnungssysteme zum Einsatz kommen.[177] Somit kann eine Unternehmenskultur für eine reine Produktionsumgebung zuträglich sein, aber einen Wissenstransfer hemmen. Wenn neben der Produktion keine Weiterentwicklung oder Ähnliches stattfinden soll, die Tätigkeiten einfach gehalten und nur kurze Anlernphasen benötigen, dann ist eine andere auf Wissensaustausch angelegte Kultur eher schädlich. Daher ist es erforderlich, die Struktur einer Organisationskultur stärker zu untersuchen. Neben der Definition einer Organisationskultur erarbeitete Schein ebenfalls ein Kultur- sowie ein Strukturkonzept, welche in den folgenden zwei Kapiteln vorgestellt werden.

5.1 Grundlegende Struktur eines Kulturkonzepts

Schein unterteilt das Kulturkonzept in verschiedene Elemente: strukturelle Stabilität, Tiefe, Breite und Muster bzw. Integration.[178] Die kulturelle DNA verleiht einer Gruppe oder Organisation Stabilität. Wie bei Lebewesen üblich, ist diese schwer abzuändern, also stabil, aber dennoch ebenfalls dynamisch. Die Dynamik bezieht sich hierbei besonders auf die Anpassungsfähigkeit an veränderte Umgebungsvariablen, sprich einer Art Evolution. Sie besteht aus Überzeugungen, Werten und gewünschtem Verhalten, welches die Gruppe erfolgreich gemacht hat. Daher wird das kulturelle Erbgut hier nicht weiter vertieft, sondern als allgemeingültig wahrgenommen.[179] So kommt es, dass die kulturelle DNA unabhängig von einzelnen wechselnden Gruppenmitgliedern Bestand hat. Neue Mitglieder werden mit der Kultur konfrontiert, nehmen diese im Idealfall an und formen sie durch

---

[177] Vgl. Anil K. Gupta, Vijay Govindarajan, Knowledge Management's Social Dimensions: Lessons from Nucor Steel. In: MIT Sloan Management Review, Vol. 42 Heft 1, 2000, S. 71-81, hier S. 72.
[178] Vgl. Schein/Schein, Organisationskultur, S. 9.
[179] Vgl. Steffen Weichert, Gesine Quint, Torsten Bartel, Quick Guide UX Management. So verankern Sie Usability und User Experience im Unternehmen. Wiesbaden 2018, S. 195-213.

ihre eigenen Erfahrungen und Fähigkeiten mit. Durch die Richtlinien und Vorgaben fühlen sich Gruppenmitglieder sicher, da sie Handlungen vorhersehen und einordnen können. Die Kultur verleiht der Gruppe somit eine Gruppenidentität, hilft aber auch den Neueinsteigern. Durch ritualisierte Abläufe und Handlungen wird die kulturelle DNA gestärkt. Kommen jedoch Individuen mit gänzlich abweichenden Werten oder Annahmen in die Gruppe oder wird eine neue Führungsperson mit anderen Leitlinien eingestellt, so kann es zu einer Veränderung oder gar zu einer Zerstörung der alten Kultur bzw. der alten kulturellen DNA und damit auch der Stabilität kommen. Zusammenfassend kann man die kulturelle DNA demnach als Stabilisator bezeichnen, der sich nur im Extremfall vollständig ändern lässt und damit sehr träge ist.[180]

Je tiefer grundlegende Annahmen, Überzeugungen, Werte und Verhaltensregeln verwurzelt sind, desto stabiler wird die Kultur. Sie wächst und wird gestärkt durch die Hingabe der Gruppenmitglieder. Die Tiefe der grundlegenden Annahmen liegt der Stärke der unterbewussten und selbstverständlichen Denkmuster oder Überzeugungen zugrunde, die wiederum kaum greifbar oder sichtbar werden.[181] Eine essentielle Position vertritt die Breite der Kultur respektive der breitgefächerte Einfluss, den die Kultur auf verschiedenste Aspekte der Organisation oder einer Gruppe hat. Sie beeinflusst nicht nur die Funktion und die internen Abläufe einer Gruppe, sondern sie bestimmt auch die Mission, Strategie und Struktur einer ganzen Organisation.[182]

Verbindet man die einzelnen erlernten Elemente der kulturellen DNA, also die Werte, Annahmen und Verhaltensregeln, die im Laufe der Zeit in einer Gruppe entstanden sind, so konstruiert sich ein Muster, welches der Kultur weitere Stabilität und Stärke verleiht. Schein bezeichnet dieses Muster als *„Essenz dessen, was*

---

[180] Vgl. Schein/Schein, Organisationskultur, S. 9.
[181] Vgl. Ebd.
[182] Vgl. Ebd., S. 10.

wir mit ‚Kultur' meinen"[183]. Die Bildung verschiedener Muster begründet sich nach Schein in der menschlichen Angst vor Sinnlosigkeit und unserem Wunsch nach einer geordneten Umwelt.[184] Es ist das Streben nach festen Gewohnheiten und sozialer Sicherheit.

Ausschlaggebend für den weiteren Verlauf der Bedeutung der Organisationsstruktur für die Wissensaustauschkultur ist außerdem, dass das Führungspersonal entscheidenden Einfluss auf das gemeinsame Lernen hat. Dies bezieht sich nicht nur auf das Lernen durch praktische Erfahrungen, durch das Erledigen von Arbeitsaufträgen, sondern auch auf die Weiterbildung. Das Führungspersonal kann erwünschte Verhaltensweisen einfordern oder dazu auffordern, alte Verhaltensweisen abzulegen. Ist die Strategie der Führungsperson erfolgreich, werden die Änderungen in die Kultur aufgenommen. Somit ist allein die Führungsperson in der Lage, durch ihr Verhalten das Lernen von Neuem anzustoßen oder bestehende Verhaltensweisen abzuändern und damit die Kultur zu beeinflussen.[185] Gleichzeitig bietet sie auch das größte Gefahrenpotential, bei Inaktivität oder mangelnden Interesse, die Weiterentwicklung der Organisation zu hemmen.

5.2 Aufbau einer Organisationskultur nach dem 3-Ebenen-Modell

Im bereits zuvor angesprochenen Modell von Schein wird die Kultur in drei Ebenen, die sich auch jeweils im Grad der Sichtbarkeit unterscheiden, strukturiert. Die drei Ebenen setzen sich aus leicht beobachtbaren Artefakten, gewählten Überzeugungen und Werten und schlecht sichtbaren, aber grundlegenden Annahmen zusammen.[186]

---

[183] Schein/Schein, Organisationskultur, S. 10.
[184] Vgl. Ebd.
[185] Vgl. Ebd, S. 12f.
[186] Vgl. Ebd., S. 14.

Bei den Artefakten handelt es sich um *„jene Phänomene, die man sehen, hören oder fühlen kann, wenn man eine neue Gruppe mit einer fremden Kultur kennenlernt"*[187]. Im Prinzip umfasst das die impliziten und expliziten Wissenszüge einer Organisation. Schein zählt zu den Artefakten unter anderem die Architektur der Umgebung, Sprache, Technologie, Produkte, Stil, Kleidung, Verhaltensweisen, Rituale, Zeremonien, aber auch Satzungen oder Beschreibungen der Organisation. Artefakte zu sichten ist also weniger problematisch, als diese daraufhin zu interpretieren. Der Sinn oder das Ziel einzelner Aspekte lässt sich nicht ohne zusätzliches Wissen und das Erfahren begreifen. Um die Bedeutung der Artefakte für die Gruppe zu erfahren, ist es unerlässlich, einen Insider der Kultur zu interviewen oder Teil der Gruppe zu werden, um die Artefakte zu ergründen. Geschieht dies nicht, werden Artefakte schnell durch den eigenen kulturellen Hintergrund oder andere kulturelle Erfahrung fehlinterpretiert.[188]

Gewählte Überzeugungen und Werte legen den Grundstein für gemeinsames Lernen und den Aufbau einer Kultur. Es ist wichtig, die Kultur als einen lebendigen Organismus zu betrachten. Hat eine Gruppe noch keine Kultur, weil sie z.B. erst seit kurzer Zeit besteht, so bilden die individuellen Überzeugungen und Werte der einzelnen Individuen den Ausgangspunkt. In neu gebildeten Gruppen wird bei einer Herausforderung der Lösungsvorschlag des Individuums gewählt, welches sich am besten durchsetzen kann. Dieser Vorschlag beruht wiederum auf dessen persönlichen, individuellen Überzeugungen und Werten. Bei Gelingen des Vorhabens entwickeln sich genau diese individuellen Überzeugungen und Werte zu gemeinsamen Überzeugungen und Werten, die der Gruppe zum Erfolg verholfen haben. Bestätigen sich diese Werte auch im weiteren Verlauf der Gruppengeschichte, so können sich diese auch zu grundlegenden, nicht-hinterfragbaren Annahmen entwickeln. Es müssen auch nicht zwangsläufig nur Überzeugungen und

---

[187] Schein/Schein, Organisationskultur, S. 14.
[188] Vgl. Ebd., S. 14f.

Werte eines einzelnen sein, es kann auch hier direkt ein Konglomerat von mehreren Individuen zum Ziel führen. Folglich sind die Übernahme und Akzeptanz von diesen Werten und Überzeugungen nicht nur an deren Dominanz, sondern auch an deren Stärke und Erfolg gebunden. Die gewählten Überzeugungen und Werte können in ihrer Gesamtheit zu einer Ideologie zusammengefasst werden und nach außen hin explizit ausgelebt werden. In Krisenzeiten kann diese Ideologie als Ratgeber fungieren.[189]

Die zuvor aufgeführten nicht-hinterfragbaren, selbstverständlichen und grundlegenden Annahmen entwickeln sich also unter anderem durch immer wiederkehrende Beweise ihres Erfolgs. Indirekt eine Art Selbstevaluation innerhalb der Organisation. Sie bilden für die Gruppenmitglieder die Realität ab. Etwas Neues zu lernen erfordert manchmal jedoch die grundlegenden Annahmen zu überdenken oder neu zu bewerten. Dies kann Angst in der Gruppe auslösen, da wir uns wünschen, dass unsere Annahmen im Einklang mit unserer Umwelt stehen und nur ungern aus unseren gewohnten Mustern ausbrechen. Außerdem definiert die Kultur unser Selbstbild. Wenn dies ins Schwanken gerät, wirkt auch dies beängstigend für die einzelnen Gruppenmitglieder. Unter schlechter Führung kann es daher dazu kommen, dass neue Erkenntnisse schlichtweg ignoriert oder verzerrt dargestellt werden. Dies muss durch das Führungspersonal aktiv verhindert werden, und eine Führungskraft muss die Gruppe durch den Angstzustand hindurch begleiten, um diese Verzerrung von Tatsachen zu vermeiden.[190]

Zusammenfassend zeigt sich, dass sich das 3-Ebenen-Modell einer Organisationskultur aus einer Reihe von grundlegenden Annahmen zusammensetzt, die sich auf erfolgreich etablierten Überzeugungen und Werten der Gruppe entwickelt haben und sich durch sichtbare Artefakte tagtäglich manifestieren.

---

[189] Vgl. Schein/Schein, Organisationskultur, S. 15ff.
[190] Vgl. Ebd., S. 17ff.

5.3 Notwendigkeiten einer förderlichen Wissensaustauschkultur

Um Wissensmanagement in Organisationen zu etablieren, ist es wichtig, die Organisationskultur so zu gestalten, dass diese das Wissensmanagement fördert. Wie im Kapitel zu Wissensmanagement bereits dargelegt, ist die Grundlage und Voraussetzung für ein erfolgreiches Wissensmanagement die Schaffung einer Wissensaustauschkultur.[191] Die Wissensaustauschkultur stellt allerding nur einen Teilbereich der gesamten Organisationskultur dar und bildet damit eine Subkultur. Sie ist allein nicht ausreichend, um einer Organisation eine Identität zu geben. Neben der Wissensaustauschkultur existieren noch weitere Subkulturen, wie z.B. eine Führungs- oder Servicekultur sowie sich von der Organisationskultur unterscheidende Abteilungs- oder Gruppenkulturen. Die Wissensaustauschkultur bezieht sich auf die Aspekte der Kultur, die die Verhaltensweisen und den Umgang mit der Ressource Wissen beeinflussen und bestenfalls fördern.[192]

Grundlegend für den Umgang mit Wissen sind hierbei die drei Ebenen der Wissensaustauschkultur. Erfolgsbestimmend sind die Annahmen, Werte und Artefakte, die in Verbindung mit der Ressource Wissen stehen und die das Verhalten der Mitarbeiter beeinflussen. Schließlich entscheidet dies auch über den Erfolg der Wissensaustauschkultur.[193] Die einzelnen Ebenen einer Wissensaustauschkultur werden im weiteren Verlauf näher durchleuchtet. Darüber hinaus beeinflusst die Wissensaustauschkultur die Ansichten darüber, welches Wissen als wertvoll

---

[191] Vgl. Ajmal/Koskinen, Knowledge, S. 13.

[192] Vgl. Tomas Bohinc, Wissenskultur - Begriff und Bedeutung. In: Ulrich Reimer et al. (Hg.), WM 2003. Professionelles Wissensmanagement - Erfahrungen und Visionen, Bonn 2003, S. 371-379, hier S. 376.

[193] Vgl. David W. De Long, Liam Fahey, Diagnosing Cultural Barriers to Knowledge Management. In: Academy of Management Executive, Vol. 14 Heft 4, 2000, S. 113-127, hier S. 116.

erachtet wird, wer welches Wissen weitergeben sollte oder wie neues Wissen entwickelt und im Unternehmen verbreitet wird.[194] Die Organisation und Distribution von Wissen ist erneut eine der zentralen Aufgaben von Führungspersonal. Die elementare Herausforderung besteht darin, den langfristigen Einführungsprozess einer Wissensaustauschkultur zu bewältigen und daraufhin tief genug in den Organisationswerten zu verankern, um den Fortbestand der Kultur zu wahren.[195] Gleichzeitig muss dabei auch Ausdauer mitgebracht werden, wie zuvor verdeutlicht, ändert oder bildet sich eine Organisationskultur nicht augenblicklich. Dieser Prozess nimmt viel Zeit in Anspruch.

5.3.1 Grundlagen einer Wissensaustauschkultur

Grundsätzlich gibt es nach Staiger zwei Annahmen, die eine Wissensaustauschkultur prägen. Zum einen sind dies die *„Annahmen über die Natur des Menschen anhand von Menschenbildern sowie motivationaler Aspekte"*[196] und zum anderen die *„Annahmen über die Natur des menschlichen Handelns unter Berücksichtigung des Wandels von der Industrie- zur Informations- und Wissensgesellschaft und der zunehmenden Wissensarbeit"*[197].

Insbesondere diese Annahme ist im Kontext der Analyse des Tertiärbereichs der Bildung interessant und ausschlaggebend für die Wahl des Konzepts. Eine Übertragung auf die Hochschulen wird dadurch erleichtert. Zusätzlich wird dabei auch das Konzept der bereits zuvor in Kapitel 2 erläuterten Wissenspyramide miteingebunden im Gegenzug zu Maslow. Bezüglich der Annahmen über die Natur des

---

[194] Vgl. De Long/Fahey, Diagnosing, S. 116-124.
[195] Vgl. Smith/McKeen, Culture, S. 16.
[196] Staiger, Wissensmanagement, S. 134.
[197] Ebd., S. 134.

Menschen stellt Staiger die zwei Menschenbilder vor, die auf McGregor zurückgehen. Dieser beschrieb das bis dato in Organisationen weit verbreitete Menschenbild als Theorie X und schlug daraufhin eine auf der Bedürfnispyramide nach Maslow beruhende Theorie Y vor.

Die Theorie X besagt, dass der Mensch von Natur aus träge ist. Er arbeitet so wenig wie möglich. Außerdem scheut er sich vor Verantwortung und ist nur an seinen eigenen Bedürfnissen interessiert anstatt im Interesse der Organisation zu handeln. Zusätzlich ist er resistent gegenüber Veränderungen, leichtgläubig und kognitiv beschränkt. Wenn diese Annahmen in den Köpfen der Führungsebene verankert sind, so geht dieses Menschenbild damit einher, den Mitarbeitern jeglichen Spielraum und jegliche Entscheidungsmacht zu untersagen sowie Regeln und Gehorsam durchzusetzen.[198] Zusammenfassend überwiegend Aspekte, die für einen erfolgreichen Wissenstransfer unerwünscht und hinderlich sind.

Konträr dazu entwickelte McGregor, aufbauend auf der Bedürfnispyramide nach Maslow,[199] die Theorie Y. Hierbei wird Wert darauf gelegt, dass der Mensch sein Bedürfnis nach Selbstverwirklichung, Anerkennung[200] und Zugehörigkeit[201] am Arbeitsplatz stillen können soll. Die Theorie Y geht davon aus, dass der Mensch nicht von Natur aus abgeneigt auf Arbeit reagiert, sondern dieser Zustand erst aus Erfahrungen in der Organisation entsteht. Bringt allerdings die Organisation die

---

198 Vgl. Douglas McGregor, The Human Side of Enterprise. In: Reflections: The SoL Journal, Vol. 2 Heft 1, 2000, S. 6-15, hier S. 7.

199 Vgl. Abraham H. Maslow, Motivation and Personality. New York 1954; Maslow beschreibt in seinem Werk seine Motivations- und Bedürfnistheorie des Menschen. Hierbei zählt er folgende Bedürfnisse auf, die in hierarchischer Ordnung zueinanderstehen: physiological needs, safety needs, belongingness and love needs, esteem needs & the need for selfactualization (S. 35-47). Durch die Interpretation seiner Arbeit durch andere Forscher nehmen die von Maslow aufgestellten Bedürfnisse die Form einer Pyramide an, die die physiologischen Bedürfnisse nach unten stellen und das Bedürfnis der Selbstverwirklichung an die Spitze der Pyramide. Maslow entwickelte die Pyramide in den folgenden Jahren weiter und fügt über den Individualbedürfnissen die kognitiven und ästhetischen Bedürfnisse sowie die Transzendenz über der Selbstverwirklichung ein.

200 Anerkennung als Beispiel für Individualbedürfnisse.

201 Zugehörigkeit als Beispiel für soziale Bedürfnisse.

Ziele des Mitarbeiters mit den organisatorischen Zielen überein, so entwickelt der Mensch Motivation, Entwicklungspotenzial und die Fähigkeit, Verantwortung zu übernehmen.

Beim Wissenstransfer stehen sowohl für den Empfänger als auch für den Sender von Wissen Leistungsmotive und soziale Motive im Vordergrund. Damit erklären sie auch grundsätzlich hierarchisch höher einzustufende Bedürfnisse, wie z.B. Selbstverwirklichung und das Engagement im Wissensaustausch. Staiger kommt zu dem Schluss, dass eine Organisation, die nach einer Wissensaustauschkultur strebt, grundsätzlich das Menschenbild nach Theorie Y als Annahme in der Organisation verankern sollte.[202]

Hinsichtlich der Annahmen über die Natur des menschlichen Handelns unter Berücksichtigung des Wandels von der Industrie- zur Informations- und Wissensgesellschaft und der zunehmenden Wissensarbeit ist zu beachten, dass diese *„Wissensarbeit [...] durch einen hohen Kommunikations- und Kooperationsaufwand, einen ständigen Lern- und Weiterbildungsbedarf sowie eine enorme Dynamik gekennzeichnet"*[203] ist. Laut Staiger bilden die Kommunikation, der Erfahrungsaustausch und das lebenslange Lernen die Grundbestandteile der Wissensarbeit und müssen somit in die grundlegenden Annahmen einer Organisation des Wissensaustauschs implementiert werden.[204]

---

[202] Vgl. Staiger, Wissensmanagement, S. 137; Thiel, Wissenstransfer, S. 132f.
[203] Ebd., S. 138.
[204] Vgl. Ebd.

5.3.2 Normen und Werte einer Wissensaustauschkultur

Wie bereits erwähnt existieren in einer Organisationskultur neben den tief verwurzelten und unsichtbaren Annahmen auch zusätzliche unsichtbare Wertvorstellungen. Je nach Stärke der Wertverankerung sind diese Werte besser oder schlechter zu erkennen bzw. von den Mitgliedern der Organisation zu erfahren. Eine Wissensaustauschkultur besitzt besondere dominante Werte, die schwerer wiegen als andere und dadurch den eigenen Kulturtyp prägen. Es ist zu beachten, dass nicht jede Wissensaustauschkultur im selben Ausmaß exakt dieselben Werte vertritt. Bei den Wissenskulturen handelt es sich immer um Unikate.

Die nachfolgende Analyse der entsprechenden Wert- und Normenliteratur konzentriert sich auf positive Wissensaspekte. Sie trägt daher lediglich Werte zusammen, die den Wissensaustausch im Allgemeinen fördern und daher eine solide Grundlage für die Ausbildung einer Wissensaustauschkultur in Organisationen bilden. Bei Probst, Raub und Romhardt machen vor allem Vertrauen, Offenheit und Fehlertoleranz, aber auch Werte wie Zusammenarbeit oder Lernbereitschaft der Mitarbeiter eine Wissensaustauschkultur aus.[205] Für Haun stehen vor allem Kooperation, Vertrauen und Fehlertoleranz im Mittelpunkt. Jedoch erwähnt er ebenfalls, dass die Lernbereitschaft in der Organisation einen wichtigen Stellenwert einnimmt, wenn die Organisation eine Wissenskultur anstrebt.[206] Auch Herbst beschreibt diese Werte einer Wissensaustauschkultur:

> *„In einer angemessenen Wissenskultur sollten die Mitarbeiter positiv zum Lernen eingestellt sein, die Organisation sollte tolerant gegenüber Fehlern und offen für neue Gedanken, Ideen und Meinungen sein"*[207].

---

[205] Vgl. Probst/Raub/Romhardt, Wissen, S.44 und S. 237f.
[206] Vgl. Matthias Haun, Handbuch Wissensmanagement. Grundlagen und Umsetzung, Systeme und Praxisbeispiele. Berlin/Heidelberg 2002, S. 21 und S. 196.
[207] Herbst, Erfolgsfaktor, S. 31.

Alle drei teilen die Gemeinsamkeit der hohen Einstufung von Lernen und Weiterbildung. Diese Fähigkeiten und Maßnahmen werden als Grundessenzen für den Wissensaustausch und die Wissensaneignung angesehen. Im Hochschulbereich ist das noch bedeutender, da dies die Haupttätigkeit der Studierenden darstellt.

Pemberton und Stonehouse legen den Fokus auf die Werte Vertrauen, Offenheit und individuelle Verantwortung.[208] Letzteres wird in dieser Untersuchung in der Kategorie der Autonomie eingeordnet. Für von Krogh spielt die Fürsorge eine übergeordnete Rolle im Wertesystem einer Wissensaustauschkultur, die andere relevante Werte, wie z.B. Vertrauen, ankurbelt.

> *„When there is care in organizational relationships, there will be mutual trust, active empathy, access to help among team members, lenient judgment towards participants in the team, and courage. In such a situation the individual organization member will bestow knowledge on others as well as receive active help from others (others bestowing knowledge on him). The environment will be supportive, and the goal of the learning process shifts from obtaining "maximum grip" to reaching "maximum leverage" on others' knowledge. There is a mutual intent to help others to optimize their task performance, and, therefore, to share knowledge."*[209]

---

[208] Vgl. Jonathan D. Pemberton, Georg H. Stonehouse, The Importance of Individual Knowledge in Developing the Knowledge-Centric Organisation. In: Elayne Coakes, Dianne Willis, Steve Clarke (Hg.), Knowledge Management in the SocioTechnical World. The Graffiti Continues. London 2002, S. 77-89, hier S. 89.

[209] Georg von Krogh, Care in Knowledge Creation. In: California Management Review, Vol. 40 Heft 3, 1998, S. 133-153, hier S. 140f.

Für Vertrauen als relevanten Wert einer Wissensaustauschkultur sprechen sich viele Autoren aus. Ergänzend sind an dieser Stelle Autoren, wie z.B. von Felbert[210], Abrams et al.[211], Ahmed, Lim und Loh[212], Herbst[213] und De Long und Fahey[214] aufzuzählen. Auch für Zusammenarbeit und Offenheit lassen sich weitere, bestätigende Stimmen, wie z.B. von Ahmed, Lim und Loh[215] sowie Howell[216] finden. Aber auch Janz und Prasarnphanich sehen Zusammenarbeit als grundlegenden Wert neben der Autonomie an.[217] Die Autonomie betreffend schließt sich auch von Felbert an, da er der Meinung ist, dass Mitarbeiter ihr Wissen in einem autonomiefeindlichen Umfeld nur ungern teilen.[218] De Long und Fahey sprechen sich neben Vertrauen außerdem für ein fehlertolerantes Umfeld aus.[219]

Fasst man diese Literaturanalyse zusammen, so kommt man zu dem Schluss, dass sich eine Wissensaustauschkultur vor allem durch Werte wie Vertrauen, Zusammenarbeit und Offenheit auszeichnet. Neben diesen drei Werten fördern aber auch die Fehlertoleranz, die Lernbereitschaft, die Autonomie und die Fürsorge den

---

210 Vgl. Dirk von Felbert, Wissensmanagement in der unternehmerischen Praxis. In: Pawlowsky, Peter (Hg.), Wissensmanagement. Erfahrungen und Perspektiven. Wiesbaden 1998, S. 119-141, hier S. 139f.

211 Vgl. Lisa C. Abrams et al., Nurturing Interpersonal Trust in Knowledge-Sharing Networks. In: Academy of Management Executives, Vol. 17 Heft 4, 2003, S. 64-77, hier S. 64f.

212 Vgl. Pervaiz Ahmed, Kwang K. Lim, Ann Y. Loh, Learning through Knowledge Management. Oxford 2002, S. 62.

213 Vgl. Herbst, Erfolgsfaktor, S. 35.

214 Vgl. De Long/Fahey, Cultural Barriers, S. 119.

215 Vgl. Ahmed/Lim/Loh, Knowledge Management, S. 62.

216 Vgl. Kerry E. Howell, Fenio Annansingh, Knowledge Generation and Sharing in UK Universities: A Tale of Two Cultures?. In: International Journal of Information Management, Vol. 33 Heft 1, 2013, S. 32-39, hier S. 38.

217 Vgl. Brian D. Janz, Pattarawan Prasarnphanich, Understanding the Antecedents of Effective Knowledge Management: The Importance of a Knowledge-Centered Culture. In: Decision Sciences, Vol. 34 Heft 2, 2003, S. 351-384, hier S. 354f und S. 359.

218 Vgl. von Felbert, Wissensmanagement, S. 139f.

219 Vgl. De Long/Fahey, Cultural Barriers, S. 122.

Wissensaustausch in Organisationen. Daher werden diese Elemente im Nachfolgenden noch etwas genauer betrachtet und in der Forschung gängige Ansichten diskutiert.

Vertrauen

Davenport und Prusak konstatieren, dass, unabhängig von der technologischen oder rhetorischen Unterstützung und Überlebenswahrscheinlichkeit der Organisation, Wissensinitiativen ohne gegenseitiges Vertrauen zum Scheitern verurteilt sind.[220] Gilbert definiert Vertrauen wie folgt:

> *„Wer vertraut, steigert insofern absichtlich seine eigene Verwundbarkeit (Vulnerability), da er sich auf bestimmte Erwartungen hinsichtlich des Verhaltens von Personen oder Systemen verlässt, die nicht vollständig seiner persönlichen Kontrolle unterliegen. Man spricht insofern nur dann von Vertrauen, wenn der erlittene Schaden bei einem Vertrauensbruch größer ist als der erzielbare Vorteil bei einer Erfüllung gewisser Erwartungen; andernfalls spiegeln Entscheidungen lediglich die ökonomische Rationalität der Akteure wider"*[221].

Er stellt dabei die potentiellen Risiken in den Vordergrund und legt damit auch die Basis für das Konzept des Vertrauensvorschusses. Zwischen drei verschiedenen Ebenen von Vertrauen im Rahmen von Wissensaustausch unterscheidet wiederum Schindler. Diese Ebenen teilen sich in empfängerzentriertes, senderzentriertes und konstituierendes Vertrauen auf.[222]

---

[220] Vgl. Davenport/Prusak, Unternehmen, S. 83.
[221] Dirk U. Gilbert, Vertrauen in strategischen Unternehmensnetzwerken. Ein strukturationstheoretischer Ansatz. Wiesbaden 2003, S. 150.
[222] Vgl. Martin Schindler, Wissensmanagement in der Projektabwicklung. Grundlagen, Determinanten und Gestaltungskonzepte eines ganzheitlichen Projektwissensmanagements (Wirtschaftsinformatik, Bd. 32). 2. Auflage, Lohmar/Köln 2001, S. 82.

Empfängerzentriertes Vertrauen meint hierbei das Vertrauen in die Herkunft und Echtheit des Wissens, kurzum die Authentizität. Ist dieses Vertrauen beim Empfänger nicht gegeben, so wird er das vom Sender erhaltene Wissen nicht nutzen und als minder bewerten. Empfängerzentriertes Vertrauen stellt somit eine Grundlage für die Wissensnutzung dar. Empfänger sind in diesem Fall einzelne Individuen. Der Sender hingegen kann ein Individuum, eine Gruppe oder ein Intermediär[223] sein. Hier ist im Kontext der aktuellen Debatte zu *„Fakenews und alternativen Fakten"* eine besondere Aktualität und Dringlichkeit gegeben, Wissen, Informationen und Daten zu überprüfen und zu evaluieren.

Senderzentrietes Vertrauen beschreibt das Vertrauen des Wissen-Senders in den gewissenhaften Umgang des Empfängers mit dem erhaltenen Wissen bezüglich Wissensallokation und -generierung. Der Sender muss sich darauf verlassen können, dass der Empfänger das Wissen nicht missbraucht oder gegen den Sender einsetzt, sondern gewissenhaft und vertraulich behandelt. Sender können in diesem Fall nur Individuen und Gruppen sein. Der Empfänger kann hierbei jedoch ein Individuum, eine Gruppe oder auch ein Intermediär sein. Konstituierendes Vertrauen ist in den Grundannahmen einer Gruppe verwurzelt und wird nicht bewusst vom einzelnen Individuum wahrgenommen. Es regelt interpersonelles Vertrauen innerhalb einer Gruppenkonstellation und macht sich z.B. durch Zugeständnisse von Freiraum durch den Gruppenleiter oder die Wertschätzung informeller Situationen zum Wissensaustausch kenntlich.[224]

---

[223] Schindler bringt für Intermediäre bespielhaft Projektdokumentationen, Methodenhandbücher und IKT- Strukturen an.
[224] Vgl. Schindler, Wissensmanagement, S. 82f.

Zusammenarbeit

Als Zusammenarbeit wird das Ausmaß, in dem sich Mitglieder einer Gruppe bei ihrer Arbeit aktiv unterstützen und gegenseitig helfen, definiert.[225] In einer Organisation führt die Zusammenarbeit dazu, dass Wissen ausgetauscht wird und gemeinsam neue Ideen erarbeitet werden.[226] Auch Pemberton und Stonehouse betonen, dass soziale Interaktionen den Wissenserwerb und damit auch den Wissensaustausch anregen.[227] Zudem kann durch Zusammenarbeit nicht nur in Form konkreter Erläuterungen explizites Wissen weitergegeben werden, sondern auch implizites Wissen.[228] Dazu schreibt Staiger außerdem:

> *„Durch die Kooperation können auch Wissensinhalte, die nicht unmittelbar artikuliert werden und nur in intuitiver bzw. unbewusster Form vorliegen, durch Beobachtung und durch den bewussten und problemorientierten Einsatz von Metaphern und Analogien transferiert werden."*[229]

Dabei muss nicht unterschieden werden zwischen aktiver und passiver Weitergabe. Ohne den konkreten aktiven Versuch der Wissensweitergabe eines Individuums der Gruppe kann ein anderes Gruppenmitglied dennoch durch Beobachtung lernen. Auch der Lernende muss dies nicht zwangsläufig bewusst forcieren. Dieses Wissen kann sich unbewusst im eigenen Wissenspool manifestieren und tritt erst bei einer erneuten Konfrontation zu Tage, die ein solches Wissen benötigt. Dies ist eng verbunden mit dem psychologischen Konzept eines Déjà-vus.

---

[225] Vgl. Robert F. Hurley, Tomas M. Hult, Innovation, Market Orientation, and Organizational Learning: An Integration and Empirical Examination. In: Journal of Marketing, Vol. 62 Heft 3, 1998, S. 42-54, hier S. 47.
[226] Vgl. Janz/Prasarnphanich, Antecedents, S. 355.
[227] Vgl. Pemberton/Stonehouse, Importance, S. 86.
[228] Vgl. Staiger, Wissensmanagement, S. 142.
[229] Staiger, Wissensmanagement, S. 142.

Hierbei haben Personen das Gefühl, eine neue Situation schon einmal erlebt zu haben.[230]

Offenheit

Das Verhalten, sich aktiv und konstruktiv mit seiner Umwelt auseinanderzusetzen, spiegelt dabei den Aspekt Offenheit. Laut Armutat et al. beschreibt Offenheit dabei das Interesse für Themen, die nicht direkt in Zusammenhang mit dem eigenen Aufgabenbereich stehen. Zusätzlich zeigt sich dabei die Aufgeschlossenheit, Ideen von außen aktiv aufzugreifen, die Bereitschaft, sich aktiv Anregungen von außen zu holen und anderen Lernmöglichkeiten anzubieten. Zum Schluss lässt sich Offenheit in der Bereitschaft Wissen zu teilen, in der konstruktiven Auseinandersetzung mit gegensätzlichen Standpunkten und in der Fähigkeit, mit Spannungen umzugehen, erkennen.[231]

Fehlertoleranz

Wenn Mitarbeiter Angst haben wegen Fehlern getadelt zu werden oder müssen Mitarbeiter sogar weitreichende berufliche Konsequenzen bei einem Fehltritt befürchten, so sind sie abgeneigt, kreative Lösungen zu erarbeiten, Wissen weiterzugeben oder in die Geschäftsprozesse einzubringen.[232] Jegliches Risiko wird dann von den Individuen vermieden. Werden Fehler jedoch toleriert und als Element des Lernprozesses angesehen, so fördert dies kreative Lern- und Lösungsprozesse sowie die Innovationsfähigkeit.[233] Auch die Wahrscheinlichkeit, dass Fehler gemeldet werden und die Organisation dadurch lernen kann, erhöht sich

---

[230] Vgl. Michel Lejeune, Tacit Knowledge: Revisiting the epistemology of knowledge. In: McGill Journal of Education, Vol46, Nr. 1, 2011, S. 91-105.
[231] Vgl. Armutat et al., Wissensmanagement, S. 39.
[232] Vgl. von Felbert, Wissensmanagement, S. 139f.
[233] Vgl. Probst/Raub/Romhardt, Wissen, S. 122.

durch eine fehlerfreundliche Kultur.[234] Dies ist auch ein zentrales Element und Problem im Kontext von Unternehmensgründungen, das medial diskutiert wird. Die schwelende Angst vor dem Scheitern und eine darauffolgende Stigmatisierung in der Öffentlichkeit.[235] Des Weiteren hat die Fehlertoleranz zentralen Einfluss auf die Lernbereitschaft der Mitarbeiter.[236]

Lernbereitschaft

Die Lernbereitschaft der Mitarbeiter äußert sich nach Armutat et al. darin, dass sie ihr Verhalten aufgrund gelernter Lektionen ändern, Denkanstöße von außen annehmen, Konsequenzen ziehen und zukünftig danach handeln. Die Individuen erachten Feedback als wichtig, fordern dieses ein und erkennen eigene Fehler als solche. Sie informieren über diese Prozesse und betrachten sie als Element des Lernprozesses, sodass aktiv aus Fehlern gelernt werden kann.[237] Im Kontext der Zusammenarbeit und Offenheit können Personen somit einen wichtigen Beitrag für ihre Kollegen bieten. Diese können daraus lernen, potentielle Fehler zu vermeiden oder diese zu beheben. Die Förderung der Lernbereitschaft und -fähigkeit der Mitarbeiter führt dazu, dass mehr Wissen generiert, verarbeitet, gespeichert und verankert werden kann.[238]

---

[234] Vgl. Schindler, Wissensmanagement, S. 84f.

[235] Vgl. Handelsblatt, Kultur des Scheiterns. Neue Chance nach der Pleite. Online verfügbar: https://www.handelsblatt.com/unternehmen/management/kultur-des-scheiterns-neue-chance-nach-der-pleite/13947066-all.html, abgerufen am 16.08.2020.

[236] Vgl. Staiger, Wissensmanagement, S. 145.

[237] Vgl. Armutat et al., Wissensmanagement, S. 39f.

[238] Vgl. Haun, Handbuch, S. 195ff.

Autonomie

Janz und Prasarnphanich definieren die Autonomie als eine Freiheit des Individuums oder einer Gruppe selbst entscheiden zu können, welche Handlungen erforderlich sind. Auch die Anleitung, wie diese bestmöglich ausgeführt werden müssen, ist Teil dieser Dynamik.[239] Im Angesicht der täglichen Arbeitsgestaltung umfasst Autonomie die Verantwortung für Arbeitsmethoden, Aufgabenplanung, Prozessüberwachung, Aufgabenverteilung in der Gruppe, Lernförderung oder auch Experimentier- und Risikobereitschaft zu übernehmen.[240] Durch das Maß an Eigeninitiative, Commitment und aktivem Tun charakterisieren Armutat et al. u.a. autonomes Handeln.[241] Falls das Arbeitsumfeld autonomiefeindlich ist, sind die Mitarbeiter nicht motiviert, ihr Wissen in ihre Arbeit einfließen zu lassen. Sie tun nur das Notwendigste, um die Arbeitsaufgabe abzuschließen, da sie befürchten müssen, für Fehler sanktioniert zu werden. Dadurch wird weniger Wissen entwickelt, geteilt oder eingebracht.[242]

Fürsorge

Die Fürsorge ist im weitesten Sinne als eine ernsthafte Aufmerksamkeit zu verstehen, die sich in Besorgnis und Interesse einer anderen Person gegenüber zeigt. Laut von Krogh fördert Fürsorge gegenseitiges Vertrauen, aktives Einfühlungsvermögen, Zugang zu Hilfe, milde Urteile, Mut und das Zusammenspiel dieser Elemente.[243] Jemanden beim Wachsen bzw. Lernen zu unterstützen bedeutet Fürsorge. Es ist das Gegenteil davon, eine andere Person nur für die eigene Bedürfnisbefriedigung und Vorteile auszunutzen.[244] Fürsorge kann in Organisationen auf

[239] Vgl. Janz/Prasarnphanich, Antecedents, S. 359.
[240] Vgl. Ebd.
[241] Vgl. Armutat et al., Wissensmanagement, S. 38f.
[242] Vgl. von Felbert, Wissensmanagement, S. 139f.
[243] Vgl. von Krogh, Care, S. 137.
[244] Vgl. Milton Mayeroff, On Caring, New York 1971, S. 1ff.

interindividueller und institutioneller Ebene auftreten. Interindividuelle Fürsorge spiegelt das Verhalten zwischen einzelnen Mitarbeitern wider. Institutionelle Fürsorge manifestiert sich durch Familienfreundlichkeit, Gesundheitsorientierung oder das Fördern persönlicher Weiterentwicklung. Fehlt jeglicher fürsorgliche Umgang in einer Organisation, so wird aufgrund erwarteter Ablehnung Wissen nur ungern geteilt und neue Ideen werden zurückgehalten.[245] Sie ist zudem ein wichtiger Beitrag für informelle Wissensaustauschprozesse.

5.3.3 Begünstigende Artefakte der Wissensaustauschkultur

Nach wie vor, auch im Kontext voranschreitender Digitalisierung, sind Konversationen die wichtigste Form der Arbeit, um Wissen für die Organisation zu schaffen. Man entdeckt, was man weiß, und teilt es mit seinen Kollegen.[246]

> *„Unterhaltungen am Getränkeautomaten oder in der Kantine bieten eine gute Gelegenheit zum Wissenstransfer. [...] Man erkundigt sich nach den derzeitigen Projekten des Gesprächspartners; man bringt sich gegenseitig auf Ideen; man bekommt Ratschläge, wie das eine oder andere Problem gelöst werden kann."*[247]

Auch wenn Unterhaltungen in der Kaffeeküche oder am Getränkeautomaten auf den ersten Blick unproduktiv erscheinen mögen, werden solche Orte zu wichtigen Begegnungsstätten, um u.a. Wissen auszutauschen, Vertrauen aufzubauen oder Inspirationen zu erhalten. Die vorgenannten Orte sind hier jedoch nur ein Bespiel für eine architektonische Unterstützung einer Wissensaustauschkultur. Es gibt

---

[245] Vgl. Staiger, Wissensmanagement, S. 143f.
[246] Vgl. Alan M. Webber, What's So New About the New Economy?, in: Harvard Business Review, Jg. 1993 Heft Jan-Feb, o.S. Online verfügbar: https://hbr.org/1993/01/whats-so-new-about-the-new-economy, abgerufen am 06.09.2020.
[247] Davenport/Prusak, Unternehmen, S. 184f.

weitaus mehr Artefakte, die eine Wissensaustauschkultur fördern. Wie zuvor erwähnt, handelt es sich bei den Artefakten einer Kultur um die Ebene, die sich am besten wahrnehmen lässt. Neben der Architektur gibt es noch Informations- und Kommunikationstechnologien, die verwendete Sprache und die Art der Kommunikation, Rituale, Symbole und Traditionen, Leitbilder oder -sätze sowie Verhaltensmuster, die Artefakte einer Wissensaustauschkultur bilden können.[248] In der Praxis kann dies schon durch einfache Möglichkeiten wie durch Logos, regelmäßige Veranstaltungen, Freizeitaktivitäten oder auch Mailgruppen realisiert werden.

Konkrete organisationsübergreifende Maßnahmen für wissensaustauschfördernde Informations- und Kommunikationstechnologien stellen hierbei z.B. eine vernetzte und technologische Infrastruktur, Online-Bibliotheken, benutzerfreundliche IT-Instrumente, IT-Schulungen oder ein anwendungsorientierter IT-Support dar. Hinsichtlich der Sprache und Kommunikation ist es für eine Wissensaustauschkultur von Vorteil, eine gemeinsame Sprache zu sprechen oder zu entwickeln und flexible Kommunikationsstrukturen einzubauen. Zusätzlich ist eine organisationsinterne Zeitung/Newsletter oder ein schwarzes Brett mit den aktuellsten Informationen förderlich für die interne Kommunikation. Die Architektur kann neben Kaffeeküchen oder Getränkeautomaten auch durch Verweil-Ecken oder Cafeterien Orte schaffen, an denen auf informelle Art und Weise Kommunikation stattfinden kann. Eine offene Raumgestaltung unterstreicht unbewusst zusätzlich die Relevanz von Kommunikation, Offenheit und Wissensaustausch. Rituale, die eine Organisation entwickelt, welche Symbole die Organisation repräsentieren oder welche Traditionen eine Organisation pflegt, kann ebenfalls den Wissensaustausch beeinflussen. Regelmäßige Mitarbeiterveranstaltungen, das Feiern von Geburtstagen, Jubiläen oder Erfolgen, gemeinsame Sport- und Frei-

[248] Vgl. Staiger, Wissensmanagement, S. 147.

zeitaktivitäten fördern informelle Gespräche und wichtige Werte, wie z.B. Vertrauen oder Fürsorge. Auch Auszeichnungen für besondere Beteiligung am Wissensaustausch bringen Wertschätzung gegenüber den Mitarbeitern zum Ausdruck.

Wissensmanagement-Leitbilder und Wissensvisionen geben bei entsprechender Kommunikation ein Verhaltensmuster vor, nach dem gehandelt werden sollte. Insbesondere Führungskräfte können die Mitarbeiter positiv beeinflussen, wenn die Leitsätze nicht nur kommuniziert, sondern auch vorgelebt werden. Verhaltensmuster, wie z.B. regelmäßige Mitarbeitergespräche, *„Management by walking around"*, gemeinsame Mittagessen oder das Erzählen von Anekdoten machen eine Wissensaustauschkultur aus. Eine offene und ehrliche Kommunikation, die Pflege von informellen Kontakten, ein respektvoller und lockerer Umgang sowie offenes Austragen von Konflikten und aktive Teilnahme am Wissensmanagement stellen Artefakte einer Wissensaustauschkultur dar.[249]

Zusammenfassend lässt sich feststellen, dass das Menschenbild der Theorie Y sowie die Bedeutung der Wissensarbeit in einer Wissensaustauschkultur als Grundannahmen verwurzelt sind. Herausragende Relevanz kommt den Werten einer solchen Kultur zu. Diese verbinden bewusste und unbewusste Elemente der Kultur miteinander und stärken diese. Hierbei stellen Vertrauen, Zusammenarbeit, Offenheit, Fehlertoleranz, Lernbereitschaft, Autonomie und Fürsorge essentielle Werte der Wissensaustauschkultur dar. Sichtbare, bewusstere Artefakte, wie z.B. Informations- und Kommunikationstechnologien, eine gemeinsame Sprache und gute Kommunikation, eine offene Architektur, wertschätzende Rituale, Symbole oder Traditionen, wissensbezogene Leitsätze und kommunikationsfördernde Verhaltensmuster, unterstützen und festigen die Gesamtstruktur und die Bedeutung

---

[249] Vgl. Staiger, Wissensmanagement, S. 149.

des Wissensaustauschs. Sie bilden das Grundgerüst für eine erfolgreiche Kultur des Wissensaustauschs innerhalb einer Organisation und ihrer Einheiten.

5.4 Wechselwirkungen zwischen Organisationsstruktur und Wissensaustauschkultur

Im Folgenden werden die Annahmen der Kapitel 4 und 5 mit der vorhandenen Literatur abgeglichen. Es werden dabei primär die Auswirkungen der Organisationsstrukturdimensionen auf die Strukturen einer Wissensaustauschkultur als Vertreter der Organisationskultur untersucht und bei unterschiedlichen Ansichten diskutiert. Wie auch schon zuvor angemerkt, beeinflussen sich die Dimensionen der Wissensaustauschkultur ebenfalls gegenseitig. So liegen beispielsweise Vertrauen und Zusammenarbeit sehr nah beieinander, da die Grundlage für eine gute Zusammenarbeit gegenseitiges Vertrauen darstellt. Durch vorhandenes Vertrauen in der Organisation wird u.a. aber auch die Fehlertoleranz gestärkt. Fehler werden dadurch schneller verziehen und werden weniger Konsequenzen nach sich ziehen.[250] Das fördert auch die schnellere und effizientere Verarbeitung der Erkenntnisse aus den gemachten Fehlern. Wenn nachfolgend nur einzelne beeinflusste Dimensionen angesprochen werden, kann davon ausgegangen werden, dass indirekt auch andere Dimensionen zusätzlich von den Auswirkungen betroffen sind.

Der Spezialisierungsgrad von Organisationen beeinflusst vor allem die beiden Dimensionen Autonomie und Zusammenarbeit der Wissensaustauschkultur. Ein hoher Spezialisierungsgrad führt einerseits dazu, dass die Autonomie der Mitarbeiter

---

[250] Vgl. Günther Kainz, Führen mit Augenmaß: Vertrauen und Kontrolle. In: Barbara Covarrubias Venegas, Katharina Thill, Julia Domnanovich, Julia (Hg.), Personalmanagement. Internationale Perspektiven und Implikationen für die Praxis. Wiesbaden 2018, S. 305-324, hier S. 311; Ulrich Wiek, Zusammenarbeit fördern. Kooperation im Team - ein praxisorientierter Überblick für Führungskräfte. Berlin/Heidelberg 2015, S. 25.

eingeschränkt und zum anderen das Abteilungsdenken gefördert wird. Ein ausgeprägtes Abteilungsdenken verursacht horizontale Barrieren für die Zusammenarbeit und schafft unter Umständen einen Wettbewerb zwischen den Abteilungen. Durch ein Feldexperiment in einem japanischen Fischerdorf fanden Carpenter und Seki anhand eines Öffentlichen-Güter-Spiels heraus, dass Wettbewerb am Arbeitsplatz ebenfalls zu einer Schwächung der Zusammenarbeit führt. Bezüglich der Autonomiedimension führt hingegen ein geringerer Spezialisierungsgrad zu mehr Autonomie und macht es für Mitarbeiter möglich auch ohne den Input anderer Organisationseinheiten handeln zu können.[251] Daraus folgt, dass ein zu hoher Grad der Spezialisierung negative Folgen für die Wissensaustauschkultur haben kann.

Auch die Form der Koordination hat deutliche Auswirkungen auf die Autonomie. Eine unpersönliche Koordination durch Programme wirkt sich laut Lauermann negativ auf die Autonomie aus.[252] Diese Form der Koordination gibt exakte Arbeitsanweisungen und lässt kaum Spielraum für eigene Entscheidungen offen. Zusätzlich beeinflusst die unpersönliche bzw. technokratische Koordination das Vertrauen der Mitarbeiter. Kieser und Walgenbach äußern sich hierbei deutlich negativ gegenüber der Koordination durch Programme und Pläne. Ihre Besorgnis begründet sich dabei darauf, dass durch diese Koordinationsform Werte und Einstellungen vermittelt werden, die ein grundsätzliches Misstrauen gegenüber den Mitarbeitern zum Ausdruck bringen. Je strikter die Regelungen verfasst sind, desto mehr Misstrauen herrscht gegenüber den Mitarbeitern.[253] Staiger geht an diesen Aspekt von anderer Seite heran, er argumentiert, dass den Mitarbeitern

---

[251] Vgl. Wiek, Zusammenarbeit, S. 18; Jeffrey Carpenter, Erika Seki, Do Social Preferences Increase Productivity? Field Experimental Evidence from Fishermen in Toyama Bay. In: Economic Inquiry, Vol. 49 Heft 2, 2011, S. 612-630, hier S. 627; Staiger, Wissensmanagement, S. 86.

[252] Vgl. Andreas Lauermann, Autonomie von Fertigungssegmenten. Analyse zur Gestaltung neuer Fabrikstrukturen. Wiesbaden 1994, S. 214.

[253] Vgl. Kieser/Walgenbach, Organisation, S. 126. 171 Vgl. Staiger, Wissensmanagement, S. 92.

durch diese Programme das nötige Vertrauen mitgegeben wird, um die Aufgaben erfolgreich zu bearbeiten. Die Mitarbeiter können sich auf eine erfolgreiche Zügelführung verlassen, da die Programme meist durch Spezialisten verfasst wurden und die Mitarbeiter somit sicher sein können, die richtigen Handlungsschritte zu befolgen.[254]

Bei dieser Koordinationsform kommt es häufig dennoch zu Einschränkungen der Autonomie, was wiederum Misstrauen gegenüber den Mitarbeitern ausdrückt. Beides sind zentrale Werte der Wissensaustauschkultur und werden insgesamt durch eine Koordination mit Hilfe von Plänen und Programmen geschwächt. Dass durch Programme jedoch auch auf Spezialistenwissen zugegriffen werden kann, fördert im Gegensatz dazu den Wissensaustausch. Um der Wissensaustauschkultur jedoch nicht grundlegend zu schaden, empfiehlt sich daher eine technokratische Koordination nur im speziellen Fällen einzusetzen und nicht als Standardmethode. Auch denkbar und potentiell weniger schädlich ist der Einsatz dieser Option als Einstieg zum Arbeiten in neuen Bereichen. Nach einem klar definierten Ziel oder Zeitpunkt werden die Programm-/Planrestriktionen aufgehoben und der Mitarbeiter nutzt diese nur noch als Rahmen.

Hinsichtlich der Organisationskonfiguration hat sich während der Literaturanalyse ein deutlicher Tenor herausgestellt, dass ein Organisationsaufbau mit vielen hierarchischen Ebenen, also mit einer hohen Gliederungstiefe, negative Folgen für die Dimensionen der Wissensaustauschkultur hat. Kainz und Wiek stellen besonders die negativen Folgen für die Zusammenarbeit heraus. Während sich Führungskräfte bei weniger hierarchischen Ebenen partizipativer verhalten, erhöht eine größere Gliederungstiefe dominantes Verhalten bei den Führungskräften. Die Zusammenarbeit verschlechtert sich somit tendenziell durch die hierarchi-

[254] Vgl. Staiger, Wissensmanagement, S. 92.

schen Ebenen. Wiek unterstützt diese Ansicht ebenfalls. Für ihn bedeuten Hierarchien vertikale Barrieren für die Zusammenarbeit.[255] Reitzig und Maciejovsky stellen vor allem heraus, dass Hierarchieebenen u.a. die Angst vor negativem Feedback verstärken.[256] Das Empfinden von positiver Fehlertoleranz nimmt dadurch bei den Mitarbeitern ab und bremst die Wissensaustauschkultur aus.

Generell heißt es zudem von Pemberton und Stonehouse, dass flache Organisationsstrukturen eine Wissensaustauschkultur fördern.[257] Auch Staerkle ist derselben Meinung. Viele hierarchische Ebenen wirken sich negativ auf die Kommunikation in der Organisation aus, da die Kommunikation über viele Stufen erfolgen muss und dadurch auch zusätzlich Informationsverluste entstehen können.[258] Nonaka hingegen sieht hierarchische Ebenen nicht generell als gut oder schlecht für den Wissensaustausch an. Davon ausgehend ist Heterarchie demnach unerlässlich für die Generierung von neuem Wissen, während Hierarchie die Implementierung, Nutzung und Anhäufung von Wissen fördert.[259] Zusammenfassend zeigt sich jedoch, dass eine hohe Gliederungstiefe vor allem negative Auswirkungen auf die Wissensaustauschkultur hat. Flachere Hierarchiestrukturen sind somit erfolgsversprechender für die Unterstützung des Wissensaustausches. Eine Unterscheidung der Dominanzen der vorgenannten Aspekte kann aber wiederum durch die Größe der Organisation bestimmt werden. Innerhalb von Großunternehmen können in einer Abteilung andere Hierarchie-Konstrukte herrschen als in der Gesamtorganisation oder in benachbarten Abteilungen. Relevanter Faktor dafür wiederum ist auch die Autonomie von Abteilungen.

---

[255] Vgl. Kainz, Führen, S. 309; Wiek, Zusammenarbeit, S. 18.
[256] Vgl. Markus Reitzig, Boris Maciejovsky, Corporate Hierarchy and Vertical Information Flow Inside the Firm - A Behavioral View. In: Strategic Management Journal, Vol. 36 Heft 13, 2015, S. 1979-1999, hier S. 1983f.
[257] Vgl. Pemberton/Stonehouse, Importance, S. 88.
[258] Vgl. Staerkle, Leitungssystem, S. 1235.
[259] Vgl. Ikujiro Nonaka, A Dynamic Theory of Organizational Knowledge Creation. In: Organization Science, Vol. 5 Heft 1, 1994, S. 14-37, hier S. 32f.

Die Dimension der Entscheidungsdelegation wirkt sich ebenfalls erheblich auf die Wissensaustauschkultur aus. McGregor betont, dass die Entscheidungsdezentralisierung die Theorie Y des Menschenbildes und damit eine Grundannahme der Wissensaustauschkultur fördert.[260] Schreyögg und Geiger stimmen dem zu und bestätigen, dass sich die Dezentralisierung von Entscheidungsprozessen und die Delegation von Verantwortung positiv auf das Menschenbild nach Theorie Y auswirken.[261] Stoll geht noch weiter und konstatiert, dass geringere Entscheidungskompetenzen der Mitarbeiter mit negativen Einstellungen bezüglich der Zusammenarbeit einhergehen.[262] In der Entscheidungsdezentralisierung sieht Wiek die Gefahr, dass die Zusammenarbeit der Mitarbeiter leidet. Seiner Ansicht nach fehlen dadurch die Befugnisse und Anreize zur Zusammenarbeit.[263]

Unter dem Aspekt der Offenheit erklärt Probst, dass Entscheidungsdezentralisierung bzw. Partizipation der Mitarbeiter diese in der Organisation fördern.[264] Auch die Lernkultur und damit die Lernbereitschaft werden durch den Einbezug der Mitarbeiter in unternehmerische Entscheidungsprozesse unterstützt.[265] Ebenso als elementaren Bestandteil der Autonomie verstehen Janz und Prasarnphanich sowie Lauermann die Entscheidungsdezentralisierung.[266] Staiger fasst allgemein zusammen, dass die Dezentralisierung von Entscheidungen die Wissensgenerierung unterstützt.[267] Unter Einbeziehung der vorherigen Ergebnissen der Literaturanalyse kann auch insgesamt die Entscheidungsdezentralisierung, die mehrheitlich positiv

---

[260] Vgl. McGregor, Human, S. 12ff.
[261] Vgl. Georg Schreyögg, Daniel Geiger, Organisation. Grundlagen moderner Organisationsgestaltung. Mit Fallstudien. 6. Auflage, Wiesbaden 2016, S. 135.
[262] Vgl. Alexander Stoll, Peter G. Richter, Beeinflusst der Zentralisationsgrad einer Organisation teambezogene Einstellungen und die Qualität der Teamarbeit?. Die Formulierung einer These am Beispiel von Pflegeteams. In: Arbeit, Vol. 11 Heft 4, 2002, S. 309-328, hier S. 320f.
[263] Vgl. Wiek, Zusammenarbeit, S. 17.
[264] Vgl. Gilbert J. Probst, Organisation. Strukturen, Lenkungsinstrumente, Entwicklungsperspektiven. Landsberg/Lech 1993, S. 505.
[265] Vgl. von Felbert, Wissensmanagement, S. 140.
[266] Vgl. Janz/Prasarnphanich, Antecedents, S. 359; Lauermann, Autonomie, S. 214.
[267] Vgl. Staiger, Wissensmanagement, S. 100.

auf Annahmen und Werte einer Wissensaustauschkultur, wie die Theorie Y des Menschenbildes, die Zusammenarbeit, Offenheit und Lernbereitschaft, wirkt, als förderlich für die Wissensaustauschkultur angesehen werden. Neben der Wirkung, Teil von etwas Größerem zu sein, gehen auch Verpflichtungen einher, die dem Organisationsmitglied ein Gefühl der Wichtigkeit des Individuums vermitteln.

Die letzte Dimension der Organisationsstruktur ist die Formalisierung. Auch diese hat Auswirkungen auf die Formstruktur der Wissensaustauschkultur. Staiger erörtert, dass sich die Formalisierung negativ auf das Vertrauen der Mitarbeiter auswirkt.[268] Probst schließt sich dieser Ansicht uneingeschränkt an. Er stellt zudem vor allem die formalisierte Zeiterfassung in den Vordergrund. Diese suggeriert für ihn, dass den Mitarbeitern nicht vertraut wird und dadurch eine nachhaltige Schwächung der gegenseitigen Vertrauensbasis erfolgt.[269] Weiterführend erläutert Staiger, dass erst ein geringerer Formalisierungsgrad die Offenheit in der Organisation ermöglicht.[270] Zusätzlich sind sich Lauermann, Kieser und Walgenbach sowie Backhaus einig, dass die Formalisierung die Autonomie erschwert, gleichzeitig die Reduzierung formaler Strukturen die positive Wirkung von Autonomie fördert.[271] Anders sieht es für den Bereich der Wissensspeicherung, -bereitstellung und -teilung aus. Staiger fasst die Auswirkungen der Formalisierung auf diese Aspekte zusammen und stellt fest, dass sich die Formalisierung dann positiv auswirkt. Wissen wird im Kontext der Formalisierung schriftlich fixiert und kann dadurch immer wieder abgerufen werden. Die Kommunikation und die

---

[268] Vgl. Staiger, Wissensmanagement, S. 101f.
[269] Vgl. Probst, Organisation, S. 183.
[270] Vgl. Staiger, Wissensmanagement, S. 101.
[271] Vgl. Lauermann, Autonomie, S. 214; Kieser/Walgenbach, Organisation, S. 78; Christof Backhaus et al., Autonomie und Loyalität in strategischen Unternehmensnetz-werken - Eine Mehrebenenbetrachtung. In: Georg Schreyögg, Jörg Sydow (Hg.), Verhalten in Organisationen. Managementforschung 19. Wiesbaden 2009, S. 141-178, hier S. 146 und S. 159.

Wissensgenerierung werden durch eine Formalisierung jedoch merklich geschwächt.[272]

Dementsprechend ist hier zusammenfassend festzuhalten, dass ein zu hoher Formalisierungsgrad negative Auswirkungen auf die Wissensaustauschkultur hat. Sowohl das Vertrauen, die Offenheit und die Autonomie leiden überwiegend unter formalisierten Prozessen. Daher sollten nur die nötigsten und wichtigsten Abläufe formalisiert werden, um der Wissensaustauschkultur nicht nachhaltig zu schaden. Allgemein zeigt sich somit, dass ein sehr hoher Spezialisierungsgrad, unpersönliche bzw. technokratische Koordination, eine hohe Gliederungstiefe, Entscheidungszentralisierung sowie die Formalisierung von Organisationsprozessen negativ auf die Dimensionen der Wissensaustauschkultur wirken. Ungeachtet dessen, wie die Umsetzung erfolgt, ist eine rein positive Auswirkung auf die Wissenskultur in einer lebendigen Organisation nur schwer möglich. Es muss daher eine Art Trade-Off gefunden werden, der für die Erfüllung des Unternehmensziels eine Organisationsstruktur vorsieht, die zumindest ein positives Resultat hinsichtlich der Einflussfaktoren auf die Wissensaustauschkultur bietet.

---

[272] Vgl. Staiger, Wissensmanagement, S. 101f.

6 Das Untersuchungsobjekt – Aufbau und Status der RWTH

Wie bereits zuvor mehrfach angesprochen, handelt es sich bei dem hier näher untersuchten Fallbeispiel um die RWTH Aachen. Die RWTH, Rheinisch-Westfälische Technische Hochschule, ist zwar eine vollständige Technische Universität, trägt aber traditionell weiterhin die Bezeichnung Technische Hochschule im Namen.[273] Die anderen älteren technischen Universitäten, wie zum Beispiel jene in Berlin, München oder Dresden, haben das TH vor ihrem Namen durch ein TU ersetzt.[274] Neuere Technische Universitäten wie die in Dortmund oder Kaiserslautern wurden von vornherein als TU gegründet. Bevor im nachfolgenden Kapitel eine intensive Analyse der Entwicklung der RWTH angegangen wird, erfolgt hier zuerst eine Erfassung und Dokumentation des momentanen Status quo der RWTH und eine Einordnung in den aktuellen Hochschulkontext.[275]

Die RWTH Aachen ist mit ihren 45.628 Studierenden zum Wintersemester 2019/20 die größte Technische Universität und zugleich auch seit einigen Jahren eine der zehn größten Hochschulen Deutschlands. Gemessen an der Studierendenzahl belegt sie aktuell den fünften Platz.[276] Die erfolgreiche Spezialisierung im Ingenieursbereich ist seit Jahrzehnten international bekannt und hat dazu geführt, dass aktuell allein 11.280 internationale Studierende an der RWTH einge-

---

[273] Den rechtlichen Status bzw. die Bezeichnung Technische Hochschule wird mittlerweile primär von Fachhochschulen mit entsprechender Ausrichtung genutzt.
[274] Namensänderungen in TU: München 1970, Dresden 1961, Berlin 1946.
[275] Da zum Zeitpunkt der Anfertigung der Arbeit noch nicht alle Daten für das Jahr 2019 vorliegen, wird vereinzelt mit den Daten des vorherigen Jahres gearbeitet.
[276] Vgl. Statistisches Bundesamt, destatis, Studierende an Hochschulen, online verfügbar: https://www.destatis.de/DE/Themen/Gesellschaft-Umwelt/Bildung-Forschung-Kultur/Hochschulen/_inhalt.html, abgerufen am 05.09.2020; RWTH Aachen, The Big Picture in Figures, Mai 2020, online verfügbar: https://www.rwth-aachen.de/cms/root/Die-RWTH/Profil/~enw/Daten-Fakten/, abgerufen am 05.09.2020. In den Studierendenzahlen sind auch Promotionsstudierende enthalten.

schrieben sind, dies entspricht fast einem Viertel aller Studierenden. Davon wiederum sind 7.577 in einem ingenieurswissenschaftlichen Studiengang eingeschrieben. Gleichzeitig hat diese Spezialisierung auch dazu geführt, dass der Frauenanteil an der RWTH weitaus geringer ist als an anderen Universitäten.

Der Frauenanteil in den Ingenieurswissenschaften ist international deutlich geringer als der Männeranteil. Eben dieser Bereich stellt jedoch 25.662 Studierende an der RWTH, mehr als die Hälfte aller Studierenden. Mittlerweile sind jedoch fast ein Drittel aller Studierenden der RWTH weiblich, was einer Anzahl von 14.994 Studierenden im Wintersemester 2019/20 entspricht.[277] Damit liegt die RWTH jedoch knapp hinter den beide TUs in München und Berlin, die mit 36% und 33,7% im selben Zeitfenster mehr weibliche Studierende aufweisen.[278] Trotz starker Verbesserungen in den 1990er Jahren, von 25% auf 35% Frauenanteil unter den Studierenden, folgte dann Anfang der 2000er ein Rückgang auf bis zu 30%. Verbesserungen sind jedoch in den letzten acht Jahren zu verzeichnen. Der Spitzenwert von 35% Frauenanteil ist allerdings noch nicht wieder erreicht. Hier hat die RWTH im Vergleich zu ihren frühen Erfolgen beim Frauenstudium, der Ausbildung von Wissenschaftlerinnen und Ernennung von Professorinnen, den Anschluss an die Spitze der Bewegung der Gleichberechtigung verloren.[279]

In der Medizin und Zahnmedizin stellen weibliche Studierende sogar die Mehrheit, knapp 69% der Studierenden dieses Bereiches sind weiblich. In den Gesellschafts-, Geistes- und Wirtschaftswissenschaften sind knapp 58% aller Studierenden weiblich. Es muss hier aber auch ausdrücklich erwähnt werden, dass dies

---

[277] Vgl. RWTH Datenblatt Studierende WS19/20 Stichtag 05.11.2019.

[278] Vgl. TU Berlin, Statistik Studierende, online verfügbar: https://www.tu.berlin/ueber-die-tu-berlin/profil/tu-berlin-in-zahlen/, abgerufen am 05.09.2020; TU München, Statistik Studierende, online verfügbar: https://www.tum.de/die-tum/die-universitaet/die-tum-in-zahlen/, abgerufen am 05.09.2020.

[279] Vgl. RWTH Aachen, Zahlen Daten Fakten, 1992-2018.

nicht nur allein durch die gerade erwähnten Fachbereiche zustande kommt, sondern auch durch einen steigenden Frauenanteil in den Ingenieurswissenschaften. Immerhin 5.995 Frauen sind im Wintersemester 19/20 in den Ingenieurswissenschaften immatrikuliert. Die übrigen 3.733 Frauen studieren ein naturwissenschaftliches Fach, sie stellen ein Drittel der Studierenden in diesen Disziplinen.[280]

Abseits des Medizin- und Zahnmedizinstudiums, die beide weiterhin mit dem Staatsexamen abschließen, sind alle Studiengänge an der RWTH auf das Bachelor- und Mastersystem umgestellt. Während im Bachelor die beiden Abschlüsse Bachelor of Arts und Bachelor of Science erlangt werden können, ist die Vielfalt im Masterbereich etwas größer. Hier können neben den Masteräquivalenten der Bachelorabschlüsse auch ein Master of Education und im Rahmen der Business School zusätzlich noch der Master of Business Administration erworben werden. Der Master of Education wird ausschließlich im Lehramtsstudium vergeben und ersetzt die früheren Staatsexamensabschlüsse im Lehramt. Insgesamt wurden zum Wintersemester 2019/20 184 verschiedene Studiengänge angeboten.[281] Die Anzahl der unterschiedlichen Fächer ist jedoch deutlich geringer, da die Anzahl der Studiengänge sowohl Bachelor- als auch Masterprogramme eines Fachbereichs separat zählt, und bei einigen Fächern beides noch einmal für das Lehramt. Je nach Fach kommen noch zusätzlich unterschiedliche Schulformen hinzu, an der RWTH sind Lehramtsstudiengänge für das Berufskolleg und Gymnasien/Gesamtschulen verfügbar.

Die RWTH ist bereits seit einigen Jahrzehnten der größte Arbeitgeber der Städteregion Aachen, dicht gefolgt vom Universitätsklinikum mit seinen knapp 8.000

---

[280] Vgl. RWTH Aachen, Zahlen Daten Fakten, 1992-2018.

[281] Vgl. RWTH Aachen, Aktuelle Studiengänge, online verfügbar: https://www.rwth-aachen.de/cms/root/Studium/Vor-dem-Studium/Studiengaenge/~yev/Liste-Aktuelle-Studiengaenge/?page=1&showall=1, abgerufen am 05.09.2020.

Mitarbeitern.[282] Im Jahr 2019 waren 9.838 Personen an der RWTH beschäftigt, darunter befinden sich 548 Professoren, und 571 Auszubildende. Die RWTH ist damit auch zugleich der größte Ausbildungsbetrieb in der Städteregion. Analog zu den Studierenden hat sich im Laufe der Zeit auch die Anzahl der Mitarbeiterinnen erhöht. Etwa 3.383 Frauen arbeiteten 2019 direkt an der RWTH, dies entspricht 34% aller Mitarbeiter.[283] Zwei Drittel aller Beschäftigten der RWTH gehören zum wissenschaftlichen Personal. Wie im Hochschulsektor üblich, handelt es sich beim wissenschaftlichen Personal, abseits der Professoren, überwiegend um zeitlich befristet angestelltes Personal. Im Rahmen des Wissenschaftszeitvertragsgesetzes ist zugleich im Kontext der Weiterqualifizierung eine maximale Dauer von sechs Jahren für diese befristeten Arbeitsverhältnisse vorgesehen. Bei Weiterbeschäftigung würde eine Entfristung erfolgen.[284] Dies führt dazu, dass es einen kontinuierlichen Personalwechsel an den Hochschulen gibt und dadurch auch der Altersdurchschnitt der Hochschulbeschäftigten geringer ausfällt als in anderen Branchen.

Finanziell stellte 2019 für die Hochschule ebenfalls einen Meilenstein dar. Erstmalig konnte allein durch den Landeszuschuss und die Drittmittel eine Hochschulfinanzierung in Höhe von 1,04 Milliarden Euro erzielt werden. Dabei gilt besonders hervorzuheben, dass allein 506,4 Millionen Euro auf die Drittmittel entfallen, also fast 50%.[285] Damit gehört die RWTH zugleich zu den Drittmittel-

---

[282] Vgl. Uniklinik RWTH Aachen, Zahlen Daten Fakten, Fact Sheet vom 01.08.2020. Seit 2001 ist das Personal des Universitätsklinikums Aachen kein Hochschulpersonal mehr, das Personal der Fakultät 10, Medizin, jedoch ist weiterhin Teil des Hochschulpersonals.
[283] Vgl. RWTH Aachen, The Big Picture in Figures, Mai 2020, online verfügbar: https://www.rwth-aachen.de/cms/root/Die-RWTH/Profil/~enw/Daten-Fakten/, abgerufen am 05.09.2020.
[284] Vgl. Bundesministerium für Justiz und Verbraucherschutz, Gesetz über befristete Arbeitsverträge in der Wissenschaft (Wissenschaftszeitvertragsgesetz - WissZeitVG).
[285] Vgl. RWTH Aachen, The Big Picture in Figures, Mai 2020, online verfügbar: https://www.rwth-aachen.de/cms/root/Die-RWTH/Profil/~enw/Daten-Fakten/, abgerufen am 05.09.2020.

stärksten Hochschulen Deutschlands. Von den Drittmitteln stammen 102,7 Millionen direkt aus der Industrie und der Wirtschaft. Der restliche Teil entfällt auf staatliche oder öffentliche Förderprogramme. Namentlich insbesondere die Förderung durch die Deutsche Forschungsgemeinschaft (DFG) und das Bundesministerium für Bildung und Forschung (BMBF).

Seit der zweiten Förderrunde von 2007 ist die RWTH Teil der Exzellenzinitiative, eines Sonderprogramms der Regierung mit dem Ziel der Förderung der Spitzenforschung an deutschen Universitäten und damit einer Stärkung des Wissenschaftsstandorts Deutschland im internationalen Wettbewerb. Diese durch das Programm erlangte Stellung als Exzellenzuniversität, die auch den Wettbewerb der deutschen Universitäten untereinander anheizt, konnte die RWTH in der dritten Runde 2012 verteidigen. Von 2012 an war sie somit erneut Teil des Förderprogramms und eine der elf Elite-Universitäten oder auch Exzellenzuniversitäten.[286] Einen großen Erfolg, auch hinsichtlich der Forschungsförderung, stellte die erfolgreiche Verteidigung ihres Status als Elite-Universität im Rahmen des Nachfolgeprogramms der Exzellenzinitiative von 2019. Das Programm wurde in Richtung Verstetigung hin zur Exzellenzstrategie aufgewertet und erneut 11 Elite-Universitäten in einem umfangreichen Verfahren ermittelt. Tiefgreifendste Veränderung ist hierbei das Evaluierungsverfahren, nach Ablauf des Förderzeitraums müssen die aktiven Elite-Universitäten nicht erneut in den Wettbewerb, sondern werden evaluiert, ob vorab gesteckte Ziele erreicht worden sind und somit eine weitere Förderungsfähigkeit besteht.[287]

Die interne Struktur der RWTH ist komplex und lässt sich auf verschiedenen Ebenen abbilden. Auffallend ist, dass das allgemeine Organigramm der Hochschule

---

[286] Vgl. Bundesministerium für Bildung und Forschung, Exzellenzinitiative, online verfügbar: https://www.bmbf.de/de/die-exzellenzinitiative-staerkt-die-universitaere-spitzenforschung-1638.html, abgerufen am 05.09.2020.

[287] Vgl. Bundesministerium für Bildung und Forschung, Exzellenzstrategie, online verfügbar: https://www.bmbf.de/de/die-exzellenzstrategie-3021.html, abgerufen am 05.09.2020.

grundlegend genauso strukturiert ist wie bei einem großen Unternehmen. Inklusive der Studierenden gilt es knapp 55.000 Personen und ihre Tätigkeiten an der Hochschule zu koordinieren. Wie in Abbildung 10 erkenntlich, fungiert das Rektorat als zentrales Lenkungsgremium. Dem steht der Rektor als Vorsitzender vor, zusätzlich sind noch der Kanzler und die Prorektoren Teil des Rektorats. Diesem Gremium obliegt die gesamte Leitung der Hochschule. Die beiden weiteren zentralen Organe sind der Hochschulrat und der Senat. Diese drei Organe sind gesetzlich festgelegt, ihre individuelle Strukturierung kann aber von der Hochschule selbst im Rahmen ihrer Grundordnung definiert werden.[288] Die auf der Homepage der RWTH gemachte Angabe zum Überblick der Hochschulorgane, dass der Strategierat Teil der Führungsstruktur sei, ist irreführend.[289] Der Strategierat hat lediglich eine beratende Funktion, keine exekutiven Befugnisse. Weitergehende Befugnisse des Strategierats oder ähnlicher Organe auf derselben Ebene wie z.B. die Gleichstellungsbeauftragte oder Kommissionen sind nicht durch die Grundordnung oder das Hochschulgesetz abgedeckt.[290] Sie dürfen aber aktiv entsprechende Vorschläge, Gutachten und Handlungsempfehlungen erstellen, diese müssen jedoch vom Rektorat, respektive letztendlich vom Rektor genehmigt werden, um Wirkung zu entfalten.

---

[288] Vgl. Ministerium des Innern des Landes Nordrhein-Westfalen, Gesetz über die Hochschulen des Landes Nordrhein-Westfalen (Hochschulgesetz - HG), hier speziell §2, §14 und §16; RWTH Aachen, Grundordnung, Amtliche Bekanntmachung Nr. 2020/042.

[289] Vgl. RWTH Aachen, Hochschulorgane, online verfügbar: https://www.rwth-aachen.de/cms/root/Die-RWTH/Einrichtungen/~enz/Organisation/, abgerufen am 05.09.2020; Strategy Board https://www.rwth-aachen.de/cms/root/Die-RWTH/Einrichtungen/Organisation/~pwo/Strategy-Board/, abgerufen am 05.09.2020.

[290] Vgl. Ministerium des Innern des Landes Nordrhein-Westfalen, Gesetz über die Hochschulen des Landes Nordrhein-Westfalen (Hochschulgesetz - HG), hier speziell §2, §14 und §16; RWTH Aachen, Grundordnung, Amtliche Bekanntmachung Nr. 2020/042.

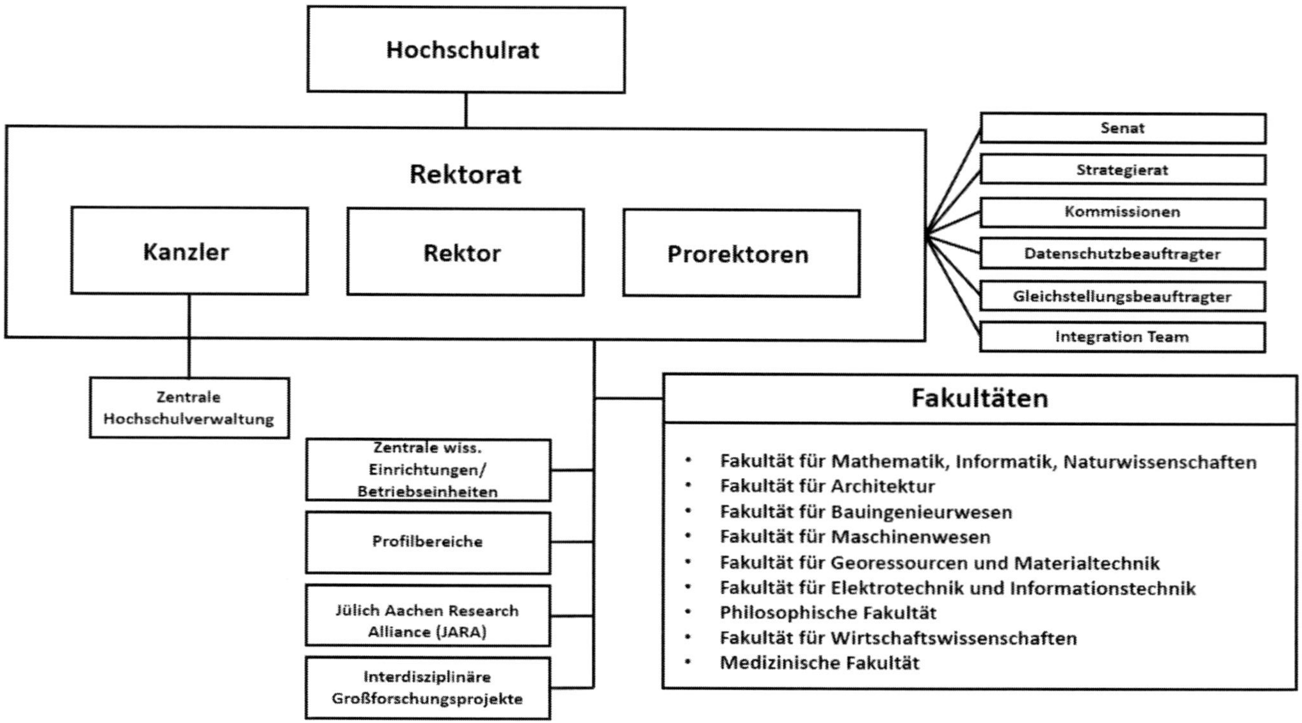

Abbildung 10: *Organigramm der RWTH; eigene Darstellung.*

Hinsichtlich der Darstellung der drei zentralen Organe ist es fragwürdig, dass der Senat bildlich nur eine kleine untergeordnete Position direkt in einer Säule mit den Beratungsgremien hat. Der Senat ist ein Beschlussorgan, diejenige Instanz, die Änderungen und Erlasse von Ordnungen, Rahmenordnung auch betreffend die Grundordnung verabschiedet. Zusätzlich kommen noch etliche weitere Aufgaben hinzu, insbesondere im Rahmen der Bildung von Kommissionen oder der Stellungnahme zu Hochschulangelegenheiten. Der Senat setzt sich dabei aus Vertretern aller Gruppen zusammen. Es wird dabei zwischen stimmberechtigten und nichtstimmberechtigten Mitgliedern unterschieden. Das Rektorat und auch die Dekane sind unter anderem zwar Teil des Senats, aber nicht stimmberechtigt.[291]

Das dritte zentrale Organ ist der Hochschulrat, er besteht immer aus hochschulexternen Personen, die aus der Wissenschaft, Wirtschaft oder Industrie kommen, sowie aus einer Vertrauensperson der Studierenden. Das Rektorat und die Gleichstellungsbeauftragte sind beratender Teil dieses Gremiums. Die Hauptaufgabe des Hochschulrats ist vor allem die Aufsicht über die Geschäftsführung des Rektorats. Gleichzeitig wirkt er auch aktiv an den Wahlen mit und gibt Zustimmung und Empfehlung zu Wirtschafts- und Rechenschaftsberichten.[292]

Als weitere Einheiten unterhalb des Rektorats befinden sich neben den fast schon an den Rand gedrängten neun Fakultäten in der Mitte in einem separaten Zweig vier weitere Einheiten. Dabei handelt es sich um die Profilbereiche, Jülich Aachen Research Area, Interdisziplinäre Großprojekte und zentrale wissenschaftliche

[291] Vgl. RWTH Aachen, Senat, online verfügbar: https://www.rwth-aachen.de/cms/root/Die-RWTH/Einrichtungen/Organisation/~pwl/Senat/, abgerufen am 05.09.2020.
[292] Vgl. RWTH Aachen, Hochschulrat, online verfügbar: https://www.rwth-aachen.de/cms/root/Die-RWTH/Einrichtungen/Organisation/~pwn/Hochschulrat/, abgerufen am 05.09.2020.

Einrichtungen/Betriebseinheiten. Ergänzt wird das Ganze noch um die Zentrale Hochschulverwaltung (ZHV), deren Leitung direkt dem Kanzler obliegt.

Die jeweiligen Fakultäten werden hochschulintern auf institutioneller Ebene durch das Dekanat und den Dekan innerhalb der RWTH vertreten. Intern organisieren sich die Fakultäten durch das Dekanat und den Fakultätsrat. Das Dekanat übernimmt dabei in der Regel Aufgaben der Mittelzuweisung, Überprüfung des Lehrangebots, Einsatz der Mitarbeiter, Erstellung des Entwicklungsplans der Fakultät sowie Organisation und Durchführung der Evaluierung. Der Fakultätsrat ist auf rechtlicher Ebene das höchste beschlussfassende Organ der Fakultäten, er trägt die Entscheidungshoheit über alle Fakultätsangelegenheiten. Im Fakultätsrat sind alle Fakultätsangehörigen, also Professoren, wissenschaftliche Mitarbeiter, nichtwissenschaftliche Mitarbeiter und die Studierenden durch gewählte Mitglieder ihrer Gruppe vertreten. Die Zusammensetzung hinsichtlich der stimmberechtigten Mitglieder der Fakultätsräte der einzelnen Fakultäten ist fix in der Grundordnung vorgegeben. Einzelheiten zur Strukturierung der Fakultäten werden in einer separaten Fakultätsordnung der jeweiligen Fakultät festgehalten. Der Fakultätsrat ist für die Einrichtung der Kommissionen zuständig, deren Anzahl je nach Fakultät und Fachgruppen variieren kann.[293]

Neben den zentralen Einrichtungen für Studien- und Prüfungsangelegenheiten an der RWTH gibt es an den Fakultäten zusätzliche Untereinheiten, die sich auf die fachspezifischen Curricular und Eigenheiten spezialisiert haben. Ihnen obliegt die direkte Mitgestaltung der übergeordneten Strukturen an der Fakultät in der Lehre, darunter fallen neben organisatorischen Aspekten zur Fachstudienberatung, Veranstaltungs- und Prüfungsplanung und Praktikumsberatung auch Aspekte des Mentorings. Die zuvor erwähnten zentralen Einrichtungen sind Teil der ZHV.

---

[293] Vgl. RWTH Aachen, Grundordnung, Amtliche Bekanntmachung Nr. 2020/042.

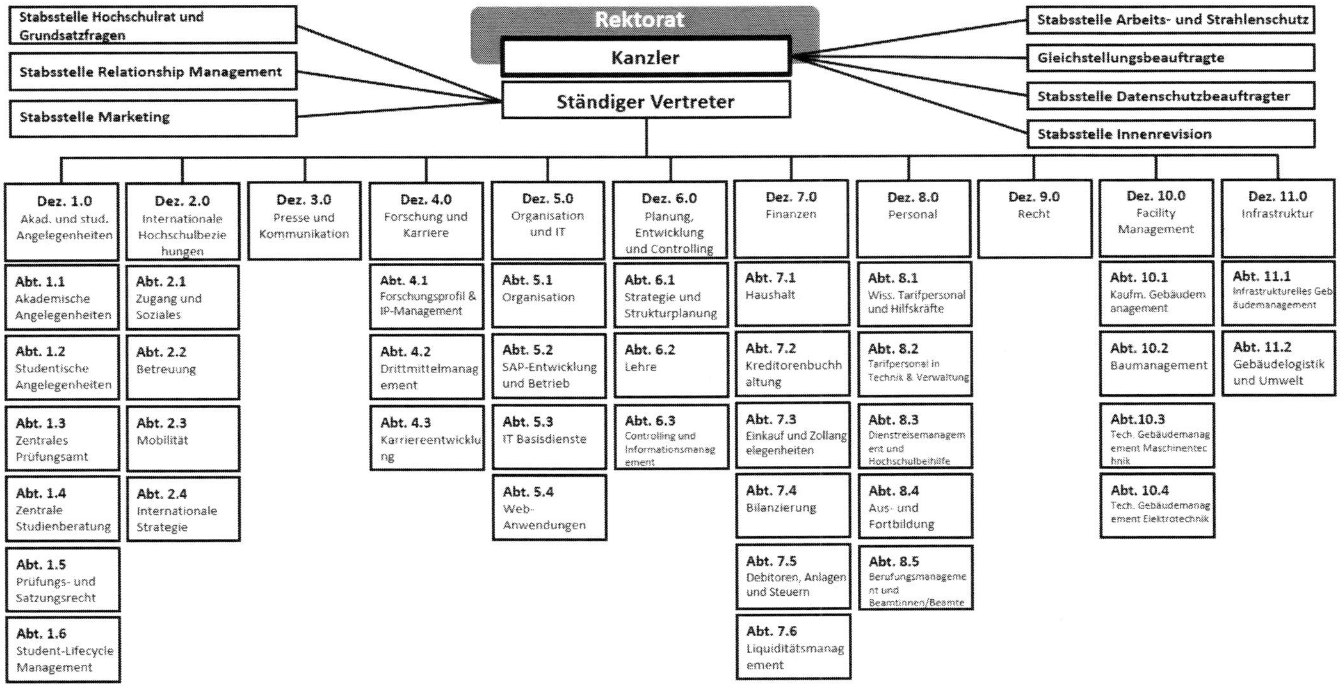

Abbildung 11: *Organigramm der ZHV der RWTH; eigene Darstellung.*

Die ZHV hat wie in Abbildung 11 erkenntlich elf Untereinheiten, Dezernate genannt, und ist entsprechend in einem baumartigen Organigramm strukturiert. Die zentrale Hochschulverwaltung stellt das Herzstück aller organisatorischen Abläufe und Dienstleistungen der gesamten Hochschule dar. Das gilt unabhängig vom Bereich, übergreifend für die gesamte Forschung und Lehre und nicht nur beschränkt auf die allgemeine Hochschulverwaltung. Zusätzlich stehen der Leitungsebene der ZHV, ausgeübt durch Kanzler und ständigem Vertreter, noch sieben Stabsstellen zur Seite, die verschiedene Themenfelder verantworten. Hierbei werden jedoch auch Verantwortungsbereiche unterschieden. Während die Stabsstellen Datenschutz, Arbeits- und Strahlenschutz, Innenrevision und Gleichstellung direkt dem Kanzler unterstehen, sind die Bereiche der Stabsstellen Marketing, Hochschulrat und Grundsatzfragen sowie Relationship Management dem ständigen Kanzlervertreter unterstellt.[294]

Als eine von der hochschulinternen Struktur unabhängige Instanz, die daher nicht separat im Organigramm aufgeführt ist, besteht zusätzlich noch ein Personalrat. Dieser ist zweigeteilt in eine Sparte für das wissenschaftliche Personal und eine weitere für das nichtwissenschaftliche Personal. Die rechtliche Grundlage für die Arbeit des Personalrats bildet nicht das Hochschulgesetz, sondern das Landespersonalvertretungsgesetz des Landes Nordrhein-Westfalen. Der Personalrat ist mitbestimmungspflichtig in verschiedenen Aspekten der Neu- und Weiterbeschäftigung von Mitarbeitern sowie bei akuten Problemen am Arbeitsplatz, hier kommt ihm auch die Funktion der zentralen Anlaufstelle für die Mitarbeiter zu.[295]

---

[294] Vgl. RWTH Aachen, Stabsstellen, online verfügbar: https://www.rwth-aachen.de/cms/root/Die-RWTH/Einrichtungen/Verwaltung/~ifjy/Stabsstellen/, abgerufen am 05.09.2020.
[295] Vgl. RWTH Aachen, Personalräte und Vertretungen, online verfügbar: https://www.rwth-aachen.de/cms/root/Die-RWTH/Einrichtungen/~eoi/Personalrat-Vertretungen/, abgerufen am 05.09.2020; Ministerium des Innern des Landes Nordrhein-Westfalen, Personalvertretungsgesetz für das Land Nordrhein-Westfalen, Landespersonalvertretungsgesetz LPVG.

Ein weiteres zusätzlich Gremium, welches nicht gesetzlich vorgeschrieben ist und auch keine rechtlichen Befugnisse hat, ist die Gruppenvertretung der wissenschaftlichen Mitarbeiter. Hierbei handelt es sich um ein aktives Wissenstransferinstrument. Die regulären Mitglieder dieses Gremiums werden alle zwei Jahre gewählt und setzen sich aus den Wissenschaftlichen Mitarbeitern der einzelnen Fakultäten zusammen. Zusätzlich sind die Senatsmitglieder derselben Gruppe automatisch Mitglieder dieses Gremiums. Es handelt sich hierbei um eine Kommunikationsplattform, die dem Austausch und der Beratung der Gruppe der Wissenschaftlichen Mitarbeiter dient. Es werden bei den Sitzungen aus allen ständigen und temporären Ausschüssen und Kommissionen Berichte vorgetragen und diskutiert. Ziel ist es, dass das Plenum der Wissenschaftlichen Mitarbeiter über die Vorgänge in den einzelnen Instanzen der Hochschule informiert wird und die Chance erhält, aktiv mitzuwirken.[296] Auch wird dieses Gremium dafür genutzt, bevorstehende Maßnahmen und Abstimmungen auf Senatsebene oder in entsprechenden Kommissionen zu besprechen um eine Entscheidung im Interesse aller Gruppenmitglieder zu erreichen. Auch soll dies dazu beitragen, Hilfe und Ratschläge von anderen Personen aus verschiedenen Fachbereichen einzuholen. Das Ganze soll dabei möglichst transparent gestaltet werden und daher sind nach Voranmeldung jederzeit Gäste zugelassen. Auch erfolgt eine Information über entsprechende Mailverteiler. Ein Vertreter des Personalrats der wissenschaftlichen Mitarbeiter ist in der Regel als ständiger Gast ebenfalls Teil des Gremiums.

Die nach themenspezifischen Zuständigkeiten aufgeteilten Dezernate werden alle von einem eigenen Dezernenten geleitet und sind direkt dem Kanzler unterstellt. Die Dezernenten sind in bestimmten Bereichen befugt, Entscheidungen ohne zu-

---

[296] Vgl. RWTH Aachen, Gruppenvertretung der wissenschaftlichen Mitarbeiterinnen und Mitarbeiter, online verfügbar: https://www.rwth-aachen.de/cms/root/Die-RWTH/Einrichtungen/Personalrat-Vertretungen/~gkxp/Gruppenvertretung-der-wissenschaftlichen/, abgerufen am 05.09.2020.

sätzliche Rücksprache mit dem Kanzler zu fällen. Sie fungieren zugleich als Leiter aller ihrem Dezernat zugeordneten Abteilungen. Die Abteilungen selbst haben nochmals einen eigenen Abteilungsleiter und je nach Größe zusätzliche Hierarchien. Die Aufgabenbereiche erstrecken sich von Rechtsangelegenheiten über studentische Angelegenheiten bis hin zu Finanzen der Hochschule. Neben den eigenen internen Verwaltungsakten kommen noch sowohl interne als auch externe Zusatzaufgaben hinzu. Die ZHV ist der zentrale Dienstleister für alle Belange der Studierenden, der Fachbereiche und Hochschuleinrichtungen sowie die Kontakte nach außen in die Wirtschaft, Industrie oder allgemeine Öffentlichkeit.[297]

Wie sich an all diesen Strukturen unschwer erkennen lässt, handelt es sich dabei um eine komplexe, weitläufige und tiefgreifende Organisationsstruktur. Die Dimension spiegelt diejenige eines Großunternehmens oder sogar einer Holding, die über mehrere Unternehmen die Hoheit ausübt, auch wenn dies für eine Bildungseinrichtung befremdlich wirken mag, insbesondere wenn man das Primär- und Sekundärbildungswesen als Vergleich heranzieht. Doch in Anbetracht der Aufgaben und Tätigkeiten zeigt sich deutlich die Funktion und Aktivität als Dienstleister. Die Hochschule wird somit zu einem Wissensdienstleister, ein Dienstleistungsunternehmen im Bildungssektor, das Forschungs-, Aus- und Weiterbildungsdienstleistungen anbietet. Zusätzlich werden aber auch verstärkt periphere Dienstleistungen angeboten, zum Beispiel im Bereich der digitalisierten Lehre. Dennoch verliert sich die Hochschule nicht innerhalb dieser Strukturen und grenzt ihre einzelnen Bereiche voneinander ab. Nicht überall lässt sich eine zentrale Vereinheitlichung erreichen und diverse Aspekte müssen daher in doppelter Ausführung gebildet werden. Dies ist nicht zuletzt dem Sonderstatus der Fakultäten und ihre zusätzliche Zersplitterung in Fachbereiche, Institute, Lehrstühlen und Lehr-

---

[297] Vgl. RWTH Aachen, Dezernate, online verfügbar: https://www.rwth-aachen.de/cms/root/Die-RWTH/Einrichtungen/Verwaltung/~pjj/Dezernate/, abgerufen am 05.09.2020; Verwaltung, online verfügbar: https://www.rwth-aachen.de/cms/root/Die-RWTH/Einrichtungen/~eoh/Verwaltung/, abgerufen am 05.09.2020.

und Forschungsgebieten geschuldet. Aufgrund der stark divergierenden Ausrichtungen und dadurch bedingten unterschiedlichen Problemen sind dezentrale Anlaufstellen an den Fakultäten noch nach wie vor unumgänglich.

Die Digitalisierung und eine wissensaustauschfreundliche Arbeitskultur tragen aber dazu bei, dass dieser Prozess in naher Zukunft abgeschlossen und die Zersplitterung einzelner Bereiche behoben werden kann. Insbesondere bei Prüfungsaspekten ist dies ein priorisierter Vorgang, um eine möglichst hohe Gleichberechtigung aller Studierenden im Alltag und in problematischen Situationen zu erreichen. Gleichzeitig dient es auch der Entlastung der einzelnen Professuren und Fakultäten hinsichtlich der Verwaltungsvorgänge, damit diese sich verstärkt um Forschung und Lehre kümmern und weniger Zeit für reine Verwaltungstätigkeiten aufbringen müssen.

Somit sind nicht nur die Dimensionen der RWTH im Jahr 2020 offengelegt, sondern vor allem auch ihre interne Struktur. Der Aufbau und das Kernkonstrukt für ihre Tätigkeiten. Unbestritten zeigt sich aus dieser Analyse, dass das Modell der RWTH erfolgreich ist, etliche Rankings bescheinigen der RWTH Spitzenplätze unter den deutschen Universitäten und auch im internationalen Wettbewerb hat sich die RWTH in den letzten Jahren stark verbessert.[298] Studierendenanzahl, Finanzen und Personal wurden unter anderem zuvor näher erläutert und die Ergebnisse sprechen eine klare Sprache. In der deutschen Hochschullandschaft kommt man an der RWTH nicht vorbei, sie bewegt sich in allen Bereichen weit oben an der Spitze. Folglich funktioniert das aktuell praktizierte System, bedeutet aber nicht, dass die Hochschule sich darauf ausruhen kann. Alles ist im Umbruch und

---

[298] Vgl. The World University Rankings, online verfügbar: https://www.timeshighereducation.com/world-university-rankings/rwth-aachen-university, abgerufen am 05.09.2020; RWTH Aachen, Rankings 2020, Die Ergebnisse der RWTH Aachen in ausgewählten Hochschulrankings, Stand 06/2020.

im Wandel, zu jeder Zeit. Der aktuell stärkste Treiber dieses Wandels ist die Digitalisierung, dicht gefolgt von dem immer stärker ausgeprägten Bewusstsein für die Umwelt und die durch Menschen verursachten Schäden.

Dies gilt für die Gesellschaft, die Umwelt, die Politik, Staaten und auch ganze Kontinente. Vereinfacht gesagt sind es nicht mehr und nicht weniger als die sogenannten Global Challenges.[299] Diese gelten auch auf einem kleinen regionalen Spielfeld wie der Städteregion Aachen und wirken sich somit auch auf die RWTH aus. Als wissenschaftliche Einrichtung, insbesondere mit dem Anspruch der Exzellenz, kann sich die Hochschule ihrer Verantwortung zur Lösung dieser Herausforderungen nicht entziehen, sondern muss aktiv an der Lösung mitwirken. Kleine potentiell unbedeutende Ergebnisse hier vor Ort können an anderer Stelle unserer Erde von essentieller Bedeutung sein. Ein Wissenstransfer zwischen Bildungseinrichtungen, Politik und Wirtschaft ist daher von größter Bedeutung. Je präsenter und international beachteter die Hochschule, umso größer das öffentliche Interesse und die Resonanz auf Ergebnisse. Unter diesem Gesichtspunkt ist es besonders relevant auch den Weg des Wachstums der RWTH zu ihrer heutigen Stellung seit ihrer Gründung stärker zu untersuchen.

---

[299] Vgl. The Millennium Project, 15 Global Challenges, online verfügbar: http://www.millennium-project.org/15-global-challenges/, abgerufen am 05.09.2020.

7 Die RWTH im Spiegel der Wissensdynamiken

Damit überhaupt eine zielführende Untersuchung der RWTH im Kontext des Wissensmanagements durchgeführt werden kann, muss die Organisation als solche erst einmal durchleuchtet werden. Dies funktioniert dadurch, dass man zu Beginn erstmal versteht, wie die RWTH zu dem geworden ist, was sie heute ist. Ein Blick zurück zur Entstehung ist dabei nicht nur unerlässlich, um den aktuellen Zustand zu begreifen, sondern auch notwendig, um Barrieren und Potentiale für die zukünftige Entwicklung ausmachen zu können. Wichtig sind dabei nicht nur eigene Entwicklungsschritte, sondern auch der Wandel des Umfeldes und eine Einordnung in den historischen Kontext. Dabei werden unter anderem die zeitgenössischen kulturellen, ökonomischen und politischen Strömungen aufgefangen und die RWTH unter deren Einflüssen analysiert. Der Untersuchungsgegenstand kann dadurch deutlich fokussierter und zur Fragestellung passend analysiert werden. Nur so ist ein klares Muster ablesbar und die situationsgerechte Handlungsweise der Akteure des jeweiligen Untersuchungszeitraum sinnvoll bewertbar.

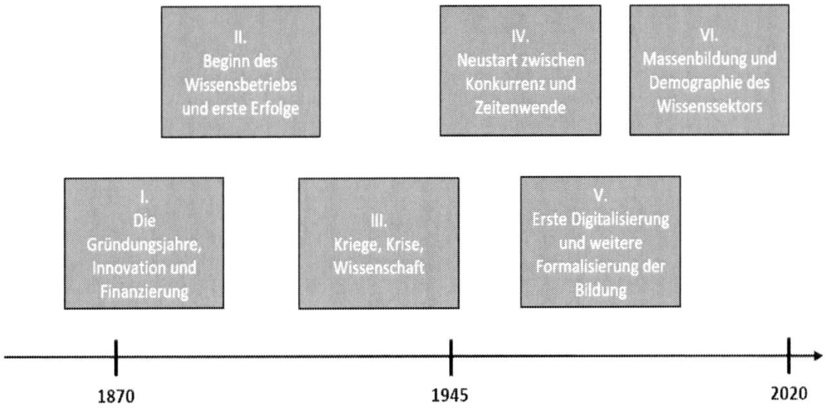

Abbildung 12: *Entwicklung der RWTH im Spiegel der Wissensdynamiken; eigene Darstellung.*

Dieses Kapitel bietet einen Einblick in die Geschichte und Entwicklung der RWTH. Bewusst wird dabei auf eine klassische deskriptive Chronologie verzichtet und stattdessen eine systematische Struktur gewählt. Die Entwicklung der RWTH wird hier, ausgehend von der Maxime der steigenden Relevanz von Wissen für die Gesellschaft, anhand von sechs Themenkomplexen analysiert. Die einzelnen Abschnitte sind in sich selbst geschlossene Untersuchungen, die jeweils in den zeithistorischen Kontext eingebettet sind und einzelne Entwicklungsstufen der RWTH in ihrem Weg zu der heute größten und studierendenstärksten Technischen Hochschule nachzeichnen.

Auch wenn bedingt durch die Themen eine chronologische Reihenfolge der Unterkapitel erfolgt, sind die zeitlichen Übergange, wie in Abbildung 2 ersichtlich, fließend oder überschneiden sich. Dabei beschäftigen sich die ersten drei Einheiten mit den ersten 75 Jahren der RWTH und dem Zeitraum vor der Gründung. Die nachfolgenden drei Einheiten sind dabei in den letzten 75 Jahren angesiedelt. Insbesondere bei dem zweiten Dreierblock werden zeitlichen Grenzen kontinuierlich zu Gunsten der thematischen Entwicklungen durchbrochen. Dadurch ergibt sich eine stringentere Analyse einzelner Sachverhalte, die dann zusätzlich auch wertvollere Aussagen über langfristige Prozesse liefert und diese abbildet. Zusammengefügt ergibt sich damit auch ein Bild der 150jährigen Geschichte der RWTH selbst. Allerdings kann und werden dabei nicht alle Einzelheiten erörtert, da das Ziel der Arbeit selbst die Analyse der Wissensstrukturen und des organisationalen Wachstums ist.

Daher wird sich im Vergleich zu den bisher erschienenen Publikationen, die sich ausgiebig mit der RWTH beschäftigen, der Geschichte der Aachener Hochschule mit einem anderen Ansatz genähert. Während der 25. Geburtstag der Hochschule ohne eine Publikation begangen wurde, war es zum 50-jährigem Bestehen bereits eine umfangreichere Festschrift, die von Paul Gast herausgegeben wurde.[300] Die Publikation ist allerdings noch von einem starken Personenkult und etlichen lokalhistorischen Anekdoten geprägt und enthält auch durchaus noch imperialistisches und nationalistisches Gedankengut im Stile des Kaiserreichs, wenn es um die Verhältnisse von Professoren und Studenten geht. Davon versucht sich der extra beauftragte Herausgeber des Jubiläumsbandes, Hans Martin Klinkenberg, zu distanzieren, und ersetzt in seinem Konzept den Personenkult, trotz Wunsch einiger Hochschulangehöriger, durch einen institutionsgeschichtlichen Ansatz, zu dieser Zeit ein durchaus innovatives Unterfangen.[301] In weiten Teilen gelingt ihm dies gut, allerdings ist das oft von den einzelnen Institutionen beigesteuerte Material erneut personenzentriert. Gleichzeitig hat Klinkenberg einige statistische Daten der RWTH aus dem Untersuchungszeitraum gesammelt und abgebildet. Leider werden die entsprechenden Datensätze weder tiefer analysiert noch kontextualisiert. Sie stehen vielmehr allein gelassen für sich als ein Extra. Der darauffolgende Jubiläumsband zum 125. Geburtstag der RWTH, herausgegeben von Klaus Habetha, beschäftigt sich mit einem einzelnen Themenkomplex explizit nur mit der Zeit von 1970-1995.[302] Gleichzeitig tritt dabei der Personenkult wieder in den Vordergrund, verfehlt dabei aber eine hinreichende Untersuchung der NS-Vergangenheit wodurch einige NS-Sympathisanten zu Ehren kommen, während weniger bekannte, vertriebene Professoren ausgespart bleiben. Das zusätzlich erschienene Buch von Klaus Ricking zur Geschichte der RWTH geht eher wieder einen traditionellen Weg. Ricking bildet die Geschichte der RWTH in einer teils

[300] Vgl. Paul Gast (Hg.), Die Technische Hochschule zu Aachen 1870-1920. Eine Gedenkschrift. Aachen 1920.
[301] Vgl. Hans M. Klinkenberg (Hg.), Rheinisch-Westfälische Technische Hochschule Aachen 1870|1970. Stuttgart 1970.
[302] Vgl. Habetha, Klaus (Hg.), Wissenschaft zwischen technischer und gesellschaftlicher Herausforderung: die Rheinische-Westfälische Technische Hochschule Aachen 1970-1995. Aachen 1995.

stark deskriptiven Chronologie ab und bedient sich dabei einer ereignisgeschichtlichen Darstellung, die jedoch einen guten Gesamtüberblick über die Entwicklung bietet.[303]

Die hier vorliegende Arbeit knüpft an die Dokumentation der RWTH-Entwicklung an, indem, von einem strukturgeschichtlichen Ansatz ausgehend, von statistisch erhobenem Material und dem Oberthema Wissen einzelne Hochschulthemenkomplexe analysiert und kontextualisiert werden. Dadurch wird nicht nur die Geschichte der RWTH unter einem neuen Ansatz analysiert, sondern zugleich auch die Lücke der letzten 25 Jahre seit dem Erscheinen der Publikationen von Ricking und Habetha geschlossen.

Als ein immer wieder herangezogenes Vergleichsinstrument werden unter anderem die Studierendenzahlen herangezogen. Sie bilden eine Grundlage, um Informationen über die Größe, Rezeption und Bekanntheit der Hochschule zu erlangen. Anders ausgedrückt: Die Studierendenzahlen bilden das Konzept von Angebot und Nachfrage auf Universitätsebene ab. Dies verläuft ganz im Sinne des Konzeptes der Universität als Unternehmen, einem Dienstleister für Bildung und Forschung. Vereinfacht ausgedrückt entsteht eine Art Wissensindustrie. Gleichzeitig mit der Primärexistenz einer Bildungseinrichtung steht und fällt die Organisation mit dem Interesse und der aktiven Partizipation und der Zufriedenheit ihrer Interessenten. Der Wissenstransfer zwischen Lehrenden und Studierenden muss ebenso funktionieren wie der interne Transfer unter den Mitarbeitern und Forschungsgruppen sowie zu externen Partnern.

Die Immatrikulationszahlen dürfen aber nicht darüber hinwegtäuschen, dass eine Immatrikulation des Studierenden nicht bedeutet, dass dieser auch tatsächlich an

---

[303] Vgl. Klaus Ricking, Der Geist bewegt die Materie. Mens agitat molem. 125 Jahre Geschichte der RWTH Aachen. Mainz 1995.

der Universität zugegen ist. Insbesondere während der Kriege führt dies zu Irritationen in Bezug auf die statistischen Zahlen. Damit dieses statistische Material auch in ein Verhältnis gesetzt werden kann, sofern die Daten entsprechend vorliegen, wird die Entwicklung dabei zu der gesamtdeutschen Entwicklung in Vergleich gesetzt. Abgerundet wird das Gesamtkapitel der Geschichte der RWTH durch ein eigenes Kapitel, das sich explizit mit einer Datenauswertung für den Kernuntersuchungszeitraum 1992-2019 beschäftigt. Hierbei werden weitaus mehr Strukturdaten eingesetzt als dies aufgrund mangelnder statistischer Erhebung in den Vorjahren der Fall ist. Dies ist auch der Zeitraum, auf den die entsprechenden Wissenstheorie- und Transfermodelle aus den Kapiteln 2-5 angewandt werden, und der damit als primärer Rahmen für die Fallstudie dient. Die Datengrundlage stellen hierbei die jährlich publizierten Erhebungen der RWTH Aachen zur eigenen Struktur.[304] Gleichzeitig werden diese Ergebnisse im weiteren Verlauf mit denen der empirischen Umfrage von 2019 in Kapitel 9 verknüpft und analysiert, um ein aussagekräftiges Gesamtbild zu erzeugen und auch die Thesen zu überprüfen.

7.1 Die Gründungsjahre, Innovation und Finanzierung

Die Gründung der RWTH Aachen 1870, damals noch Königliche Rheinisch-Westphälische Polytechnische Schule, ist alles andere als Zufall. Die RWTH Aachen ist ein Paradebeispiel eines Kinds seiner Zeit. Auf der einen Seite generiert es eine Antwort auf gestellte und noch zu stellende Fragen, auf der anderen eine Erfüllung von bestehenden und sich noch weiter entwickelnden Bedürfnissen. Sie symbolisiert und manifestiert den menschlichen Drang nach immer mehr

[304] Allgemein als RWTH Zahlenspiegel bezeichnet, seit 1992 jährlich veröffentlicht, seit 2000 auch digital.

Wissen, was dem Naturell einer Bildungseinrichtung entspricht, in einer Zeit des Umbruchs. Bildungsangebote für die Bevölkerung sind im 19. Jahrhundert zwar durchaus im Augenmerk einiger Staaten, die zugleich mit unterschiedlichen Herangehensweisen versuchen, dies zu realisieren.[305] Aber es handelt sich in den wenigsten Fällen um Pflichtbildung, sondern um Bildungsoptionen für wohlhabendere Bevölkerungsteile. Der Bildungssektor ist im 19. Jahrhundert konsequent vom gesellschaftlichen Stand abhängig, selbst wenn der Staat eine breite Bildung für alle Klassen proklamiert, wie es in Preußen der Fall war.[306] Es muss jedoch anerkannt werden, dass der preußische Staat sehr wohl eine Massenbildung fokussierte und auch strukturiert umsetzte. Kernaugenmerk lag dabei auf der Alphabetisierung, aber auch auf einer Erziehung zum nützlichen und für den Gesamtstaat wertvollen Bürger. Die Voraussetzungen für die höhere Bildung auf Universitätsniveau blieben den meisten Bürgern trotz Schulpflicht und Schulbesuch vorerst verschlossen. Ursachen waren fehlende finanzielle Mittel oder ein zu geringer Bildungsstand, da nur die minimalen Schuljahre für die Grundbildung absolviert wurden.[307]

Es muss auch noch eine weitere Barriere berücksichtigt werden: der Bildungsstand der Eltern. Es zeigt sich, dass Eltern, die selbst die Möglichkeit hatten eine Schule zu besuchen, auch wenn es nur Elementarbildung war, eher bereit waren, auch ihren Kindern Schulbildung zu ermöglichen.[308] Der Ausbau des Schulsys-

---

[305] Vgl. Tobias Dewes, Anke Fissabre, Vom Sorgenkind zum Musterschüler. Lehren und Lernen – die Entwicklung des Bildungswesens in Aachen 1815-1918. (forthcoming)
[306] Vgl. Der Minister der Geistlichen- Unterrichts- und Medicinal-Angelegenheiten (Hrsg.), Circularverfügung: Anderweite Organisation der Real- und höheren Bürgerschulen (1856). In: Michael Berthold, Heinz-Hermann Schepp, Die Schule in Staat und Gesellschaft. Dokumente zur deutschen Schulgeschichte im 19. und 20. Jahrhundert (Quellensammlung zur Kulturgeschichte, Bd. 22). Göttingen 1993, S. 173-175.
[307] Vgl. Dieter P. Wynands, Elementarbildung während der Industrialisierung. Das Volksschulwesen der Stadt Aachen von 1814 bis 1924 (Studien zur Pädagogik, Andragogik und Gerontagogik, Bd. 34), Frankfurt am Main 1997.
[308] Vgl. Dewes/Fissabre, Musterschüler.

tems sowohl was die Qualität der zu erhaltenen Bildung anging als auch die Kapazitäten an verfügbaren Schulplätzen wurde in der zweiten Hälfte des 19. Jahrhunderts im deutschen Sprachgebiet enorm gesteigert. Dadurch sanken die Kosten für den Schulbesuch für die Bevölkerung und mehr und mehr konnten überhaupt in den Genuss einer qualitativ guten Bildung kommen. Insbesondere die Staatsgründung des ersten deutschen Staates, die eine flächendeckende Vereinheitlichung der Bildung ermöglichte, förderte diese Entwicklungen.[309]

Dass die Bedeutung von Wissen, insbesondere die Anwendungen von komplexerem theoriegetriebenem Wissen, auch zeitgenössisch erkannt wurde, zeigt sich an dem gewählten Spruch, der das neben dem Hauptgebäude befindliche Chemische Laboratorium zierte. Die Wahl fiel auf *„mens agitat molem"*[310] eine Anspielung auf die Verse 724-727 im sechsten Buch von Vergils Aeneis.[311] Ein Bekenntnis zur Wichtigkeit von strukturiertem Wissen und der praktischen Umsetzung desselben. In der Aeneis wird in der entsprechenden Szene die Überlegenheit von Wissen und geistigen Fähigkeiten über nicht lebendige materielle Objekte dargestellt. Gleichzeitig aber auch angedeutet, dass erst durch Wissen und Denken eine Existenz geschaffen wird, und dadurch überhaupt erst etwas zu leben beginnt und einen Sinn bekommt. Das überlegte Handeln löst eine problematische Situation. Übertragen auf den universitären Kontext bedeutet das: Forschung und wissenschaftliche Erkenntnisse dienen als Schlüssel zur Lösung physischer Probleme. Der Prozess des Lebens einhauchen kann als Drang zu forschen und neues Wissen zu generieren verstanden werden.

---

[309] Vgl. Der Minister der Geistlichen- Unterrichts- und Medicinal-Angelegenheiten (Hrsg.), Circularverfügung: Anderweite Organisation der Real- und höheren Bürgerschulen (1856). In: Berthold/Schepp, Schule, S. 170-176.
[310] Übers. *„Der Geist bewegt die Materie"*
[311] Publius Vergilius Maro, AENEIDOS LIBER SEXTVS, Lateinischer Originaltext, online verfügbar: http://www.thelatinlibrary.com/vergil/aen6.shtml abgerufen am 23.06.20. *„Principio caelum ac terras camposque liquentis lucentemque globum lunae Titaniaque astra spiritus intus alit, totamque infusa per artus mens agitat molem et magno se corpore miscet."*

Wie eingangs erwähnt, unterliegt auch die Nachfrage nach Wissen verschiedenen Zyklen und divergiert dabei nicht nur zeitlich, sondern auch regional. Es gilt hierbei aber hervorzuheben, dass diese Zyklen nicht wellenförmig verlaufen. Diese Möglichkeit besteht ohnehin nur bei der akuten Nachfrage nach spezifischem Wissen, und selbst hier kann auch ohne aktive Nachfrage ein passiver Bedarf an diesem Wissen vorliegen. Ursache dafür liegt im Konzept von *Hidden Knowledge* und der Kopplung von Wissen an Artefakte, wie zuvor in Kapitel 2 erläutert. Es ist daher wenig verwunderlich, dass in der Mitte des 19. Jahrhunderts, der Hochphase der industriellen Revolution, durch den Staat und auch die aufblühende Industrie eine enorme Nachfrage nach Wissen bestand. Insbesondere der Take-Off der Eisenbahn ging nicht spurlos an der Stadt Aachen, beziehungsweise weiter ausstrahlend an der gesamten Rheinprovinz, vorbei. In den 1850er Jahre war die Region Aachen bereits dank Eisenbahnverbindungen nach Belgien, in die Niederlande oder innerhalb Preußens bestens vernetzt und gehörte zudem zu den führenden Industrieregionen ihrer Zeit. Sowohl auf wirtschaftlicher Ebene als auch gesellschaftlich beeinflusste diese Transportrevolution die Stadtentwicklung. Der Führungssektor Eisenbahn trug maßgeblich zum Wachstum der Stadt Aachen und dem erhöhten Bedarf nach Wissen bei.[312]

Dementsprechend wurde in den 1850er Jahren vermehrt die Etablierung einer geeigneten Bildungseinrichtung am Standort Aachen diskutiert und auch einige frühe Konzepte entwickelt. Die ersten konkreten Ideen für das darauffolgende Polytechnikum, die schriftlich dokumentiert sind, reichen mindestens bis ins Jahr 1857 zurück[313]. Dass die Stadt in der Lage war ein solches Projekt auch umzusetzen, hatte sie in den Vorjahren bereits bewiesen. Die Erfolge bei der Errichtung

---

[312] Vgl. Paul Thomes, Höchste Eisenbahn. Warum vor 175 Jahren die gesamte Region unter Dampf stand – und wie David Hansemann zum „Lokführer" wurde. In: Wirtschaftliche Nachrichten der Industrie- und Handelskammer, Nr. 07/08 2016, S. 14-16; Hans-Werner Hahn, Die industrielle Revolution in Deutschland (Enzyklopädie Deutscher Geschichte, Bd. 49), München 2011, S. 29ff.
[313] Vgl. Klinkenberg, Rheinisch-Westfälische Technische Hochschule Aachen, S. 25f.

und Etablierung von internationalen und nationalen Eisenbahnstrecken wurden durch zahlreiche Verbesserungen im Bildungssektor der Stadt, dem Engagement der Aachener und Münchener Feuerversicherungs-Gesellschaft und des Aachener Verein zur Beförderung der Arbeitsamkeit komplementiert. Mehrere rheinische Städte konkurrierten beim preußischen Staat um die Genehmigung zur Errichtung. Früh kristallisierten sich Aachen und Köln als bevorzugte Standorte heraus und boten sich einen erbitterten Wettstreit, ausgefochten über diverse Finanzierungsmodelle für die potentielle Bildungseinrichtung. Anfangs waren noch etliche weitere Städte der Rheinprovinz unter den Kandidaten, schieden aber frühzeitig aus. Dennoch zeigt dieses Interesse, dass die Potentiale einer solchen wissenschaftlichen Einrichtung und der Bedarf an Wissen vielfach erkannt wurden. Natürlich spielten dabei aber auch Überlegungen hinsichtlich langfristiger Standortvorteile eine bedeutende Rolle.

Neben den Studierenden, die dadurch in die Region kommen, ist eine Hochschule auch für die der Ausrichtung entsprechenden Unternehmen interessant. Mögliche Vorteile sind Forschungskooperationen oder gezielte Anwerbung von Personal auf Seiten der Unternehmen. Von Seiten der Stadt stellen die dadurch zu erwartenden steigenden Steuereinnahmen ebenfalls ein Argument dar, das langfristig auch die Attraktivität der Stadt oder Region erhöht. All diese Erwartungen dürfen jedoch nicht darüber hinwegtäuschen, dass diese Bestrebungen zur Schaffung von Wissen mit erheblichen Anfangskosten verbunden sind und auch dauerhaft große Summen für den laufenden Betrieb erfordern. Bis sich eine solche Einrichtung auch finanziell im Haushalt der Stadt bemerkbar macht, vergeht einiges an Zeit; es handelt sich um eine generationenübergreifende Investition.

Final entscheidend für Aachen war das überragende Engagement des durch David Hansemann gegründeten Aachener Vereins zur Beförderung der Arbeitsamkeit.[314] Zur Erst- und Folgefinanzierung wurden hohe Summen zur Verfügung gestellt, die nicht nur das Gesamtrisiko dieser Maßnahme für die Stadt reduzierten, sondern zusätzlich das Gesamtfinanzvolumen erhöhten. Allein in den ersten 30 Jahren ihres Bestehens wurde die Hochschule mit knapp 1.000.000 Talern gefördert, dies entsprach etwa 3.000.000 Mark (Deutsches Kaiserreich). Der Verein war zudem in Aachen und Preußen zu dieser Zeit bereits als zuverlässiger Förderer der Bildung bekannt.[315] Die Kernstruktur des Vereins, an dem sich Privatpersonen aber auch Unternehmen beteiligten, hatte ebenso zur Folge, dass die geplante Schaffung der RWTH in der Bevölkerung auf Akzeptanz stieß. Immerhin war die Bevölkerung dadurch von vornerein miteingebunden und hatte auch die Möglichkeit sich zu beteiligen.[316] Aber auch die Aachener Industriellen förderten in den Folgejahren in Eigeninitiativen etliche Bauprojekte der Hochschule.[317] Teils motiviert aus reinem Mäzenatentum aber auch mit dem Blick Richtung Zukunft und ausgerichtet auf die potentiellen Wissenserträge der Hochschule für die Industrie und die Gesellschaft.

Dass die Summe von 3.000.000 Mark in der damaligen Zeit einer immensen Dimension entsprach, lässt sich leicht an verschiedenen Einkommenszahlen ablesen. Toni Pierenkemper hat sich schon 1983 intensiv mit den Einkommensverhältnissen verschiedener Angestelltenkategorien im Zeitraum 1880-1913 beschäftigt.[318]

---

[314] Vgl. Aachener Verein zur Beförderung der Arbeitsamkeit, Aachener Verein zur Beförderung der Arbeitsamkeit. Festschrift zum 75jährigen Jubiläum 1834 - 1909. Aachen 1909.
[315] Vgl. Paul Thomes, Tobias Dewes, Ein Prinz als Türöffner? – Die durchaus außergewöhnliche Gründungsgeschichte. (forthcoming)
[316] Vgl. Albert Huyskens, Die Gründung der rheinisch-westfälischen polytechnischen Schule. In: Gast (Hg.), Die Technische Hochschule zu Aachen, S.90-94.
[317] Vgl. Gast, Die Technische Hochschule zu Aachen, S. 139-140.
[318] Pierenkemper, Toni, Die Einkommensentwicklung der Angestellten in Deutschland: 1880-1913, in HSR Nr. 8 (1983), S. 69-92, online verfügbar: https://doi.org/10.12759/hsr.8.1983.3.69-92, abgerufen am 05.09.2020.

Um diese Ergebnisse mit den Summen des Vereins für die Hochschule in Relation zu setzen, werden beispielhaft die Jahresdurchschnittseinkommen in Mark von Technikern, Büroangestellten und Verkäuferinnen herangezogen:[319]

Jahr	Techniker	Büroange-stellte	Verkäuferin-nen
1885	2.256	1.333	k.A.
1890	2.180	1.524	853
1895	2.187	1.607	878
1900	2.175	1.596	908

Abbildung 13: *Jahresdurchschnittseinkommen in Mark; Daten nach Pierenkemper; eigene Darstellung.*

Nimmt man den Techniker als Grundlage, so entspricht die Summe, die der Verein allein bis 1900 aufgebracht hat, dem, was ein Techniker in etwas mehr als 1.370 Jahren verdient. Eine Verkäuferin müsste dafür schon mehr als 3.300 Jahre arbeiten. Dies verdeutlicht umso stärker, in welchem Ausmaß sich eine private, von Aachener Bürgern getragene Vereinigung an dem Ausbau der Bildung und dem Aufbau des Wissensstandorts Aachen beteiligte. Die Priorität Wissen zu fördern, zu generieren und die Aneignung zu stärken, sind somit bereits auf einer breiten Ebene vertreten und stellen zu diesem Zeitpunkt kein Nischendasein dar. In einigen Punkten muss man heute im Rückblick anerkennend zugestehen, dass der von Hansemann gegründete Verein in seiner Konzeption und seiner Handlungsweise seiner Zeit weit voraus war. Ein überaus erfolgreiches Modell, wenn

[319] Pierenkemper, Toni, Die Einkommensentwicklung, S. 71.

man das Ergebnis vor allem aus gesellschaftlicher Perspektive betrachtet. In Konkurrenz mit ähnlich ausgerichteten und neu aufkommenden Konstellationen, die ebenfalls einen Teil ihrer Gewinne stifteten, und veränderten gesetzlichen Bedingungen, die das Wirken des Vereins hemmten, musste der Verein Anfang der 1920er Jahre seinen Betrieb einstellen. Das Public-Private-Partnership Konzept des Vereins, das wiederum auch für die Finanzierung zur Gründung der Hochschule eingesetzt wurde, ist spätestens seit 2007 in ganz Europa wieder deutlich populärer und kommt besonders im Bereich von Forschungsprojekten verstärkt zu tragen.[320]

7.2 Beginn des Wissensbetriebs und erste Erfolge

Mit der Unterschrift des Königs am 14. November 1863 fiel die Entscheidung zu Gunsten von Aachen und bereits am 15. Mai 1865 erfolgte die feierliche Grundsteinlegung. Zur Eröffnung verzeichnete die neugegründete Einrichtung mit 201 Studierenden, Zuhörern und Hospitanten ein reges Interesse und konnte das erste Studienjahr 1870/1871 beginnen[321]. Die wissenschaftliche Herangehensweise und Ausrichtung der Lehre des Polytechnikums trugen dazu bei, dass bereits 1880 die offizielle Aufstufung zur Technischen Hochschule erfolgte. Hier hatte die Aachener Einrichtung im Vergleich zu anderen polytechnischen Schulen einen Vorteil, sie wurde von vornherein mit einer wissenschaftlichen Ausrichtung und mit Strukturen einer Technischen Hochschule errichtet, aber als polytechnische Schule bezeichnet. Bereits seit den 1870er Jahren hatte der Preußische Staat systematisch begonnen, polytechnische Schulen aufzuwerten. Diese Errungenschaft

[320] Vgl. David Hall, Vortrag auf der ASPE Conference St. Petersburg Oktober-November 2008. Manuskript, PPPs in the EU – A Critical Appraisal, Greenwich 2008, online verfügbar bei der European Federation of Public Service Unions (EPSU): https://www.epsu.org/sites/default/files/article/files/PPPs-summary-011008.pdf, abgerufen am 02.07.2020.
[321] Vgl. Gast, Die Technische Hochschule zu Aachen, S. 105f.

geht vor allem auf das Bemühen des Verbands Deutscher Ingenieure (VDI) zurück, die sich spätestens seit 1850 aktiv für die Aufwertung und Verbesserung der Stellung polytechnischer Schulen eingesetzt hatten.[322] Die stärkere Ausrichtung zu einer wissenschaftlichen Ausbildung war dabei auch ein entscheidendes Mittel zum Zweck. Wenn diese Einrichtungen entsprechende Zuläufe, wissenschaftliche Standards, breite Ausbildungsangebote und auch finanzielle Grundlagen hatten, bestand die Möglichkeit, sie zu Technischen Hochschulen aufzuwerten. Für die Stadt Aachen und auch das Engagement des Vereins stellte dies eine Bestätigung dar, den richtigen Weg eingeschlagen zu haben und war zugleich Beweis, dass man ebenfalls entsprechende Bildungsstandards der Tertiärbildung erreichte. Während einige der anderen Polytechnika in Preußen noch Auflagen zu erfüllen hatten, bevor die Umwidmung stattfinden konnte, stellte es für Aachen in der Tat nur eine Umbenennung dar. In ihrem Vorlesungsverzeichnis vom Wintersemester 1870/71 bezeichnet sich die Einrichtung selbst bereits als eine Technische Hochschule.

> *„Die königliche Rheinisch-Westphälische Polytechnische Schule in Aachen soll mit Beginn des Monats October d. J. eröffnet werden. Die Anstalt ist eine technische Hochschule: [...]“*[323]

Interessant hierbei ist der Punkt, dass dies bereits im Kapitel I noch vor dem Verfassungsstatut erwähnt wird, und dass der Autor dieses Kapitels nicht die Polytechnische Schule selbst ist. Verantwortlich zeichnet der Minister für Handel, Gewerbe und öffentliche Aufgaben Graf von Itzenplitz. Somit zeigt sich, dass bereits bei der Eröffnung der RWTH auch von staatlicher Seite die Ausrichtung der

---

[322] Vgl. Karl-Heinz Manegold, Geschichte der Technischen Hochschulen. In: Laetitia Boehm, Charlotte Schönbeck (Hg.): Technik und Bildung (Technik und Kultur, Bd. 5). Düsseldorf 1989, S. 204-234, hier S. 216-221.

[323] Programm der Königlichen Rheinisch-Westphälischen Polytechnischen Schule zu Aachen für den Cursus 1870/71. Aachen 1870, S. 6.

Schule bewusst verstärkt in Richtung Wissenschaft und universitäre Abläufe erfolgte. Ebenfalls wird im §1 des Status auch festgehalten, dass es sich bei der polytechnischen Schule um eine Technische Hochschule handelte.[324] Für die neugegründete Schule und auch die Aachener Region ein wertvoller Rückhalt in den eigenen Bestrebungen. Die Ausgangslage war somit eine äußerst gute.

Die offizielle Aufstufung zur Technischen Hochschule wurde als Anlass genutzt, um eine neue Fachabteilung neben den bereits bestehenden Abteilungen zu errichten. Ganz dem Strom der Zeit folgend, richtete sich die neue Abteilung dem exponentiell steigenden Ressourcenbedarf an Rohstoffen wie Steinkohle und Eisenerz aber auch weiterer mineralischer Ressourcen. Fokus sollte dabei der effiziente und sichere Abbau sowie die qualitativ hochwertige Veredelung der Abbauprodukte werden, weshalb die Hochschule ihre vorhandenen Angebote um die Fachabteilung Bergbau ergänzte und damit in Kombination mit der seit Beginn vorhandenen Eisenhüttenkunde die Montanwissenschaften vervollständigte.[325]

Gleichzeitig erfolgte die Auflösung der bestehenden Aufteilung in Allgemeine Schule, Fachschule Ingenieurwesen, Fachschule Maschinenbau und Fachschule Chemische Technik. Nicht, weil es keine zielführende Struktur war, sondern weil die aktuelle Erweiterung und die beiden bereits in Planung befindlichen Erweiterungen das Spektrum des Angebots tiefgreifend umstrukturierten und man ebenfalls auch auf Verwaltungsebene den steigenden Studierendenzahlen gerecht werden musste. Dopplungen der Verwaltungsstruktur sowie übergreifende Abhängigkeiten sollten dadurch ebenfalls reduziert werden. Dadurch erfolgte ebenso eine Annäherung an das allgemeine Universitätssystem, und dies bildete in den Folgejahren die Voraussetzungen der Fakultätsgründungen. Mit dem neuen Statut der Hochschule gab es von nun an fünf gleichwertige Abteilungen. Die Abteilung I,

---

[324] Vgl. Programm der Königlichen Rheinisch-Westphälischen Polytechnischen Schule zu Aachen für den Cursus 1870/71. Aachen 1870, S. 6.

[325] Vgl. Gisela Buchheim, Rolf Sonnemann (Hg.), Geschichte der Technikwissenschaften. Leipzig 1990, S. 235-238.

Architektur, Abteilung II Bauingenieurwesen, Abteilung III Maschinenbauingenieurwesen, Abteilung IV Bergbau, Hüttenkunde und Chemie sowie die Abteilung V Allgemeine Wissenschaften, insbesondere Mathematik und Naturwissenschaften.[326]

Den entscheidenden Meilenstein zur eigenen Emanzipation und die Anerkennung als vollwertige universitäre Einrichtung erreichten die Technischen Hochschulen noch vor der Wende zum 20. Jahrhundert. Neben einigen anderen preußischen Technischen Hochschulen verlieh der Staat 1899 auch der Aachener TH das Recht zur Promotion.[327] Dadurch konnten die Technischen Hochschulen im gesamten wissenschaftlichen Diskurs aber auch gesamtgesellschaftlich ihre Stellung in Preußen weiter verbessern und näherten sich einer gleichwertigen Stellung gegenüber den klassischen Universitäten an. Diese versuchten jedoch ihre Vormachtstellung als die höchsten wissenschaftlichen Institutionen zu verteidigen, denn noch waren sie im Vergleich zu den TH privilegierter ausgestattet. Besondere Zuwendungen des Staates flossen nur an die Universitäten und viele Studienfächer ließen sich ausschließlich an den Universitäten studieren. Die Aachener TH unterschied sich aber auch schon dadurch, dass in ihren Statuten festgelegt war, dass die Studierenden anders als an den Universitäten keine Lateinkenntnisse nachweisen mussten. Auch konnten einige fehlende Einstiegsvoraussetzungen bei den Schulkenntnissen durch entsprechende zuvor gesammelte praktische und theoretische Erfahrungen und Nachweise aus dem zu studierenden Bereich erbracht werden.[328] Die Habilitation war an den Technischen Hochschulen schon weitaus

---

[326] Vgl. Ricking, Materie, S. 60; Klinkenberg, Rheinisch-Westfälische Technische Hochschule, S. 68f und S. 220.
[327] Vgl. Manegold, Geschichte der Technischen Hochschulen, S. 230; Wolfgang König, 100 Jahre Dr.-Ing: ein „Ritterschlag der Wissenschaft", das Promotionsrecht der Technischen Hochschulen und der VDI Verein Deutscher Ingenieure. Festschrift des VDI zum 100-jährigen Jubiläum der Verleihung des Promotionsrechts durch den preußischen König Wilhelm II. im Jahre 1899. Düsseldorf 1999.
[328] Programm der Königlichen Rheinisch-Westphälischen Polytechnischen Schule zu Aachen für den Cursus 1870/71. Aachen 1870, S.7.

früher etabliert als die Promotion. Der Grund dafür lag in der Einstufung dieser Qualifikationen. Bei der Habilitation handelte es sich nicht um einen wissenschaftlichen Grad, sondern allein um einen Nachweis der Lehrbefähigung.[329]

Die ersten baulichen und fachlichen Erweiterungen der RWTH im 19. Jahrhundert kamen sowohl der Elektrotechnik als auch der Chemie zu Gute. Beide Bereiche waren volkswirtschaftlich um die Wende zum 20. Jahrhundert von unschätzbarem Wert, denn beide Zweige gehörten zu den industriellen Führungssektoren innerhalb der zweiten industriellen Revolution.[330] Wirtschaftsbereiche, die tiefgreifende Kopplungseffekte aufweisen und hier zugleich auch eine exponentiell steigende Nachfrage nach bestehendem und neuem Wissen generierten. Während anfangs noch einige Sonderzuschüsse zur Aufrechterhaltung des Lehrbetriebs der Polytechnischen Schule durch die Stadt notwendig waren, erübrigte sich dies bald darauf durch die steigenden Studierendenzahlen und eingenommen Semesterbeiträge, auch der Aachener Verein und die Aachen Münchener Feuerversicherungsgesellschaft steuerten kontinuierlich Fördergelder zu dem Ausbau und Erhalt der Hochschule bei. Tiefgreifende positive wirtschaftliche Effekte für die Stadt durch die Hochschule lassen sich zumindest für die ersten Jahrzehnte noch nicht nachweisen. Der Einfluss auf den Alltag der wirtschaftlichen Belange und des gesellschaftlichen Lebens der Stadt war auf Grund der Studierendenzahlen und der an der Hochschule Beschäftigten im Verhältnis zur Gesamtbevölkerung noch zu gering.[331] Dennoch wurde damit der Grundstein für die weitere städtische Entwicklung gelegt, Wissenschaft und Industrie sollten einen bedeutenden Zweig des Alltags bilden.

---

329 Vgl. Rüdiger vom Bruch, Qualifikation und Spezialisierung: Zur Geschichte der Habilitation. In: Forschung und Lehre. 2, 2000, S. 69–70.
330 Vgl. Lothar Gall, Europa auf dem Weg in die Moderne 1850-1890 (Oldenbourg Grundriss der Geschichte, Bd. 15). 5. Auflage, München 2009, S. 4-10.
331 Vgl. Ricking, Materie, S. 64-71.

Wie für die Zeit des auslaufenden 19. Jahrhunderts nicht unüblich wurde auf ein fast die Hälfte der Bevölkerung umfassendes Wissenspotential gänzlich verzichtet. Frauen hatten anfangs keine Möglichkeit, an der neuen Aachener Schule zu studieren, geschweige denn eine andere Qualifikation zu erlangen. Daher ist es auch nicht verwunderlich, dass das Startprogramm der Hochschule Frauen gezielt ausklammerte in dem es zum Zweck der Schule beschreibt:

> *„[...] sie wird jungen Männern, welche sich der Technik, insbesondere dem Maschinenbau, den chemischen Gewerben, dem Hüttenfach, dem Ingenieurwesen und dem Hochbau widmen wollen, eine umfassende theoretische und praktische Ausbildung gewähren."*[332]

Als Studierende durften sich anfangs tatsächlich nur Männer einschreiben, dennoch war der Besuch einzelner Kurse als Hospitantin auch für Frauen möglich. Hinsichtlich der hochschuleigenen Regularien wurde der oben zitierte Passus, der sich gezielt nur an Männer richtet, im Zuge der offiziellen Umwidmung zur Technischen Hochschule gestrichen. Bereits im abgekürzten Programm von 1880 und auch im vollständigen Programm für das Jahr 1881 ist er nicht mehr enthalten.[333] Somit waren zumindest die formellen Schranken für Frauen gelockert, eine Immatrikulation nach preußischem Recht aber noch nicht möglich. In abgewandelter Form handelt es sich beim Ausgrenzen der Frauen für das Hochschulstudium aus gesamtgesellschaftlicher oder auch volkswirtschaftlicher Sicht ebenfalls um *Hidden Knowledge*. Der gravierende Unterschied zum regulären Fall, den man in Unternehmen vorfindet: hier wird bewusst auf Wissen verzichtet. Es ist unklar, welches Wissen der Wissensträger bereits hat oder in der Lage zu bilden ist. Ein Ab-

---

[332] Programm der Königlichen Rheinisch-Westphälischen Polytechnischen Schule zu Aachen für den Cursus 1870/71, Aachen 1870, S.6.

[333] Vgl. Abgekürztes Programm der Königlichen Technischen Hochschule zu Aachen für das Studienjahr 1880/81, Aachen 1880; Programm der Königlichen Technischen Hochschule zu Aachen für das Studienjahr 1881/82, Aachen 1881.

ruf des Wissens ist ebenfalls nicht erwünscht. Die Gesellschaft im Ganzen verzichtet hier bewusst auf Potentiale im Gegensatz zum Unternehmen, in dem dies überwiegend unbewusst geschieht. Dort wird das Wissen gefordert, aber es ist nicht bekannt, dass das benötigte Wissen bereits da ist.

Wie fatal diese Fehleinschätzungen im Preußen des 19. Jahrhunderts war, zeigt sich beispielhaft an den zeitgleich verlaufenden herausragenden Errungenschaften und Erfolgen der Physikerin und Chemikerin Marie Curie. Als polnische Migrantin sucht sie gezielt in Frankreich ihre neue Heimat, mit dem Vorhaben ihre Bildung an den französischen Universitäten zu erweitern und neues Wissen zu generieren. In Frankreich wurden die Universitäten und das Studium bereits ab 1861 für Frauen allgemein geöffnet.[334] Nach ihrer Studienzeit in Paris in den 1890er Jahren wird ihr daran anknüpfendes erfolgreiches wissenschaftliches Wirken, insbesondere auf dem Feld der Radioaktivität, im Kontext der Nobelpreise bereits Anfang des 20. Jahrhunderts anerkannt und honoriert.[335] In Preußen verzichtete man zu dieser Zeit auf weibliche Wissenspotentiale und verwirkte damit die Möglichkeit, ebenfalls als Zufluchtsstätte für ausländische weibliche Wissenschaftler zu agieren. Für etliche Frauen sicherlich ein Vorbild, ermutigte Curie andere ebenfalls den Weg an die Universität und hin zu den Naturwissenschaften zu wagen. Sie bewies damit auch ganz prominent und öffentlich wirksam, dass Wissenschaft und Forschung unabhängig vom eigenen Geschlecht oder der Herkunft sind.[336] Erkenntnisse, die augenscheinlich als vollkommen logisch erscheinen, aber bis heute nach wie vor nicht selbstverständlich sind. Aus heutiger Per-

---

[334] Vgl. Ilse Costas, Die Öffnung der Universitäten für Frauen — Ein internationaler Vergleich für die Zeit vor 1914. In: Leviathan, Vol. 23, Heft 4 1995. S.496-516, hier S. 496ff.

[335] Vgl. Naomi Pasachoff, Marie Curie: And the Science of Radioactivity. New York/Oxford 1997, S. 26ff, 55ff, 69-74.

[336] Vgl. Marilyn Bailey Ogilvie, Marie Curie: A Biography. Westport, Connecticut and London 2004, S. 141-144.

spektive ist Marie Curie unzweifelhaft eine Vorreiterin, egal ob für die Gleichberechtigung der Geschlechter oder im Kampf gegen Diskriminierung aufgrund der Herkunft.

Erst der Erlass des preußischen Kultusministeriums von 1908 machten den Weg zum allgemeinen Studium an den Universitäten auch für Frauen im gesamten deutschen Staatsgebiet frei, dennoch zog sich die Umsetzung schleppend voran. Es gab nach wie vor zu wenige Möglichkeiten für Frauen ein Abitur abzulegen und somit eine Hochschulzugangsberechtigung zu erhalten. Dennoch stand ihnen immerhin die Promotion als wissenschaftliche Qualifikation direkt im selben Zeitfenster ohne Verzögerung offen. Die Möglichkeit zur Habilitation bestand für Frauen zu diesem Zeitpunkt jedoch noch nicht. Auch wenn ein enormer Ansturm ausblieb, bevorzugten die meisten Frauen nach Öffnung der Universitäten geisteswissenschaftliche oder philosophische Studienrichtungen an Stelle von technischen Studiengängen. Umso erfreulicher war es für die Aachener Hochschule, dass sich bereits im Wintersemester 1909 die ersten beiden Frauen in Aachen immatrikulierten um ihr Studium an der TH zu absolvieren. Bis Kriegsende 1918 folgten ihnen noch 29 weitere Frauen. Darunter war auch Maria Bredt-Savelsberg, die zuvor ein Studium der Chemie in Aachen absolvierte, im Jahr 1918 zusätzlich ihre Promotion erfolgreich abschloss und damit die erste Doktorin der TH Aachen war.[337] Erst in der Zwischenkriegszeit, in der Weimarer Republik, konnten Frauen sich das allgemeine Recht zur Habilitation erfolgreich erkämpfen, damit stand auch der Weg zur Universitätskarriere vollständig zur Verfügung. Die erste Frau im Gebiet der heutigen Bundesrepublik Deutschland habilitierte sich im Wintersemester 1918/19 in München und 1919 folgten vier weitere Habilitationen von

[337] Vgl. Hochschularchiv (Hg.), Die ersten Studentinnen, online verfügbar: http://www.archiv.rwth-aachen.de/web/rea/Seite/geschichte_1914.htm#studentin, abgerufen am 05.09.2020.

Frauen in Berlin, Gießen, Göttingen und Hamburg.[338] Die erste Aachener Habilitandin, ebenfalls Maria Bredt-Savelsberg, wurde 1923 mit der Venia Legendi ausgezeichnet. Die neuen Freiheiten schöpfte sie gleich aus. Sie leitete einen eigenen Lehrstuhl und war zugleich die erste Professorin an der RWTH. Den Start zeichnete eine Ernennung zur außerplanmäßigen Professorin während der NS-Zeit im Jahr 1939. In der Nachkriegszeit berief die Hochschule sie 1949 offiziell als Ordinaria.[339] Auch wenn sich die Aachener Hochschule hinsichtlich der Freizügigkeit gegenüber potentiellen Studierenden durchaus im oberen Spektrum der wissenschaftlichen Einrichtungen befand und Frauen früh einen wissenschaftlichen Werdegang ermöglichte, so hatten es diese immer noch deutlich schwerer als ihre männlichen Mitstreiter, besonders wenn es um die Besetzung eines Ordinariats ging.

Während die Frauen sich ihren Platz und die vollwertige Akzeptanz an der Aachener Hochschule noch erkämpfen mussten, entwickelte sich die Infrastruktur der Einrichtung unabhängig davon kontinuierlich weiter, und immer mehr Fachbereiche konnten aufgebaut werden. Parallel dazu wuchs auch der Flächenbedarf der Universität und Neubauten veränderten das Stadtbild von Aachen. Neben Unterrichts-, Labor- und weiteren Übungsräumen erhöhte sich auch der Bedarf an Platz für Bibliotheken und andere zentrale Verwaltungseinrichtungen. Bereits im zweiten Jahr des Bestehens gab es die ersten baulichen Erweiterungen, um mehr Räume für den Unterricht der Studierenden und die Belegschaft zu schaffen. Gleichzeitig begann die Planung des 1879 eröffneten Erweiterungsbaus des Chemischen Laboratoriums direkt neben dem Hauptgebäude, der auch den

---

[338] Vgl. Stefanie Marggraf, Eine Ausnahmeuniversität? Habilitationen und Karriere-wege von Wissenschaftlerinnen an der Friedrich-Wilhelms-Universität vor 1945. In: Humboldt-Universität zu Berlin, Zentrum für transdisziplinäre Geschlechterstudien (Hrsg.), Bulletin Texte Nr. 23, Zur Geschichte des Frauenstudiums und Wissenschaftlerinnenkarrieren an deutschen Universitäten. Berlin 2001, S. 32-47.

[339] Vgl. Hochschularchiv (Hg.), Professoren/innen und Dozent/innen der RWTH 1870 – 1995: http://www.archiv.rwth-aachen.de/lehrkoerper/, abgerufen am 05.09.2020.

zuvor erwähnten Spruch *„mens agitat molem“* trug.[340] Der Beginn der Auflösung des Bahnhofs Templerbend 1906 und der daraus resultierenden Errichtung des Bahnhofs West 1910, wurde die Ausbreitung der RWTH am Templergraben bis hin zur Turmstraße ermöglicht. Auf einem Teilbereich des ehemaligen Bahnhofsgeländes steht heute zum Beispiel das Audimax der RWTH. Zeitgleich wurde 1908 auch die bauliche Erweiterung des Reiff Museums, das heute ebenfalls noch besteht, in der Schinkelstraße abgeschlossen. Neben der musealen Funktion war zugleich die Architekturabteilung im selben Gebäude beheimatet.

Abbildung 14 vermittelt einen Überblick über die Studierendenzahlen und die Verteilung auf die einzelnen Fachbereiche der Aachener Hochschule. In den ersten sechs Jahren erlebte die Hochschule eine Blütezeit und konnte ihre ursprünglichen Studierendenzahlen verdreifachen. Die maßgeblichen Fachbereiche waren der Maschinenbau, die Architektur und das Bauingenieurwesen/Vermessungswesen. Sie waren nicht nur von Anfang an Bereiche mit den meisten Studierenden, sondern wuchsen auch am stärksten. Mit dieser Wende zu den 1880er Jahren wurden auch die Anteile stark verschoben und neben dem Maschinenbau war vor allem die Chemie ein konstanter Anziehungspunkt für Studierende. Mit dem Aufkommen der neuen Fachrichtungen Elektrotechnik und Bergbau verbreiterte sich das Spektrum der Verteilung der Studierenden und einzig der Maschinenbau stach durch einen erhöhten Anteil im Vergleich zu den anderen Fachbereichen hervor. In den Folgejahren bis ca. 1887 waren die Studierendenzahlen stark rückläufig und fielen bis auf einen Wert von nur noch 173 eingeschriebenen Studierenden, etwa 24 Studierende mehr als zum Start der Schule.[341]

---

[340] Vgl. Ricking, Materie, S. 56ff.

[341] Vgl. Klinkenberg, Rheinisch-Westfälische Technische Hochschule Aachen, Studentenzahlen nach Fachrichtungen, Tafel 8.

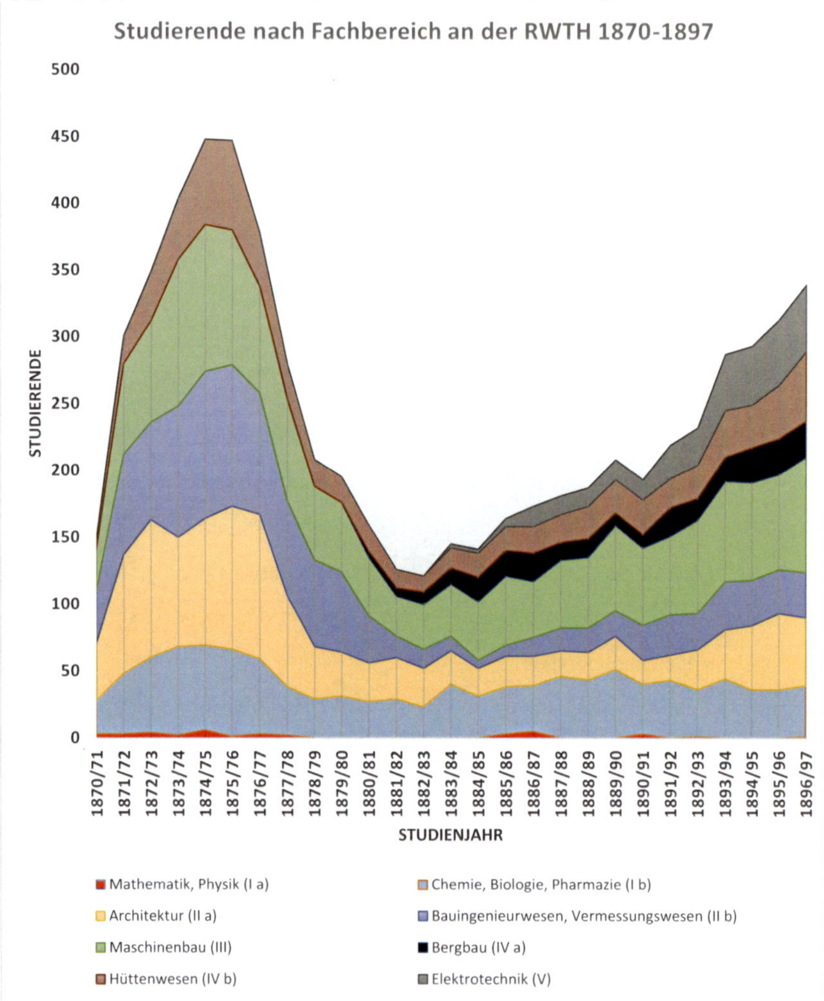

Abbildung 14: *Studierende nach Studienrichtung 1870-1897; Datenbasis Klinkenberg; eigene Darstellung.*

Im Spiegel von Hochindustrialisierung, starkem Wachstum der Region Aachen und passenden Industriezweigen vor Ort sowie einer zukunftsorientierten Ausrichtung der Hochschule mag dies im ersten Moment verwunderlich erscheinen.

Eine Ursache ist auch nicht direkt regional erkennbar, dennoch – bei Betrachtung des gesamtwirtschaftlichen Kontextes in Preußen – wird klar, wo die potentiellen Ursachen liegen. Gegen Ende der 1870er und zu Beginn der 1880er unterlagen die polytechnischen Schulen einem grundlegenden strukturellen Wandel. Dessen Ziel war es zwar, die Position der Schulen zu stärken, führte aber auch zu Zweifeln am weiteren Bestehen der Einrichtungen insbesondere in Konkurrenz zu den klassischen Universitäten. Wer sich zudem ein wenig mit Wirtschaftsgeschichte, Wirtschaftstheorie oder noch spezialisierter explizit mit Konjunkturtheorie auseinandersetzt, dem sollte unmittelbar klar sein, wo die potentiellen Probleme lagen. Schumpeter[342] oder Kondratjew[343] als die namhaftesten Vertreter, die dank ihrer Theorien zu Konjunkturzyklen aber auch Innovations- und Diffusionszyklen heute noch allgegenwärtig sind, bieten Anhaltspunkte. Beide haben sich unmittelbar im frühen 20. Jahrhundert bereits mit dem letzten Viertel des 19. Jahrhunderts und den zukünftigen Wirtschaftsentwicklungen intensiv beschäftigt. Die Zeit von 1873-1896, eingeleitet durch den sogenannten Gründerkrach und die darauffolgende Gründerkrise, wird in der deutschen Wirtschaftsgeschichte nach wie vor als Große/Lange Depression[344] bezeichnet. Nicht zu verwechseln mit der *„Great Depression“,* die heute den Zeitraum der Weltwirtschaftskrise Ende der 1920er, Anfang der 1930er Jahre bezeichnet.

---

[342] Jospeh Alois Schumpeter, 1883-1950, österreichischer Nationalökonom, neben Theorien zur allgemeinen wirtschaftlichen Entwicklung des Kapitalismus beschäftigt er sich ebenfalls direkt mit dem Unternehmertum (Entrepreneurship) und kombinierte die Kondratjew Zyklen mit seinen Ansätzen, Insbesondere die Verknüpfung und Ausarbeitung der Innovationstheorie findet noch heute viel Beachtung. Vgl. dazu Joseph Schumpeter, Theorie der wirtschaftlichen Entwicklung: eine Untersuchung über Unternehmergewinn, Kapital, Kredit, Zins und den Konjunkturzyklus. Wien 1911; Joseph Schumpeter, Capitalism, Socialism, and Democracy. New York/London 1942.

[343] Nikolai Dmitrijewitsch Kondratjew, 1892-1938, sowjetischer Wirtschaftswissenschaftler, Konjunkturtheorie der langen Wellen, Kondratjew Zyklen. Ein marktwirtschaftlich-kapitalistischen Wirtschaftssystem unterliegt einer Welle mit Abschwüngen auf die immer wieder eine Erholung folgt. Vgl. dazu Nikolai Kondratjew: Die langen Wellen der Konjunktur, in: Archiv für Sozialwissenschaft und Sozialpolitik, 1926.

[344] Im englischen standardmäßig als Long Depression bezeichnet.

Die heutige Wirtschaftsforschung ist sich einig, dass die wirtschaftliche Gesamtsituation keineswegs der einer Depression entsprach.[345] Allerdings ist dieser Begriff auch irreführend, er bezeichnet einen Krisenzeitraum, in dem es aber im Gegensatz zu nachfolgenden Depressionen immer noch ein stabiles positives Wachstum von weit mehr als einem Prozent gab. Dieses stieg jedoch nicht mehr so explosionsartig wie in den Vorjahren an. Gleichzeitig fielen die Preise vieler Wirtschaftsgüter aber auch der Arbeitskraft. Das Nettoinlandsprodukt ist in dieser Zeit in Deutschland konstant angestiegen, ohne eine Stagnation allerdings mit einer kleinen Verlangsamung im Zeitfenster 1875-1884. Bei den Investitionen hingegen sieht die Lage ein wenig anders aus. Während hier auch verstärkt Ängste und Sorgen um zukünftige Entwicklung eine größere Rolle spielen, zeigt sich durch die verringerten Wachstumsraten der Wirtschaft eine zögerliche Haltung bei Investitionen. Eben diese Sorgen und Ängste, gepaart mit den Umstrukturierungen der Polytechnika, erlaubten es den Universitäten als festetablierte wissenschaftliche Einrichtungen erneut ihre Position gegenüber den neuen Technischen Hochschulen zu stärken. Bei den allgemeinen Investitionen lässt sich nach einer kurzen Stagnation um 1879 ein leichter Rückgang bis etwa 1884 erkennen, bevor erneut ein rasanter Investitionsanstieg erfolgt.[346] Wichtig ist jedoch, dass immer noch Investitionen erfolgten, weit entfernt von Null lagen und auch keinen negativen Wert, also einen Abzug von Finanzmitteln, aufwiesen.

---

[345] Vgl. Murray N. Rothbard, A History of Money and Banking in the United States: The Colonial Era to World War II. Auburn 2002, S. 144-168; Albert E. Musson, The Great Depression in Britain, 1873–1896: a Reappraisal. In: The Journal of Economic History (1959), 19, S. 199-228; Volker Ullrich, Die nervöse Großmacht 1871–1918. Aufstieg und Untergang des deutschen Kaiserreichs. Frankfurt am Main 1999, S. 40–46.

[346] Vgl. GESIS Historische Statistik, Datensatz ZA8273, 2006. Carl-Ludwig Holtfrerich, Das Wachstum des Nettoinlandsprodukts in Deutschland 1850 bis 1913; Walther G. Hoffmann: Das Wachstum der deutschen Wirtschaft seit der Mitte des 19. Jahrhunderts. Berlin, Heidelberg und New York 1965; sowie Datensatz ZA8179, Rainer Metz Säkulare Trends der deutschen Wirtschaft. In: Michael North (Hg.), Deutsche Wirtschaftsgeschichte. Ein Jahrtausend im Überblick. 2. Auflage, München 2005, S. 427-502.

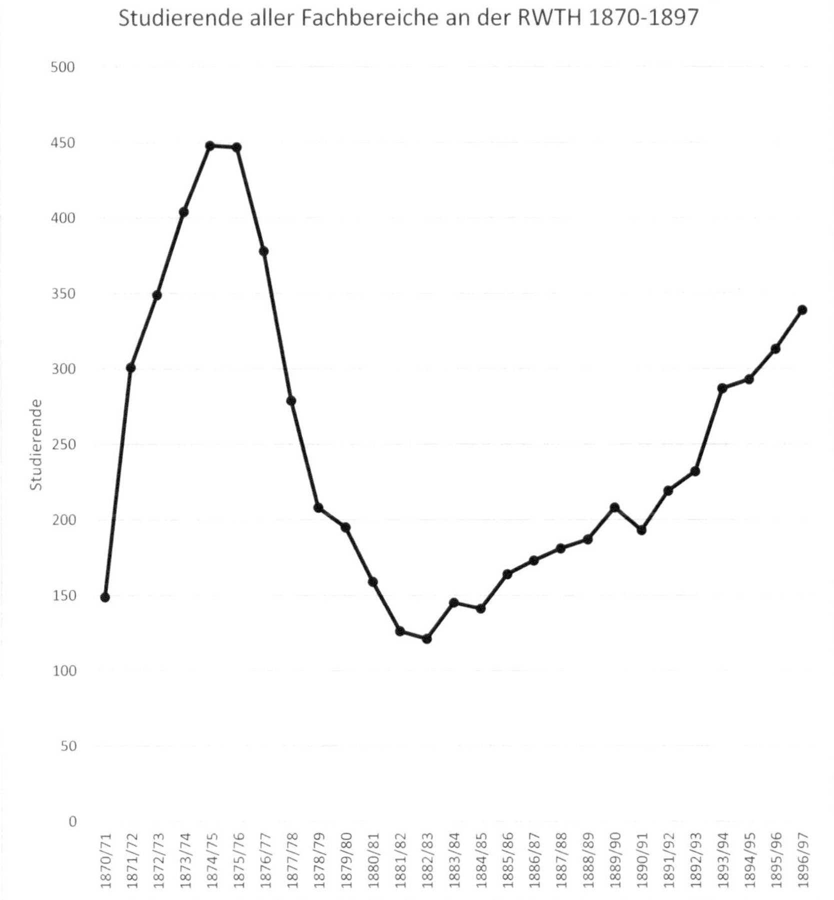

Abbildung 15: *Studierende 1870-1897; Datenbasis Klinkenberg; eigene Darstellung.*

Ergänzt man diese Zahlen der gesamtwirtschaftlichen Entwicklungen in einer Grafik mit denen der Studierendenzahlen der Aachener Hochschule, lassen sich diverse Parallelen in den Schwankungen erkennen. Dies bedeutet jedoch nicht, dass sich eine Stagnation bei finanziellen Investitionen von Unternehmen oder allgemein das Wirtschaft direkt im Bildungssektor in den Investitionen in Wissen spiegelt. Es besteht zudem kein Abzug von Potentialen des Produktionsfaktors

Wissens hin zum Produktionsfaktor Arbeit. Aber es scheint eine Verknüpfung zu geben, auf die im späteren Verlauf genauer eingegangen wird. Für diesen frühen Zeitpunkt liegen zu wenige Datenwerte vor für präzise und sichere Aussagen. Eine Allgemeingültigkeit lässt sich deshalb nicht ableiten. Was die Zahlen jedoch klar verdeutlichen und was auch bereits mehrfach untersucht wurde, zeigt im Ergebnis, dass nach dem Boom der Gründerjahre eher wieder eine Normalwirtschaft folgte.[347]

Neben den Neu- und Umbauten, dem vergrößerten Studienangebot, modernen Ausstattungen und auch der zu diesem Zeitpunkt bereits guten Reputation der Hochschule erhöhten sich auch die Einschreibezahlen von neuen Studierenden gegen Ende des Krisenverlaufs wieder stark. Die enge Verflechtung und Kooperation mit dem VDI trug nachhaltig zu dem guten Renommee der TH in den Ingenieurswissenschaften bei. So ist es auch nicht verwunderlich, dass der VDI anlässlich des 25-jährigen Bestehens der RWTH zur Feier dieses Ereignisses seine eigene Hauptversammlung vor Ort in Aachen abhielt.[348] Gleichzeitig sorgten die ersten Erfolge der Hochschule auch für eine Stärkung der Ingenieursdisziplin im universitären Kontext und ihrer Anerkennung als Wissenschaft. Das Promotionsrecht für die THs von 1899 ist als Meilenstein in diesem Bestreben zuzuordnen. Denn zeitgleich wurde auch der akademische Grad des Diplom-Ingenieurs offiziell eingeführt.[349] Die Studierendenzahlen stiegen seit Beginn an, wenn auch einigen zuvor bereits erwähnten Schwankungen unterworfen, und erreichten im Studienjahr 1913/14 den Stand von 815 Studierenden.[350] Dies entspricht fast einer

---

[347] Vgl. Hans-Ulrich Wehler, Bismarck und der Imperialismus, München 1976, S. 40-47.
[348] Vgl. Ulf Hashagen, Walther von Dyck, Mathematik, Technik und Wissenschaftsorganisation an der TH München, Stuttgart 2003, S. 307-309.
[349] Vgl. Buchheim/Sonnemann (Hg.): Geschichte der Technikwissenschaften, S. 230-232.
[350] Vgl. Klinkenberg, Rheinisch-Westfälische Technische Hochschule, Studentenzahlen nach Fachrichtungen, Tafel 8.

Versechsfachung der Studierendenzahl über einem Zeitraum von 44 Jahren im Vergleich zum Beginn der Hochschule.

Die Erweiterungen der Hochschule lagen nach den Erfolgen im ingenieurswissenschaftlichen Bereich am Anfang des 20. Jahrhunderts vor allem bei den mathematisch-naturwissenschaftlichen Zweigen aber auch den sogenannten allgemeinen Wissenschaften. Ziel war es nicht nur Diplom-Ingenieure auszubilden, sondern auch die weiteren Fächer nicht nur als Beiwerk, sondern als eigenständige Studienzweige mit Studienabschluss anbieten zu können. Gleiches galt auch bei der Promotion, es sollte nicht nur auf Doktoren der Ingenieurswissenschaften (Dr.-Ing.) begrenzt bleiben, sondern sich auf alle angebotenen Zweige auch mit dem klassischen Doktortitel, dem Doktor der Philosophie (Dr. phil.), erstrecken.[351] Ziel war es, sich damit auch gegenüber den Universitäten besser zu positionieren und als gleichwertig anerkannt zu werden.

Das Verhältnis zur Stadt Aachen konnte über den gesamten Zeitraum kontinuierlich gestärkt und verbessert werden. Während anfangs der Betrieb der Hochschule noch defizitär war und auf zusätzliche Unterstützung der Stadt angewiesen war, konnte dies durch eigene Einnahmen in Form der Studienbeiträge und Hörergeldern, Auftragsforschung und Industrieinvestitionen sowie etlicher Schenkungen selbst gedeckt werden. Mit dem Auslaufen der Schuldgarantie von 200.000 Mark im Jahre 1897 entspannte sich die Finanzsituation für die Stadt Aachen zusätzlich.[352] So simpel die Frage, was die Hochschule für Aachen bringe, im ersten Moment erscheint, umso schwieriger gestaltete sich die Antwort. Insbesondere am Anfang, als es galt, dies mit konkreten statistisch belegbaren Beweisen zur Beantwortung zu unterfüttern. Dies lag vor allem an der immateriellen Konsistenz von Wissen, dem Kernprodukt der Einrichtung. Die naheliegendste Antwort, dass die Stadt und anliegende Industrie von den heimisch ausgebildeten Ingenieuren

---

[351] Vgl. Ricking, Materie, S. 90-111.
[352] Vgl. Gast, Die Technische Hochschule zu Aachen, S. 138-140; Ricking, Materie, S. 69ff.

doppelt profitierten, war zwar korrekt, stellte am Anfang aber quantitativ noch einen zu geringen Faktor auf Grund der Größe der Hochschule dar. Die Außenwirkung in Form der Anziehungskräfte hinsichtlich Industrieansiedlung oder Industriebeteiligung war da schon deutlich markanter, wuchs aber auch erst nachhaltig an mit der erstarkenden Position der Technischen Hochschulen im Allgemeinen.

Beachtung fand die Hochschule aber auch schon zur Jahrhundertwende bei etlichen der großen und renommierten Industrieunternehmen. Diese stellten nicht nur an der Hochschule ausgebildetes Personal ein und initiierten Forschungskooperationen mit der Hochschule, sondern sorgten in Form von Schenkungen und Unterstützungen für den Ausbau und Erhalt der Hochschule, was eine Wertschätzung der Einrichtung und ihrer von Zeitgenossen anerkannten Leistungen darstellt. Namhafte Industrieunterstützer waren z.B. Talbot, Krupp und Mannesmann. Der Aachener Verein zur Beförderung der Arbeitsamkeit und die Aachener und Münchener Feuerversicherungs-Gesellschaft zählten aber auch nach wie vor zu den zuverlässigen Unterstützern. Im Rahmen der seit Anbeginn der Hochschule praktizierten Finanzierung im Sinne einer PPP verwundert es auch nicht, dass weiterhin viele Privatpersonen und andere Aachener Unternehmen die Hochschule direkt förderten, aber auch Stipendien finanzierten und damit an den Erfolg und Bestand der Aachener Hochschule nicht nur glaubten sondern auch dazu beitrugen.[353]

---

[353] Vgl. Paul Gast, Die Technische Hochschule zu Aachen, S. 139-140.

7.3 Kriege, Krise, Wissenschaft

Bis zum letzten Normaljahr vor dem Ersten Weltkrieg konnte die RWTH ihre Position nicht nur festigen, sondern vor allem ausbauen und ihre Studierendenzahl auf 815 steigern. Hinsichtlich der Nachfrage nach Bildung waren vor allem die ersten Kriegsjahre entscheidend. Der erste Weltkrieg führte bis zum Jahr 1916 zu einer Reduktion der Studierendenschaft um knapp 20%. Von Patriotismus und teils auch Leichtsinn getrieben schlossen sich etliche junge Studierende bereitwillig dem Militär an, um das noch junge Deutsche Vaterland zu verteidigen. Auch Professoren waren unter den Kriegsteilnehmern. Die verheerenden Auswirkungen des Stellungskriegs mit seinen Todesfolgen führten jedoch zu einem Abebben des Kriegseifers, und bereits während des Krieges strömten erneut viele junge Menschen an die Aachener Hochschule. Dies lag nicht zuletzt daran, dass die Immatrikulation aus dem Militärdienst heraus ermöglicht wurde.[354] In Folge dessen waren, zumindest statistisch, die Verluste an Studierenden bereits im Wintersemester 1917/18 nicht nur ausgeglichen, sondern die Studierendenzahlen befanden sich auf einem neuen Höchststand. Die Hochschule wurde zwar während des Krieges nicht geschlossen, eine Wissensvermittlung oder ein Technologietransfer in Industrie und Wirtschaft fand aber lediglich rudimentär statt. Die Lehrpläne wurden drastisch gekürzt und Notdiplome zum Abschluss des Studiums eingeführt. Statt Lehrveranstaltungen, Laborpraktika und Übungen wurden Logistik- und Versorgungsdienste für die Front organisiert. Große Teile der Hochschulgebäude wurden ebenfalls für Sanitätsdienste umfunktioniert.[355] Etliche Maschinen, Rohstoffe und Einrichtungsgegenstände aus den Laboratorien wurden abgezogen um kriegswichtige Güter zu produzieren, gleichzeitig war der Finanzierungsfonds der Hochschule als Kriegsanleihe eingesetzt.

---

[354] Vgl. Ricking, S. 118-121.
[355] Vgl. Gast, Die Technische Hochschule zu Aachen, S. 141.

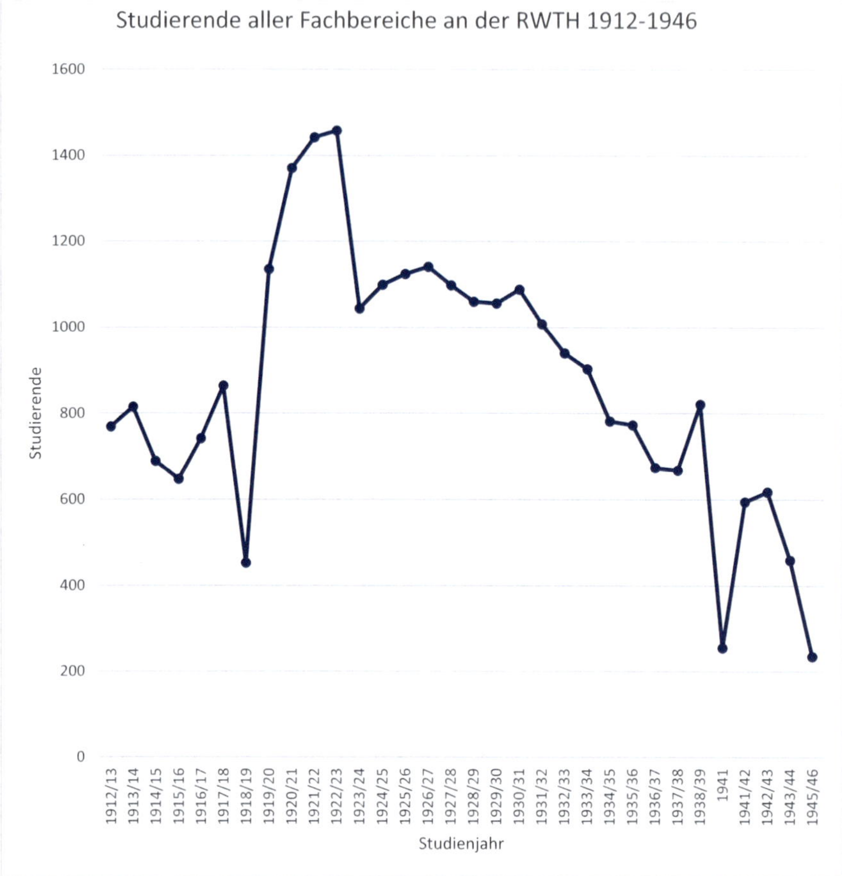

Abbildung 16: *Studierende 1912-1946; Datenbasis Klinkenberg; eigene Darstellung.*

Auch der organisatorische Ablauf an der Aachener Hochschule dokumentiert die kriegsbedingten Veränderungen und Planungen. Für das Studienjahr 1915/16 wurde nur ein Ergänzungsprogramm verabschiedet, bei dem es primär um die Verschiebung von Zuständigkeiten einzelner Fachgruppen und Personalien ging, das Veranstaltungsprogramm wurde vom vorherigen Studienjahr unverändert übernommen. Zusätzlich erfolgte auch ein Gedenken der bereits bekannten

Kriegsopfer unter den Hochschulangehörigen, Personal und Studierende umfassend. Eine Liste die sich schon 1915 über 60 Personen erstreckte, alle namentlich genannt mit Herkunft, Studienrichtung, Todestag und –ort wurde dort aufgeführt.[356] Der Hochschule waren ihre Angehörigen nicht egal, zu einem gewissen Teil auch instrumentalisiert zum Zweck einer Heldenverehrung.

Die Nachwirkungen des Ersten Weltkriegs zeigten sich deutlich an den Studierendenzahlen. Nur noch 453 Studierende waren im Studienjahr 1918/19 immatrikuliert[357]. Es ist nicht final geklärt oder dokumentiert, ob die im Feld immatrikulierten Studierenden, sofern sie überlebten, ihr Studium an der TH Aachen überhaupt begonnen haben. Gleichzeitig fielen auch beurlaubte Studierende nicht direkt aus der Statistik heraus, sondern wurden als immatrikulierte Studierende weitergeführt. Dieser nicht zu verachtende Faktor darf bei dem Einbruch und Anstieg der Studierendenzahlen nach dem Ersten Weltkrieg ebenfalls nicht vernachlässigt werden. Über den gesamten Ersten Weltkrieg ließen etwa 200 Aachener Studierende ihr Leben an einem der Kriegsschauplätze und kehrten nicht mehr an ihre Hochschule zurück.[358] Neben diesem Aspekt spielten aber auch finanzielle, politische und völkerrechtliche Aspekte eine entscheidende Rolle für die Situation der Hochschule. Die Unsicherheit nach dem verlorenen Krieg und den Folgen führten dazu, dass sich nicht nur weniger Studierende einschrieben, sondern sicherlich auch etliche ihr Studium selbst abbrachen oder abbrechen mussten. Die Umstrukturierung unter der Alliiertenbesatzungsmacht im Zuge der Besetzung des Rheinlandes gipfelte in Aachen jedoch zügig in einer Fortsetzung der Bildungsangebote

---

[356] Vgl. Ergänzungsprogramm enthaltend die Änderungen gegen das Programm der Königlichen Technischen Hochschule zu Aachen für das Studienjahr 1914/15, gültig für das Studienjahr 1915/16. Aachen 1915, S. 13-15.
[357] Vgl. Klinkenberg, Rheinisch-Westfälische Technische Hochschule, S. 183.
[358] Vgl. Gast, Die Technische Hochschule zu Aachen, S. 424.

und bereits zum Wintersemester 1919/20 konnte auch der Hochschulbetrieb wieder in fast vollem Umfang fortgesetzt werden, wenn auch noch nicht alle internen Infrastrukturen verfügbar waren.

Gleichzeitig wurden auch Erleichterungen für Studierende festgesetzt, die im Kriegsdienst waren und ihr Studium unterbrechen mussten oder dadurch bestimmte reguläre Voraussetzungen für das Studium nicht erfüllen konnten.[359] Auch für die Vergabe von Stipendien sollten Studierende, die Kriegsdienst geleistet hatten, bevorzugt berücksichtigt werden. Hinsichtlich der Gleichberechtigung bei der Bildung stellte das Wintersemester auch für Frauen eine weitere Stärkung ihrer Stellung an der Aachener Hochschule dar. Sie waren fortan explizit in den Aufnahmebedingungen erwähnt, inklusive der entsprechenden Zugangsvoraussetzungen. Um noch mehr Frauen den Zugang zur technischen Hochschule zu ermöglichen, wurden zusätzliche Ausnahmeregelungen und Anerkennungen anderer Abschlüsse als Erfüllung von Aufnahmekriterien in das Programm aufgenommen. Solche Regelungen bestanden für männliche Studierende bereits seit Beginn der Hochschule. Als besonders vorteilhaft konnte die Regelung für aktive Lehrerinnen an Volks- und Mittelschulen gesehen werden. Für die Ausübung des Lehrerberufes und den Besuch des Lehrerseminars war keine Hochschulzugangsberechtigung notwendig. Weder ein Abschluss eines Gymnasiums noch einer Oberrealschule waren Voraussetzung für den Schuldienst. Dennoch konnten diese nach zweijähriger Berufserfahrung und dem Vorweis einer Ergänzungsprüfung direkt zum Mathematik-, Physik- oder Chemiestudium zugelassen werden. Im Angesicht der Regelungen für männliche Studierende lässt sich dies mit der Anerkennung von Berufspraxis und dem erfolgreichen Abschluss entsprechender Gewerbeakademien oder Industrieschulen vergleichen.[360]

---

[359] Vgl. Programm der Technischen Hochschule zu Aachen für das Studienjahr 1919/20, Aachen 1920.
[360] Vgl. Programm der Technischen Hochschule zu Aachen für das Studienjahr 1919/20, Aachen 1920, S. 3.

Die negativen wirtschaftlichen Aspekte, wie sie im Ruhrgebiet durch die Beschlagnahmung von Montanstrukturen auftraten, beeinflussten Aachen im Vergleich nur marginal. Verstärkende positive Effekte hatte auch die zügige politische Neustrukturierung und frühe Ausrufung der Republik, die in der politischen Landschaft zu Wahlen im Januar 1919 führten und in der ersten Regierungsbildung der Weimarer Republik gipfelten.[361] Überlegungen des Staates, die Aachener Hochschule zu schließen und aus dem besetzten Gebiet an andere Stelle zu verlegen, wurden nicht umgesetzt. Ergänzend zu den Bemühungen, den finanziellen Belangen zum Wiederaufbau und der Begleichung der Reparationsschulden nachzukommen, forcierte der Staat eine Reformwelle.[362] Insbesondere die Bemühungen des Kultusministers Carl Heinrich Becker, die Hochschullandschaft umzustrukturieren und dabei die Technischen Hochschulen zu stärken und weiter an die Universitäten anzugleichen, fielen in Aachen auf fruchtbaren Boden.[363] Im Gegenteil zu den Befürchtungen im Kontext der Schließung entwickelte sich die Lage der Aachener Hochschule, weit im Westen des Landes in besetztem Gebiet, zu einem Standortvorteil und im Kontext der Weimarer Politik zu einem nationalen Interessensprojekt.

Die schnellen Umsetzungen auf politischer Ebene zeigten sich auch im Bildungssektor und führten zu einem explosionsartigen Anstieg der Studierendenzahlen an der Aachener Hochschule. Dies war teils aber auch durch Kriegsrückkehrer bedingt, die ihr Studium nach erneuter Immatrikulation fortsetzen wollten. Die weiterhin durch Alliierte besetzten Gebäude der Hochschule und fehlende Kapazitäten konnten jedoch zügig ausgeglichen werden, und es wurden schnell Arrange-

---

[361] Vgl. Heinrich August Winkler, Weimar 1918–1933. Die Geschichte der ersten deutschen Demokratie. München 1998.
[362] Vgl. Kurt Düwell, Die Neugestaltung der Technischen Hochschulen nach dem Ersten Weltkrieg. In: Technikgeschichte Bd. 36 (1969), S. 220-244.
[363] Vgl. Carl Heinrich Becker, Gedanken zur Hochschulreform. Leipzig 1919.

ments mit der Besatzungsmacht getroffen. Während anfangs fast 60% der Abteilungen und Gebäude der Technischen Hochschule durch belgische und französische Besatzer belegt waren, befanden sie sich bereits Anfang 1920 wieder im Besitz der Hochschule.[364] Zum großen Teil jedoch in stark renovierungsbedürftigen Zuständen. Dabei sah die Lage anfangs nicht besonders gut aus, denn finanziell stand die Hochschule in einer schlechten Ausgangsposition. Fast alle Finanzreserven waren durch den verlorenen Krieg vernichtet, da sie zuvor in entsprechende Kriegsanleihen geflossen waren.

Im Vergleich zum Vorjahr kam es im Wintersemester 1919/20 beinahe zu einer Verdreifachung der Studierenden. Die Technische Hochschule erlebte nach Kriegsende trotz alledem eine Blütezeit, insbesondere was das Interesse an der Einrichtung bei den Studierenden anging. Mitbeigetragen dazu hatte vor allem auch der Effekt des verbesserten Ansehens des Ingenieurs in Folge der Technik- und Materialschlachten während des Krieges. Der erstmalig im 3-dimensionalen Feld, mit Kriegsgeräten zu Land, im Wasser und in der Luft gleichzeitig geführte Krieg präsentierte die negativen Auswirkungen der neuen Waffentechnologien. Egal, ob es um Kampfflugzeuge, U-Boote, Panzer oder Produktionsanlagen ging, die Ingenieursleistungen waren in der breiten Bevölkerung als technische und wissenschaftliche Leistungen anerkannt worden und zeigten erneut, zu welchem Erfindungs- und Konstruktionsreichtum der Mensch fähig war.[365] Zeitgleich versuchte man in Aachen im Wettbewerb mit den Universitäten weiter auf Augenhöhe zu gelangen. Das neue Ansehen der Ingenieurswissenschaft nach dem Ersten Weltkrieg stellte ein wichtiges Fundament dar. Im Zuge dessen wurde auch die Hochschule in der Weimarer Republik neustrukturiert. Im Reformprozess wurde

---

[364] Vgl. Mathias Mutz, Hochschulstandort in der Krise. Der Erste Weltkrieg und das nahe Ende der RWTH. In: AKV-Sammlung Crous (Hg.) Weststadt statt Weltstadt. Aachens Grenzerlebnisse 1914-29. Aachen 2014, S. 168-177.

[365] Vgl. Paul Thomes, Der Krieg als wirtschaftliche und gesellschaftliche Herausforderung. In: AKV-Sammlung Crous (Hg.) Weststadt statt Weltstadt. Aachens Grenzerlebnisse 1914-29. Aachen 2014, S. 112-119.

auch die Struktur der Technischen Hochschule in Aachen neu konzipiert und ein System mit vier Fakultäten geschaffen, denen jeweils ein Dekan vorstand. Dabei wurden auch die in Universitäten bereits gelebten Strukturen in Form von Senat und Fakultätsversammlungen übertragen. Ziel war es, die Organisation der Hochschule stärker an die Strukturen der Universitäten anzugleichen. Aufgrund der desaströsen Finanzlage konnten allerdings nicht alle Reformbestrebungen in Aachen direkt umgesetzt werden.[366]

Das Studienjahr 1922/23 stellte mit 1458 Studierenden den vorläufigen Höhepunkt der Studierendenzahlen der Aachener Hochschule dar. Damit waren auch die potentiellen Kapazitätsgrenzen der Hochschule nicht nur ausgeschöpft, sondern bereits überschritten und Vergrößerungen notwendig. Ab diesem Zeitpunkt fielen und stagnierten die Studierendenzahlen für mehr als 20 Jahre, und erst im Studienjahr 1948/49 konnte diese Marke erneut erreicht und überschritten werden. Eine Ursache für den drastischen Abfall der Studierendenzahlen war auch eine Veränderung der Statistik und die Streichung von beurlaubten nicht rückgemeldeten Studierenden.

Mit dem Jahr 1923 sollte sich aber die Problematik der kriegsbedingten Finanzlage noch einmal bemerkbar machen. In Folge der Inflation konnte sich die Hochschule anfangs noch trotz mangelnder Reserven sicher halten, aber mit den Auswirkungen der Hyperinflation wurden 1923 final die wenigen noch vorhandenen finanziellen Reserven der Hochschule gänzlich entwertet.[367] Der Hochschulbetrieb musste aus den laufenden Einnahmen finanzierbar sein, gleichzeitig wurde versucht, zügig jegliches Bauprojekt umzusetzen, bevor die ursprüngliche Finan-

---

[366] Vgl. Klinkenberg, Rheinisch-Westfälische Technische Hochschule, S. 91f; Ricking, Materie, S. 140.
[367] Vgl. Gerald D. Feldman, The Great Disorder. Politics, Economics, and Society in the German Inflation, 1914–1924. New York/Oxford 1993, S. 418ff, S. 446-452, S. 527-554; Ricking, Materie, S. 123.

zierung nicht mehr ausreichen würde. Dank den Reformen kamen zwar von staatlicher Seite neue Mittel hinzu, zur Aufrechterhaltung mussten aber ebenso Kredite aufgenommen und einige private Einrichtungen verstaatlicht werden, um in den Besitz der Hochschule überzugehen.[368] Gleichzeitig erfolgte eine Reduktion des Personals und eine vorübergehende Verminderung der Vergütung. Reine Kapazitätserweiterungen, hinsichtlich der Studierendenzahl, standen nicht zur Debatte. Der Fokus der Baumaßnahmen lag stärker auf der Neuerrichtung oder Vergrößerung der Labore und Versuchsanstalten. Viele der geplanten Baumaßnahmen konnten aber aufgrund mangelnder Finanzierung nicht realisiert werden.[369]

Entgegen dem insbesondere durch das NS-Regime verbreiteten Mythos, wonach der deutsche Staat durch den Krieg und die Reparationen ausgeblutet am Boden liege und die Wirtschaft in einem desaströsen Zustand sei, war das Wirtschaftswachstum der Weimarer Republik besser als in denjenigen europäischen Staaten, die als Siegermächte aus dem Krieg hervorgingen.[370] Sonderwirtschaftsprogramme und eine dazugehörige Währungsreform sorgten für eine Stabilisierung der Weimarer Volkswirtschaft. Nach Bewältigung der Krisensituation der Hyperinflation im Folgejahr 1924 und einer wieder sich normalisierenden Wirtschaftssituation kam auch eine erneute finanzielle Unterstützung für die Hochschule auf Grund der verbesserten Lage des Staatshaushaltes ab 1927 in Frage. In diesem Verlauf wurde vom Kultusministerium der Aachener Hochschule auch eine besondere Belastung durch die vorherige Besatzung bescheinigt, und es gab einen direkten Sonderzuschuss von rund 170.000 Reichsmark für Ausstattung und Ausbau der Bibliothek, der Institute und des Studentenwohnheims. Gleichzeitig legte die Hochschule in diesem Kontext einen Plan für anstehende und notwendige

---

[368] Vgl. Ricking, Materie, S. 142f.
[369] Vgl. Klinkenberg, Rheinisch-Westfälische Technische Hochschule S. 96f.
[370] Vgl. Winkler, Weimar 1918–1933.

Neubauten und Ausbauten vor, der ein Gesamtvolumen von 3,5 Millionen Reichsmark umfasste.[371] Eine Zustimmung und Bewilligung, inklusive einer finanziellen Beteiligung des Staates, erfolgte prompt. Andere Vorhaben außerhalb dieses Planes blieben vorrübergehend auf Eis. Damit waren vorerst das Bestehen und die Weiterentwicklung der Hochschule abgesichert.

Die 1929 einsetzende Weltwirtschaftskrise erfasste die Aachener Hochschule dank der erst kurz zuvor umgesetzten Investitionen nicht sonderlich stark. Aufgrund des vorab auf mehrere Jahre ausgelegten Erweiterungsplanes waren vorerst keine größeren Neuinvestitionen angesetzt. Von 1930-1933 wurden im Mittel jedes Jahr erneut zusätzliche Etats von 50.000 Reichsmark genehmigt.[372] Keine kleine Summe, aber im Vergleich zu den Neubauten und dem bereits zuvor gestellten mehrere Millionen schweren Finanzpaket keine gravierende Finanzlast. Ebenfalls erfolgte zum Sommersemester 1932 eine Anpassung der Unterrichtsgebühren im Bereich der Verwaltungsakte im Durchschnitt um ca. 20%. Die Unterrichtsgelder für Veranstaltungen blieben, wie auch die Prüfungsgebühren, jedoch unangetastet. Während die Aufnahmegebühr von 25 auf 30 Reichsmark erhöht wurde, betrug die semesterbedingte Studiengebührenerhöhung 15 Reichsmark. Verschärft wurde vor allem aber die Gebühr für verspätete Einschreibung, die sich von 10 auf 40 Reichsmark erhöhte.[373] Neben einem Ausgleich der gestiegenen Verwaltungskosten eher eine Disziplinierungsmaßnahme und keine Option zur Schließung potentieller Finanzierungslücken der Hochschule. Die Auswirkungen des politischen Umschwungs auf die Nationalsozialisten in den 1930ern hatten

---

[371] Vgl. Klinkenberg, Rheinisch-Westfälische Technische Hochschule, S. 98ff.
[372] Vgl. Technischen Hochschule Aachen, Verzeichnis der Vorlesungen und Übungen für das Winterhalbjahr 1930/31, Winterhalbjahr 1931/32, Winterhalbjahr 1932/33, Winterhalbjahr 1933/34, Aachen 1930-1933.
[373] Vgl. Technischen Hochschule Aachen Verzeichnis der Vorlesungen und Übungen für das Winterhalbjahr 1931/32 und Sommerhalbjahr 1932. Aachen 1931-1932.

hingegen deutlich stärkere Effekte auf die Entwicklung der Hochschule und den allgemeinen Ablauf des Hochschulalltags.

Im Vergleich zum vorherigen Weltkrieg waren die Auswirkungen auf den aktiven Hochschulbetrieb von einer anderen Dimension. Die politischen und gesellschaftlichen Umbrüche in Deutschland wirkten sich unmittelbar und direkt auf das Hochschulgeschehen aus. Kaum hatte die NSDAP die politische Führung in Deutschland übernommen, folgten auch schon im März 1933 erste Denunziationen an der Aachener Hochschule. Ausgangspunkt war die Studierendenschaft, vertreten durch den AStA, der aktiv begann, Listen zu erstellen von nichtarischen oder kommunistischen Studierenden und Lehrpersonal.[374] Es muss hierbei angemerkt werden, dass diese Denunziationen nicht von außen als Angriff auf die Hochschule angesehen werden können. Die in neuen und bisher nie dagewesenen Maßen verbreitete rassistische Ideologie traf in den Hochschulen auf fruchtbaren Boden. Denn diese frühen Maßnahmen im Sinne des Nationalsozialismus kamen von innen aus der Hochschule selbst und wandten sich intern gegen Hochschulangehörige. Es war nicht das Werk einer externen Spezialeinheit, die gezielte Jagd auf ihre ideologisch deklarierten Feinde machte.

Unter den ersten denunzierten Professoren waren zum Beispiel Alfred Meusel, Otto Blumenthal und Theodore von Kármán. Meusel und Blumenthal, als Kommunisten beschuldigt, kamen bereits im April 1933 in Schutzhaft und im weiteren Verlauf des Jahres entzog man ihnen ihre Lehrerlaubnis und entließ sie ohne Bezüge aus dem Hochschuldienst. Kármán konnte sich rechtzeitig vor den Anschuldigungen in die USA retten. Als Jude hätte ihn unter den Nationalsozialisten ein grausames Schicksal ereilt, so wie es Blumenthal im weiteren Verlauf erging.

---

[374] Vgl. Stefan Krebs, Werner Tschacher, Vom Heldenkult zur Skandalbewältigung: Überlegungen zur akademischen Erinnerungskultur der RWTH Aachen 2009. in: Geschichte im Westen (Halbjahres-Zeitschrift für Landes- und Zeitgeschichte), Jg. 24 (2009), S. 171-199; Ullrich Kalkmann, Die technische Hochschule Aachen im Dritten Reich (1933-1945). Aachen 2003, S. 226-234.

Trotz seiner Konversion zum christlichen Glauben wurde ihm seine jüdische Abstammung zum Verhängnis, er wurde wie alle anderen Juden eingestuft. Nach einigen Jahren auf der Flucht endete sein Leben schließlich in einem der Massenvernichtungslager der NS-Maschinerie.[375] Wie den vorgenannten Personen erging es unzähligen weiteren Personen über die gesamte Zeit des Nationalsozialismus.[376] Eine Aufarbeitung blieb an der Aachener Hochschule lange Zeit aus. Da einige NS-Unterstützer, NS-Sympathisanten und Mitläufer, die untereinander geschickt vernetzt waren, auch nach dem Kriegsende ungeschoren davonkamen und vereinzelt auch direkt wieder in der Hochschule unterkamen, wurde das Thema vor Ort eher ausgeblendet. Dass die Gräueltaten der Nationalsozialisten die RWTH fast 50 Jahre nach Kriegsende noch einmal von neuem heimsuchen, hätte zu diesem Zeitpunkt wohl niemand erahnt. Der ehemalige Rektor der RWTH von 1970-1973 wurde Mitte der 1990er Jahre als SS-Hauptsturmführer Dr. Hans Ernst Schneider entlarvt.[377] Dies führte auch erneut zu einem verstärkten Interesse an der Aufarbeitung der NS-Vergangenheit der RWTH.[378]

Für die Hochschullandschaft im Allgemeinen bedeutete es eine tiefgreifende Reduktion hochqualifizierten Lehrpersonals, aber auch an Studierenden. Bereits in der ersten Welle im März/April 1933 wurden mehr als zehn Professoren der

[375] Vgl. Ricking, Materie, S. 146f; Krebs/Tschacher, Heldenkult, S. 171-199; Kalkmann, Die technische Hochschule Aachen im Dritten Reich.

[376] Aus Gründen des Ziels der Untersuchung, Wissensdynamiken im Tertiärbereich des Bildungssystems, kann an dieser Stelle nicht weiter auf Einzelschicksale und Verflechtungen der Hochschulangehörigen mit dem NS-Regime eingegangen werden. Zu weiteren Informationen und der NS Vergangenheit der Hochschulangehörigen siehe Krebs/Tschacher, Heldenkult, S. 171-199; Kalkmann, Die technische Hochschule Aachen im Dritten Reich, S. 120-146; Werner Tschacher, „Ich war also in keiner Form aktiv tätig“. Alfred Buntru und die akademische Vergangenheitspolitik an der RWTH Aachen 1948 – 1960. In: Geschichte im Westen (Halbjahres-Zeitschrift für Landes- und Zeitgeschichte), Jg. 19 (2004), S. 197 – 229.

[377] Vgl Krebs/Tschacher, S. 171-199.

[378] Als Ergebnis dieser Dynamik bietet vor allem die Publikation von Ullrich Kalkmann einen umfassenden Überblick, Kalkmann, Die technische Hochschule Aachen im Dritten Reich.

Aachener Hochschule aufgrund der Denunziationen zwecks weiterer Untersuchung beurlaubt.[379] Auch in den Folgejahren veränderte sich diese Praxis nicht und eine weitere rassistische Reduktion des Lehrpersonals blieb nicht aus. Da auch nicht alle Positionen neubesetzt wurden, verkleinerte sich damit auch das Lehrangebot. In Form eines geringeren Angebots reduziert sich auch die Zahl der potentiell interessierten Studierenden für die Hochschule. In Kombination mit der ohnehin leicht rückläufigen Studierendenquote seit 1930, den immer weiter verstärkten Restriktionen durch den Nationalsozialismus in Form von Zwangsdiensten, Arbeitsdiensten, Militärausbildung entstand ein zusätzlicher Interessenskonflikt.

Ab der zweiten Hälfte der 1930er war die Vorlage eines Nachweises über abgeleisteten Militärdienst oder Arbeitsdienst, alternativ auch ein Nachweis über Zurückstellung oder Befreiung bereits mit der Immatrikulation zu erbringen. Zugehörigkeit zur NSDAP oder NS-Organisationen sollten, wenn vorhanden, nachgewiesen werden. Bereits 1938 war es nichtarischen Reichsdeutschen nur nach Einzelfallprüfung möglich, ein Studium an der Aachener Hochschule zu beginnen.[380] Spätestens mit den Verordnungen von 1941 war es Juden generell verboten, an der Aachener Hochschule zu studieren. All diese Maßnahmen verursachten einen Rückgang der Studierendenzahlen nicht nur in Aachen, sondern im gesamten Staat. Erneut bleibt damit einem gewichtigen Teil der Bevölkerung der Zugang zu Bildung verwehrt. Der Staat schädigte sich selbst durch den Verzicht auf gut ausgebildetes Fachpersonal aufgrund von ideologisch und rassistisch geprägter Repression.

---

[379] Vgl. Ricking, Materie, S. 146f.

[380] Vgl. Technische Hochschule Aachen, Personal- und Vorlesungsverzeichnis für das Studienjahr 1938/39 (Sommersemester 1938 und Wintersemester 1938/39), S. 3.

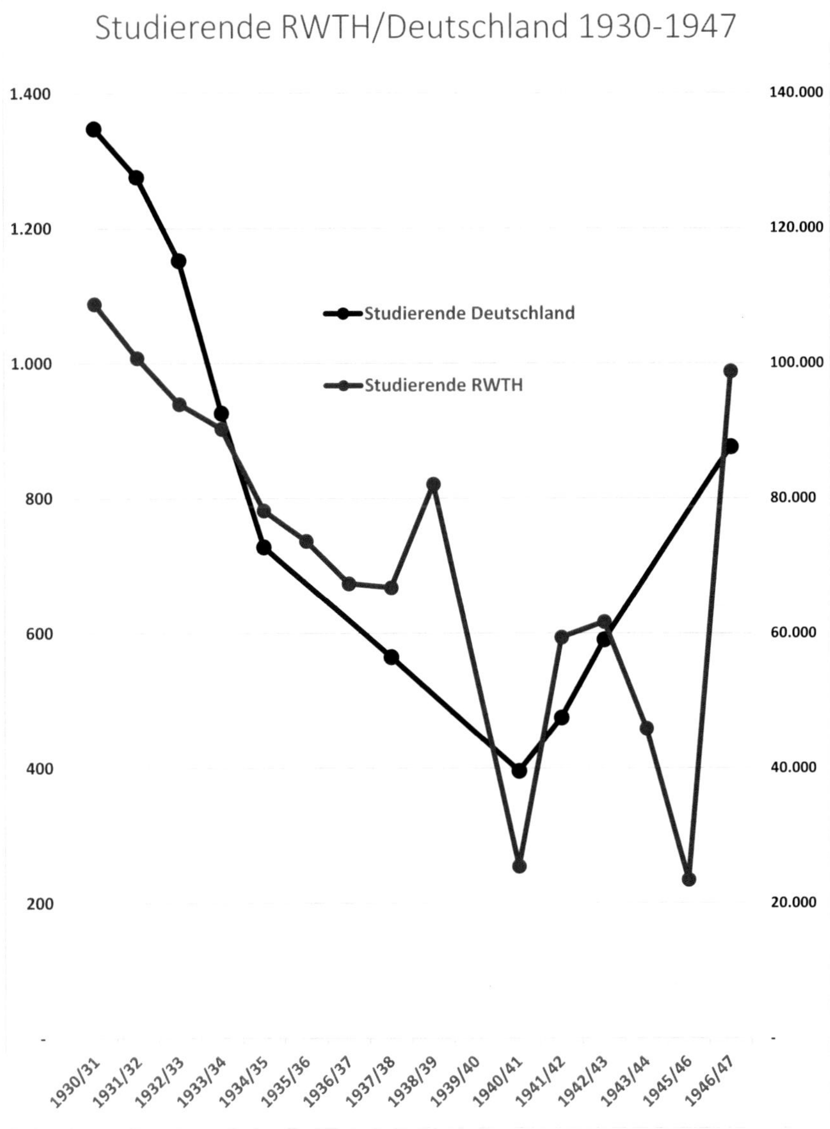

Abbildung 17: *Studierende RWTH/Deutschland; Datenbasis: Klinkenberg, GESIS CEWS Portal; eigene Darstellung.*

Wie sich an Abbildung 17 erkennen lässt, folgte die Aachener Hochschule (blauer Graph) dem Verlauf der allgemeinen Entwicklung der Studierendenzahlen in Deutschland (schwarzer Graph). Es lässt sich bereits ab 1930 ein Trend zu rückläufigen Studierendenzahlen erkennen, der ab 1933 eine negative Beschleunigung erhält. Ab 1941 lässt sich trotz des laufenden Krieges bereits eine Trendwende zu ansteigenden Studierendenzahlen erkennen, getrieben durch den Ingenieursbedarf für die Kriegswirtschaft. Die Auswirkungen der alliierten Angriffe machen sich an der Aachener Hochschule erst verzögert ab 1943 in den Studierendenzahlen bemerkbar. Ungeachtet dessen, dass die ersten Luftangriffe auf Aachen bereits im Mai 1940 stattfanden.[381] Bereits 1941 näherten sich erste Bombenangriffe auch den Hochschularealen. Zu den ersten schweren Gebäudeschäden im Aachener Hochschulbetrieb kam es allerdings erst im Juli 1943, als unter anderem die Bibliothek der Hochschule einem Luftangriff mit Bomben zum Opfer fiel.

Gleichzeitig lassen sich bei der RWTH einige abweichende Extrema erkennen. Die Abweichungen der Graphen resultierenden aus drei unterschiedlichen Faktoren. Als erstes insbesondere gültig für Deutschland ist eine mangelhafte Datenbasis, da keine vollständige Erhebung aller Studierenden für die Studienjahre 1935/36, 1936/37, 1938/39, 1939/40, 1943/44 und 1944/45 vorliegt. Potentielle Abweichungen vom Standardgraph werden somit nicht abgebildet, bei den Daten zur RWTH ist dies dennoch der Fall, hier fehlen nur Daten für 1939/40. Die Folgen des Kriegs führten an der Aachener Hochschule zu einer vorrübergehenden auch offiziellen Einstellung des Lehrbetriebs für das Studienjahr 1939/1940, daher gibt es keine aktiven Studierenden. Das Wintersemester im Folgejahr stellt im Prinzip einen Neustart mit reduzierten Studierendenumfang dar. Der dritte Aspekt

---

[381] Vgl. René Rohrkamp, Die „Schlacht um Aachen". Eine Rekonstruktion der militärischen Operationen im September/Oktober 1944. Online verfügbar: https://www.free-aachen44.de/die-schlacht-um-aachen-1944/, abgerufen am 21.07.2020.

liegt in der Natur der Hochschule und ihrer technischen Orientierung zu den Ingenieurswissenschaften.

So sind es, wie auch in Abbildung 18 zu erkennen, in erster Linie der Maschinenbau, das Hüttenwesen und die Chemie, die in den Kriegsjahren als Leitmotive des Studierendenanstiegs an der RWTH fungieren. Alle drei sind Bereiche, die für die laufende Kriegsmaschinerie und Rüstungsindustrie eine hohe Bedeutung hatten und neben der Aufrechterhaltung bereits vorhandener Technologie auch neue Erkenntnisse lieferten. Der positive Ausbruch nach oben bei den Studierendenzahlen im Studienjahr 1938/39, ein Anstieg von 153 Studierenden im Vergleich zum Vorjahr, wird im Kern durch die Vorbereitungen zum Krieg und den Bedürfnissen der Wirtschaft mitgetragen. Allein 61 Studierende von diesem Anstieg entfallen direkt auf das Maschinenbaustudium.

Der Einbruch zum Studienjahr 1944/45 lässt sich relativ einfach erschließen. Durch den tobenden Krieg und die Schlacht um Aachen, die tagelange Straßenkämpfe mit sich zog und am 21. Oktober 1944 mit der Eroberung durch die Amerikaner endete, war die Hochschule von einem auf den anderen Tag theoretisch nicht mehr existent. Fast 50% der gesamten Hochschulgebäude waren durch den Krieg zerstört und ausgebrannt. Dank frühzeitigen Evakuierungen der Bevölkerung wurde auch ein Teil der Ausstattung der Hochschule noch vor dem Eintreffen der Armee in Sicherheit gebracht.[382] Dadurch konnte ein Wiederbeginn der Hochschule vom Status Null verhindert werden. Dank dem zügigen Handeln der amerikanischen Besatzungstruppen zur Erstellung einer Notregierung in der Stadt Aachen, durch Vereidigung eines Bürgermeisters und aktive Mühen des Hochschulpersonals in Richtung Stadt, konnte in Übereinkunft mit der Besatzungsmacht bereits im August 1945 der eingeschränkte Betrieb der Hochschule überhaupt wieder aufgenommen werden.

---

[382] Vgl. Ricking, Materie, S. 156ff; René Rohrkamp, Die Schlacht um Aachen.

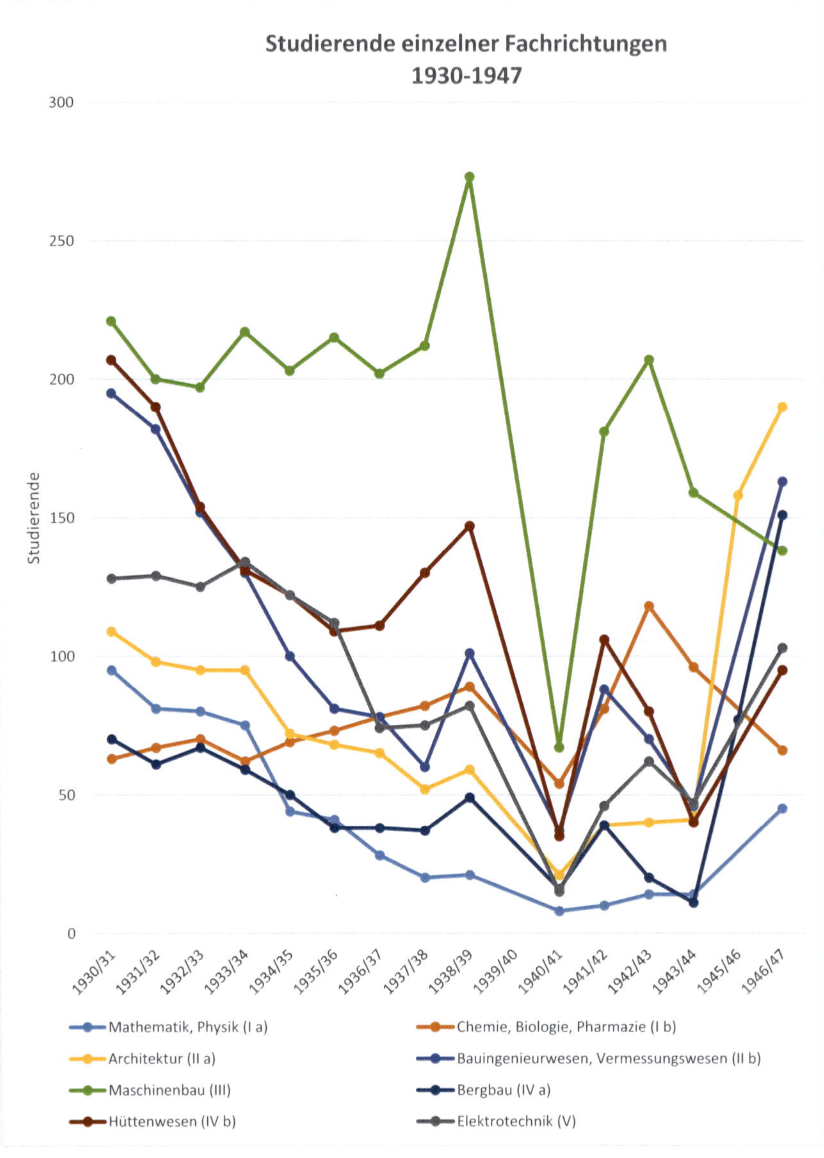

Abbildung 18: *Verteilung der Studierenden 1930-1947; Datenbasis: Klinkenberg; eigene Darstellung.*

Der explosionsartige Anstieg vom Studienjahr 1945/46 zum Folgejahr in Abbildung 18 liegt vor allem darin bedingt, dass erst 1946 wieder ein Regelbetrieb in der Lehre an der Aachener Hochschule stattfand. Zuvor waren nur rudimentär einzelne Bereiche verfügbar, 1945/46 waren dies nur Bergbau und Architektur. Beide konnten zugleich direkt vom bevorstehenden Wiederaufbau profitieren. Der Kernbereich und das Zugpferd der Vorjahre, der Maschinenbau, war zu diesem Zeitpunkt stillgelegt und zu einem Neustart der Lehrtätigkeit in allen Fachabteilungen kam es erst mit dem Studienjahr 1946/47.[383]

Mit der Wiederaufnahme des Vollbetriebs erfolgte auch die Umbenennung in den noch heute getragenen Namen Rheinisch-Westfälische Technische Hochschule Aachen (RWTH). Obgleich die Alliierten im Rahmen der Entnazifizierung Kontrollen und Prozesse abhielten, konnten einige NS-Sympathisanten unmittelbar wieder an die RWTH zurückkehren und weitere Professoren, die zuvor offen mit der NSDAP kollabierten und vor den Alliierten geflohen waren, folgten ihnen in den Folgejahren. Möglich war dies durch zum Teil massenhaft falsch ausgestellte Zeugnisse über ihr Verhältnis zum NS-Regime. Auch die Unbedenklichkeitsempfehlungen in Form von Entlastungsschreiben des amtierenden Rektors Paul Röntgen trugen dazu bei, ehemalige NS-Sympathisanten an der RWTH wiedereinzugliedern.[384]

Die bereits zuvor angesprochene Enttarnung eines ehemaligen Rektors als hochrangiges SS Mitglied reiht sich dabei nahtlos ein. Der 1978 mit seiner Emeritierung in den Ruhestand verabschiedete Prof. Hans Schwerte, Rektor der RWTH von 1970-1973, wurde 1995 offiziell enttarnt als Dr. Hans Ernst Schneider, ein ehemaliger SS-Hauptsturmführer. Erst 1990 verlieh ihm die Hochschule noch die Würde eines Ehrensenators. Im Nationalsozialismus war er, erst als Teil der SA,

[383] Vgl. Übersicht über die Vorlesungen und Übungen an der Rheinisch-Westfälischen Technischen Hochschule Aachen im Wintersemester 1946/47. Aachen 1946.
[384] Vgl. Krebs/Tschacher, S. 171-199; Ricking, Materie, S. 162-168.

dann SS, für das Ahnenerbe in Berlin und in den Niederlanden tätig.[385] Es handelt sich um ein weiteres Beispiel für die perfiden Trickserеien der Nationalsozialisten, die für ihre Taten nicht einstanden und auf Kosten anderer unbehelligt weiterzumachen versuchten, ohne Verantwortung für ihre Gräueltaten zu übernehmen. Der Schwerte-Schneider Fall ist der öffentlich präsenteste und auch der schwerwiegendste Fall für die RWTH und das Versagen in der Aufarbeitung der NS-Vergangenheit. Es zeigt aber auch die Mentalität und den mangelnden Drang, der lange an der RWTH bestand, die eigene NS-Vergangenheit sorgfältig aufzubereiten. Das Wissen über die Verbrechen war vorhanden, ebenso auch das Wissen der Akteure über ihre eigenen Taten. Es kam dieser Klientel also nicht ungelegen, dass keine sorgfältige Aufarbeitung erfolgte. Es gibt noch weitere Fälle, in denen zum Teil aufgrund von Unwissenheit oder Ignoranz es immer wieder ehemalige Nationalsozialisten in die aktive Erinnerungskultur der RWTH schaffen, weil sich jemand an den Namen und mögliche positive Leistungen für die Hochschule erinnerte. Eine Erinnerung an die Verfehlungen ist dabei nur marginal in Form von externem Wissen dokumentiert, wird bewusst ausgeblendet oder fehlt in der aktiven Erinnerung gänzlich.[386]

Neben etlichen rückkehrenden Studierenden, nicht nur aus dem Vorjahr, sondern seit Kriegsbeginn, waren es vor allem viele Neueinschreibungen, die den Studierendenboom verursachten. Dies führte im Vergleich zum Vorjahr fast zu einem Anstieg auf die viereinhalbfache Studierendenzahl an der Aachener Hochschule. Zusätzlich wurde in diesem Schritt auch ein neuer Zweig mit angeboten, das Studium für das Höhere Lehramt in den Naturwissenschaften. Die Lehramtsstudiengänge sowie die weiteren Allgemeinen Wissenschaften sind auf Grund der geringen Studierendenzahl zu Übersichtszwecken im obigen Graph der Studiengänge

---

[385] Vgl. Krebs/Tschacher, S. 171-199.
[386] Vgl. Kalkmann, Die technische Hochschule Aachen im Dritten Reich, S. 9-38; Tschacher, Vergangenheitspolitik an der RWTH, S. 197–229; Krebs/Tschacher, S. 171-199.

nicht mit abgebildet. Zudem liegen auch nur für vier Studienjahre im oben betrachteten Zeitraum Immatrikulationen für eigenständige Studiengänge vor dem Jahr 1946 vor.

Aus Sicht der Aachener Hochschule kann es als positiv angesehen werden, dass trotz des Krieges die Investitionen in die Hochschule nicht gestoppt wurden. Im Gegenteil, einige Bereiche wurden nun stärker gefördert als zuvor, allem voran kriegswichtige Sparten. Ein großer Profiteur dieser Ausrichtung war im Maschinenbau der Bereich der Luftfahrt. Im Vergleich zu regulären Universitäten konnten die Technischen Hochschulen auch von dem gestiegenen Bedarf an Ingenieuren für die Rüstungswirtschaft profitieren.

Die Gesellschaft erlebt, wenn auch eher negativ behaftet durch das Kriegsgerät und dessen Einsatz, die technologischen Möglichkeiten und Produktionsleistungen hautnah mit. Die 1920er Jahre, die mit einem Anstieg des Konsumverhaltens und damit auch einer ersten Welle der Haushaltselektronik einhergingen, förderten diesen Technologie- und Wissenstransfer zusätzlich auf einer neutralen zivilen Ebene.[387] Für Aachen nicht irrelevant ist insbesondere auch der Fortschritt in der Luftfahrt. Es war kein anderer als der ehemalige Aachener Professor Hugo Junkers, der die Luftfahrt mit seinen Ganzmetallflugzeugen schon zum Ersten Weltkrieg revolutionierte. Im Nachgang äußerte Junkers großes Bedauern über seine Beteiligung in Form von Wissen, Produktion und Bereitstellung von Kampfflugzeugen für den Luftkrieg. Er relativierte dieses Verhalten deutlich mit der reinen Fokussierung auf die zivile Luftfahrt, der Mitgründung der heute als Lufthansa bekannten Fluggesellschaft und dem aktiven Widerstand gegen das NS-Regime.[388]

---

[387] Vgl. Eberhard Kolb, Die Weimarer Republik (Oldenbourg Grundriss der Geschichte, Bd. 16). München 2009, S. 74-111.
[388] Vgl. Paul Thomes, Tobias Dewes, Unternehmen Wissenschaft - Hugo Junkers als Wissenschaftsunternehmer zwischen Freiheit und Verantwortung. In: Dominik Groß, Julia Nebe

Nicht minder waren auch die Beiträge von weiteren Aachener Professoren wie Hans Reissner oder Theodore von Kármán auf diesem Feld. Im Gegensatz zu Junkers, der 1912 den Hochschulbereich dauerhaft verließ, um privatwirtschaftlich weiter zu forschen und zu produzieren, blieben Reissner und Kármán der universitären Wissenschaft treu und führten ihre Laufbahn an anderen Universitäten fort.[389] Das mit Junkers bereits Einzug in die Aachener Hochschule gefundene Konzept des unternehmerisch handelnden Wissenschaftlers oder kurz der Wissenschaftsunternehmer gewann in der Nachkriegszeit verstärkt an Bedeutung an der RWTH und mündet später in dem Konzept des Dienstleistungsunternehmens Universität.

Die wechselseitigen Beziehungen zwischen Wissen, Hochschule, Gesellschaft und Wirtschaft befanden sich in diesem Komplex in einem Equilibrium. Die Einflüsse des Wissens auf den ökonomischen Sektor und den soziokulturellen Bereich hielten sich die Waage. Beides war zu diesem Zeitkorridor gleichermaßen durch den ansteigenden Wissens- und Technologietransfer tiefgreifend verändert. Ebenso verhielt es sich bei der umgekehrten Perspektive. Kriegs- und Krisenwirtschaft beeinflussten den Hochschulprozess nachhaltig und hemmten die Abläufe der Wissensprozesse. Gleiches lässt sich allerdings auch für die soziokulturelle Komponente feststellen, allerdings in eine andere Richtung. Allem voran dominierte hier das veränderte Bild des Ingenieurs in der Gesellschaft. Die Ingenieursausbildung als Kernsparte der Aachener Hochschule kann somit nicht entkoppelt

---

(Hg.), Forschung zwischen Freiheit und Verantwortung. Die wissenschaftshistorische Perspektive (Studien des Aachener Kompetenzzentrums für Wissenschaftsgeschichte, Bd. 20). Aachen 2018, S. 167-186.

[389] Reissner zog es 1913 zurück an seine Alma Mater, die TH Berlin, und emigrierte im Zuge der Arisierungspolitik in den 1930ern in die USA. Dort lehrte er zuerst am Illinois Institute of Technology und anschließend am Polytechnic Institute of Brooklyn; Karman baute sich bereits 1926 in den USA am California Institute of Technology (Caltech) ein Forschungsnetzwerk und zweites Standbein auf, in Folge der Denunziationen die ab 1933 an der TH begannen siedelte er rechtzeitig in die USA über.

von diesem Prozess gesehen werden, da sie die Nachfrage gravierend beeinflusste. Auch die Einflüsse von Wirtschaft und Gesellschaft untereinander wirkten verstärkend für die eigenen Beziehungen der beiden Bereiche zum Aspekt Wissen.

Zusammengefasst können die Entwicklungen im Zeitfenster der Wirtschaftskrise und der beiden Weltkriege aus der Perspektive der Wissensdynamiken sowohl in der kurz- als auch der langfristigen Auswirkungen als positiv gewertet werden. Hinsichtlich der organisationalen Strukturen und der Implementierung in der Gesellschaft war es für die Technischen Hochschulen, insbesondere die Aachener Hochschule, ein Zeitfenster der Reife und Emanzipation. Es wurden die entscheidenden Fundamente für die absolute Gleichwertigkeit zu Universitäten gelegt und in Einzelfällen stellte es schon die gelebte Praxis dar. Die Aufwertung des Technikers und Ingenieurs im gesellschaftlichen und wissenschaftlichen Ansehen war ebenfalls ein wichtiger Meilenstein. Das klassische Bild der Technischen Hochschule als reine Unterrichtsanstalt für Ingenieure passte auf die Aachener Schule von Anfang an nicht.[390] Die Abwendung von einer Institution mit dem bloßen Ziel der Ingenieursausbildung hin zu einer zusätzlich auf gleichwertiger Ebene forschenden Einrichtung, war von Beginn an Ziel. Die verstärkte Anwendung der Ergebnisse von universitärer, industrieller und kombinierter Forschung stellte eine enorme Stärkung der Technikwissenschaften dar und festigten gleichzeitig ihre monetären Werte und Stellung in der Gesellschaft. Der Wissenstransfer in Form von ausgebildeten Ingenieuren aber auch Forschungsergebnissen in die Praxis beziehungsweise eine Verwertung derselben in der freien Wirtschaft waren klar die Handlungsmaxime.

---

[390] Vgl. Ricking, Materie, S. 70.

7.4 Neustart zwischen Konkurrenz und Zeitenwende

Die Aufbruchsstimmung und der Wiederaufbau nach dem Zweiten Weltkrieg führten nicht nur zu einem wirtschaftlichen Aufschwung, sondern beflügelten ebenfalls die deutsche Bildungslandschaft. Auch die Gründung der Bundesrepublik Deutschland 1949 gab der Westdeutschen Bevölkerung ein zusätzliches Stück Sicherheit für die Zukunft. Neben physischer Arbeitskraft war vor allen Dingen Wissen als Produktionsfaktor gefragt.[391]

Der Stellenwert von Bildung als hohes Gut und Wissen als Investition in die Zukunft, ließen insbesondere den Tertiärbereich des Bildungssystems enorm profitieren. Gleichzeitig standen im Rahmen allgemeiner Hochschulreformen Erneuerungen der Organisationsstrukturen bei den Bildungseinrichtungen Anfang der 1960er an. Zusätzlich wurde aber auch das Schulsystem umgebaut und mit dem sogenannten Hamburger Abkommen 1964 vereinheitlicht. Es wurden feste Schulformen und Bezeichnungen für alle Bundesländer eingeführt. Jeder Schüler besuchte zuerst eine Grundschule, danach folgten dann Hauptschule, Realschule oder Gymnasium.[392] Nur der erfolgreiche Abschluss des Gymnasiums ermöglichte ein Hochschulstudium. Nach dem Krieg wurden im Grunde die demokratischen Weimarer Hochschulstrukturen hinsichtlich der Organisation und der Fachbereiche beziehungsweise der Fakultäten beibehalten. Im nationalen Kontext durchziehen die ganzen 1960er bis zum Anfang der 1970er Hochschulreformen und deren Umsetzung. Teil dieses Prozesses waren auch die 1968er Revolution und

---

[391] Vgl. Werner Abelshauser, Deutsche Wirtschaftsgeschichte. Von 1945 bis zur Gegenwart. München 2004, S. 22-50; Rudolf Morsey, Die Bundesrepublik Deutschland bis 1969 (Oldenbourg Grundriss der Geschichte, Bd. 19). München 2007, S. 10-15 und 44-56.

[392] Vgl. Kultusministerkonferenz, Abkommen zwischen den Ländern der Bundesrepublik Deutschland zur Vereinheitlichung auf dem Gebiete des Schulwesens (Beschluss der KMK vom 28.10.1964 i.d.F. vom 14.10.1971).

die Studentenbewegung.[393] Bereits um 1977 gab es weitere Bestrebungen zu Reformen. Ziel war es dabei eine höhere Gleichberechtigung aller Bevölkerungsschichten zu erreichen, damit das Studium nicht nur wohlhabenderen Haushalten möglich war. Ein Schritt, um die Verbreitung von Wissen zu fördern, aber auch, um bisher ungenutzte Wissenspotentiale einzusetzen.

Eine Senkung und Abschaffung von Studiengebühren sollten somit auch das bereits 1971 eingeführte Bundesausbildungsförderungsgesetz (BAföG) ergänzen.[394] Während in den 1970er Jahren die BAföG-Unterstützung eine nichtrückzahlungspflichtige Förderung war, wurde dies zum Oktober 1982 geändert. Von da an war das Darlehen bis auf weiteres zum Herbst 1990 ein Volldarlehen, das vollständig zurückgezahlt werden musste. Ab Herbst 1990 musste nur noch die Hälfte zurückgezahlt werden.[395] Das BAföG kann nicht nur rückblickend, sondern auch schon zu seiner Zeit der Einführung als äußerst erfolgreich angesehen werden. Der enorme Anstieg der Studierendenzahlen bestätigt dies, insbesondere im Vergleich zu den Zahlen der BAföG-Empfänger. Bereits 1972 erhielten 44,6% aller Studierenden eine Förderung nach dem BAföG.[396] insbesondere Kinder aus Nichtakademikerfamilien hatten somit erstmals im großen Stil die Möglichkeit

---

[393] Vgl. Morsey, Bundesrepublik Deutschland bis 1969, S. 104-114; Andreas Rödder, Die Bundesrepublik Deutschland 1969-1990 (Oldenbourg Grundriss der Geschichte, Bd. 19a). München 2004, S. 22-30 und 43-47.

[394] Vgl. Deutscher Bundestag, Drucksache 19/275, Unterrichtung durch die Bundesregierung. Einundzwanzigster Bericht nach § 35 des Bundesausbildungsförderungsgesetzes zur Überprüfung der Bedarfssätze, Freibeträge sowie Vomhundertsätze und Höchstbeträge nach § 21 Absatz 2. Berlin 2017, S. 57-59. Auch vor dem BAföG gab es bereits Finanzierungsmodelle, diese waren aber nur an aktive Studierende gerichtet und erforderten entsprechende Studienleistungen, unter anderem das sogenannte Honnefer Modell.

[395] Vgl. Deutsches Studentenwerk (Hg.), Geschichte und Statistik zum BAföG, online verfügbar: https://www.studentenwerke.de/de/content/geschichte-und-statistik-zum-baf%C3%B6g, abgerufen am 24.07.2020.

[396] Vgl. Deutscher Bundestag, Drucksache 18/10012, Antrag der Abgeordneten Nicole Gohlke, Sigrid Hupach, Dr. Rosemarie Hein, Ralph Lenkert, Cornelia Möhring, Norbert Müller (Potsdam), Harald Petzold (Havelland), Dr. Petra Sitte, Katrin Werner, Jörn Wunderlich und der Fraktion DIE LINKE. BAföG an die Lebenswirklichkeit anpassen – Keine weiteren Nullrunden für die Studierenden. Berlin 2016, S. 1f.

ihren eigenen Neigungen und Begabungen folgend ein Hochschulstudium zu beginnen. Dem BAföG kommt somit im Konzept der Wissensdynamiken eine Schlüsselrolle zu, es ermöglichte neuen Gruppen die Partizipation an höherer Bildung. Der Zugang wurde unabhängig von der sozialen Schicht somit ebenfalls ein Meilenstein für den deutschen Staat.

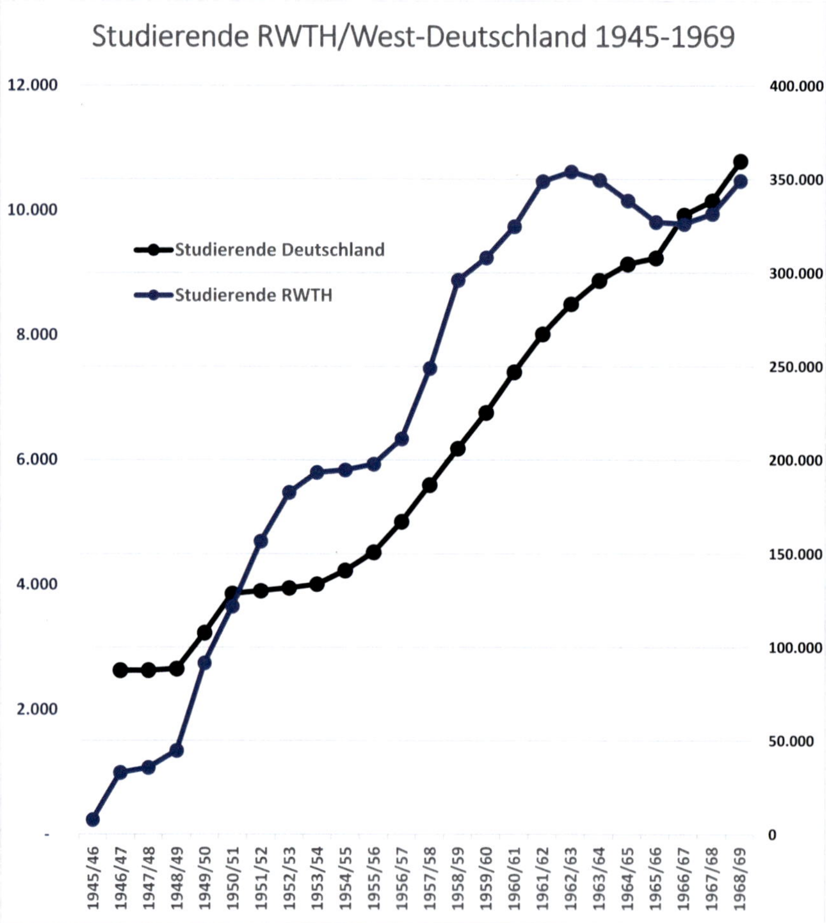

Abbildung 19: *Studierende an der RWTH/West-Deutschland 1945-1969; Datenbasis: Klinkenberg, Hochschularchiv RWTH, Statistisches Bundesamt; eigene Darstellung.*

Während sowohl die RWTH als auch der nationale Trend einen klaren Anstieg der Studierendenzahlen abbilden, unterscheiden sich die Entwicklungsphasen in dem Nachkriegszeitfenster bis 1969 doch deutlich stärker als zuvor. Auf nationaler Ebene lässt sich bereits vom Studienjahr 1948/49 bis 1950/51 ein Anstieg um fast 50% erkennen, gefolgt von einigen Jahren mit geringerem Anstieg. Von 1955/56 an findet mit einer fast konstanten jährlichen Steigerung von 10% eine Verdopplung der Studierendenzahlen auf 304.869 bis 1964/65 statt. Allgemein betrachtet lässt sich somit ein robustes Wachstum ohne größere Schwankungen nach unten oder Ausschläge nach oben feststellen. Die deutsche Hochschullandschaft entwickelt sich positiv und die Bevölkerung fragt diese Bildungsangebote verstärkt nach.

Deutlich stärker wirken die Anstiege der Studierendenzahlen an der Aachener Hochschule. Bereits vom Studienjahr 1948/49 zum darauffolgenden verdoppelt sich die Studierendenzahl an der RWTH. Zum nächsten Studienjahr sinkt zwar die Wachstumsgeschwindigkeit, ist aber mit etwa 33% immer noch auf einem sehr hohen Niveau. Während zu diesem Zeitpunkt im Studienjahr 1950/51 in Westdeutschland eine eher langsame Wachstumsphase herrscht, setzt die RWTH ihr starkes Wachstum fort und tritt erst zum Studienjahr 1953/54 in eine verlangsamte Wachstumsphase über, die sich allerdings schon zwei Jahre später wieder beschleunigt.

Wenn auch nicht ganz so konstant und gleichmäßig wie der Verlauf der Studierendenzahlen in Deutschland, so setzt sich auch hier der Anstieg fort, allerdings nur bis1962/63. Eine weitere Verdopplung der Studierendzahlen wird zwar nicht erreicht, aber ein Anstieg um knapp 80%. Zu diesem Zeitpunkt ist die Grenze von 10.000 Studierenden zum zweiten Mal in Folge erreicht, stellt aber auch einen entscheidenden Wendepunkt dar und damit auch den größten Unterschied zur gesamtdeutschen Entwicklung für diesen Zeitraum. Für ein Zeitfenster von vier Jahren sind die Studierendenzahlen der RWTH rückläufig, im Gesamten verliert sie fast 9% an Studierenden bis zum Studienjahr 1966/67. Es handelt sich dabei aber noch nicht um einen längerfristigen Trend, denn bereits innerhalb von 2 Jahren nähert sie sich ihrem Höchstwert erneut an und liegt damit im Studienjahr 1968/69 mit 10.475 Studierenden nur knapp 1% unter der Studierendzahl von 1962/63. Damit ist zu diesem Zeitpunkt jeder fünfunddreißigste Studierende in Westdeutschland an der Aachener Hochschule immatrikuliert.

Entscheidend ist aber, dass dieser Einbruch im Gegensatz zum gesamtdeutschen Verlauf der Studierendzahl steht. Rein quantitativ betrachtet könnte es einfach nur eine übliche Schwankung, eine statistische Ungenauigkeit ohne größere Bedeutung sein. Immerhin erholt sich die Studierendenzahl zügig. Zwei eindeutige Gründe sprechen jedoch deutlich dagegen, beide lassen sich über die qualitative Ebene erfassen und sind eng miteinander verwoben. Es sind der sozioökonomische und der soziokulturelle Kontext, die hierfür herangezogen werden müssen. Die junge Bundesrepublik sah sich ihrer ersten strukturellen Krisensituation der Nachkriegszeit gegenüber.[397]

Die Montanindustrie, Zugpferd der deutschen Wirtschaft, erlebte Anfang der 1960er Jahre ihren ersten Einbruch seit dem Wirtschaftsboom der 1950er Jahre. Allgemein auch als Kohlekrise bezeichnet, die zugleich den langen Abstieg des Steinkohlenbergbaus in Deutschland einleitete, verursacht durch eine weltweit erhöhte Kohlenförderung kombiniert mit günstigen Preisen von neuen Markteinsteigern in diesem Segment wie z.B. Australien und China.[398] Gleichzeitig gelang es den neuen Konkurrenten, die Qualität ihrer Erzeugnisse bei niedrigem Preis zu steigern und somit noch wettbewerbsfähiger zu werden. Ebenso als Teil der Montanindustrie geriet die Stahl- und Roheisenproduktion im Verlauf der 1960er Jahre aus ähnlichen Gründen in eine Krisenlage. Neben dem direkten Einfluss auf die

---

[397] Vgl. Abelshauser, Deutsche Wirtschaftsgeschichte, S. 363-370.
[398] Vgl. Ebd., S. 202-208.

Montanwissenschaften wirkte es sich indirekt auf die Nachfrage dieses Industriesektors nach Maschinen und Bauvorhaben (Hoch- und Tiefbau) aus. Dies beeinflusste dadurch die Studienbereiche Maschinenbau, Bauingenieurswesen und Vermessungstechnik. Gleichzeitig drängte auch mit Erdöl ein weiterer günstig und leichter zu fördernder Energieträger stärker in die von der Steinkohle besetzten Wirtschaftsbereiche.[399]

Genau hier liegen auch die Verknüpfungen zur zweiten Ursache neben den gesamtwirtschaftlichen für die Schwankung. Die Ausrichtung als Technische Hochschule, die ohnehin einen Fokus auf den Ingenieurswissenschaften hat, besaß einen weiteren Schwerpunkt in den Montanwissenschaften. Somit traf die Krisensituation die RWTH doppelt, dennoch kam es nicht zu gravierenden Störungen. Ein Blick in die exakte Verteilung der Studierenden nach Fachbereichen in der Tabelle in Abbildung 20 gibt Aufschlüsse über die tatsächlichen Einbrüche, und wie diese wieder aufgefangen wurden.

In der Gesamtstatistik hatte die Aachener Hochschule knapp 836 Studierende von 1962/63 nach 1966/67 eingebüßt. Schaut man dabei nur die absoluten Werte an, sieht man, dass allein der Bereich Maschinenbau um 879 Studierende geschrumpft war. Ein bereits höherer Wert als der Gesamtrückgang. Nimmt man noch die Rückgänge von Bauingenieurwesen/Vermessungswesen, Elektrotechnik, Bergbau und Hüttenwesen hinzu, lag der dadurch verursacht Rückgang über 200% des Gesamtrückgangs der Hochschule. Diese Fachbereiche, in Kombination mit Maschinenbau, stellten im Studienjahr 1962/63 noch 79% aller Studierenden. Aus der Tabelle in Abbildung 20 lässt sich schnell erkennen, dass die Verluste primär in den Ingenieurs- und Montanwissenschaften auftraten, einzelne Bereiche verloren fast 50% ihrer Studierenden.

---

399 Vgl. Daniel Yergin, Der Preis. Die Jagd nach Öl, Geld und Macht. Frankfurt am Main 1991, S. 661-672; Abelshauser, Deutsche Wirtschaftsgeschichte, S. 202-208.

	1962/63	1966/67	1968/69
Mathematatik, Physik	494	592	779
Chemie, Biologie, Pharmazie	584	588	645
Höheres Lehramt naturwissenschaftlicher Richtung und Realschullehramt	179	261	471
Architektur	594	676	700
Bauingenieurwesen, Vermessungswesen	1354	1186	1053
Maschinenbau	3108	2229	2051
Bergbau	417	224	185
Hüttenwesen	973	587	464
Elektrotechnik	2508	2349	2312
Philosophisch-Historische Wissenschaften	123	112	198
Wirtschaftswissenschaften		377	412
Höheres Lehramt geisteswissenschaftlicher Richtung und Realschullehramt		157	598
Gewerbelehramt	287	447	503
Medizin			104

Abbildung 20: *Entwicklung der Studienrichtungen 1962/63, 1966/67 und 1968/69; Datenbasis Klinkenberg; eigene Darstellung.*

Den Ausgleich, oder genauer gesagt eine Verhinderung eines noch stärkeren Einbruchs und auch Antriebskraft zur Wende hin zurück zu alter Stärke, ermöglichten klassische Universitätsfächer. Bereiche, welche die RWTH bereits früh im Fächerkanon etablierte oder diese im Zuge der 1960er Reformen weiter ausbaute und verstärkt mit eigenen Abschlüssen versah. Als Ergebnis dieser Wende und der Stärkung klassisch naturwissenschaftlicher, geistes- und auch sozialwissenschaftlicher Abschlüsse stiegen die Studierendenzahlen im gesamten wieder an. Allerdings verschoben sich auch die Anteile deutlich. Im Studienjahr 1968/69, nach Bewältigung des Studierendenrückgangs, machte die oben angesprochene Ingenieursgruppe nur noch 58% aller Studierenden der Aachener Hochschule aus. Mehr als 20% der Studierenden an der RWTH waren zu diesem Zeitpunkt bereits in den Lehramtsstudiengängen und den Geistes- und Sozialwissenschaften immatrikuliert.

Die Ereignisse der 1968er Revolution verstärkten noch einmal die Effekte der ohnehin noch nicht abgeschlossenen Hochschulreformen, die seit Anfang der 1960er Jahre umgesetzt wurden. Die Öffnung der Universitäten und Stärkung der Mitbestimmung studentischer Gruppierungen und die Aufhebung der klassischen Ordinarienuniversität halfen, das Elfenbeinturm-Image der Wissenschaftseinrichtungen zu zerbröckeln. Es kam auch zu einem Ansturm weiterer Gruppen an die Universitäten und Hochschulen. Bedingt durch externen politischen Druck strömten fächerübergreifend mehr Abiturienten an die Hochschulen - der Startschuss für die heutigen Massenuniversitäten. Gleichzeitig wuchs damit nicht nur ein Konkurrenzdruck innerhalb der Studierenden um Studienplätze, durch eine vermehrte Etablierung von Zulassungsbeschränkungen für Studiengänge, sondern es kam bereits ein Wettbewerb unter den Hochschulen auf. Seit Beginn der 1960er Jahre war bereits eine weitere Technische Hochschule in Dortmund in Planung.

Um sich frühzeitig stärker aufzustellen wurde bereits zu Beginn der 1960er an der Aachener Hochschule über die Einrichtung einer eigenen Philosophischen Fakultät beratschlagt.[400] Allerdings verliefen diese Diskussionen im Sand. Letztendlich ausschlaggebend waren externe Einflüsse aus der Landesregierung, die zur Einrichtung einer Philosophischen Fakultät im April 1965 führten.[401] Damit einher gingen auch etliche neue Lehrstühle, die dann weitere Studienprogramme ermöglichten. Im Vergleich dazu war die Umsetzung der Gründung einer medizinischen Fakultät intern schon zu Beginn der 1960er Jahre mit einer Mehrheit vertreten und befürwortet worden. Nach Verhandlungen mit dem Land NRW und der Stadt Aachen konnte ein Konzept entwickelt werden, bei dem die Städtischen Kliniken samt Personal übernommen und zur Fakultät umgewandelt wurden. Am 18. Juni 1966 wurde die neue Medizinische Fakultät samt zugehörigem Klinikum eröffnet und im Studienjahr 1967/68 begannen die ersten 31 Studierenden ihr Medizinstudium in Aachen.[402] Mit der TU Dortmund wurde in Nähe zu Aachen, direkt an einem Bevölkerungshotspot im Umfeld zum Ruhrgebiet, dann final eine Konkurrenzeinrichtung im Dezember 1968 eröffnet. Dennoch stellte sich die befürchtete Bedrohung und Konkurrenz zwischen den beiden technikwissenschaftlich orientierten Einrichtungen als irrelevant für die jeweiligen Entwicklungen heraus. Keine der beiden Hochschulen war durch die bloße Existenz der anderen bedroht. Im Kontext der steigenden Studierendenzahlen entwickelten die dadurch größeren Kapazitäten und erweiterten Spezialisierungsmöglichkeiten sich eher zu einem Standortvorteil für das Land Nordrhein-Westfalen, das ohnehin das bevölkerungsreichste Bundesland darstellt.

---

[400] Vgl. Paul Thomes, Robert Peters, Tobias Dewes: Wirtschaft.Wissen.Schaffen. 30 Jahre Fakultät für Wirtschaftswissenschaften: 1986-2016, Aachen 2016, S. 70-72.
[401] Vgl. Ricking, Materie, S. 202.
[402] Vgl. Ebd., S. 198-202.

Die Kontroverse um das Aufbrechen alter Strukturen zeigte sich auch im Vorfeld für das hundertjährige Bestehen im Jahr 1970. Im Diskurs zwischen Hochschulleitung und dem für die Publikation beauftragten Historiker bestand Diskussionsbedarf über die Arbeitsweise. Klinkenberg, der das Publikationsprojekt mit dem klaren Ziel einer wissenschaftlichen Arbeit über die RWTH und ihr hundertjähriges Bestehen erhalten hatte, wetterte gegen seinen Auftraggeber. Unter anderem wandte er sich diesbezüglich auch mehrfach an den Rektor und beschwerte sich über die Einmischungen in die Anfertigung seiner wissenschaftlichen Arbeit durch diverse Hochschulmitglieder. Am deutlichsten wird die Position Klinkenbergs in einem Brief an den Rektor, in dem er das Verhalten des Senats kritisiert und generell moniert:

> „Die Hochschule hat nicht einer Werbe-Firma, sondern einem Historiker den Auftrag erteilt, eine Festschrift herzustellen. Wäre die Festschrift eine Werbeschrift, so könnte der Senat über sie verhandeln. Da sie aber [...] eine historische Arbeit ist, hat der Senat hinsichtlich ihres Inhaltes ebenso wenig über sie zu befinden wie über eine chemische Analyse.“ [403]

Ausgangspunkt waren Unstimmigkeiten über eine Personenzentrierung, die Auslassung bestimmter Themen sowie das Einfügen und Ausschmücken anderer Inhalte. Mit seinem Konzept, die Universität selbst in den Mittelpunkt zu stellen und nicht die traditionellen organisatorischen Abläufe oder die altehrwürdigen Ordinarien der Hochschule, folgte er ganz dem Geist der 1968er Bewegung. Da passte es gut, dass zuvor am 1. Januar 1969 die neue TH-Verfassung in Kraft getreten war, die die Forderungen der Studentenbewegung nach mehr Mitbestimmung umsetzte, gleichzeitig die Organisationsstruktur der RWTH demokratisierte

---

[403] Hochschularchiv Aachen, N0316, H.M. Klinkenberg an H. Schwerte v. 15.12.1970; Vgl. Rüdiger Haude, Dynamiken des Beharrens. Die Geschichte der Selbstverwaltung der RWTH Aachen seit 1945, Aachen 1993, S. 101–107.

und somit die alte Ordinarienverfassung mit strengen Hierarchiestrukturen obsolet werden ließ.[404] Im Nachgang, nachdem die wahre Identität des damaligen Rektors 1995 enthüllt wurde, erscheint es auch nicht abwegig, dass dieser erfreut über den institutionengeschichtlichen Ansatz war. Bestand doch bei einem personenbezogenen Ansatz auch die Gefahr, dass dadurch weitere Nachforschungen Wissen über seine NS-Vergangenheit ans Licht befördert hätten. In wie weit dieser sich auch vor seinem Antritt als Rektor 1970 aktiv an der Entscheidung über die Art der Festschrift beteiligt hat, ist unklar. Fakt ist, er hat von dem institutionengeschichtlichen Ansatz profitiert.

Im Vergleich zum vorherigen Zeitfenster in Abbildung 19, bevor die Hürden für das Studium durch Maßnahmen wie BAföG und andere Hochschulreformen gelockert wurden, verlaufen die beiden Graphen der Studierendenentwicklung von der RWTH und Deutschland in Abbildung 21 deutlich identischer. Zwar verläuft in beiden Fällen der Graph mit einer positiven Tendenz, jedoch im Zeitraum der 1970er und 1980er mit einem annähernd parallelen Verlauf. Der einzige wirklich merkliche Unterschied besteht hin zu den 1980er Jahren, als die RWTH vom Studienjahr 1979/80 zum nachfolgenden einen Anstieg von 18% verzeichnet, danach aber direkt wieder in das ursprüngliche Wachstumsniveau zurückgekehrt, welches sich im Trend von der gesamtdeutschen Entwicklung der Studierendenzahlen nicht unterscheidet.

---

[404] Vgl. Ricking, Materie, S. 202-204.

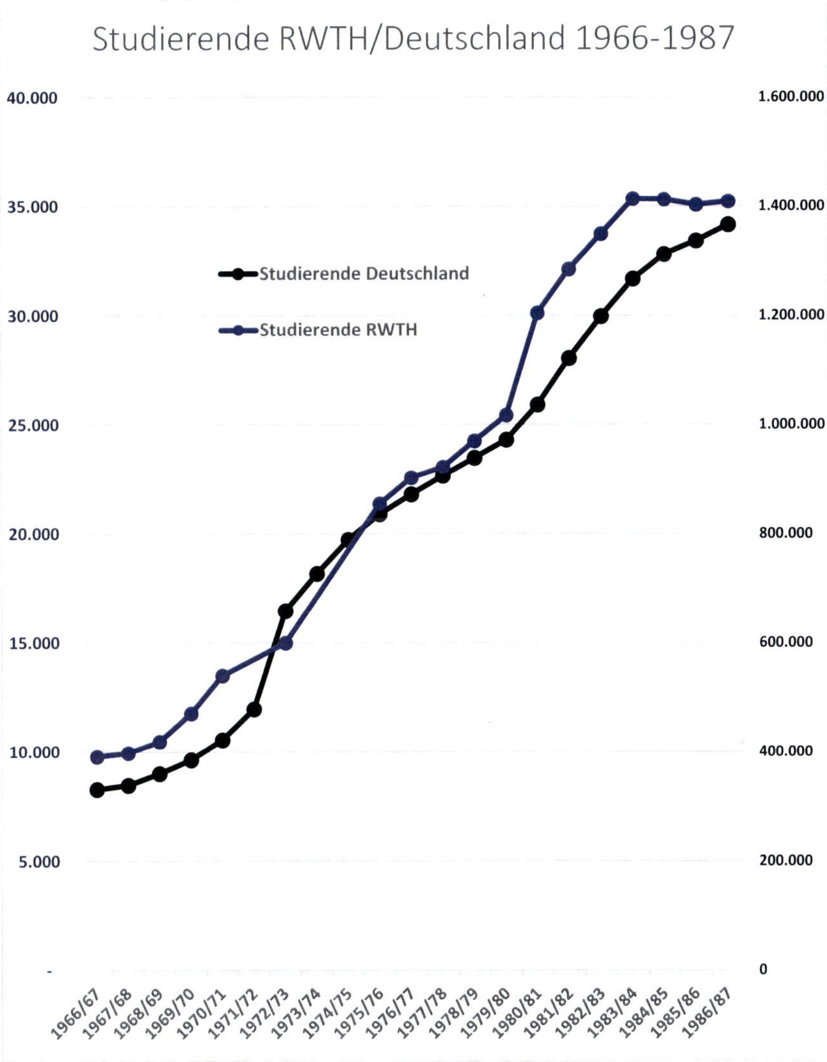

Abbildung 21: *Studierende an der RWTH 1966-1987; Datenbasis: Klinkenberg, Hochschularchiv RWTH, Statistisches Bundesamt; eigene Darstellung.*[405]

[405] In Folge der Hochschulreformen und der Verabschiedung der Fachhochschulgesetzte sind ab ca. 1969 auch Studierende an Fachhochschulen in den Daten enthalten.

Die Phase vom Neustart der Hochschule und kurz danach bis in die 1980er ist zwar wirtschaftlich auch von Krisendynamiken beeinflusst, doch die Expansion der Hochschulen wird davon nicht aufgehalten. Die krisenbedingten Wirkungen zeigen sich gesamtwirtschaftlich sowohl in den 1960er als auch 1970er Jahren und sind zudem eng verflochten mit dem wirtschaftlichen Strukturwandel.[406] Namentlich für die 1970er Jahre ist die Ölpreiskrise mit ihren beiden Ölpreisschocks 1973/74 und 1979/80 zu nennen. Nach Jahrzehnten billiger Rohölpreise und ausbleibendem Inflationsausgleich für Öl wurde 1973 der Ölpreis nicht nur nach oben korrigiert, sondern im Zuge des Jom-Kippur Kriegs auch Öl erstmalig als politische Wirtschaftswaffe genutzt. Die OAPEC Förderländer hatten weitere drastische Preiserhöhungen und Drosselungen der Fördermenge vorgenommen. Ziel war es Druck auf die gegnerischen, vor allem westlichen Unterstützer der Kriegspartei Israel auszuüben.[407]

Allerdings haben die dadurch induzierten Effekte nur geringe negative Auswirkung auf die Hochschule, positive Effekte sind dadurch ebenfalls nur minimal entstanden. Ein Paradebeispiel für positive Auswirkungen sind die enge Kooperation zwischen IHK und RWTH seit Mitte der 1970er Jahre.[408] Im Zuge der strukturellen Probleme der Industrie, auch abseits der Ölkrise, bemühte sich die IHK stark darum Partner zu finden, um die Wirtschaftsregion Aachen zu stärken. Ziel der Kooperation war vor allem die Gründung von neuen Unternehmen, hier speziell Ausgründungen aus der Hochschule selbst, kurzum Spin-Offs und Start-Ups.[409] Ferner sind es stärker die soziokulturellen Veränderungen, die eine Hochschulentwicklung in dieser Phase tiefgreifend beeinflussen. Das bedeutet jedoch

---

406 Vgl. Rödder, 1969-1990, S .52-74.
407 Vgl. Fiona Venn, The Oil Crisis, London 2002, S. 7-20 und 65-83; Yergin, Preis, S. 708-744.
408 Vgl. Paul Thomes, Tobias Dewes, Gründung und Entwicklung, online verfügbar: https://www.rwth-aachen.de/cms/root/Die-RWTH/Aktuell/Hochschuljubilaeum/~cjxtk/Gruendung-und-Entwicklung/, abgerufen am 05.09.2020.
409 Vgl. Paul Thomes, 1804-2004. 200 Jahre mitten in Europa. Die Geschichte der Industrie- und Handelskammer Aachen. Aachen 2004. S. 350ff.

nicht, dass sozioökonomische Effekte und der Wandel der Wirtschaftsstrukturen im Spiegel der Hochschulentwicklung komplett verblassen. Im Gegenteil, diese Entwicklungen haben einen starken Einfluss auf die soziokulturelle Ebene, wodurch zumindest eine indirekte Beeinflussung des Tertiärbereichs des Bildungssystems erfolgt.

Da neben der Gründerkrise, der Großen Depression, die Weltwirtschaftskrise, die Stahlkrise und auch die Ölpreiskrise in den 1970er Jahren keine direkten tiefgreifenden negativen Auswirkungen auf die Entwicklung der Hochschulen, respektive der Studierendenzahlen hatten, erscheint eine Verknüpfung von Wirtschaftskrisen und einem Rückgang von Investitionen in Unternehmen oder generell in die Wirtschaft, nicht mit der Investition in Wissen in Form von Inanspruchnahme von Bildungsangeboten im Tertiärbereich zu korrelieren.[410] Untermauert wird dies dadurch, dass dies ebenfalls für spätere globale Wirtschaftskrisen wie die letzte Weltfinanzkrise von 2007 oder die Eurokrise von 2009 gilt. Diese waren ebenfalls nicht in der Lage, die Studierendenzahlen und den Hochschulbetrieb nachhaltig zu beeinflussen. Die Einflüsse solcher Krisen auf den Bereich Wissen im Hochschulsektor lassen sich dabei signifikant in einer Verschiebung von Forschungstrends oder Lehrinhalten erkennen, thematische Verknüpfungen oder Lösungsstrategien zu der aktuellen Krise oder Vergleiche in historischen Dimensionen und der Bewältigung von ähnlichen Krisenphänomen. Die These, dass die Investitionsquote in Wissen, in Form von Inanspruchnahme von Bildungsangeboten, unabhängig von Investitionsquoten in die Wirtschaft während Krisenszenarien ist, wird somit durch das allgemeine Datenmaterial zur deutschen Hochschullage gestützt. Die Fallstudie zur RWTH bestätigt die These zusätzlich durch ein konkretes Einzelbeispiel einer Hochschule. Weder Studienangebot noch

[410] Vgl. Abbildung 21 Entwicklung der Studierendenzahlen.

Nachfrage werden direkt durch einen Rückgang von Investitionsquoten in einer Krise unmittelbar beeinflusst.

Konkret zeigt sich dies zum Beispiel daran, dass der erste Einbruch der Studierendenzahlen, krisenbedingt in den Ingenieurswissenschaften verortet, durch die anderen Fachbereiche absorbiert und ausgeglichen wird. Die Strukturen der RWTH waren zu diesem Zeitpunkt schon soweit verändert, weg von einer puristisch ingenieursfokussierten Orientierung mit Ergänzung durch weitere Wissenschaften, dass vor allem die Geistes- und Sozialwissenschaften ihr Dasein als Beiwerk abgelegt hatten und eigenständige Fachbereiche mit individuellem Studienangebot besaßen. Die Existenz der 1965 gegründeten Philosophischen Fakultät, mit einer Abteilung für Wirtschaftswissenschaften, war eine notwendige Vorraussetzung dafür. Dennoch galt es dabei den Spagat zwischen den Disziplinen zu meistern, um eine Verknüpfung der Themenbereiche zu erzielen. Ein Charakteristikum, welches heute mehr denn je gefordert ist. Multidimensionale Probleme, wie zum Beispiel der Klimawandel, erfordern auch einen entsprechenden interdisziplinären Lösungsansatz.

Technikfolgenabschätzung oder Annahme und die Umsetzung von Prozessen erfordern aktuell verstärkt Wissen aus unterschiedlichen Subdisziplinen.[411] Eine Technische Hochschule mit starken Geistes- und Sozialwissenschaften kann bei richtiger Kombination dieser Schwerpunkte solch einen Lösungsansatz stemmen. Notwendig dafür sind aber entsprechende organisationale Strukturen, die fakultätsübergreifende Kooperationen und den dazugehörigen Wissensaustausch fördern. Voraussetzung dafür ist ein Austausch auf allen universitären Ebenen und ein transparentes Arbeiten auf Augenhöhe zwischen allen Beteiligten.

[411] Vgl. Armin Grunwald, The Hermeneutic Side of Responsible Research and Innovation. London 2016, S. 169-188.

7.5 Erste Digitalisierung und weitere Formalisierung der Bildung

Ein struktureller Wandel der Wirtschaft umfasst alle Lebensbereiche, auch den der Bildung. Wie tiefgreifend die Effekte sind, und ob es sich um eine aktive oder passive Beeinflussung handelt, hängt von dem bereits bestehenden Niveau der Bildungsangebote ab. Ebenfalls relevant ist die Verzahnung des betroffenen Wirtschaftsbereichs und der Bildungseinrichtung. Die Industrialisierung hatte enorme Einflüsse auf das Schulwesen, angefangen von der Elementarbildung über die Mittelschulen bis hin zur höheren Schule. Maßnahmen wie die Schulpflicht und der Ausbau der Schulkapazitäten waren dabei die prominentesten Beispiele, ein Ergebnis dieses Prozesses stellte die Konstruktion des Volksschulsystems dar.[412] Der Wandel vom Agrar- zum Industriestaat stellte den Grundpfeiler eines Wandels und den Beginn einer Formalisierung und Standardisierung des Bildungswesens in Deutschland dar. Weitere intersektorale Verschiebungen innerhalb des sekundären Sektors führten nicht nur zu Anpassungen in einzelnen Industriezweigen, sondern beeinflussten auch den Bildungsbetrieb im Sekundar- und Tertiärbereich. Veränderungen im betrieblichen Ausbildungsbereich gingen einher mit Aktualisierungen von alten und Aufbau von komplett neuen Studiengängen als grundlegende Reaktionen der Hochschulen.

Während die ersten 75 Jahre der RWTH diesbezüglich allein unter dem Einfluss des industriellen Wandels standen, Verschiebungen im sekundären Sektor und vom sekundären zum tertiären Sektor, änderte sich dies gegen Ende der 1950er Jahre. Mit dem Einzug erster Rechenmaschinen, Vorläufern der heutigen Computertechnologie, begann zusätzlich der digitale Wandel. Wenn auch die Einflüsse in den ersten Jahrzehnten noch verhältnismäßig gering waren, stieg die Bedeutung seit den 2000er Jahren exponentiell an. Ein struktureller Umbruch innerhalb des

---

[412] Vgl. ~~Vgl.~~ Dewes/Fissabre, Musterschüler.

Dienstleistungssektors aber auch innerhalb der Industrie. Gleichzeitig löste der digitale Wandel, zumindest auf Hochschulebene, den industriellen Wandel in seiner Bedeutung bereits Ende der 1980er Jahren ab.

Die ersten Jahrzehnte prägten der Aufbau und die Errichtung von IT-Strukturen und zugehörigen digitalen Prozessen. Die Entstehung des Rechenzentrums und das dazugehörige Dienstleistungsangebot dominieren dabei auf struktureller Ebene, erst später schaffen der Bibliotheksbereich und auch die universitäre Lehre vermehrt eigene digitale Strukturen und Angebote. Den Start der Digitalisierung initiierte in den 1950er Jahren der Fachbereich Mathematik. Nach etlichen Verhandlungsrunden wurde im März 1958 die erste Rechenmaschine an die RWTH geliefert und in Betrieb genommen. Es handelte sich dabei um eine Z22, der erste serienmäßig hergestellte Röhrenrechner der Zuse KG, benannt nach dem Computerpionier und Firmengründer Konrad Zuse. Die ersten beiden Exemplare dieser Maschine lieferte das Unternehmen an die TU Berlin und die RWTH.[413]

Da bereits innerhalb kürzester Zeit auch das Interesse und die Nachfrage anderer Lehrstühle des Fachbereichs nach Nutzung der Rechenmaschine entstand, gründete man daraufhin das Rechenzentrum als eigene Abteilung. Namentlich federführend war der Inhaber der Professur Mathematik C, Prof. Huber Cremer, der nicht nur die ursprüngliche Idee hatte, sondern auch zugleich die Leitung über das im Zuge der Anschaffung entstehende Rechenzentrum übernahm. Aus heutiger Perspektive und dem universellen Einsatz von Computertechnologien mag dies als logische Entscheidung wirken. Damals barg es aber auf Grund der hohen Kosten, des Platzbedarfes, der Komplexität des Systems und noch geringen Einsatzmöglichkeiten ein enormes Risiko, auf diese neue Technologie zu setzen. Dank

---

413 Vgl. Marcel Oeben, Vor 50 Jahren: Zuse kommt nach Aachen, online verfügbar: http://www.archiv.rwth-aachen.de/digitale-angebote/, abgerufen am 05.09.2020.

der Weitsicht der beteiligten Parteien und ersten Erfolgen insbesondere bzgl. der Nachfrage zur Nutzung der Rechenmaschine gelang der Start problemlos.[414]

Bereits im Folgejahr der Erstanschaffung einer Rechenmaschine wurde die RWTH mit einer durch die DFG organisierten Leihgabe mit einer weiteren Maschine, einer Siemens 2002, ausgestattet. Diese war um das 66-fache leistungsfähiger als die Z22 und stellte zudem den ersten volltransistorisierten Universalrechner dar. Aufgrund des großen Platzbedarfes ging die Suche nach einem eigenen Gebäude für das Rechenzentrum los und es wurde dementsprechend ein Neubau, direkt auf die Bedürfnisse des Rechenzentrums ausgelegt, ab 1963 errichtet. Das Rechenzentrum und die Rechenmaschinen sollten zugleich der gesamten Hochschule zur Verfügung stehen. Die Überlegungen und Planungen gingen auf, zur Fertigstellung des neuen Gebäudes erhielt die RWTH einen weiteren Großrechner, einen CDC 6400, der zudem über ein Fernanschlusssystem verfügte. Dadurch ließ sich auch der Zugriff hochschulweit standortunabhängiger realisieren.[415] Zugleich war dies der erste in Deutschland installierte Großrechner und der zweite dieses Typs in Europa.

Schritt für Schritt folgte der weitere Ausbau der Rechenkapazitäten und die Vernetzung über Fernanschlüsse. Hervorzuheben sind die Einführung von Bildschirmterminals in den 1970er Jahren sowie der damit aufkommende verstärkte Einsatz von Rechenmaschinen im Verwaltungsbereich. Dies geschah im Kontext der elektronischen Auslesung von Lochkarten. Damit war die Diffusion der Computertechnologie innerhalb der RWTH gestartet. Konsequenterweise entstand gleichzeitig ein Lehrbereich für die Informatik und zum Sommersemester 1972 begann der erste Jahrgang des Informatikstudiums. Nach langem Beraten und Konzipieren der Ausrichtung des Studiengangs entschied man sich letztlich gegen

---

[414] Vgl. IT Center der RWTH Aachen, Chronik 1958 bis 2018 des heutigen IT Centers der RWTH Aachen. Aachen 2018, S. 5-8.
[415] Vgl. Ebd., S. 10-12.

einen Anschluss an die Fakultät für Elektrotechnik und für den Anschluss an die mathematisch naturwissenschaftliche Fakultät, anfangs als Teil des Fachbereichs der Mathematik.[416] Den entscheidenden Meilenstein zur universitätsweiten Vernetzung und Verbreitung der Computertechnologie stellen die 1980er Jahre dar. Die Einrichtung von CIP Pools ermöglichten ab 1985 den Studierenden ebenfalls Zugriff auf Computer auch außerhalb von Lehrveranstaltungen, zeitgleich fällt auch der erste Versand von E-Mails innerhalb der RWTH. Von da an war es nur noch ein kleiner Schritt mit jedoch großer Wirkung.

Während die ersten Jahrzehnte primär durch den digitalen Infrastrukturaufbau und -ausbau geprägt waren, gewann ab Ende der 1990er Jahre vor allem der Dienstleistungsbereich an Bedeutung. Ab 1989 war nicht nur die Internetdomain rwth-aachen.de verfügbar, sondern alle Studierenden erhielten mit Immatrikulation eine eigene E-Mail-Adresse.[417] Symbolisch stellt dies zugleich den Beginn des Internetzeitalters für die Studierenden an der RWTH dar. Wohlgemerkt zu einem Zeitpunkt, zu dem die Digitalisierung in Form von Heimcomputern und privaten Internetanschlüssen noch nicht in der Gesellschaft angekommen war. Gleichzeitig war der Beginn der 1990er Jahre auch der Start der digitalen und elektronisch verwalteten Text- und Bürokommunikation an der RWTH.

Ebenso wie die Technik selbst entwickelten sich auch die Anwendungsmöglichkeiten in rasantem Tempo weiter. 1998 folgten erste Schritte in Richtung Virtuelle Realität, die dann zur Jahrtausendwende mit dem Virtual Reality Center Aachen einen weiteren Höhepunkt erreichen.[418] Im selben Zeitfenster ersetzt die RWTH

---

[416] Vgl. RWTH Aachen, 40 Jahre Studiengang Informatik – Erfolgsgeschichte mit Zukunft, Aachen 2012, online verfügbar: https://www.informatik.rwth-aachen.de/cms/Informatik/Fachgruppe/Profil/~mjix/40-Jahre-Informatik/, abgerufen am 05.09.2020; René Maubach, Programmierer, Tüftler, Branchenführer. Zwischen Industrie und Hochtechnologie: Die Geschichte der IT-Branche in der Wirtschaftsregion Aachen. Aachen 2007, S. 32-40.
[417] Vgl. IT Center, Chronik, S. 16-19.
[418] Vgl. RWTH Aachen, Virtual Reality Center Aachen (VRCA), online verfügbar: http://www.vrca.rwth-aachen.de/, abgerufen am 05.09.2020; Virtual Reality and Immersive Visualization, online verfügbar: https://www.vr.rwth-aachen.de/, abgerufen am 05.09.2020.

flächendeckend die alten Kupferkabelnetze durch Glasfasernetze, um alle Hochschulbereiche zukunftssicher zu verbinden. Ein weiterer Höhepunkt ist die Einrichtung eines campusweiten WLAN-Netzes für mobile Endgeräte. Nachdem erste Heimanbindungen für Homeoffice-Arbeitsplätze mit entsprechender Datenzugriff auf das RWTH-Netz von außen bereits 2001 erprobt wurden, konnte 2003 durch Einbindung einer Virtual Private Network Software eine flächendeckende Lösung für gesicherte Datenübertragungen eingeführt werden.[419] Hinsichtlich der nationalen Sichtbarkeit und Vernetzung war 2007 der Anschluss an die seit 2003 bestehende eduroam Initiative ein weiter Meilenstein. Die Angehörigen der teilnehmenden Einrichtungen können an allen eduroam Standorten WLAN und Internetzugriff wie an ihrer Heiminstitution mit ihren eigenen Zugangsdaten nutzen. Dies gilt nicht nur im Heimatland sondern international, aktuell gibt es Partner in über 106 Ländern, auf alle Kontinente verteilt.[420]

Im Angesicht steigender Nutzerzahlen und veränderter Nutzungsgewohnheiten veränderten sich auch die Aufgabenbereiche des Rechenzentrums. Daher lag eine Restrukturierung und vor allem Neuausrichtung auf die steigenden Dienstleistungsbedürfnisse nahe. Neben Support, Angebot und Vertrieb von internen Hardware- sowie Softwarelösungen kamen verstärkt Angebote für den Lehr- und Lernbetrieb hinzu. Im Jahr 2014 stellt sich das Rechenzentrum final unter dem Namen IT Center neu auf, um insbesondere auch den veränderten Strukturen der Hochschule gerecht zu werden.[421] Im Speziellen zu nennen sind hier Aufgaben im Bereich des Forschungsdatenmanagements, Serverkapazitäten für digitale Angebote der Einrichtungen insbesondere auch der Bibliothek, ein eigenes Qualitätssicherungsmanagement inklusive der Etablierung eines eigenen Wissensmanagements

---

[419] Vgl. IT Center, Chronik, S. 28-30.
[420] Vgl. Deutsches Forschungsnetz, eduroam, online verfügbar: https://www.dfn.de/dienstleistungen/eduroam/, abgerufen am 05.09.2020; eduroam, online verfügbar: https://www.eduroam.org/where/, abgerufen am 05.09.2020.
[421] Vgl. IT Center, Chronik, S. 45-47.

mit angeschlossenen Dokumentationsportal sowie Hard- und Softwarestrukturen für die digitalisierte Lehre und das sogenannten Student-Lifecycle-Management.

Im Zuge der Digitalisierung wurden einzelne Schritte bereits erfolgreich abgeschlossen, ein großer Teil der Projekte befindet sich allerdings noch in Testphasen, viele davon wiederum aber in den finalen Phasen. Effizienzbedingt wurden mittlerweile auch ursprünglich etablierte Systeme ausgetauscht und durch noch funktionellere und auch nutzerfreundlichere Systeme ersetzt. Das aktuelle Großprojekt rückt vor allem die Studierenden in den Mittelpunkt. Gleichzeitig wird es aber auch mit Daten und Wissen der Mitarbeiter aus Verwaltung und Lehre live im aktiven Betrieb gespeist. Es handelt sich dabei um das neue Student-Lifecycle-Management. Im Kern werden hierbei mehrere alte digitale Systeme durch ein einzelnes neues System ersetzt, bzw. Alternativsysteme ausgetauscht und dann mit dem neuen System intern verknüpft. Ein tragendes Element ist dabei der Bereich Prüfungsleistungs- und Lehrveranstaltungsmanagement (PuL).[422] Dabei sollen die vorgenannten Elemente in einer integrierten Softwarelösung vereint werden, gleichzeitig sind weitere Services wie das Lernplattformmangement direkt verknüpft.

Zum Wintersemester 2018/19 wurde das alte Campusmanagementsystem, CampusOffice, durch das neue nach wie vor in Weiterentwicklung befindliche RWTHonline System vollständig abgelöst. Zuvor liefen beide Systeme übergangsweise parallel. Zeitgleich wurde auch ein Wechsel des vorher genutzten

[422] Vgl. RWTH Aachen, Dezernat 1, Student-Lifecycle-Management, online verfügbar: https://www.rwth-aachen.de/cms/root/Die-RWTH/Einrichtungen/Verwaltung/Dezernate/Akademische-und-studentische-Angelegenhe/~dtsuc/Abteilung-1-6-Student-Lifecycle-Manage/, abgerufen am 05.09.2020.

Lernplattformmangementsystem vorbereitet und durch ein auf „moodle“ basierendes System flächendeckend zum Sommersemester 2019 ersetzt.[423] Insbesondere die Aspekte von interaktiven Inhalten und Studierenden-Dozierenden Interaktion bilden im neuen System einen deutlichen Mittelpunkt. Auch die Nutzung auf mobilen Endgeräten und die Einbindung bzw. Anknüpfung an externe Module insbesondere für die Digitale Lehre ist deutlich verbessert und vereinfacht. Vereinzelt konnte das System bereits vorab von Dozierenden getestet werden, und die Studierenden konnten in ihren regulären Veranstaltungen bereits an das neue System, das sie im weiteren Studienverlauf begleitet, gewöhnen. Das dadurch gewonnene Feedback der Studierenden und Dozierenden wurde soweit möglich schon im Livebetrieb eingespeist oder im Anschluss in Form von zusätzlichen Modulen dem System hinzugefügt. Dies ermöglichte eine noch genauere zielgruppenadaptive Einstellung der Lernplattform im Vorfeld des universitätsweiten Starts.[424] Die Implementierung des Systems der Lernplattform wurde von dem Center for Innovative Learning Technologies (CiL) in enger Kooperation mit dem IT Center der RWTH umgesetzt. Im Rahmen der Umstrukturierung und Ausweitung der Tätigkeiten im Bereich Digitale Lehre ist das CiL Teil des Centers für Lehr- und Lernservices (CLS) geworden und heißt nun Lernplattformmanagement (LPM).[425]

Eine andere zentrale Einheit, die mittlerweile auch dem CLS zugeordnet ist, ist Medien für die Lehre (MfL). Hierbei handelt es sich indirekt um das Herzstück der digitalen Lehre der RWTH. Es ist die Anlaufstelle für jegliche Videoaktivitäten, egal ob Vorlesungsaufzeichnungen oder separater Videodreh im Filmstudio,

---

[423] L2P war ein auf Microsoft Sharepoint aufbauendes System zum Austausch von Dateien und digitalen Inhalten für die Lehre, zusätzlich ermöglichte es Kommunikation unter den Studierenden und Dozierenden.

[424] Der Autor war selbst Teil der Testgruppe und leitete eine der 9 Testlehrveranstaltungen im WS17/18. In der zweiten größeren Pilotphase im SS 18 und WS 18/19 hat der Autor mit 5 verschiedenen Lehrveranstaltungen an den Testphasen teilgenommen.

[425] Vgl. RWTH Aachen, CLS, online verfügbar: https://cls.rwth-aachen.de/, abgerufen am 05.09.2020.

„*Serious Games*" oder elektronische Prüfungen.[426] Seit 2015 ist MfL als eigene Einheit an der RWTH aktiv, zuvor waren die einzelnen Bereiche unterschiedlichen Fakultäten zugeordnet, was die hochschulweite Koordination erschwerte. Während die ePrüfungen an der Fakultät 10 angegliedert waren, war der Bereich der Videoproduktion mit der Fakultät 8 verflochten. An der Fakultät 8 entstehen nach wie vor die meisten Lehr- und Lernvideos. Ebenfalls wurden mit Gründung der Einheit nicht nur interdisziplinäre Strukturen geschaffen, sondern alle Bereiche zentral zusammengelegt und mit eigenen Räumlichkeiten versehen. Dadurch konnte auch das alte provisorische Aufnahmestudio durch ein professionelles Filmstudio ersetzt werden. Neben den Videos sind auch verstärkt Planspiele im Einsatz, mittlerweile werden mehr als 10 verschiedene Spiele genutzt. Diese dienen nicht nur zu Übungszwecken, sondern wurden zum Beispiel im Kurs Wirtschaft Aktuell 1 als integraler Bestandteil der Prüfung und Abschlussnote genutzt. Allein das dort eingesetzte Spiel Transaction wurde bereits von mehr als 12.000 Studierenden an der RWTH absolviert. Die Videobilanz beträgt weit mehr als 2.200 Lehr- und Lernvideos mit einer Gesamtlänge von über 560 Stunden.[427] Dabei handelt es sich jedoch nur um die explizit für Lehrveranstaltungen geplanten und produzierten Videos. Dazu kommen noch große Mengen nicht zentral erfasster Vorlesungsaufzeichnungen, die von den einzelnen Dozenten selbst erstellt wurden.

Gleichzeitig mit der Loslösung von den elektronischen Prüfungen aus einer Fakultät heraus in eine zentrale Einrichtung stieg auch die Kenntnis über diese Möglichkeit und damit die Nachfrage. Neben einzelnen Videos oder ePrüfungen werden mittlerweile auch komplette Massive Open Online Courses (MOOCs) durch MfL in Kooperation mit den Lehrpersonen erstellt. Diese Dienste sind in ihren

---

[426] Vgl. RWTH Aachen, MfL, online verfügbar: https://www.medien.rwth-aachen.de/, abgerufen am 05.09.2020.

[427] Vgl. Bericht des Rektoratsbeauftragten für BL & ETS, Prof. Heribert Nacken, Digitalisierungsstrategie der RWTH Aachen – Wo stehen wir aktuell? Aachen 2018.

Grundzügen für die einzelnen Lehrstühle ebenfalls kostenfrei. Bei einem MOOC handelt es sich um eine vollkommen online modulierte Lehrveranstaltung, die RWTH hat sich dabei dem größten Plattform Anbieter edX angeschlossen.[428] Die Zielgruppe, die diese Dienstleistungen in Anspruch nimmt, setzt sich aus den Lehrstühlen und dem Lehrpersonal zusammen, während zugleich die Studierenden die Zielgruppe für die daraus resultierenden Ergebnisse sind. Ergänzenden kommen hierbei auf edX vor allem RWTH externe Personen als Zielgruppe in Frage. Allein auf edX, unabhängig vom regulären RWTH internen Lehrangebot, gibt es 27 freie Kurse und ein eigenständiges Studienprogramm, einen sogenannten *„MicroMaster"*.[429] All diese Maßnahmen, in Kombination mit der eigens dafür bereitgestellten Infrastruktur, haben dazu beigetragen, dass die RWTH auch auf nationaler Ebene für ihre digitalisierte Lehre mit dem Genius Loci-Preis für Lehrexzellenz 2017 ausgezeichnet wurde.

Im Zuge der Bildungsinitiativen ergriffene Maßnahmen erstreckten sich an den Hochschulen nicht nur auf die Studierenden. Besonders im Kontext der stärkeren Strukturierung der Hochschulabläufe und auch der Standardisierung der Studiengänge, bei gleichzeitig zu erhaltender Vielfalt, sind vor allem organisatorische Abläufe der Mitarbeiter ein Hauptaugenmerk. Es wäre fatal im Wissensorganisationsprozess, das Personal außen vorzulassen, insbesondere als eine Bildungseinrichtung. Für diese Zielgruppe kein adäquates Bildungsangebot bereitzustellen, ist vor allem im Angesicht einer dem Wissenstransfer förderlichen Unternehmenskultur ein Eingeständnis des eigenen Versagens. Wenn das Personal keine Chance hat, sich entsprechend weiterzubilden, wirkt sich dies langfristig negativ

---

[428] Vgl. edX RWTH, online verfügbar: https://www.edx.org/school/rwthx, abgerufen am 05.09.2020.

[429] Vgl. edX RWTH, courses, online verfügbar: https://www.edx.org/school/rwthx, abgerufen am 05.09.2020.

auf das Dienstleistungsangebot aus, das gilt für Verwaltungsprozesse, Ausbildung der Studierenden und die Forschungsarbeit gleichermaßen.[430]

Da die Verwaltungsebene und die Forschungsarbeit individuell an die Hochschule geknüpft sind und weder auf Landes- noch auf Bundesebene zentral gleichwertig gefördert werden können, bleibt für spezifische externe staatliche Förderprogramme nur die Ebene des Lehrpersonals. Dies ergänzt sich auch hervorragend mit dem ohnehin angestrebten Ziel des Bologna-Prozesses, Studienangebote vergleichbar zu gestalten. Hierbei ist es förderlich, wenn das entsprechende Lehrpersonal gesicherte Fähigkeiten im Bereich der Hochschuldidaktik hat und Prüfungsleistungen transparent gestaltet und durchgeführt werden. Seit 2011 wird endlich deutlich stärker gefördert. Durch eine entsprechende Verwaltungsvereinbarung vom 30. September 2010, in Anlehnung an §91b des Grundgesetztes, wurde beschlossen, dass der Bund sich in gegenseitigem Einvernehmen in dieser Angelegenheit in die Bildungsarbeit der Länder einschalten darf.[431] Somit war der Weg für finanzielle Förderung auch durch den Bund geebnet.

Das Bundesministerium für Bildung und Forschung hat die Problematik der Weiterbildung und Sicherung von Qualitätsstandards erkannt, gezielte Maßnahmen im Sinne eines ordentlichen Wissensmanagements erfasst und auf der organisationalen und personellen Ebene angepackt. Der Staat hat auf Bundesebene in Ko-

---

[430] Vgl. Elisabeth A. Smith, The Role of Tacit and Explicit Knowledge in the Workplace. In: Journal of Knowledge Management, Vol 5 Heft 4, 2001, S. 311-321; Takala Tuomo, Tacit and Explicit Knowledge from the Point of Learning Processes – Sketching Critical Approach. In: Problems and Perspectives in Management, Vol. 6 Heft 3, 2008, S. 64-74.

[431] Vgl. Bundesanzeiger, Amtlicher Teil, Nr 164, 28.10.2010, Bundesministerium für Bildung und Forschung, Bekanntmachung der Verwaltungsvereinbarung zwischen Bund und Ländern gemäß Artikel 91b Absatz 1 Nummer 2 des Grundgesetzes über ein gemeinsames Programm für bessere Studienbedingungen und mehr Qualität in der Lehre Vom 18. Oktober 2010, S. 3631-3633

operation mit den Bundesländern, die für die jeweilige Bildungspolitik verantwortlich sind, das Programm Qualitätspakt Lehre entwickelt.[432] Das Förderprojekt war in zwei Phasen gegliedert, Phase I 2011-2016 und Phase II 2016-2020. Gleichzeitig wurde ein Fördervolumen von zwei Milliarden Euro zur Verfügung gestellt. Antragsberechtigt waren alle Hochschuleinrichtungen. Die Initiatoren formulieren die Ziele folgendermaßen:

> *„Eines der wichtigsten Ziele des Programms ist, eine bessere Personalausstattung in den Hochschulen zu erreichen. Zudem werden die Hochschulen dabei unterstützt, ihr Personal für die Lehre, Betreuung und Beratung zu qualifizieren. Weitere Ziele sind die Sicherung und Weiterentwicklung einer qualitativ hochwertigen Hochschullehre.“*[433]

Während in Phase I 186 Hochschulen gefördert wurden, waren es in Phase II 156 Einrichtungen. Aufgrund des eingeschränkten Finanzvolumens war die Anzahl der förderbaren Einrichtungen begrenzt. Es zeigt sich damit schon, dass ein großes Interesse besteht. Hinsichtlich Absicherung der Qualität in der Lehre und der lehrspezifischen Weiterqualifikation ein Erfolg für die Wissenssicherung und den Wissenstransfer. Auch in der Praxis wurde es nicht nur positiv aufgenommen, sondern der Ruf nach Verstetigung wurde über die Jahre immer lauter, und er war erfolgreich.

Im Juli 2019 konnte zwischen Bund und Ländern in Kooperation mit dem Bundesministerium für Bildung und Forschung eine Verstetigung erzielt werden und der sogenannte *„Zukunftsvertrag Studium und Lehre stärken“* wurde verabschiedet. Diese Dauerförderung tritt unmittelbar nach Ende der Phase II zum Jahr 2021

---

[432] Vgl. Bundesministerium für Bildung und Forschung, Qualitätspakt Lehre, online verfügbar: https://www.qualitaetspakt-lehre.de/, abgerufen am 31.07.2020.
[433] Vgl. Bundesministerium für Bildung und Forschung. Qualität von Hochschullehre und Studienbedingungen verbessern online verfügbar: https://www.qualitaetspakt-lehre.de/de/qualitat-von-hochschullehre-und-studienbedingungen-verbessern-1764.php, abgerufen am 31.07.2020

in Kraft. Das Fördervolumen wurde um ein Vielfaches erhöht. Während für das gesamte Programm Qualitätspakt Lehre nur zwei Milliarden Euro zur Verfügung standen, sind vom Bund für 2021-2023 jährlich 1,88 Milliarden vorgesehen und ab 2024 jährlich 2,2 Milliarden Euro. Die Länder erhöhen den Beitrag jährlich nochmals um dieselbe Summe. Im Ergebnis bedeutet dies, dass die Fördertöpfe 2021-2023 jährlich 3,76 Milliarden Euro enthalten und ab 2024 4,1 Milliarden Euro.[434] Ziel ist es damit nicht nur bestehende Maßnahmen zu stützen, sondern auch neue ergreifen zu können. Damit besteht auch die Möglichkeit zur Beschäftigung von weiterem Lehrpersonal. Die personelle Ausstattung in der Lehre ist in den vorangehenden Jahren nicht so stark angestiegen wie es die enormen Steigerungen der Studierendenzahlen eigentlich erfordern. Die Auslastungen der Hochschulen im Lehrbetrieb liegen im Durchschnitt tendenziell weit über 100%.

Das Allgemeine Weiterbildungsprogramm der RWTH ist in drei Einheiten gegliedert und wird in der Regel kostenlos für das Personal angeboten. Dies sind das Center for Doctoral Studies (CDS), Center for Professional Leadership (CPL) und Karriere und Ausbildung für Personal in Technik und Verwaltung. Während das CDS sich konkret an die Wissenschaftlichen Mitarbeiter und Promovierenden richtet, teilt sich das Angebot des CPL auf Fortbildungsangebote für Wissenschaftliche Mitarbeiter, allgemeiner akademischer Mittelbau, Postdocs und Professoren auf.[435] Zusätzlich gibt es separat noch einen eigenen Programmzweig für den Bereich Lehre, der sich an das Lehrpersonal aller Ebenen richtet. Speziell im Bereich der Aus- und Weiterbildung des Lehrpersonals wurde an der RWTH im Rahmen der Finanzierung durch den Qualitätspakt Lehre das Programm Excellent Academic Teaching, ehemals Center of Excellence in Academic Teaching,

---

[434] Vgl. Bundesministerium für Bildung und Forschung, Zukunftsvertrag Studium und Lehre stärken, online verfügbar: https://www.bmbf.de/de/zukunftsvertrag-studium-und-lehre-staerken-9232.html, abgerufen am 31.07.2020.
[435] Vgl. RWTH Aachen, Weiterbildungsangebote, online verfügbar: https://www.rwth-aachen.de/cms/root/Forschung/Forschungsdatenmanagement/~ngqk/Weiterbildungsangebote/, abgerufen am 06.09.2020.

(ExAcT) entwickelt. Bereits im Jahr 2011 konnte mit dem Projekt gestartet und die ersten Kurse erfolgreich abgehalten werden.[436]

Abgesehen von dem umfangreichen Weiterbildungsangeboten wird im Sinne einer Wissensaustausch freundlichen Unternehmenskultur auf zentraler Ebene der Austausch der Mitarbeiter aktiv themenspezifisch gefördert. Neben den Individualangeboten gibt es Großveranstaltungen, die hochschulweit abgehalten werden. Insbesondere im Bereich Lehre sind dies der jährlich stattfindende Talk Lehre, der sich in Form von Vorträgen zu aktuellen Themen der Hochschullehre über Präsentationen von Programmen und Projekten aus der Lehre hin zu Möglichkeiten zum Netzwerken miteinander erstreckt. Damit möglichst viele Beschäftigte teilnehmen, insbesondere aus dem Bereich Lehre, sind alle zu diesem Zeitpunkt von der Arbeit freigestellt und durch einen dies Academicus finden parallel keine Lehrveranstaltungen statt. Ähnlich aber noch zielgerichteter auf diejenigen Personen, die aktiv an Weiterbildungsangeboten im Bereich Lehre teilnehmen, wird mehrmals während des Semesters der Lunch Lehre durch das ExAcT Team ausgerichtet. Bei diesem Format findet im Wechsel ein Vortrag mit Diskussion zu unterschiedlichen Praxisbeispielen von Lehr- und Lernkonzepten aber auch Projekten durch einen internen oder externen Referenten statt. Im Anschluss daran werden die Teilnehmer in Form von Lunchpaketen und Sitzmöglichkeiten und Stehtischen dazu motiviert, sich bei einem gemeinsamen Mittagsessen auszutauschen und Kontakte untereinander zu knüpfen.[437]

---

[436] Vgl. Bundesministerium für Bildung und Forschung, RWTH Aachen, Einzelvorhaben RWTH 2020 Exzellente Lehre – Wir verbessern gemeinsam die Studienbedingungen und die Lehrqualität, online verfügbar: https://www.qualitaetspakt-lehre.de/de/rheinisch-westfalische-technische-hochschule-aachen-2454.php, abgerufen am 06.09.2020; ExAcT – Excellent Academic Teaching, online verfügbar: https://exact.rwth-aachen.de/, abgerufen am 06.09.2020. Der Autor hat an dem ExAcT Programm selbst teilgenommen, das Zertifizierungsprogramm absolviert und auch an weiteren Seminaren und Veranstaltungen abseits und nach Abschluss der Zertifizierung teilgenommen.

[437] Vgl. ExAcT, Lunch lehre, online verfügbar: https://exact.rwth-aachen.de/#Lunchlehre, abgerufen am 06.09.2020.

Die Digitalisierung der Arbeitswelt und der Freizeitgestaltung haben einen enormen Einfluss auf die Gesellschaft und die Wirtschaft. Hierbei entfalten sich unmittelbar auch direkte Auswirkungen auf den Tertiärbereich der Bildung. Es handelt sich dabei zum Teil um tiefgreifende Veränderungen und Effekte mit sowohl positiver als auch negativer Auswirkung. Da der Wandel selbst noch nicht abgeschlossen ist, lässt sich auch noch nicht final sagen, ob diese Änderungen Bestand haben und ob positive Effekte überwiegen. Auch gilt es anzumerken, dass das Level und der Fortschritt der Digitalisierung an den Hochschulen extreme Unterschiede aufweisen im Grad der Digitalisierung.

Dementsprechend lässt sich feststellen, dass das Untersuchungsobjekt RWTH im Bereich Digitalisierung alles andere als den Durchschnitt darstellt. Die RWTH belegt insbesondere im Bereich der Digitalisierung der Lehre eine Führungsposition.[438] Im Rahmen der Digitalisierungsstrategie befand sich die RWTH 2016 noch in der ersten Phase und konnte zu diesem Zeitpunkt bereits große Erfolge erzielen. Die zweite Phase begann 2018 und läuft bis 2023. Laut Rektor Ulrich Rüdiger ist das erklärte Ziel, dass dann ab 2023 keine weitere Phase mehr benötigt wird. Digitale Lehre soll dann als normal etabliert sein.[439] An der RWTH praktizierte Maßnahmen können durchaus als Maßstab genutzt werden, für das, was bereits praktizierbar und replizierbar ist.

Hinsichtlich des Fortschritts der digitalisierten Lehre dürften vor allem die zwangsweise notwendig gewordenen Maßnahmen zur Fortsetzung des Lehrbetriebs während der im Jahr 2020 kursierenden Corona-Pandemie interessante Er-

---

[438] Vgl. Hochschulforum für Digitalisierung, Abschlusskonferenz des Hochschulforums Digitalisierung in Berlin am 01.12.2016, online verfügbar: https://hochschulforumdigitalisierung.de/de/news/abschlusskonferenz-1-dezember-videos-livestream, abgerufen am 06.09.2020.

[439] Vgl. RWTH Aachen, Digitalisierungsstrategie der Lehre, online verfügbar: https://www.rwth-aachen.de/cms/root/Studium/Lehre/~hjfu/Digitalisierungsstrategie-der-Lehre/, abgerufen am 06.09.2020.

gebnisse liefern, sowohl was praktische Erfahrungen als auch theoretische Erkenntnisse angeht. Zusätzlich bietet das Szenario enormes Forschungspotential, da unweigerlich in großer Masse auswertbare Erfahrungswerte entstehen, die ausgewertet werden können. Die Hochschulen standen zu Beginn der Pandemie vor der Situation, den Lehrbetrieb in Präsenz ganz zu stoppen und schlagartig soweit möglich Veranstaltungen in den digitalen Raum zu verlagern. Die RWTH entschied sich dazu auf einen Vollbetrieb im Onlinemodus umzuschalten. Durch bereits weitläufig vorangeschrittene Infrastruktur und breit über alle Fakultäten verteilte Expertise im Umgang mit digitaler Lehre stellte das keine schlechte Ausgangssituation dar. Allerdings musste dies zügig und möglichst fehlerlos für eine breite Masse umgesetzt werden.

Große Zeitfenster zur Vorbereitung waren für keine der beteiligten Parteien vorhanden. Massenweiser Einsatz von Videochatsoftware und Hochbetrieb im Filmstudio zur Aufnahme von Vorlesungen und Lernvideos standen von heute auf morgen im Mittelpunkt des Geschehens.[440] Erschwerend kam hinzu, dass durch das zwangsweise angeordnete Homeoffice die Bedingungen bei den Lehrenden und Studierenden zu Hause nicht optimal für diese Situation vorbereitet waren.

Langfristig muss sich nun zeigen, ob die digitalen Lernformate nicht nur generell in breiter Masse funktionieren, angenommen werden und die Digitalisierung dadurch beschleunigt werden kann. Gleichzeitig dient es als Feldstudie, welche Art von Lernformaten sich besonders gut an der RWTH für digitale Lehrveranstaltungen eignen und welchen didaktischen Charakter diese aufweisen müssen. Insbesondere unter dem Aspekt der Massenbildung und weiter kontinuierlich ansteigender Studierendenzahlen liegt hier ein Schlüssel zur Lösung zu begrenzten

---

[440] Vgl. RWTH Aachen, Aktuelle Informationen im Umgang mit der Corona-Pandemie, https://www.rwth-aachen.de/cms/root/Die-RWTH/Aktuell/~hzsjo/Aktuelle-Informationen-im-Umgang-mit-der/, abgerufen am 06.09.2020.

Raumkapazitäten. Des Weiteren ermöglicht es eine größere Flexibilität für Veranstaltungszeiten und räumliche Zugriffe im Kontext der Internationalisierung.

7.6 Massenbildung und Demographie des Wissenssektors

Die vereinigte Bundesrepublik samt ihrer Vorläuferstaaten hat sich auf breiter Basis in der Wissensvermittlung engagiert, um das Bildungsniveau nachhaltig zu verbessern. Angefangen von Massenbildungskonzepten zu Alphabetisierung über grundlegende mathematische Kenntnisse hin zu vielen weiteren Bereichen. In einem zweiten Schub konzentrierte man sich auf den Sekundärschulbereich, wobei fast zeitgleich die Ausweitung der Hochschulbildung anlief.[441] Seit der zweiten Hälfte des zwanzigsten Jahrhunderts wird vor allem versucht, die Absolventenquote mit Allgemeiner Hochschulreife zu erhöhen. Eine entscheidende Rolle spielen dabei die Reformpakete der 1960er und 1970er Jahre, die auf eine Bildungsexpansion abzielen. [442]

Einen tiefgreifenden Einfluss auf das deutsche Hochschulwesen hatte vor allem der in den 1990er Jahren geplante und dann 1999 gemeinsam von anfänglich 29 mittlerweile 48 Europäischen Staaten beschlossene und verabschiedetet Bologna-Prozess. Die damit einhergehenden Hochschulreformen veränderten das Studium in Deutschland grundlegend. Die wohl präsenteste und im öffentlichen Raum

[441] Vgl. Hans-Christof Kraus, Kultur, Bildung und Wissenschaft im 19. Jahrhundert. München 2008, S. 22-35 und S. 41-49.

[442] Vgl. Petra Lütke, Hochschullandschaft und Entwicklung der Studierendenzahlen. In: Leibniz-Institut für Länderkunde (Hg.): Nationalatlas Bundesrepublik Deutschland Bd. 6, Bildung und Kultur. Berlin/Heidelberg 2002, S. 64-67; Volker Müller-Benedict, Bildung und Wissenschaft. In: Thomas Rahlf (Hg.), Deutschland in Daten. Zeitreihen zur Historischen Statistik. Bonn 2015, S. 60-73.

meistdiskutierte Änderung war die Abschaffung der alten Magister- und Diplomstudienabschlüsse. Diese wurden durch ein konsekutives System mit Bachelor- und Masterabschlüssen ersetzt.[443]

Im 21. Jahrhundert lautet die politische Maxime eine maximal schulisch gebildete Bevölkerung mit möglichst hoher Abiturientenquote. Teil dieser Reformpolitik des Bildungswesens war auch die Umstellung vom neunjährigen auf das achtjährige Gymnasium, die in einigen Bundesländern bereits wieder rückgängig gemacht wurde. NRW hat ab dem Schuljahr 2019/20 das ursprüngliche G9-Format mit einem Abitur nach der 13. Klasse wieder eingeführt, Schulen können aber auf Wunsch auch das G8-Format behalten.[444] Ebenfalls wird von Seiten der Regierung verstärkt im Kontext der Ausbildung von Fachkräften für eine weitere Erhöhung der Studierendenzahlen geworben. Nebenwirkungen dieser Politik zeigen sich schon länger im Bereich der betrieblichen Ausbildung. Die Auszubildendenzahlen sind seit mehreren Jahren unterdurchschnittlich und vereinzelt auch rückläufig. Im Wettbewerb um Schulabsolventen verliert die betriebliche Ausbildung zu Gunsten der Universitäten an Bedeutung.[445]

Als ein weiterer nicht zu vernachlässigender Faktor, insbesondere in Anbetracht der seit dem Zweiten Weltkrieg enorm ansteigenden Studierendenzahlen, ist die demographische Entwicklung der Bevölkerung. Neben einem Anstieg der Bevölkerung geht dieser vor allem auch mit einer Überalterung und niedrigen Geburtenraten einher. Im Nachfolgenden werden einige vor allem für den Tertiärbereich relevante demographische Aspekte des Bildungswesens näher untersucht. Für

[443] Vgl. Europäische Kommission, Bologna-Prozess und Europäischer Hochschulraum, online verfügbar: https://ec.europa.eu/education/policies/higher-education/bologna-process-and-european-higher-education-area_de, abgerufen am 26.07.2020.
[444] Vgl. Ministerium für Schule und Bildung des Landes Nordrhein-Westfalen, Weiterentwicklung des Gymnasiums (G8/G9), online verfügbar unter: https://www.schulministerium.nrw.de/docs/Schulpolitik/G8-G9/index.html, abgerufen am 25.07.2020.
[445] Vgl. Bundesministerium für Bildung und Forschung (Hg.), Berufsbildungsbericht 2020. Bonn 2020.

eine Analyse der Massenbildung ist dies unerlässlich, um die Dimension der Ausbreitung und Durchdringung der Bildung korrekt zu erfassen. Dies hilft auch dabei, die Situation der Aachener Hochschule im eigenen und im nationalen Kontext einzuordnen.

Der explosionsartige Anstieg der deutschen Bevölkerung in Abbildung 22 von 62.679.035 auf 79.753.227 zum Studienjahr 1990/91 ist wesentlich bedingt durch das Ende der DDR und die deutsche Vereinigung. Vorher wurde in den Daten nur Westdeutschland erfasst. Durch den Wiederaufbau und den Wirtschaftsschwung beflügelt, vermehrte sich die Bevölkerung in den ersten 20 Jahren nach dem Zweiten Weltkrieg um 20%. Dies entspricht einem Anstieg von über 10 Millionen Bürgern bis zum Jahr 1969/70. Danach folgt bis zur Wiedervereinigung eine Stagnation, mit kleinen jährlichen Schwankungen, ohne nennenswerte Veränderung. Der merkliche Einbruch im 21. Jahrhundert und damit implizierte Rückgang der Bevölkerungszahl von ca. 1,4 Millionen zur Jahresmarke 2011/12 hängt mit der statistischen Erfassung zusammen. Es werden in der Bundesrepublik Deutschland keine jährlichen Volkszählungen abgehalten. Die Bevölkerungszahl wird durch entsprechende Faktoren akkumuliert. Ausgangspunkt für die Berechnungen ist dafür immer der letzte zurückliegende Zensus. Im Jahr 2011 fand der letzte entsprechende Zensus statt und aus den Auswertungen ergab sich, dass das Bevölkerungsvolumen geringer war als die berechneten Werte vermuten ließen.[446]

[446] Vgl. Zensus Portal, Berichte und Ergebnisse zum 2011 durchgeführten Zensus, online verfügbar: https://www.zensus2011.de/DE/Home/home_node.html, abgerufen am 26.07.2020.

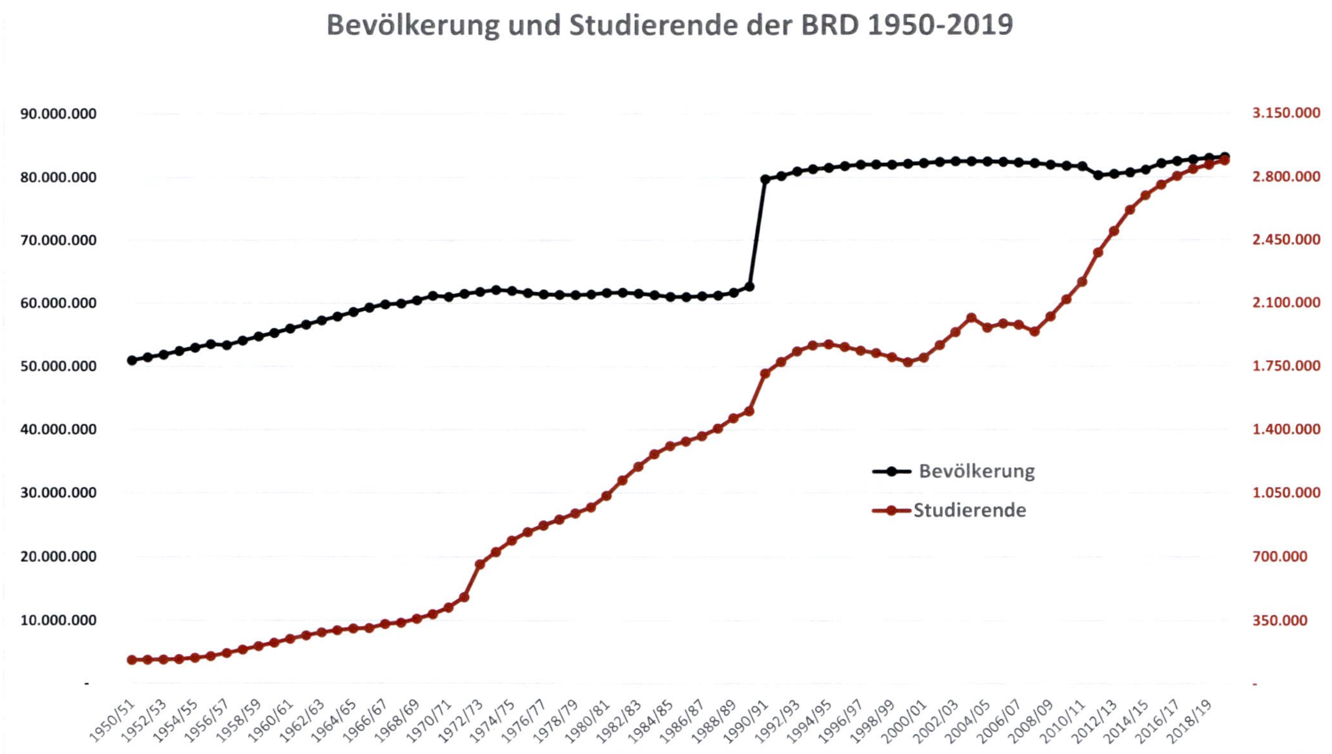

Abbildung 22: *Entwicklung der Bevölkerung und der Studierenden in der BRD 1950-2019; Datenbasis: Statistisches Bundesamt; eigene Darstellung.*

Deutlich weniger stark ausgeprägt, aber dennoch vorhanden, ist der Anstieg der Studierendenzahlen zum Zeitpunkt der deutschen Wiedervereinigung. Dass der Anstieg deutlich geringer ausfällt, hat mehrere Gründe. Zum einen liegt die Studienquote der Bevölkerung in der DDR deutlich unter der von der BRD, zum anderen gilt dies auch für die Absolventenquote mit Allgemeiner Hochschulzulassung. Zugleich sind in den Bevölkerungszahlen alle demographischen Altersgruppen vertreten, auch Rentner und Kleinkinder und damit nicht ausschließlich das Zielpublikum der Hochschulen. Zwischen 1974 und 1988 stagniert das Bevölkerungswachstum nicht nur, sondern die Bevölkerung vermindert sich laut Statistik um etwa 276.372 Personen. Im gleichen Zeitraum wächst allerdings die Anzahl der Studierenden von 788.792 auf 1.464.994 und hat sich damit sogar fast verdoppelt. Hier muss auch beachtet werden, dass mit dem verabschiedeten Fachhochschulgesetzen und den daraus resultierenden Fachhochschulgründungen ein weiteres Hochschulstandbein geschaffen wurde. Die Studierenden der Fachhochschulen sind ab diesem Zeitpunkt entsprechend auch in den Daten enthalten. Ab 1976 wurden diese auch durch das Hochschulrahmengesetz abgedeckt und somit offiziell dem Tertiärbereich des Bildungssektors zugeordnet.[447]

In den 1990er Jahren ergibt sich ein gegenläufiges Bild, rückläufige Studierendenzahlen gegen Ende des Jahrzehntes bei einem gleichzeitig ansteigenden Bevölkerungsvolumen. Seit 2007/08 zeigt sich relativ gesehen ein gleichbleibendes Bevölkerungsvolumen, die Anzahl der Studierenden steigt aber erneut enorm an. Es erfolgt eine Erhöhung um 950.281 Studierende, was einem Anstieg von fast 50% entspricht. Somit zeigt sich deutlich, dass andere Faktoren weitaus entscheidender für den Anstieg der Studierendenzahlen sind als eine reine Erhöhung oder Senkung des Bevölkerungsvolumens.

---

[447] Vgl. Bundesgesetzblatt Teil I, Z1997A, Nr. 10, 1976. Hochschulrahmengesetz (HRG), S. 185-206.

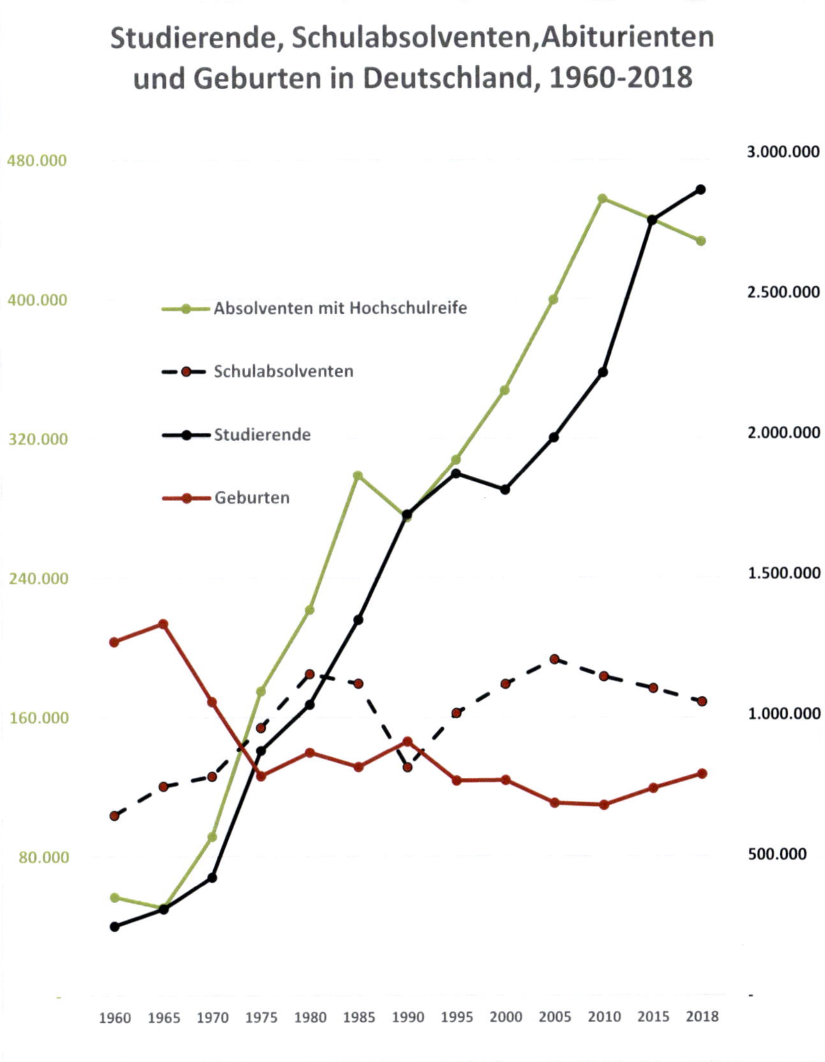

Abbildung 23: *Studierendenzahlen, jährliche Schulabsolventen, Absolventen mit Hochschulreife und Geburten in der BRD, 1960-2018; Datenbasis: Statistisches Bundesamt; eigene Darstellung.*[448]

[448] Bis 1990 nur Westdeutschland abgebildet; Zum Zeitpunkt der Bearbeitung sind noch keine exakten offiziellen Statistischen Angaben der Behörden zum Jahr 2019 veröffentlicht.

In Ergänzung zu den Bevölkerungszahlen sind daher in Abbildung 23 zu den Studierendenzahlen die Schulabsolventen und Geburten dargestellt. Dabei werden die Gesamtzahlen der Schulabsolventen aller Schulformen als Graph aufgetragen und die derjenigen Absolventen, die mit allgemeiner Hochschulreife abgeschlossen haben. Es fällt entsprechend auf, dass alle drei Graphen einen positiven Wachstumstrend über die Gesamtzeitspanne aufweisen. Allerdings etlichen Schwankungen unterworfen, die nicht zwangsläufig parallel in denselben Zeitfenstern verlaufen. Insbesondere die Graphen der Schulabsolventen und der Geburten bilden zugleich ein demographisches Bild ab, das aus der Entwicklung der Bevölkerungszahl in Abbildung 22 nicht direkt ersichtlich wird. Durch die steigende Lebenserwartung und Migration nach Deutschland zeigen sich die rückläufigen Geburtenraten nicht.[449]

Gleichzeitig führen diese aber zu weniger Schülern und somit automatisch zu rückläufigen Zahlen bei den Schulabsolventen. Die Disparitäten der Altersgruppen haben sich seit den 1960er Jahren drastisch verändert. Während 1960 noch statistisch 5,2 Personen im erwerbsfähigen Alter auf eine Person im Rentenalter kamen, hat sich dies auf 2,8:1 reduziert.[450] Trotz sinkender Schülerzahlen bedeutet dies nicht automatisch weniger Studienanfänger. Der grün dargestellte Graph in Abbildung 23 zeigt den Verlauf der Schulabsolventen, die ihre Schullaufbahn mit der Hochschulreife abschließen und damit zu einem Universitäts- oder Fachhochschulstudium berechtigt sind. Diejenigen Absolventen, die ihre Schulausbildung mit der Fachhochschulreife abschließen und damit die Zugangsberechtigung

---

[449] Vgl. Statistisches Bundesamt, Bevölkerung im Wandel. Annahmen und Ergebnisse der 14. Koordinierten Bevölkerungsvorausberechnung. Wiesbaden 2019, S. 17-28.
[450] Vgl. Bundesministerium des Innern, für Bau und Heimat, Demografie-Radar, online verfügbar: https://www.bmi.bund.de/DE/themen/heimat-integration/demografie/demografie-radar/demografie-radar-node.html;jsessionid=E874FFF2E886CFB4A13597C02C062862.2_cid373, abgerufen am 26.07.2020.

zu den Fachhochschulen erhalten, können nicht ohne weiteres ein Studium an einer Universität beginnen. Nach Abschluss eines Masters sind sie aber dennoch zu einer Promotion an einer Universität berechtigt, die Schranke der allgemeinen Hochschulreife entfällt dafür.[451] Umgekehrt kann eine Person mit allgemeiner Hochschulreife auch an einer Fachhochschule studieren. Daher werden beide Absolventengruppen zusammengefasst dargestellt.

Betrachtet man zuerst die Absolventenquote der Schüler, unabhängig von der Schulform, fällt auf, dass sich die Schülerzahl über den gesamten dargestellten Zeitraum von knapp 60 Jahren um 63% erhöht hat. Auffällig sind dabei der starke Abwärtstrend in den 1980er Jahren und der etwas langsamere Rückgang seit 2005. Die Ursachen lassen sich hierbei überwiegend an geburtenschwachen Jahrgängen in dem vorherigen Jahrzehnt und Veränderungen in den Schulformen ausmachen. Im Gesamttrend ist die Geburtenrate negativ und somit auch langfristig rückläufig. Besonders einschneidend ist der Einbruch seit der zweiten Hälfte der 1960er Jahre. Die Veränderungen der Geburtenrate haben einen direkten Einfluss auf den Trend der Schulabsolventen. Bedingt durch das Aufwachsen und den dazu parallel verlaufenden Schulbesuch tritt der Einbruch oder der Anstieg der Schulabsolventen erst verzögert zum Einbruch oder Anstieg der Geburtenrate ein. Zusätzlich beeinflusst auch noch der Faktor Migration die Schulabsolventenquote, immigrierte Kinder werden natürlich nicht in der Geburtenrate berücksichtigt.

Gänzlich anders verhält es sich mit der Quote derjenigen Schüler, die die Schule mit Hochschulreife absolvieren. Der Graph weist enorme Wachstumsraten auf, die sich mit denen der Studierendenzahlen vergleichen lassen. Im abgebildeten Zeitfenster verachtfacht sich die Zahl der Abiturienten von 1960 bis 2010 auf einen jährlichen Abiturientenwert von 457.500. Danach folgt bis 2018 eine Phase

---

[451] Vgl. Kultusministerkonferenz, Ländergemeinsame Strukturvorgaben für die Akkreditierung von Bachelor- und Masterstudiengängen (Beschluss der Kultusministerkonferenz vom 10.10.2003 i.d.F. vom 04.02.2010),

mit einem Rückgang von etwa 5% auf 433.000 jährliche Absolventen mit Hochschulreife. Die Auswirkungen des Rückgangs der Schulabsolventen und der Geburtenrate haben nur einen geringen Einfluss auf die Veränderung der Abiturientenquote. Die Abiturientenzahlen steigen auch bei sinkenden Absolventenzahlen. Deutlich wird dies zum Beispiel im Zeitraum 1980-1985 oder auch 2005-2010. Hier sind vor allem institutionelle und politische Maßnahmen die treibenden Faktoren. Der Anteil derjenigen Schüler eines Absolventenjahrgangs, die ihre Schullaufbahn mit der Hochschulreife abschließen steigt über den Untersuchungszeitraum stark an.

Im Jahr 1960 erhalten nur etwa 9% der Absolventen die Hochschulreife. Die Maßnahmen der Regierung, der gesellschaftliche Wandel und weitere Faktoren führen zu starken Anstiegen und 1985 sind es bereits 27% eines Absolventenjahrgangs und 2018 schließlich 41%, die die Schule mit dem Abitur verlassen. Die Umstellung des Schulsystems auf erst vergleichbare Schulformen half die Übergänge zwischen einzelnen Schulen und die Anerkennung der Abschlüsse zu vereinfachen. Nach 2000 setzte ein Ruck hin zu einheitlichen Schulen mit einem verstärkten Bundesland übergreifenden Trend, Haupt- und Realschulen zusammenzuführen und in Form einer Gesamtschule um eine Oberstufe zu erweitern, ein. Auch hier ist der Grundgedanke, die Übergänge zwischen den Schulen für die Schüler einfacher zu gestalten und somit mehr Schüler zur Hochschulreife zu bringen.[452]

Einen verstärkten Einfluss darauf hatte der sogenannte Zweite Bildungsweg, durch entsprechende Schulformen war es möglich auch nach einer Ausbildung und neben dem Beruf nachträglich eine Hochschulreife zu erwerben. Diese Schulformen erlebten in Folge der Bildungsexpansion Ende der 1960er und Anfang der

---

[452] Vgl. Bundesministerium für Bildung und Forschung, Bildungsforschung 2020. Zwischen wissenschaftlicher Exzellenz und gesellschaftlicher Verantwortung (Bildungsforschung, Bd. 42). Berlin 2014.

1970er eine Gründungswelle. Diese Phase wurde auch genutzt um die Fachoberschulen als feste Institutionen zur Erlangung der Fachhochschulreife auf breiter Basis zu etablieren. Gleichzeitig, auf Hochschulseite, wurden mit dem Ausbau der Fachhochschulen insbesondere für technische Berufe weitere Anreize geschaffen, um die Fachhochschulreife zu erlangen und damit ein Studium zu beginnen.

Betrachtet man den in Abbildung 24 dargestellten Gesamtverlauf seit der Nachkriegszeit, vom Studienjahr 1946/47 bis zum Studienjahr 2019/20, fällt direkt auf, dass die Studierendenzahlen einen durchgehend positiven Wachstumstrend aufweisen.[453]. Dies darf aber nicht darüber wegtäuschen, dass es vereinzelt Schwächephasen mit Stagnation oder einem Rückgang der Studierendenzahlen gibt. Auch wenn die Grundtendenzen des Graphen der RWTH dem für Deutschland ähneln, gibt es immer wieder markante Unterschiede. Neben zwei atypischen Abweichungen in den 1960er und den 1980er Jahren, bei denen die RWTH einen Rückgang der Studierenden verzeichnet, unterscheidet sie sich sonst durch Phasen mit einem enorm beschleunigten Wachstum, die so ebenfalls nicht für Deutschland gelten. Hier muss ebenfalls festgehalten werden, dass der enorme Anstieg an Studierenden an der RWTH in den 1970er Jahren die vorhandenen Kapazitäten bereits ausreizte, was zu einer Überbeanspruchung in den 1980er Jahren führt. Gleichzeitig werden beschleunigte Phasen der Gesamtentwicklung in Deutschland auch auf die RWTH projiziert und von dem Graphen imitiert. Die einzelnen Phasen vor den 1990er Jahren wurden bereits in den vorangehenden Kapiteln erläutert. Insbesondere die Erläuterungen zu den beschleunigten Wachstumsphasen.

[453] Bis 1990 nur Westdeutschland abgebildet.

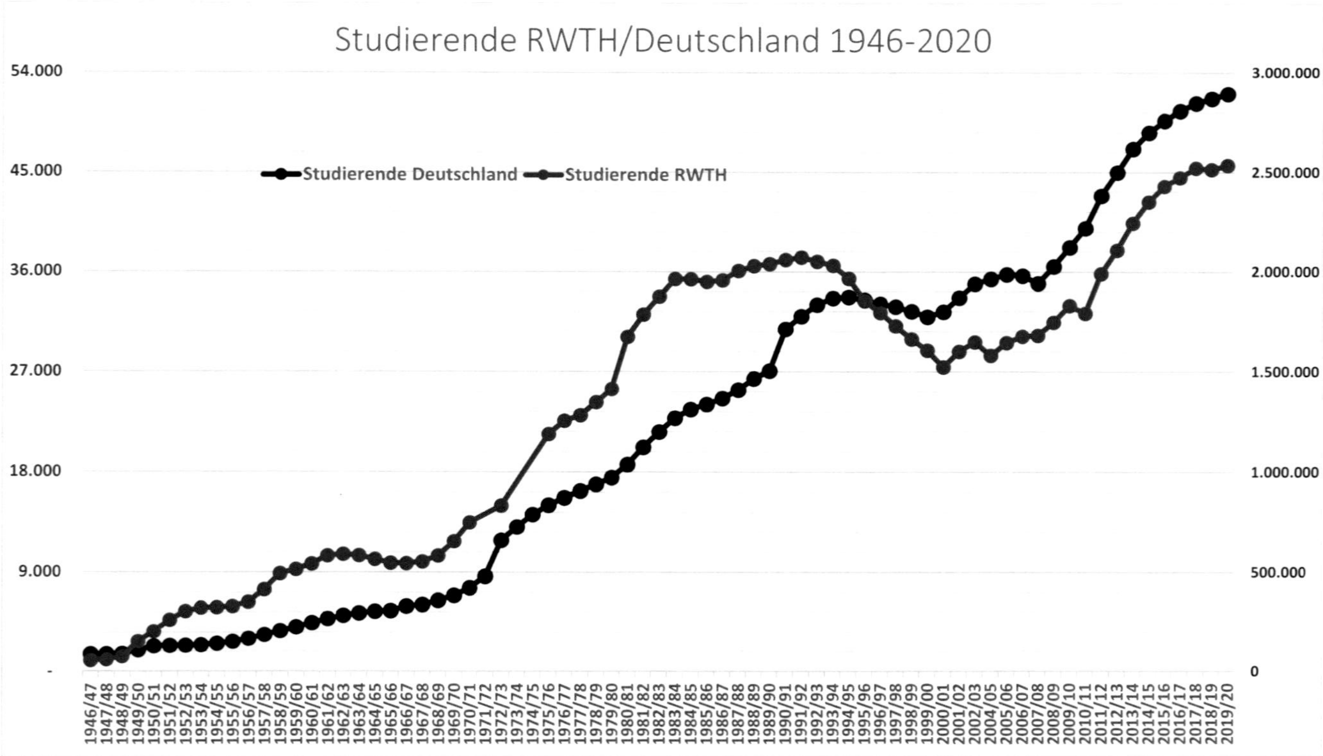

Abbildung 24: *Studierende RWTH/Deutschland 1946-2020; Datenbasis: Klinkenberg, Hochschularchiv RWTH, Statistisches Bundesamt, RWTH Zahlenspiegel; eigene Darstellung.*

Genau wie zuvor, als abweichende Schübe vorhanden waren, trifft der Rückgang der Studierenden in den 1990er Jahren die RWTH früher und deutlich härter als für den Bundesdurchschnitt üblich. Nach einem Hoch von 37.276 Studierenden befindet sich die RWTH ab dem nachfolgenden Studienjahr 1992/93 in einem Tief. Die Studierendenzahlen brechen gravierend ein und die RWTH verliert bis zum Studienjahr 2000/01 etwa 26% ihrer Studierenden und fällt damit unter die Marke von 30.000 Studierenden auf exakt 27.421 Studierende. Die 1990er Jahre stellten hinsichtlich der Studierendenentwicklung auch eine Rückkehr zum Normalzustand dar und boten die Chance eines Aufholprozesses für die Gesamtstruktur der Hochschule um einer entsprechend hohen Zahl an Studierenden hervorragende Studienbedingungen zu bieten. Erst etwa 20 Jahre später, im Studienjahr 2012/13, hat sich die Studierendenzahl an der RWTH vollständig erholt und es gelingt ihr an die Studierendenzahlen von 1992/93 erneut anzuknüpfen. Zusätzlich wird die alte Höchstmarke weit hinter sich gelassen und in den folgenden Jahren durch ein weiteres Wachstum verstärkt. Schließlich wird zum Wintersemester 2019/20 eine Studierendenzahl von 45.628 erreicht und damit erneut ein neuer Rekord für die Aachener Hochschule.

Im Vergleich dazu setzt der Rückgang im Bundesdurchschnitt erst zum Studienjahr 1994/95 ein, erreicht seinen Tiefpunkt und damit auch die Wendemarke zum erneuten Anstieg zusätzlich ein Jahr früher als die RWTH im Studienjahr 1999/00. Der Gesamtrückgang an Studierenden in Deutschland in dieser Phase betrug nur etwa 5%, deutlich weniger stark ausgeprägt als an der RWTH. Im Studienjahr 2002/03 ist die alte Höchstmarke bereits wieder überschritten. Gleichzeitig beginnt ab hier die Phase, in der sich das Wachstum der RWTH im Verhältnis zur gesamten Bundesrepublik langsamer abspielt. Dies liegt vor allem an einigen Neugründungen von Fachhochschulen, dem Ausbau anderer Universitäten und den eigenen Kapazitätsgrenzen. Die RWTH ist bereits zu diesem Zeitpunkt die größte Technische Hochschule und auch eine der größten deutschen Universitäten. 2020 ist jeder 63. Studierende in Deutschland an der RWTH eingeschrieben.

Auch wenn sich gezeigt hat, dass das Bevölkerungswachstum den Trend zur Massenbildung nicht erzeugt und auch die Anzahl der Studierenden nur randläufig im Untersuchungszeitraum beeinflusst, haben sich andere Faktoren dafür profiliert. Der maßgeblich entscheidende Punkt sind die tiefgreifenden Veränderungen des Wissenssektors im Bereich der Sekundärbildung. Der Staat fordert und fördert eine stärkere und somit auch längere Schulbildung mit dem Ergebnis der Hochschulreife. Die Erhöhung der Abiturientenquote ist direkt gekoppelt an steigende Studierendenzahlen. Verstärkt wird dies durch den Effekt, dass auf Grund gestiegener Studienangebote, induziert durch deutlich mehr Universitäten und Fachhochschulen sowie der Etablierung neuer Studienrichtungen, mehr Anreize zum Studium gegeben werden. Die RWTH profitierte von diesen Entwicklungen enorm und konnte insbesondere in den 1970er, 1980er und erneut seit den 2010er Jahren enorme Anstiege an Studierenden verzeichnen. Oder anders formuliert: ein steigendes Interesse an der Aachener Bildungseinrichtung.

Die Wiedereinführung der Studiengebühren in Nordrhein-Westfalen, Niedersachsen, Baden-Württemberg, Bayern, Hamburg, Hessen und dem Saarland zwischen dem WS 2006/07 und dem WS 2007/08 führte entgegen einiger Befürchtungen nicht zu einer Trendwende im Wachstum der Studierendenzahlen und konnte auch keinen markanten Einbruch verursachen. Zwar ging die allgemeine Studierendenzahl von 2006/07 zum Folgejahr um 2% zurückgegangen, doch bereits 2008/09 lag sie schon wieder auf einem höheren Wert als noch zuvor 2006. Die Studierendenzahlen der RWTH weisen auch keinen Rückgang auf. Dennoch kam es zu massivem Widerstand bei den Studierenden und anderen Institutionen gegen die Einführung der Studiengebühren.[454] Im Zuge diverser Landtagswahlen und

---

[454] Vgl. Zeit Online, Studiengebühren, Die Uni bittet zur Kasse, 11.10.2007, online verfügbar: https://www.zeit.de/2007/42/Die_Uni_bittet_zur_Kasse, abgerufen am 06.09.2020; FAZ.NET, Hochschulen, Das Geld der Studenten, 02.12.2008, online verfügbar: https://www.faz.net/-gyq-10yk8, abgerufen am 06.09.2020; Süddeutsche Zeitung, Der Wider-

anstehenden Regierungswechsel wurden die Studiengebühren sukzessive wieder abgeschafft. Als letztes in Bayern 2014, Nordrhein-Westfalen strich die Studiengebühren bereits 2011. Somit lässt sich zeitgleich feststellen, dass die Studiengebühr im Gesamtkontext keine direkte Auswirkung auf das Studienverhalten breiter Bevölkerungsgruppen hatte. Es zeigt sich aber, dass nach Abschaffung das Wachstum der Studierendenzahlen stärker ist als zuvor. Dies bewegt sich analog zu den steigenden Absolventenzahlen mit Hochschulreife, weshalb der Einfluss der Studiengebühren nur als geringfügig angesehen werden kann.

Gleichzeitig hat der Staat in mehreren Wellen das Studieninteresse der Abiturienten beeinflusst. Die aktive Werbung hinsichtlich Fachkräfte- und Akademikerbedarf gepaart mit neuen und stärker ausgeprägten Fördermöglichkeiten hat die Zielgruppe der Hochschulen stark erweitert. Seit den 1970er Jahren sind es vor allem verstärkt Schüler aus Nichtakademikerfamilien und aus finanziell schwächeren Haushalten, die eine bessere Chance auf ein Studium erhalten.[455] Mit eine der nachhaltigsten Wirkungen entfaltete das BAföG, das auch heute noch vielen jungen Leuten überhaupt erst ein Studium ermöglicht. Folglich zeigt sich damit auch: Ohne Investitionen in die Bildung, sei es in Form von Fördermaßnahmen für Studierende oder aber Fördermaßnahmen für das Bildungssystem und einzelne Einrichtungen selbst, kann eine Massenbildung nicht erreicht werden. Der Tertiärbereich der Bildung kann sich zwar ohne staatliche Förderung besser behaupten als der Sekundärbereich, ein Wachstum wäre jedoch nicht zu verzeichnen. Tendenziell würde dies eher zu einem Rückgang der Ergebnisse im Bereich der Massenbildung führen.

---

stand gegen Studiengebühren: „Auf die Autobahnen, auf die Autobahnen!", 17.05.2010, online verfügbar: https://www.sueddeutsche.de/karriere/der-widerstand-gegen-studiengebuehren-auf-die-autobahnen-auf-die-autobahnen-1.585645, abgerufen am 06.09.2020.

[455] Vgl. Leibniz-Institut für Bildungsforschung und Bildungsinformation, Bundesministerium für Bildung und Forschung, Kultusministerkonferenz, Bildung in Deutschland 2020 Ein indikatorengestützter Bericht mit einer Analyse zu Bildung in einer digitalisierten Welt. Bielefeld 2020, S. 177-206.

8 Strukturanalyse der statistischen Entwicklungen der RWTH 1992-2018

Seit 1992 erfasst die RWTH ihre statistischen Daten nach einem festen Muster und macht diese öffentlich einsehbar. Zwar hat sich, bedingt durch äußere Einflüsse, die Erhebungsform und Erfassung angepasst, die Grundstruktur ist jedoch gleichgeblieben. In einigen Jahrgängen werden bestimmte Werte nur zusammengefasst dargestellt, während zu einem anderen Zeitpunkt die exakte Aufsplittung bis zur untersten Ebene erfolgt. Auch welche Bereiche abgedeckt sind, hat sich im Laufe der Zeit verändert und die Darstellung der Daten nimmt an Umfang kontinuierlich zu. Zur näheren strukturellen Analyse werden zu einzelnen Aspekten die statistischen Daten ausgewertet. Diese wurden zuvor allgemeinen für jedes Jahr separat erfasst und dann in ihrem jeweiligen Themenkomplex mit denen der nachfolgenden Jahre kombiniert. Insgesamt wurden für diese Arbeit aus dem Material über 6.300 Dateneinträge für den Zeitraum 1992-2018 erzeugt.

Ziel der Auswertung ist es, deutlich genauere und kleinteiligere Ergebnisse zusammenzufügen und daraus Erkenntnisse für die Entwicklungen der RWTH zu gewinnen. Dadurch lassen sich ihr Verhältnis und die Entwicklung im Gesamtkontext exakter analysieren. RWTH eigene Spezifika können dadurch identifiziert und Abweichungen zur Norm entsprechend analysiert werden. Zusätzlich sollen die Daten dabei helfen, den Wachstumsprozess der RWTH zu verstehen.

In dieses Zeitfenster fallen zudem tiefgreifende Entwicklungen der Hochschullandschaft wie der Bologna-Prozess und die Exzellenzinitiative. Die statistischen Daten bieten dabei nicht nur eine Hilfestellung zur Kontextualisierung der Auswirkungen, sondern auch zur Analyse der Strategie der RWTH. Da diese Strategie zumindest für einige Bereiche sich als erfolgreich gezeigt hat, lassen sich daraus auch potentielle Erfahrungsgewinne für andere Hochschulen und den Wissenstransferprozess erzielen. Dazu müssen diese mit den Ergebnissen der empirischen Umfrage abgeglichen und evaluiert werden.

8.1 Auslastung und Raumbedarf

Beides hat Einfluss auf die Wissensaustauschkultur, zu hohe Auslastung bedeutet schlechtere Betreuungskapazitäten und Überlastung für das Personal. Gleichzeitig muss hierbei auch genügen räumliche Kapazität zur Verfügung stehen, um den Transferprozess zu fördern. Die Auslastung ist ein Indikator für mehrere hochschulrelevante Aspekte. Ist die Hochschule ausgelastet, bedeutet dies, dass die Nachfrage nach den Bildungsangeboten der Einrichtung entsprechend groß ist. Hierbei ist zu allererst die Gesamtauslastung relevant, für weitere und nähere strukturelle Untersuchungen ist dann die Analyse der einzelnen Fachbereiche notwendig. Bei konstant hoher Auslastung kann dementsprechend eine dauerhafte Vergrößerung des Fachbereichs in Angriff genommen werden. Eine Alternative wäre einen zeitlich bedingten Aufnahmestopp von Studierenden und Forschungsprojekten anzusetzen, dies stellt jedoch auch eine finanziell riskante Maßnahme dar. Fällt die Gesamtauslastung über einen längeren Zeitraum unter 100%, muss die Hochschulleitung entsprechende strukturelle Maßnahmen vornehmen. Das können sowohl positive Maßnahmen im Kontext eines Fachbereichsmarketings sein oder eine Umstrukturierung des Fächerangebots, um erneut mehr Studierende anzuziehen. Es kann aber auch eine rein finanziell orientierte Handlungsweise unter Kosten-Nutzen-Aspekten nach sich ziehen, die in rigorosen Schließungen von Fächern oder Fachabteilungen enden.[456]

---

[456] Vgl. Birga Stender, Fakultätsmanagement als umfassende (Management-)Aufgabe im Hochschulmanagement. In: Institut für Hochschulentwicklung (Hg.), Beobachtungen zu

Gleichzeitig dient die Auslastung aber auch als ein Indikator hinsichtlich negativer Auswirkungen, kurzum eine Überlastung des Personals und der Infrastruktur. Dies muss besonders kritisch beobachtet werden, da dadurch langfristig negative Auswirkungen für die Hochschule folgen. Von Seiten der Gruppenvertretung des Lehrpersonals und der Personalräte wird diesbezüglich konsequent gewarnt, die Probleme sind bekannt. Bedingt durch die hohe Mitarbeiterfluktuation der Hochschulen, da das wissenschaftliche Personal im Rahmen der Qualifikationsphase nur eine gewisse Zeit befristet beschäftigt werden kann, bleiben zumindest flächendeckende langfristige Schäden und massive negative Auswirkungen auf die Lehre aus. Das festangestellte Personal jedoch ist durch diese Belastung deutlich stärker bedroht. Gleichzeitig müssen diese Mitarbeiterinnen und Mitarbeiter den Lückenschluss bei der hohen Fluktuation bilden und haben eine zentrale Rolle bei der Verhinderung von Wissensverlusten. Ein Ausfall dieser Personengruppe, bedingt durch Überlastung, ist fatal für die Gesamtstruktur.

Die RWTH hat im Zeitraum 1992-2018 im Durchschnitt eine Gesamtauslastung von 110%. Wie in Abbildung 25 erkenntlich, bedeutet dies nicht, dass alle Fakultäten durchgehend ausgelastet oder überlastet sind. Zwecks Darstellung sind nicht alle Fakultäten in dem Diagramm abgebildet, finden aber in der Analyse Berücksichtigung. Ebenfalls gilt es zu beachten, dass für die medizinische Fakultät 10 keine gesonderte Erhebung der Auslastung vorliegt. Dargestellt sind die Graphen der Gesamtauslastung, der zwei meist ausgelasteten Fakultäten und der zwei am wenigsten ausgelasteten Fakultäten. Namentlich handelt es sich dabei um Maschinenwesen (Fakultät 4), Georessourcen und Materialtechnik (Fakultät 5), Elektro- und Informationstechnik (Fakultät 6) und Wirtschaftswissenschaften (Fakultät 8).

Struktur und Handlungsfeldern der Organisation Hochschule Festschrift zur Verabschiedung von Dr. Friedrich Stratmann. Hannover 2017, S. 31-46; Frank Meier, Trends der Hochschulentwicklung. Der Weg zur wettbewerblichen Organisation. In: Birte Fähnrich et al., Forschungsfeld Hochschulkommunikation. Wiesbaden 2019, S. 25-38.

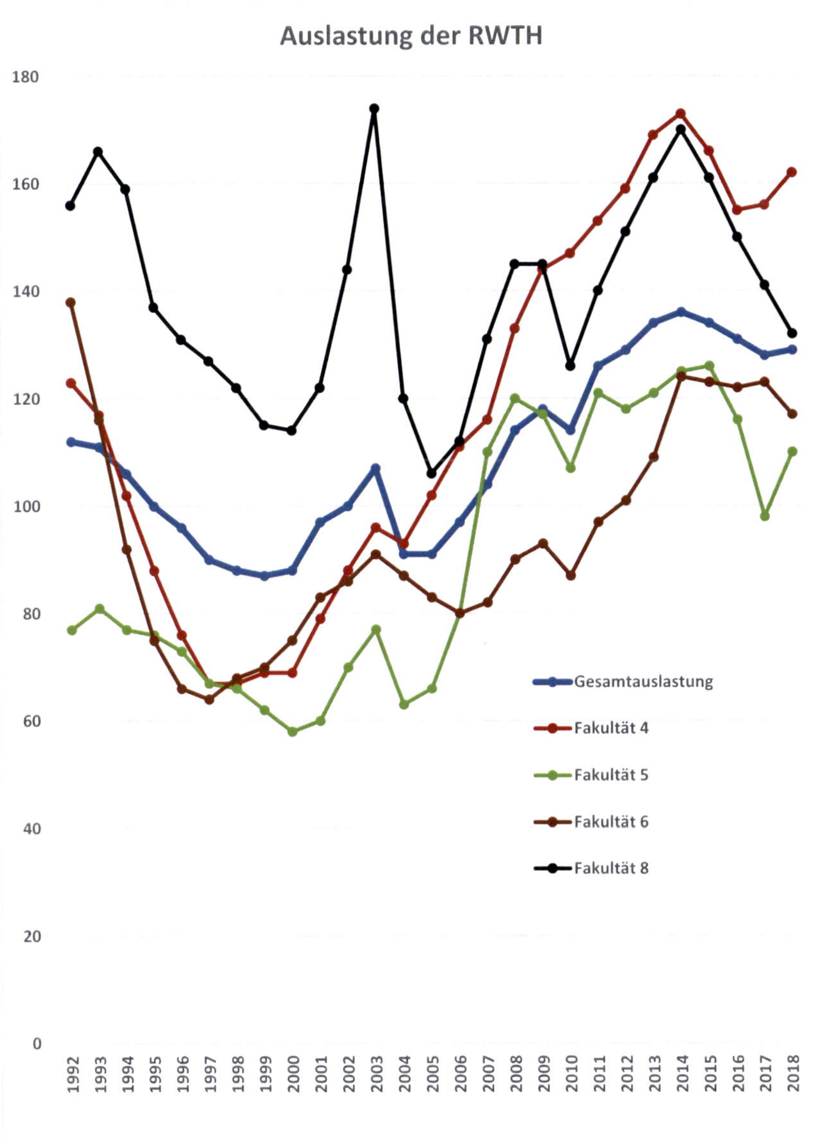

Abbildung 25: *Auslastung der RWTH, RWTH Zahlenspiegel; eigene Darstellung.*

Sofort ins Auge sticht der Graph der Fakultät 8, da er kontinuierlich eine Überlastung repräsentiert. Zudem liegt er auch durchgehend deutlich über dem Wert der Gesamtauslastung der Hochschule. Zusätzlich weist er mehrfach Peaks von über 160% aus. Personell ist die Fakultät 8 zudem eine der kleineren Fakultäten. Nur die Fakultät 2 ist personell schlechter ausgestattet als die Fakultät 8. Wirtschaftswissenschaften ist zudem die jüngste der Fakultäten.[457] Einer der Hauptgründe für diese teils exorbitanten Überlastungen ist die Ausbildung der Wirtschaftsingenieure. Die strukturelle fakultative Hoheit über die Studiengänge liegt and den entsprechenden Fakultäten und die Fakultät 8 tritt nur als Dienstleister auf. Dadurch besteht keine Einwirkung auf die Zulassungsquote, diese richtet sich nach der Kapazität der Heimfakultät. Die durchschnittliche Gesamtauslastung der Fakultät 8 liegt im Zeitfenster 1992-2018 bei 139%, damit ist sie vor der Fakultät 4 mit 118% auf Platz eins der Auslastung. Positiv gesehen spricht dies für die Nachfrage nach dem Lehrangebot der Fakultät, negativ ist jedoch die permanente Auswirkung auf das Lehrpersonal durch die Überlastung. Hier muss von Seiten der Hochschule und den beteiligten Fakultäten durch Finanzmittel und Personal entgegengewirkt werden.

Insbesondere in der Phase des Studierendenrückgangs und der anschließenden Stagnation der Studierendenzahlen an der RWTH in den 1990er Jahre zeigt sich, dass fast alle Fakultäten nicht ausgelastet sind. Die Gesamtauslastung der RWTH liegt zwischen 1995 und 2002 unter 100%. Dies ist nicht zwangsläufig ein negatives Kriterium, zeigt es doch, dass die Kapazitäten für ein weiteres Wachstum vorhanden sind, ohne zusätzlich neue Ressourcen zu beschaffen. Es zeigt sich, dass keine der Fakultäten dauerhaft unausgelastet ist, im Gegenteil, die Fakultät 8 weist eine dauerhafte Überlastung auf. Hier muss zwangsläufig eingegriffen werden, um Schäden zu vermeiden. Eine zusätzliche Mittel- oder Personalzuweisung direkt für die Lehre würde Abhilfe schaffen. Die Fakultäten 5 und 6, die die

[457] Vgl. Thomes, Peters, Dewes, 30 Jahre Wirtschaftswissenschaften.

niedrigsten Werte der Auslastung aufweisen, haben beide seit 2007 respektive 2012 einen Trend zu Überlastung. Während die Fakultät 5 ihren Auslastungstiefpunkt mit 58% im Jahr 2000 erreicht hatte, führt die aktuelle Überlastung dazu, dass der Mittelwert für den Gesamtzeitraum bei aktuell 90% liegt. Für Fakultät 6 zeichnet sich ein ähnliches Bild. Der Tiefstand war 1997 mit einer Auslastung von 64%. Auch hier macht sich die Überlastung der letzten Jahre bemerkbar und der aktuelle Mittelwert beträgt 94%. Diese Werte sprechen dafür, dass nach wie vor eine Nachfrage nach dem Fachangebot besteht und die Kapazität entsprechend sehr gut bewältigt werden kann. Ziel sollte hier vor allem die weitere interne Vernetzung auf interdisziplinärer Ebene sein, um das aktuelle Level zu halten und neue Optionen in Forschung und Lehre mit anderen Fakultäten zu generieren.

Im Verhältnis der Graphen zeigt sich in Abbildung 26 zwar, dass das Personal um 36% angewachsen ist, dabei aber nicht mit den Anforderungen von Auslastung und Studierendenzahlen korreliert. Es zeigt sich insbesondere in den Jahren ab 2007, dass der Anstieg des Personals nicht mit dem enormen Wachstum der Studierendenzahlen mithalten kann. Erst ab 2012 beginnt eine Nachkorrektur durch Erhöhung der Personalstrukturen. Problematisch kommt dabei noch hinzu, was so im Graph nicht erkenntlich ist, dass der Ansturm der Studierenden auch nicht in allen Fachbereichen gleich ausgeprägt ist. Die Auslastung der Hochschule und die Studierendenzahlen im Gegensatz sind eng miteinander verflochten und folgen demselben Muster. Einziger Unterschied ist, dass die Ausprägung bei der Auslastung jeweils deutlich stärker ist. Mit dem Rückgang der Studierenden in den 1990ern sinkt auch die Auslastung der RWTH, die Anstiege nach 2000 inklusive der kurzen Einbrüche 2004 und 2010 werden parallel in beiden Graphen abgebildet.

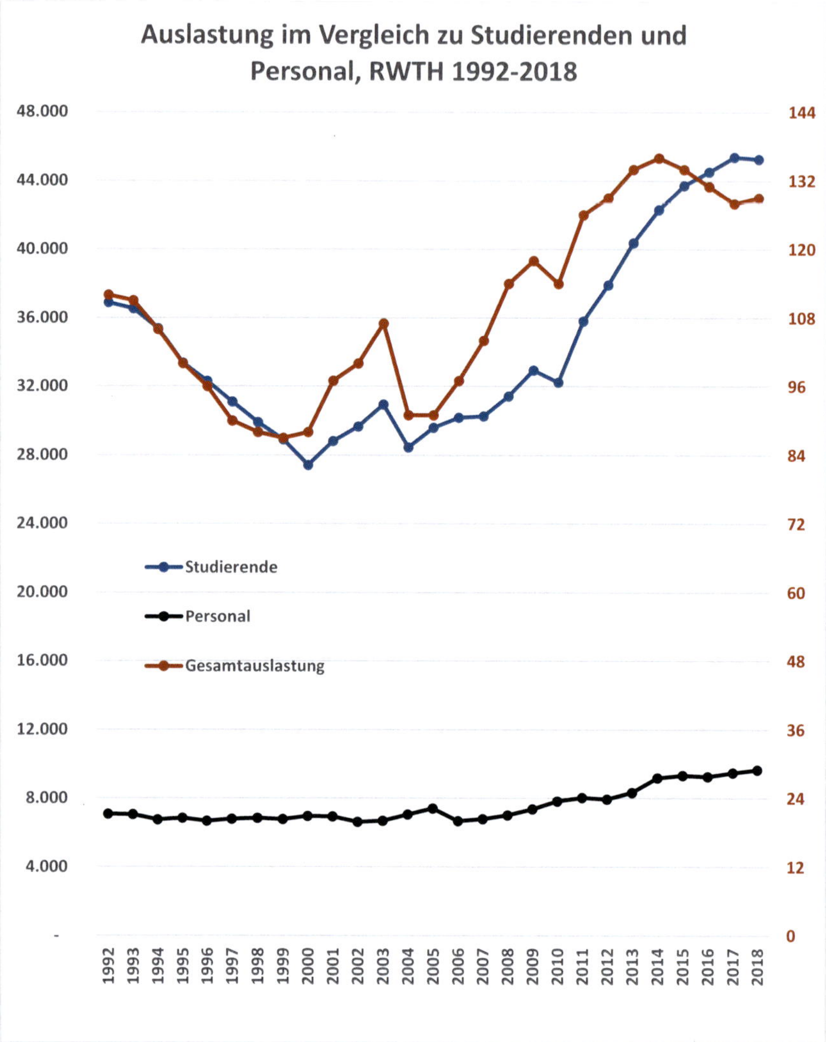

Abbildung 26: *Auslastung, Studierende, Personal RWTH 1992-2018; Datenbasis RWTH Zahlenspiegel; eigene Darstellung.*

Erst ab 2015 macht sich eine Diskrepanz zwischen beiden Graphen bemerkbar. Die Anzahl der Studierenden steigt weiter, während die Auslastung sinkt. Einen

Anhaltspunkt dazu kann man bereits in Abbildung 25 ausmachen. Insbesondere die Auslastung der Wirtschaftswissenschaftlichen Fakultät reduziert sich massiv, sie fällt von 2014-2018 von 170% auf 132%. Aber auch im Maschinenbau sinkt die Auslastung. Zurückzuführen ist dies vor allem auf einen Faktor, der aus der Abbildung so nicht explizit ersichtlich ist. Sowohl die Fakultät 4 als auch 8 haben im Jahr 2014 ihr Personal merklich aufgestockt.[458] Es zeigt sich aber somit deutlich, dass es eine Verbindung zwischen diesen drei Komponenten gibt. Während ein Anstieg der Studierendenzahlen unmittelbar auch einen Anstieg der Auslastung der Hochschule zur Folge hat, bietet ein entsprechender Verteilungsschlüssel zur Anpassung des Personalstandes eine Abhilfe. Eine dauerhafte starke Überlastung darf nicht den Normalzustand darstellen. Langfristig führt dies sonst zu nachhaltigen Schäden beim Personal und im Wissenstransferprozess.

In wie weit bereits Maßnahmen der Digitalisierung der Lehre hineinfließen ist unklar, denn diese beanspruchen in der Startphase tendenziell noch etwas mehr Zeit, bis sich das System bewährt hat. Hinsichtlich einiger Massenprüfungen im Maschinenbau mit mehr als 1.000 Prüflingen pro Durchgang gibt es aber schon Erfahrungsberichte. Die Umstellung auf eine ePrüfung, die unter gesicherten Bedingungen zentral am Computer abgelegt und teilweise automatisch korrigiert wird, war erfolgreich und hat zu enormen Reduzierungen in der Prüfungsvorbereitung, -durchführung und -korrektur an dem verantwortlichen Lehrstuhl geführt. Dies betrifft sowohl Personaleinsatz als auch aufzubringende Zeit.[459]

Wenn die Anzahl der Studierenden der Hochschule steigt, ähnliches auch für das Personal gilt, so ist es naheliegend, dass auch die Hochschule selbst räumlich wächst. Bedingt durch den Fakt, dass die RWTH sich von Anfang an zentral in das bestehende Stadtbild einpflegen musste, ist es nicht verwunderlich, dass sie

---

[458] Vgl. RWTH Aachen, RWTH Zahlenspiegel 2013 und 2014.
[459] Vgl. RWTH Aachen, e-Prüfungs Symposium 2018, Vortrag zum ePrüfungssystem und elektronischen Prüfungen an der RWTH. 29.-30.11.2018.

bereits seit ihrer Gründung keine klassische Campusuniversität ist. Stattdessen ist das Areal der RWTH heute auf mehrere Standorte quer durch Aachen verteilt. Zusammengefasst werden die großen Kerngebiete unter Campus Mitte, Campus West und Campus Melaten. Zusätzlich kommen noch Sonderstandorte im Umfeld des Theaters, der Kackertstraße und das Universitätsklinikum hinzu. Insbesondere durch diese Zersplitterung des Hochschulcampus kann man durchaus sagen, dass die Hochschule das Stadtbild von Aachen nun mehr mitprägt. Die Hochschule ist ein fester Teil der Identität der Stadt. Die in Anspruch genommene Fläche der RWTH hat sich seit 1992 von 461.695m² auf 588.027m² im Jahr 2018 erhöht, eine Steigerung von 27%. Gleichzeitig hat sich auch die Zahl der An-Institute verdoppelt auf nun mehr 18 Stück.[460] In Anbetracht der angestiegenen Studierendenzahlen verläuft der Trend in die richtige Richtung, ist aber noch nicht als vollends zufriedenstellend zu bewerten. Das Verhältnis der Anstiege von Auslastung und Studierenden zum Raumbedarf divergiert gravierend.

8.2 Personal und Finanzen

Im nachfolgenden wird die Entwicklung des Personals auf Fakultätsebene und nach Gruppenzugehörigkeit analysiert, in Verbindung dazu folgt zusätzlich auch die Verteilung der Hochschulfinanzierung der RWTH. In den Abbildungen 27 und 28 wurden die Daten der Fakultät 10 für den Zeitraum 1992-2000 bereinigt, um eine Verzerrung zu verhindern. Entfernt wurde dabei das nichtwissenschaftliche Personal. Dieses sind ab 2000 keine Beschäftigten der RWTH und daher nicht mehr erfasst. Es handelt sich für den Zeitraum 1992-2000 um ca. 3.500 Mitarbeiter. Ein weiteres Manko der Datenbasis ist, dass nicht alle Mitarbeiter außerhalb

---

[460] Vgl. RWTH Aachen, RWTH Zahlenspiegel 1992 und 2018.

der Landesfinanzierung korrekt erfasst sind. Vereinzelt wurde Personal aus Sondermitteln angegeben und auch das Drittmittelpersonal wird nicht immer explizit korrekt auf die einzelnen Gruppen verteilt angegeben. Daher ist diese Gruppe als eigenständiger Graph enthalten, der Professoren, Wissenschaftliche Mitarbeiter und Nichtwissenschaftliche Mitarbeiter umfasst.

Abseits des explosionsartigen Anstiegs des Drittmittelpersonals nach 2006 weisen die Graphen keine Unregelmäßigkeiten auf. Der Anstieg des Drittmittelpersonals wird vor allem durch die verstärkte Projektakquise im Vorfeld und seit Beginn der Exzellenzinitiative verortet. Die RWTH war und ist hierbei sehr erfolgreich und wirbt seitdem deutlich mehr Drittmittel ein als in den Jahrzehnten zuvor. Nennenswert ist daneben nur der Anstieg des Gesamtpersonals aus Landesmitteln nach 2013. Dieser verteilt sich fast gleichmäßig auf die Wissenschaftlichen und Nichtwissenschaftlichen Mitarbeiter, bei den Professoren lässt sich jedoch im selben Zeitraum kein Anstieg, sondern ein leichter Rückgang feststellen.

Der Anstieg der Studierenden im Allgemeinen spiegelt sich ebenfalls nicht in der Personalkurve des Gesamtpersonals aus Landesmitteln. Anders sieht es beim Drittmittelpersonal aus, ein Teil davon ist auch Lehrpersonal. Allerdings sind die Zeitintervalle nicht deckungsgleich, auch unter Einbezug einer versetzten Reaktion, mit den Schwankungen der Studierendenzahlen. Eine unmittelbarere Abhängigkeit besteht somit nicht. Interessant ist auch der Aspekt, dass das Verhältnis zwischen Personal aus Landeszuschuss und Drittmitteln relativ nahe beieinander liegen. Während 2018 4.645 Personen aus Landesmitteln finanziert wurden, waren es 4.240 aus Drittmitteln, ein Unterschied von knapp 10%. Somit besteht fast die Hälfte des Personals aus Fremdmitteln abseits der staatlichen Regelfinanzierung.

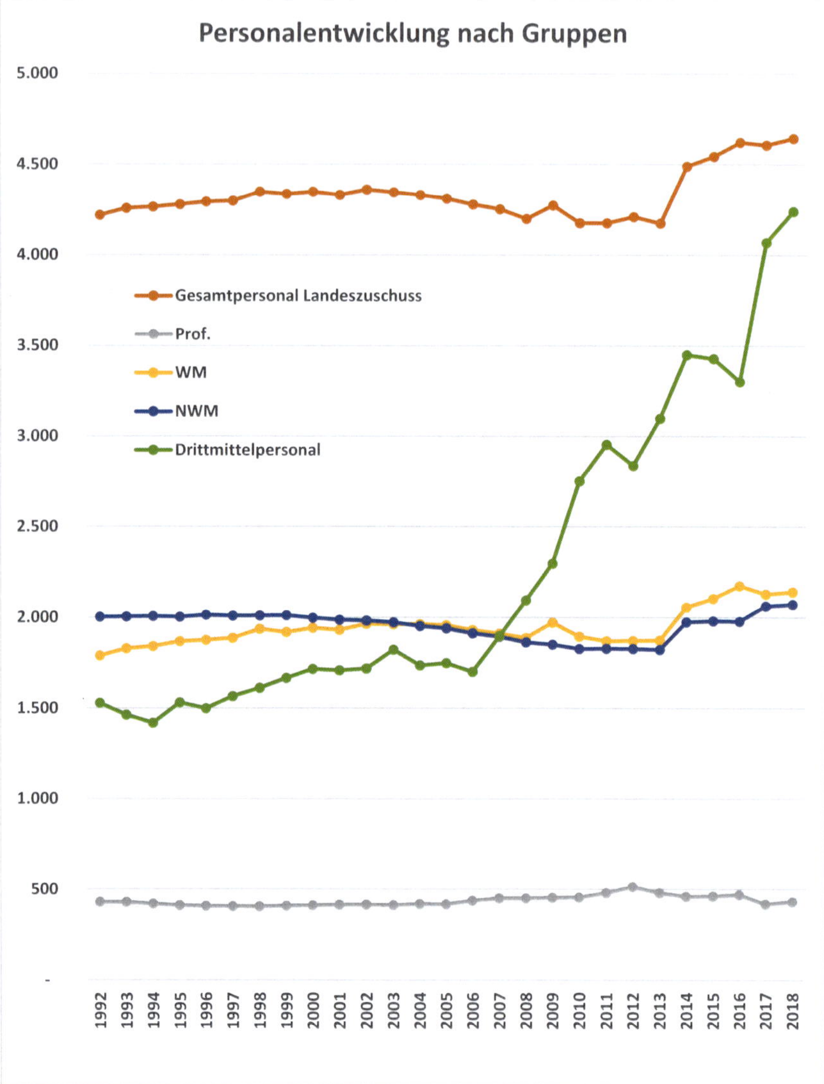

Abbildung 27: *Personal nach Gruppenzugehörigkeit; Datenbasis RWTH Zahlenspiegel; eigene Darstellung.*

Im Gegensatz dazu bietet die Verteilung des Personals innerhalb der Hochschule eine andere Perspektive. Abgebildet sind hier in Abbildung 28 aus den gleichen Gründen wie bereits in Abbildung 27 ebenfalls nur die Planstellen, die aus Landeszuschussmitteln finanziert werden. Hier stechen zwei Einheiten hervor, die ein wesentlich größere Dynamik in ihrem Verlauf aufweisen und zudem ein deutlich größeres Wachstum aufweisen als der Rest. Es handelt sich hierbei um die Zentrale Hochschulverwaltung und die Medizinische Fakultät. Alle anderen Fakultäten weisen tendenziell eher einen linearen Verlauf auf, der aber doch durch einen Rückgang des Personals gekennzeichnet ist. Das Personal der ZHV ist im Zeitraum 1992-2018 von 911 Beschäftigten auf 1.202 angewachsen, eine Steigerung von 32%. Verstärkte Zentralisierung von bestimmten Aufgaben im Bereich Prüfungs- und Studienmanagement und die Eirichtung von hochschulweit verfügbaren Zentren führen zu einem Ausbau der ZHV.

Übertroffen wird dies aber von dem Wachstum der Medizinischen Fakultät, diese schaffte eine Steigerung des Personalbestands um 58% auf 1.244 Beschäftigte. Gleichzeitig gilt es hier hervorzuheben, dass dies nur Wissenschaftliches Personal, also Wissenschaftliche Mitarbeiter und Professoren, umfasst und keine Nichtwissenschaftlichen Mitarbeiter wie bei den anderen Einrichtungen. Das Wachstum der Medizinischen Fakultät ist, unabhängig vom Wachstum der Universität ohnehin, zusätzlich durch das Wachstum des Uniklinikums beeinflusst. Die Größe des Klinikums hat Einfluss auf Forschung und Lehre, sprich die Anzahl der verfügbaren Studienplätze und den Umfang und die Möglichkeiten zur wissenschaftlichen Forschung.

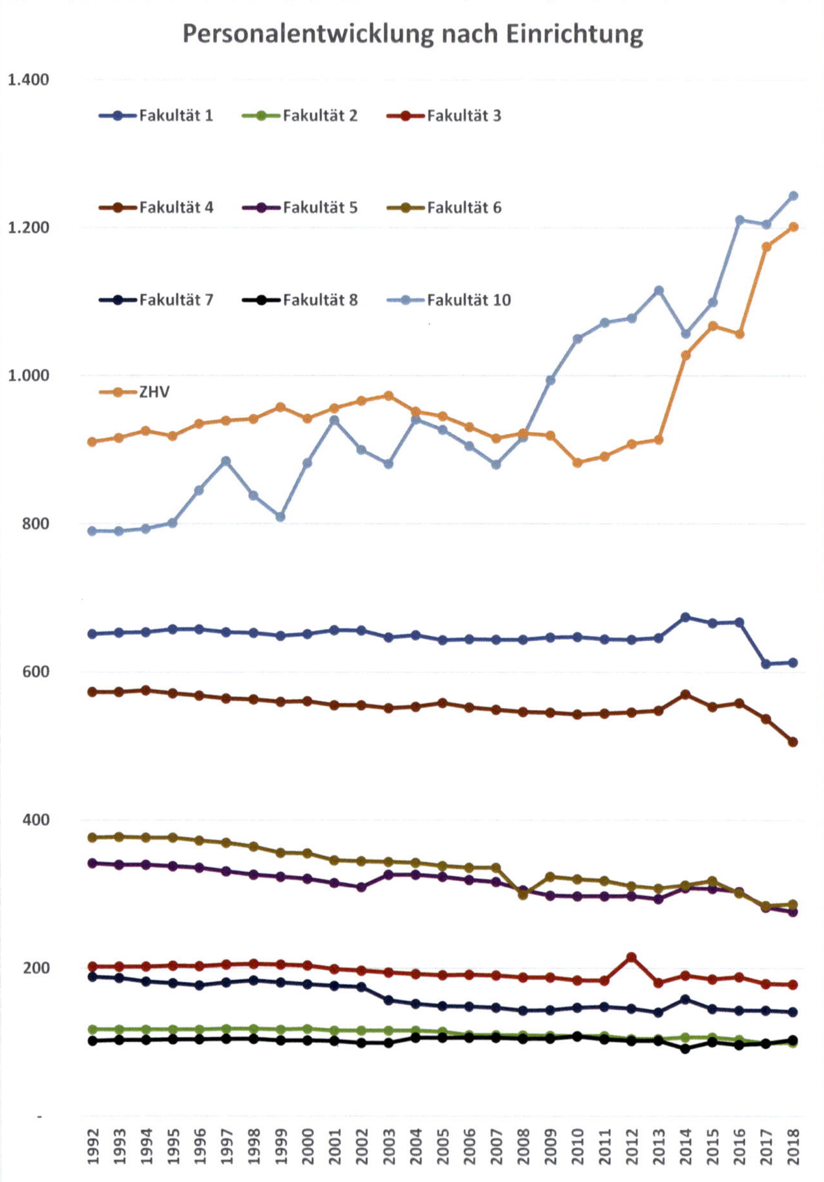

Abbildung 28: *Personalentwicklung der Fakultäten und ZHV; Datenbasis RWTH Zahlenspiegel; eigene Darstellung.*

Obwohl die Personalentwicklung nach Landesmitteln abseits ZHV und Fakultät 10 rückläufig ist, bedeutet dies nicht, dass das Personal der entsprechenden Fakultäten auch rückläufig ist. Der Ausgleich wird dabei über Personal aus Dritt- und Sondermitteln erreicht. In Kombination mit Abbildung 30 lässt sich auch eruieren, wie sich das Drittmittelpersonal auf die einzelnen Fakultäten verteilt.

Auch wenn es auf den ersten Blick durch den markanten Einbruch in Abbildung 29 anders wirkt, weißt die Finanzierung der Hochschule von Seiten des Staates durchgehend einen positiven Trend auf. Der Einbruch des Haushaltsvolumens nach 2000 ist einem einzelnen Aspekt geschuldet, der mit strukturellen, politischen und finanziellen Gründen verknüpft ist. Das Universitätsklinikum wurde in Folge einer Rechtsformänderung zu einer eigenständigen GmbH und aus dem Hochschulbetrieb ausgegliedert. Dementsprechend gehen die Landesmittel zur Finanzierung des Klinikums nicht mehr an die RWTH. Für die RWTH entfallen damit große Teile an entsprechenden Personalkosten, sächliche Verwaltungskosten und Investitionen. In Summe werden dadurch über 217 Millionen € auf Seiten der Hochschule und des Landes eingespart.[461] Eine finanzielle Vernachlässigung der RWTH durch die Landesregierung ist somit nicht vorhanden. Dennoch ist das Klinikum nicht zuletzt durch die Medizinische Fakultät eng verflochten mit der Hochschule. Da das Personal im gesamten ansteigt, kann auch nicht festgestellt werden, dass ZHV und Fakultät 10 auf Kosten der anderen Fakultäten gewachsen sind.

---

[461] Vgl. RWTH Aachen, RWTH Zahlenspiegel 2000.

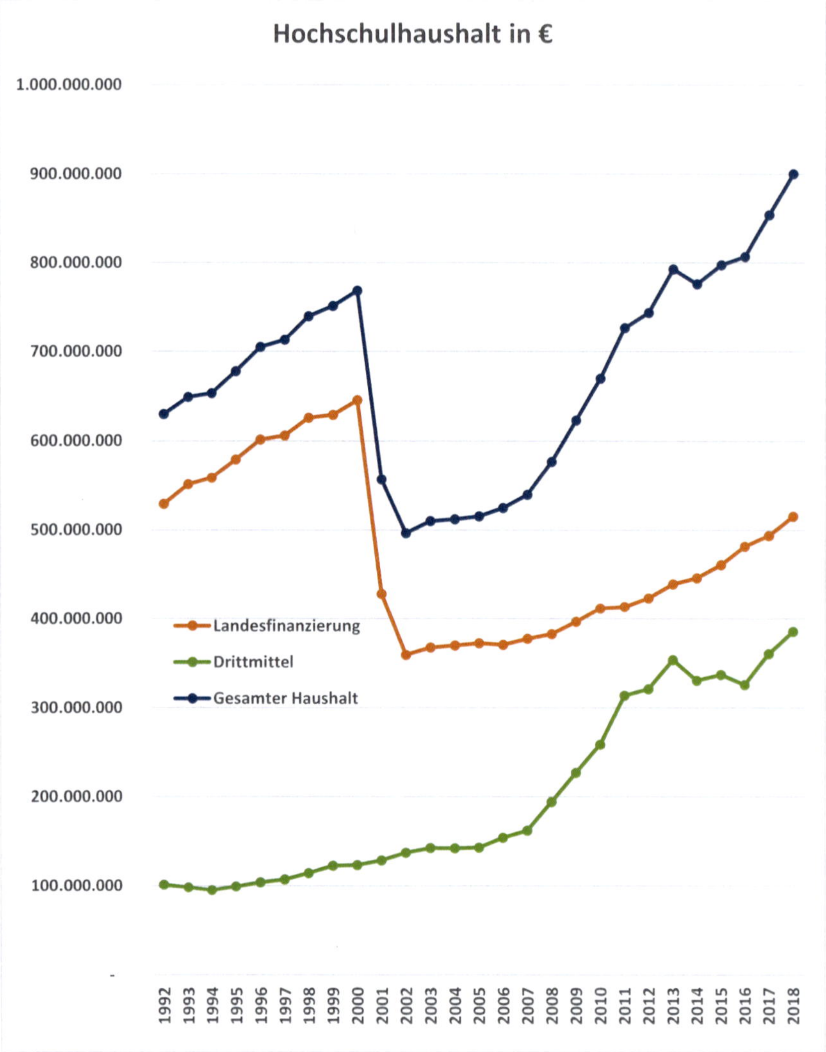

Abbildung 29: *Haushaltsdate; Datenbasis RWTH Zahlenspiegel; eigene Darstellung.*[462]

[462] Hochschulhaushalt ohne Sondermittel, diese werden nur vereinzelt angegeben und sind daher nicht mit abgebildet. Monetäre Werte vor der Euroreform wurden entsprechend des Wechselkurses umgerechnet, wenn dies nicht bereits im Zahlenspiegel berücksichtigt wurde.

Während die Drittmittelfinanzierung in den 1990ern konstant bei ca. 100 Millionen € liegt, beginnt zum Ende hin eine erste Steigerungswelle, die bis 2007 zu einem Anstieg auf über 161 Millionen € führt. Eine stärkere Intensivierung der Forschungsarbeit und aktivere Projektakquise, unter anderem auch induziert durch den Wettbewerb der Exzellenzinitiative, machen sich zügig bemerkbar und führen bis 2012 fast zu einer Verdopplung der Drittmittel auf ein Finanzvolumen von über 320Millionen €. Bis 2018 wird eine Summe von über 385 Millionen € an Drittmitteln als jährliche Finanzierung erwirkt. Der Erfolg in der Exzellenzinitiative fördert die Akquise von Drittmitteln aus der Industrie. Die Landesfinanzierung hinkt diesbezüglich nicht hinterher. Von 2007 bis 2018 erhöht sich die Landesfinanzierung um über 137 Millionen Euro auf ein Volumen von fast 515 Millionen €. Es muss hierbei aber auch berücksichtigt werden, dass Landesmittel und Drittmittel sowohl zu Forschungszwecken als auch zur Förderung und Unterstützung der universitären Lehre eingeworben werden.

Aus der Perspektive des Wissenstransfers ist insbesondere der Anstieg an Drittmitteln zu begrüßen. Zeigt dies doch, dass eine gewisse Relevanz der Tätigkeiten der Hochschule besteht und von externen Unternehmen aus Industrie und der Wirtschaft oder öffentlichen Einrichtungen wahrgenommen wird. Dies beschränkt sich nicht nur auf die externe Wahrnehmung, dass Unternehmen auf die Hochschule zugehen, sondern auch auf den Aspekt erfolgreicher Forschungsanträge. Zusätzlich stellt eine Forschung oder ein Lehrprojekt, das so finanziert wird, auch durch die Umsetzung, insbesondere bei anwendungsbezogenen Aspekten, einen unmittelbaren Transfer der Erkenntnisse dar. Im Angesicht des drastischen Anstiegs des Haushaltsvolumens nach 2007 lässt sich somit auch für die Exzellenzinitiative ein positives Fazit ziehen. Aus Sicht der RWTH ein Erfolgsmodell, dabei geht es nicht nur um die Finanzierung aus der Exzellenzinitiative selbst, sondern vor allem um die für den entsprechenden Wettbewerb notwendigen vorzeigbaren Forschungsprojekte.[463] Um entsprechende innovative Projekte vorweisen zu können, wurden an allen teilnehmenden Hochschulen, unbeachtet des Erfolgs im Wettbewerb, erhebliche Anstrengungen für die Einwerbung von Drittmitteln geleistet.

Die Dominanz der absoluten Dimension der Fakultät 4 bei der erfolgreichen Einwerbung von Drittmitteln sticht in Abbildung 30 direkt ins Auge und dokumentiert den Erfolg des Fachbereiches auf der Forschungsebene. Keine der anderen Fakultäten schafft es auch nur annähernd in dieselben Dimensionen mit ihrem eingeworbenen Drittmittelvolumen. In Zahlen ausgedrückt ist der Fakultät für Maschinenwesen im Zeitraum 1992-2018 eine Steigerung um 296% gelungen. Sie hat damit ihr Drittmittelvolumen auf einen Wert von 147.607.670€ gesteigert. Die Fakultät 4 ist somit verantwortlich für die Einwerbung von 38% aller Drittmittel der Hochschule. Dementsprechend entfällt auch ein großer Teil des Drittmittelpersonals auf diese Fakultät. Im Angesicht des Status einer Technischen Universität, und einer der zentralen Fachbereiche seit Anbeginn der Hochschule, durchaus passend.

---

[463] Vgl. Bundesministerium für Bildung und Forschung, Exzellenzinitiative, online verfügbar: https://www.bmbf.de/de/die-exzellenzinitiative-staerkt-die-universitaere-spitzenforschung-1638.html, abgerufen am 06.09.2020.

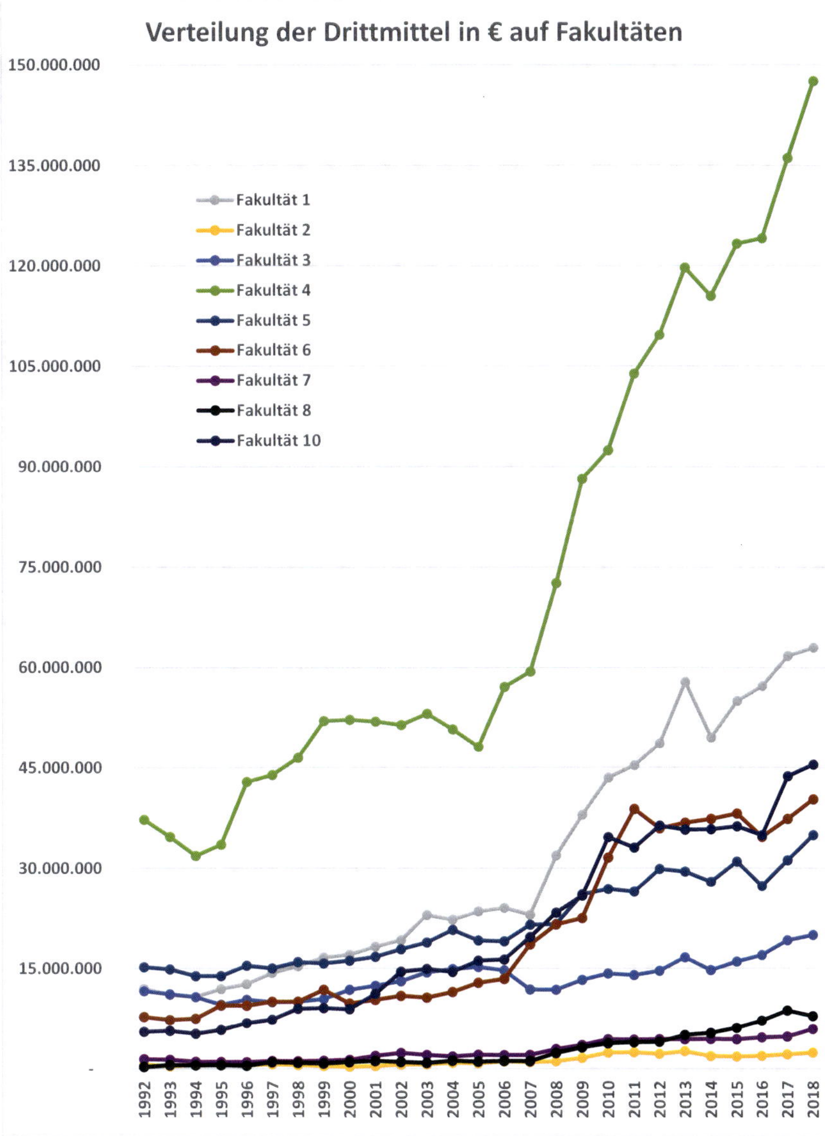

Abbildung 30: *Drittmittelverteilung auf Fakultäten; Datenbasis: RWTH Zahlenspiegel; eigene Darstellung.*[464]

Dies darf aber nicht ablenken und den Gesamterfolg der anderen Fakultäten schmälern, die allesamt ebenfalls eine Steigerung ihres Drittmittelvolumens erreicht haben. Aus dem Graphen nicht unmittelbar ersichtlich, ist es allerding der Fakultät 8 gelungen ein weitaus größeres Wachstum als das der Fakultät 4 zu erreichen. Hierbei muss jedoch erwähnt werden, dass durch die junge Gründung im Jahr 1986 das Anfangsvolumen an Drittmitteln noch sehr eingeschränkt war, dementsprechend wirkt sich auch das Einwerben von kleineren Drittmittelprojekten hier in deutlich stärkeren Dimensionen auf das Wachstum aus. Lag das Drittmittelvolumen 1992 noch bei nur 248.939€ so steigerte es sich bis 2018 auf 7.848.688€, ein Wachstum von 3053%.

Der nach absoluten Zahlen Zweitplatzierte, die Fakultät 1, erreichte eine Steigerung um 426% auf 62.919.637€ Auch diese Steigerung ist vom Verhältnis her deutlich größer als die der Fakultät 4. Auch die medizinische Fakultät, die Fakultät für Elektrotechnik und Informationstechnik und die Philosophische Fakultät weisen einen prozentual stärkeren Anstieg an eingeworbenen Drittmitteln auf. So konnte die Fakultät 10 eine Steigerung um 719%, die Fakultät 6 um 418% und die Fakultät 7 um 311% erreichen. Nur die Fakultäten 2, 5 und 3 weisen niedrigere prozentuale Steigerungen auf. Die Fakultät für Architektur liegt mit 277% nur knapp hinter Fakultät 4. Die Fakultät für Georessourcen und Materialtechnik liegt mit 130% schon deutlicher zurück und den letzten Platz belegt die Fakultät für Bauingenieurwesen mit einer Steigerungsrate von 71%. Auch wenn die Fakultät 3 prozentual den letzten Platz belegt, in absoluten Zahlen ist ihre Steigerung an Drittmitteln 8,3 Millionen € und somit höher als die der Fakultäten 2, 7 und 8. Genau genommen liegt selbst die Summe der Drittmittel von den Fakultäten 2, 7 und 8 zusammen immer noch unter der Drittmittelsumme der Fakultät 3.

---

[464] Von 1992-1995 sind die Mittel der Sonderforschungsbereiche nicht enthalten.

8.3 Studierende und Absolventen

Die Gesamtentwicklung der Studierenden der RWTH wurde bereits im vorangegangen Kapitel 7 aufgezeigt. Im nachfolgenden liegt daher der Fokus explizit auf der Verteilung nach Fachbereichen und ergänzend separat zwischen Anfängern, Absolventen und Promotionsstudierenden. Das bereits bekannte Wachstum der RWTH lässt sich somit genauer auf einzelne Etappen festlegen und zeigt auf, welche Fachbereiche profitierten und welche nicht. Wenig überraschend für eine Technische Hochschule sind die meisten Studierenden in einer Ingenieurswissenschaftlichen Fakultät eingeschrieben. Spitzenreiter hierbei ist die Maschinenbau-Fakultät, dicht gefolgt von Fakultät 1 für Mathematik, Informatik und Naturwissenschaften. Merklich abgeschlagen und auch rückläufig sind die Architekturfakultät und die Fakultät für Wirtschaftswissenschaften. Bei letzterer muss jedoch bedacht werden, dass zusätzlich zu den Studierenden der eigenständigen Studiengänge auch noch das Wirtschaftsingenieursstudium hinzukommt, die Studierenden aber bei der Fakultät ihres Ingenieursfach gezählt werden. Es handelt sich dabei um die Fakultäten 3, 4, 5 und 6. Weniger stark ausgeprägt, aber dennoch vorhanden, sind die Rückgänge bei der Philosophischen und der Medizinischen Fakultät.

Der deutschlandweite Trend der rückläufigen Studierendenzahlen in den 1990er Jahren, der sich an der RWTH besonders stark bemerkbar machte, wurde bereits in Kapitel 7.6 näher untersucht. In Abbildung 21 zeigt sich ergänzend dazu die Verschiebung der Studierendenzahlen an der RWTH, und wo primär die Verluste auftraten. Deutlich zu erkennen sind gravierende Verluste im Kernbereich Maschinenbau, der von 8.021 Studierenden im Jahr 1992 auf 4.451 Studierende im Jahr 2000 abstürzt. Dennoch, selbst am Tiefpunkt, gibt es nur zwei Fachbereiche, die trotz alledem mehr Studierende binden. Es handelt sich dabei um die Fakultät für Mathematik, Informatik und Naturwissenschaften und die Philosophische Fakultät. Folglich zwei der nicht den Ingenieurswissenschaften zugeordneten Fakultäten. Beide verzeichnen dabei sogar in dieser Phase ein Wachstum und stützen damit die Gesamtstudierendenzahlen der Hochschule.

Nach einer kurzen Rekonvaleszenz ist aber bereits ab 2001 wieder ein Wachstum an der Fakultät 4 zu verzeichnen. Diese Wachstumsphase hält bis 2017 an und erreicht in diesem Jahr den Peak der eingeschriebenen Studierenden im Maschinenbau mit 12.795 Studierenden, ein Wachstum um 60% verglichen zu 1992. Während der Schwächephase der Fakultät 4 konstituiert sich aber auch eine längere Wachstumsperiode für Fakultät 1. Sowohl zu Beginn des Untersuchungsfensters als auch am Ende stellt diese Fakultät die zweitmeisten Studierenden. Im Gesamten gelingt es ihr, von 6.068 Studierenden auf 9.293 Studierende anzuwachsen, immerhin ein Anstieg um mehr als die Hälfte der ursprünglichen Studierendenzahl. Ein nicht minder starkes Ergebnis als das der Fakultät 4.

Für die Philosophische Fakultät sieht die Gesamtentwicklung nicht ganz so positiv aus. Trotz zwischenzeitlichen Hochphasen bis zur Jahrtausendwende ist ihre Studierendenzahl rückläufig. Im Vergleich zu 1992 studieren im Jahr 2018 etwa 6% weniger Personen an der Fakultät 7, dies entspricht 261 Studierenden. Die Fakultät 5 für Georessourcen und Materialtechnik litt auch unter einem Einbruch ihrer Studierendenzahlen und verlor knapp ein Drittel ihrer Studierenden bis 2001. Damit war ein Tiefpunkt von 1.414 Studierenden erreicht, aber auch der Wendepunkt. Von da an stiegen die Studierendenzahlen auch hier wie and der Fakultät 4 stark an und erreichten 2016 einen Höhepunkt von 4.403, der wiederum bis 2018 auf 4.180 fiel. Im Gesamten lässt sich aber von 1992 bis 2018 ein Anstieg um 87% feststellen. Neben einem Ingenieursbereich im Bergbau und den Material- und Werkstoffwissenschaften sind an der Fakultät 5 auch die Geographiestudiengänge angesiedelt.

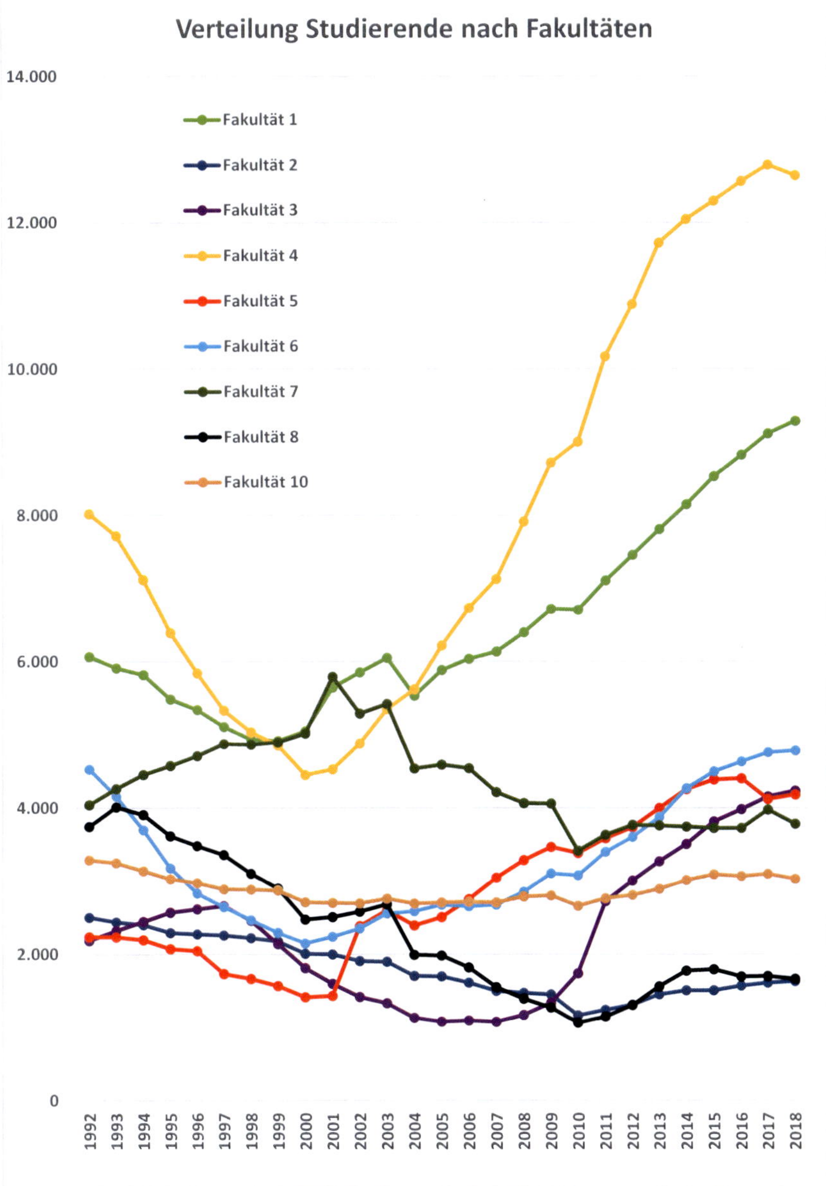

Abbildung 31: *Verteilung der Studierenden nach Fakultäten; Datenbasis: RWTH Zahlenspiegel; eigene Darstellung.*

Eine abweichende Entwicklung, nicht nur zu den anderen Ingenieursfakultäten, lässt sich bei der Fakultät 3 für Bauingenieurwesen erkennen. Diese weist auch während der Abwärtsphase der anderen noch einen Anstieg der Studierenden auf und erreicht dabei 1997 einen vorläufigen Höhepunkt mit 2.662 Studierenden. Ab 1998 ist dann allerdings auch hier ein Rückgang zu verzeichnen, dieser geht dann ab 2004 in ein Tief über, das wiederum bis 2007 anhält. Ausgehend von 1.076 Studierenden 2007 steigert sich die Studierendzahl bis 2018 kontinuierlich und erreicht die Marke von 4.235. Die Studierendenzahl der Fakultät 2 für Architektur weist ähnlich wie Fakultät 8 einen gleichbleibenden Rückgang auf. Der Rückgang von 1992 bis 2018 beträgt 35%. Während 1998 noch 2.505 Studierende immatrikuliert sind sinkt die Zahl auf 1.633 im Jahr 2018.

Der Gesamtzeitraum der in Abbildung 31 dargestellten Graphen spiegelt auch die Anstiegsentwicklung der Studierendenzahlen an der Hochschule exakt wieder. Wie zu erwarten sinkt auch die Zahl der Studienanfänger in den 1990er Jahren und deckt sich somit mit den sinkenden Studierendenzahlen an der Hochschule, steigt jedoch bereits ab 1996 wieder an. Gleichzeitig ergibt sich aber auch die einmalige Situation, dass mehr Personen ihr Studium abschließen als neu Studierende sich immatrikulieren. In Folge dessen führt dies im Gesamtbild erst recht zu einer sinkenden Studierendenzahl. Im selben Zeitfenster der 1990er Jahre lässt sich aber auch ein Anstieg der Promotionen erkennen. Dieser flacht 1996 mit dem Anstieg der Studienanfänger jedoch wieder ab. Bis 1997 liegt auch noch ein Rückgang der Auslastung bzw. der Überlastung an vielen Fakultäten vor. Es liegt somit nahe, dass dies auch mit dazu geführt hat, dass etliche Doktoranden durch geringere Lehrbelastung ihre Promotion zügiger voranbringen konnten. Denn parallel zum Anstieg der Auslastung und der Studierendzahl fällt auch die Anzahl der Promotionen. Im gesamten steigt die Anzahl der jährlichen Promotionen von 1992-2018 von 715 auf 904 an, ein Anstieg um 26%.

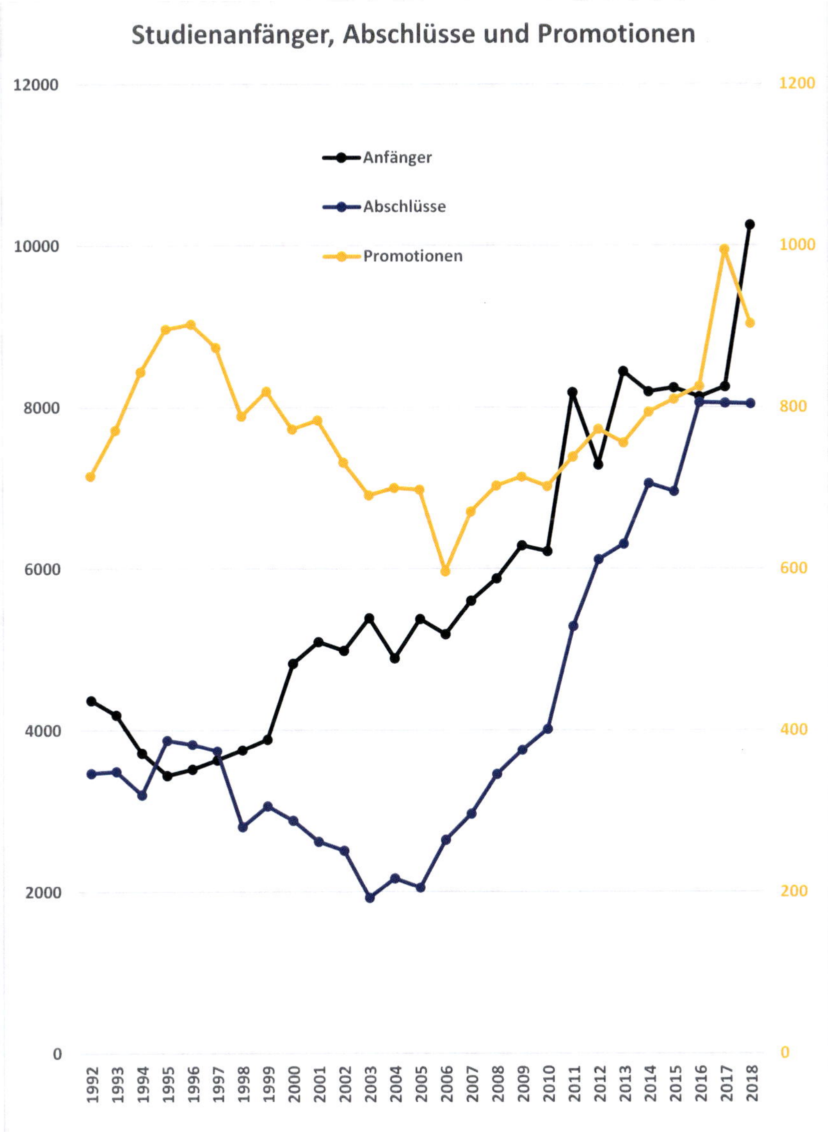

Abbildung 32: *Studienanfänger, Abschlüsse und Promotionen; Datenbasis: RWTH Zahlenspiegel; eigene Darstellung.*

Von 1997 bis 2003 sinken aber auch die Absolventenzahlen und fallen auf einen Wert unter 2.000 Studienabschlüsse. Die Zahl der Studienanfänger hat sich zu diesem Zeitpunkt nicht nur erholt, sondern liegt bereits um 23% höher als noch 1992. Die Divergenz zwischen beiden Graphen beträgt 3.457 Studierende. Dies bedeutet, dass 3.457 Personen mehr ein Studium beginnen als abschließen. Dies findet sich auch im Graph der Auslastung in Abbildung 32 wieder. Das Jahr 2003 stellt dort ebenfalls einen Peak der Überlastung der Fakultäten in der Lehre dar. Im Angesicht der konstanten Überlastung der Hochschule im Bereich Lehre ist die Divergenz zwischen der Zahl der Studienanfänger und den Absolventen deutlich zu groß. Während 2018 10.251 Personen ein Studium and der RWTH angefangen haben, absolvierten nur 8.044 ein vollständiges Studium und erhielten ihren Abschluss. 2016 lagen beide Werte noch gleich auf nach einem langen Anstiegs- und Aufholprozess. Der Wert der Absolventen stagniert ab diesem Zeitpunkt, im Gegensatz zu der Anzahl der Studienanfänger, die ansteigt.

9 Datenerhebung zum Wissensmanagement an der RWTH

Um weitere Daten und Informationen speziell zur Situation des Wissensmanagements und den Querverbindungen zur Organisationsstruktur der RWTH zu gewinnen, wurde eine empirische Datenerhebung durchgeführt. Bei dem eingesetzten wissenschaftlichen Erhebungsinstrument handelt es sich um die schriftliche Befragung mittels eines online verfügbaren Fragebogens. Die Fragebogenmethode ist der Standard in den Sozialwissenschaften und wird häufig bei der Ermittlung von Meinungen, Einstellungen, Positionen zu Themen und Sachverhalten sowie für die Befragung großer, homogener Gruppen eingesetzt. Er eignet sich im Falle der vorliegenden Fallstudie besonders gut auch in Anlehnung an die vorherige Analyse der Strukturdaten.[465] Die größten Vorteile dieser wissenschaftlichen Methode liegen in dem niedrigen Zeit- und Personalaufwand sowie in den geringen Erhebungs- und Auswertungskosten. Weiterhin ist mit durchdachten Antworten zu rechnen, da die Befragten den Bearbeitungszeitpunkt und dessen Dauer selbst bestimmen können.[466] Außerdem entfällt damit der Interviewer, der als mögliche Fehlerquelle somit auch keinen Einfluss auf die Befragungssituation ausübt. Als wesentlicher Nachteil bei der schriftlichen Befragung ist allgemein die niedrige Rücklaufquote zu nennen.[467] Um möglichst hohe Teilnahmebereitschaft an der Umfrage zu erzielen, werden sowohl bei der Entwicklung des Fragebogens als auch bei der Durchführung der Datenerhebung verschiedene Maßnahmen getroffen, welche im Verlauf dieses Kapitels näher beschrieben werden.

---

[465] Vgl. Elisabeth Raab-Steiner, Michael Benesch, Der Fragebogen. Von der Forschungsidee zur SPSS-Auswertung. 4. Auflage, Wien 2015, S. 47ff.
[466] Vgl. Jürgen Raithel, Quantitative Forschung. Ein Praxiskurs. 2. Auflage, Wiesbaden 2008, S. 67f.
[467] Vgl. Jürgen Friedrichs, Methoden empirischer Sozialforschung. 14. Auflage, Opladen 1990, S. 237ff.

Nach der Begründung der Wahl der Erhebungsmethode erfolgt eine nähere Beschreibung des Untersuchungsdesigns. Hierbei geht es vor allem um die Entwicklung des Fragebogens, die Durchführung des Pretests und der Befragung selbst. Weiterhin ist Gegenstand des Kapitels die Auswertung der erhobenen Daten mit Hilfe des Statistikprogramms SPSS.[468] Zur Auswertung der Rohdaten des Fragebogens gehören Forschungsprozesse wie die Aufbereitung, Strukturierung und Analyse der Daten sowie danach die Interpretation der analysierten Daten. Zuerst werden die erhobenen Daten aus dem Fragebogen exportiert und auf Vollständigkeit überprüft. Als Nächstes erfolgen die Aufbereitung und Strukturierung, dabei wurden nicht bearbeitete Bögen entfernt. Danach erfolgen die Analyse der aufbereiteten Daten und die Darstellung der ausgewählten deskriptiven Ergebnisse. Gleichzeitig werden benötigte Werte wie Mittelwerte, Streuung und Abweichung berechnet. Nach der Auswertung des Datenmaterials werden die aus der Analyse resultierenden Ergebnisse interpretiert, diskutiert und im Gesamtkontext verortet. Im Anschluss wird zusätzlich die Überprüfung der aufgestellten Hypothesen mittels der induktiven Statistik durchgeführt. Im Mittelpunkt stehen die Beantwortung der Forschungsfragen und die Hypothesenprüfung sowie die Ableitung der Handlungsempfehlungen für die Behebung von Barrieren.

Ziel dieser Datenerhebung ist es, auf der Basis der empirischen Fallstudie in der RWTH zu ermitteln, welche Faktoren den internen Transfer von Wissen in der täglichen Praxis in Forschung und Lehre verzögern oder verhindern. Um die möglichen Barrieren aufzudecken, werden zusätzlich zu den Ergebnissen der Erhebung und deren Analyse auch die Ergebnisse der zuvor ermittelten Ausgangssituation der RWTH miteingebunden. Der Fokus liegt dabei auf der Bestandsaufnahme der vorhandenen Instrumente, Methoden und Rahmenbedingungen zum WT sowie die Entwicklung und Strukturierung der Hochschule. Aufbauend auf

---

[468] Vgl. Peter Atteslander, Methoden der empirischen Sozialforschung. 13. Auflage, Berlin 2010, S. 291f.

den Ergebnissen der Datenanalyse und den theoretischen Grundlagen des Wissensmanagements werden entsprechende Handlungsempfehlungen zur Überwindung der Barrieren ausgearbeitet.

Um zusätzliche Kenntnisse im Kontext der organisationalen Gestaltung der Hochschule zu erlangen, wurde als Zielgruppe die kleinste Einheit der Abteilungsleitung, ausgehend vom Rektorat, im Bereich Forschung und Lehre ausgewählt: die Professur. Der Lehrstuhlinhaber wird dabei als Leiter und Person mit Führungsverantwortung gesehen. Ziel war es vor allem herauszufinden, wie die Professuren den Wissenstransfer und die zugehörige Wissenskultur im Arbeitsalltag wahrnehmen. Wie sie den Wissenstransfer und die Wissenskultur mit anderen Ebenen und ihren Mitarbeitern einschätzen. Welche Barrieren sie erkennen oder erfahren haben. Welchen Stellenwert die personelle Weiterbildung und der Austausch untereinander haben und eine Einschätzung der Gesamtsituation in Abhängigkeit der Lehrstuhlgröße und Fachdisziplin.

9.1 Vorbereitung, Aufbau und Umsetzung der empirischen Datenerhebung

Der Fragebogen wurde in Anlehnung an die in den Kapiteln 2-5 erläuterten Theorien konzipiert und basiert auf den Ergebnissen der Entwicklungsanalyse der RWTH. Gleichzeitig wurden die vorhandenen Systeme und Einrichtungen für den Wissenstransfer an der RWTH ermittelt. Durch Anregungen von Fragekonzepten aus artverwandten Studien wurde er um weitere Aspekte angereichert.[469] Der Fragebogen beginnt auf der ersten Seite mit einem Anschreiben und einer kurzen

---

[469] Vgl. Rosner, Regionalökonomische Effekte, S. 286-304 ; Blume/Fromm, Wissenstransfer zwischen Universitäten, S. 109-123; Aino Kianto, Development and Validation of a Survey Instrument for Measuring Organisational Renewal Capability. In: International Journal of Technology Management, Vol. 42 Heft 1/2, 2008, S. 69-88.

Skizzierung des Vorhabens. Danach folgen einige rechtliche Belehrungen bezüglich des Datenschutzes. Gefolgt von zwei Fragen zum Einverständnis der Speicherung im Rahmen der Teilnahme sowie eine Anfrage der Erlaubnis zur Freigabe der Daten für das Forschungsdatenmanagement. Ab Seite zwei beginnen die eigentlichen Fragen der Datenerhebung, es handelt sich dabei um 19 Fragen mit mehreren Items. Die Fragen sind wiederum in verschiedene Themenblöcke gegliedert und enthalten auch einige Kontrollelemente. Dies orientiert sich an den Forderungen der Literatur zum Fragebogenaufbau, und zusätzlich werden die Fragen thematisch geordnet und in Arbeitseinheiten zusammengefasst.[470] Die thematischen Einheiten der Frageblöcke lauten wie folgt: Wissensbeschaffung; Wissensweitergabe; Bewertung des Wissenstransferprozesses; Barrieren und Hindernisse im Wissenstransferprozess und nicht zuletzt Verortung in der Hochschule.

Die Fragebogenkonstruktion erfordert neben Sorgfalt auch ein Maß an Intuition. Da für den Befragten die Möglichkeit Rückfragen zu stellen nicht gegeben ist, müssen die Fragen möglichst eindeutig sein. Daher ist darauf zu achten, dass sie leicht verständlich und klar formuliert sind.[471] Der Fragebogen besteht dementsprechend nur aus geschlossenen Fragen. Dies hat den Vorteil, dass die Antworten sowohl beim Ausfüllen des Bogens als auch bei der Auswertung einfach und schnell abgearbeitet werden können. Bei geschlossenen Fragen werden die Antwortmöglichkeiten zur Auswahl vorgegeben, auch muss auf eine klare Antwortoption geachtet werden.[472] Die Beantwortung der meisten Fragen im Fragebogen geschieht auf einer fünfstufigen Ratingskala, einer Likert Skala, mit verbaler Skalenbezeichnung. Durch eine Antwortskala mit der Breite von fünf Skalenpunkten haben die Befragungspersonen genug Spielraum für eine wertende Beurteilung.

---

[470] Vgl. Rolf Porst, Fragebogen. Ein Arbeitsbuch. 2. Auflage, Wiesbaden 2009, S. 142f.
[471] Vgl. Friedrichs, Methoden empirischer Sozialforschung, S. 238.
[472] Vgl. Porst, Fragebogen, S. 52-67.

Zusätzlich wird durch die Verbalisierung der Skalenstufen die Bedeutung der einzelnen Skalenpunkte genau definiert.[473]

Neben einigen wenigen Fragen, in denen konkrete Elemente abgefragt wurden wie zum Beispiel die Zugehörigkeit zu einer Fakultät oder die Mitarbeiteranzahl, in einem vorgegebenen Spektrum, kam eine fünfstufige Likert Skala zum Einsatz, wie sie in Abbildung 33 auf dem Screenshot des Fragebogens dargestellt ist.[474] Bei dem Screenshot handelt es sich um die Ansicht des Fragebogens, wie er in einem Webbrowser dargestellt wird. Der vollständige Fragebogen befindet sich im Anhang dieser Arbeit. Der Fragebogen wurde in Deutsch aufgesetzt und ist auch nur in dieser Sprache verfügbar. Gleiches gilt für die verschickte Einladung.

Zur Motivation der Befragten zum Ausfüllen des gesamten Fragebogens beginnt die Befragung mit einer Einstiegsfrage, die nach den Regeln von Porst formuliert wurde. Dabei ist es wichtig, dass die Fragen zum Einstieg spannend, themenbezogen und persönlich betreffend sind. Weiterhin müssen sie auch einfach beantwortbar sein, um die Einstiegshürde der Teilnehmer möglichst niedrig zu halten.[475] In diesem Zusammenhang steht zu Beginn des Fragebogens eine Gruppe von drei Fragen zur Fakultätszugehörigkeit, der Beschäftigungsdauer und der Mitarbeiterzahl. Dies ist bereits Teil des allgemeinen Blocks zur Verortung an der Hochschule.

Bei der Wissensbeschaffung steht die tatsächliche Nutzung der Instrumente und Kanäle, die für die Wissensbeschaffung im Arbeitsalltag eingesetzt werden, im Mittelpunkt. Von Interesse ist außerdem, ob ein lehrstuhlübergreifender, fakultätsübergreifender oder auch außeruniversitärer Austausch stattfindet. In diesem

---

[473] Vgl. Porst, Fragebogen, S. 77-92.
[474] Vgl. Rensis Likert, A Technique for the Measurement of Attitudes. In: Archives of Psychology, Vol. 32 Heft 140, 1932, S. 5-55.
[475] Vgl. Porst, Fragebogen, S. 135-142.

Zusammenhang wurden gefragt, wie oft die Befragten sich arbeitsbezogene Informationen beschaffen und mit welcher Frequenz. Weiterhin wird der gegenwärtige Wissensbedarf der Organisation ermittelt. Im Zentrum der Einheit Wissensweitergabe stehen das Engagement und die Motivation zur Wissensteilung. Zunächst geht es darum, wie die Wissensträger das eigene Wissen anderen Organisationsmitgliedern zur Verfügung stellen. Dabei handelt es sich um eine Bestandsaufnahme der Instrumente und Methoden, welche derzeit am häufigsten genutzt werden. Als Antwortmöglichkeiten stehen nicht nur Mittel zur Wissensweitergabe in persönlicher Form, d.h. in Gesprächen, Meetings oder in Arbeitsgruppen zur Auswahl, sondern auch die Bereitstellung von Wissen in dokumentenbasierter Form. Ein weiterer Schwerpunkt ist, herauszufinden, auf welchen Ebenen und wie weit außerhalb des eigenen Lehrstuhls die Wissensweitergabe erfolgt.

Nur wenn alle relevanten Informationen für jeden potentiellen Nutzer zur richtigen Zeit am richtigen Ort und in der richtigen Form frei zugänglich sind, können sie für die Organisation nutzbar gemacht werden. Aus diesem Grund sollten die Teilnehmer die Güte der Informationsvermittlung innerhalb Hochschule hinsichtlich der Vollständigkeit, der Richtigkeit, der Auffindbarkeit sowie der Rechtzeitigkeit bewerten. Es soll zudem die Qualität der arbeitsbezogenen Informationen aus den offiziellen Wissenskanälen der Hochschule bezüglich folgender fünf Kriterien beurteilt werden: die Auffindbarkeit, die Aktualität, die inhaltliche Verwertbarkeit, die Verständlichkeit und die Verfügbarkeit. Die Berücksichtigung dieser Faktoren gilt als Basis für eine nutzerorientierte und nutzungsgerechte Gestaltung der Wissensinfrastrukturen einer Organisation. Diese tragen zur Förderung der Anwendung und Weitergabe von Wissen bei.

Die Bewertung des Wissenstransferprozesses befasst sich mit organisatorischen und sozialen Faktoren der Organisation, die den Rahmen des innerbetrieblichen Wissensaustausches möglicherweise prägen. Das Ziel der Bewertung liegt darin, ein noch differenziertes Bild von der Organisation aus Sicht der kleinsten Einheit zu erhalten. Damit sollen auch wichtige Problemfelder im Hinblick auf den Wissenstransfer und seine Barrieren frühzeitig erkannt und für den entsprechenden Themenblock bestätigt werden. Weiterhin werden die Professoren zu den möglichen Gründen für einen unzureichenden WT befragt. Weiterbildung spielt hier eine wichtige Rolle. Um einen Aufschluss über die aktuelle Relevanz des Wissensaustausches auf Lehrstuhlebene zu erhalten, wurden die Teilnehmenden auch gefragt, wie wichtig der Wissensaustausch ihrer Ansicht nach ist. Im Block bezüglich der Hindernisse und Barrieren werden die Teilnehmer dazu befragt, ob und wie einzelne Aspekte den Transfer behindern. Dies geschieht auf Lehrstuhl- und Hochschulebene.

In den Fragen mit Likert Skala bilden jeweils zwei Werte eine abgestufte negative Tendenz und eine abgestufte positive Tendenz. Der fünfte Wert bildet eine neutrale oder zufriedenstellende Position. Der negativste Wert ist immer links, der positivste Wert immer rechts angeordnet. Damit dies auch ohne separate Erklärung erkenntlich ist, erfolgt die Darstellung zusätzlich mit einem ansteigenden Balken. Dadurch verhindert man auch bei den wechselnden Bezeichnungen eine Verwirrung. Da jede Frage beantwortet werden muss, um zur nächsten Seite des Fragebogens zu gelangen, steht zusätzlich eine entsprechende Option *„kann ich nicht beurteilen"* durch einen Balken abgetrennt von den regulären Antworten zur Verfügung. Die Fragen zielen entweder auf eine allgemeine Zeitsituation oder ein Zeitfenster von zwölf Monaten ab.

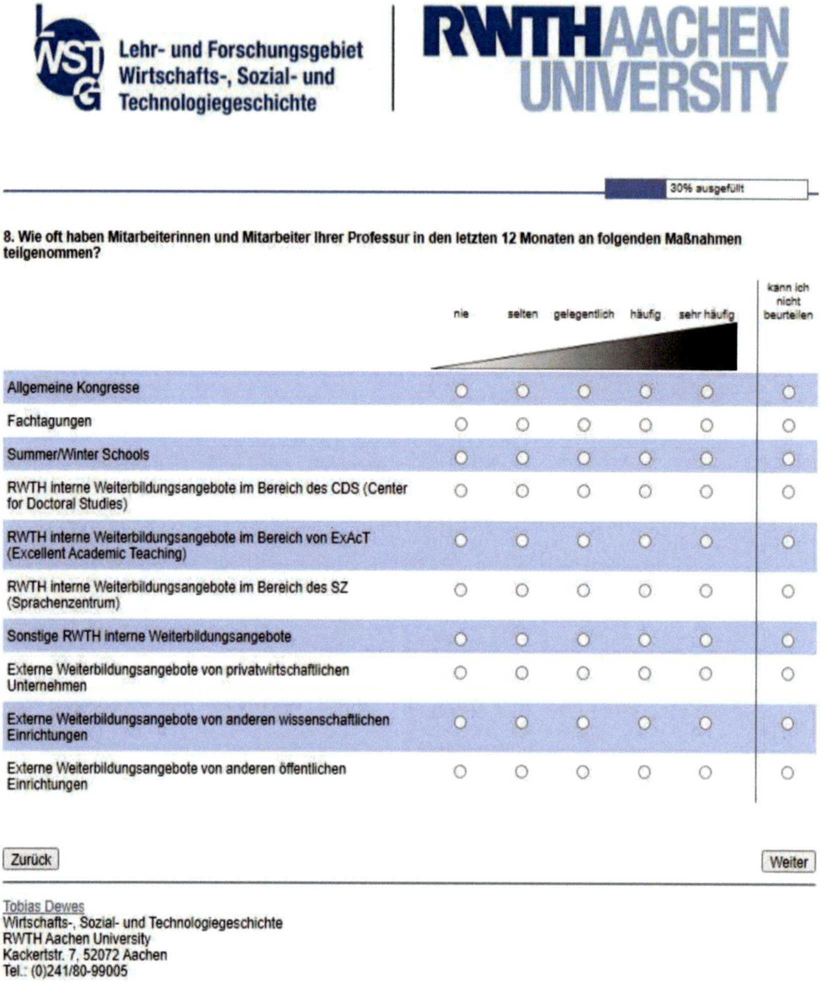

Lehr- und Forschungsgebiet Wirtschafts-, Sozial- und Technologiegeschichte

RWTH AACHEN UNIVERSITY

30% ausgefüllt

8. Wie oft haben Mitarbeiterinnen und Mitarbeiter Ihrer Professur in den letzten 12 Monaten an folgenden Maßnahmen teilgenommen?

	nie	selten	gelegentlich	häufig	sehr häufig	kann ich nicht beurteilen
Allgemeine Kongresse	○	○	○	○	○	○
Fachtagungen	○	○	○	○	○	○
Summer/Winter Schools	○	○	○	○	○	○
RWTH interne Weiterbildungsangebote im Bereich des CDS (Center for Doctoral Studies)	○	○	○	○	○	○
RWTH interne Weiterbildungsangebote im Bereich von ExAcT (Excellent Academic Teaching)	○	○	○	○	○	○
RWTH interne Weiterbildungsangebote im Bereich des SZ (Sprachenzentrum)	○	○	○	○	○	○
Sonstige RWTH interne Weiterbildungsangebote	○	○	○	○	○	○
Externe Weiterbildungsangebote von privatwirtschaftlichen Unternehmen	○	○	○	○	○	○
Externe Weiterbildungsangebote von anderen wissenschaftlichen Einrichtungen	○	○	○	○	○	○
Externe Weiterbildungsangebote von anderen öffentlichen Einrichtungen	○	○	○	○	○	○

Zurück Weiter

Tobias Dewes
Wirtschafts-, Sozial- und Technologiegeschichte
RWTH Aachen University
Kackertstr. 7, 52072 Aachen
Tel.: (0)241/80-99005

Abbildung 33: *Musterauszug Fragebogen, eigene Darstellung.*

Für die Abstufungen gibt es je nach Fragestellung unterschiedliche Formulierungen. Konkret kommen dabei die folgenden vier Abstufungen zum Einsatz:

- Nie - selten - gelegentlich - häufig - sehr häufig
- Unwichtig - weniger wichtig - neutral - wichtig - sehr wichtig
- Schlecht - eher schlecht - ausreichend - gut - sehr gut
- stimme nicht zu - stimme eher nicht zu - teils-teils - stimme eher zu - stimme voll zu

Im Zuge dieser Vorbereitungen wurde auch Kontakt mit dem Datenschutzbeauftragten und der Personalabteilung der RWTH aufgenommen. Konkreter Anlass war die Abklärung und Freigabe der Umfrage an der Hochschule. Die Zielgruppe des Fragebogens waren die Professorinnen und Professoren der RWTH. Um zugleich eine höhere Rücklaufquote zu erreichen und nicht händig alle E-Mail-Kontakte der Zielgruppe selbst zu ermitteln, wurde die Umfrage über den Mailverteiler des Rektorats an die Gruppe der Professoren versandt. Hierbei unterstützte die Prorektorin für Personal und wissenschaftlichen Nachwuchs, Frau Prof. Doris Klee. Das Prorektorat versendete im Auftrag die E-Mail mit der ursprünglichen Einladung zur Teilnahme an der Umfrage inklusive des Links und die darauffolgende Erinnerungs-E-Mail zwei Wochen später.

Zur Befragung wurde gezielt ein Zeitfenster mitten im Semester gewählt, da dann weder unmittelbar Prüfungen bevorstehen noch Personen in Urlaub sind, wie dies in der vorlesungsfreien Zeit der Fall ist. Laufzeit der vierwöchigen Umfrage war vom 27.05.2019-25.06.2019. Bevor die Datenerhebung beginnen kann, ist es notwendig, den zuvor entwickelten Fragebogen auf seine Tauglichkeit und Qualität anhand einer kleinen Stichprobe zu testen. Damit können mögliche Fehlerquellen wie Unstimmigkeiten in der Fragestellung und Reihenfolge oder Unklarheiten bereits im Vorfeld aufgedeckt und korrigiert werden. Unter anderem dient der Pretest auch zur Überprüfung der geplanten Ausfülldauer der Befragung.[476] Anfang Mai fand im Rahmen des Pretests ein dreitägiger Testlauf mit einigen ausgewählten Personen statt. Darunter befanden sich drei Professoren, fünf wissenschaftliche Mitarbeiter und zwei weitere Personen mit Führungsverantwortung aus der Wirtschaft. Die Probanden konnten dabei über eine spezielle Funktion auch direkt Kommentare bei einzelnen Elementen des Fragebogens hinterlassen. Das Feedback konnte wahlweise anonym oder unter Angabe des Namens abgegeben werden.

Die Aufgabe für die Testpersonen war die Überprüfung der Verständlichkeit der Frage- und Antwortformulierungen sowie die dazugehörigen Anweisungen zum Ausfüllen. Darüber hinaus sollte festgestellt werden, ob der Fragebogen sowohl optisch übersichtlich und ansprechend gestaltet ist als auch die Belastung des Befragten durch die Umfrage angemessen ist.[477] Es stellte sich nach der Testphase heraus, dass einige Fragen von den Teilnehmern als unverständlich oder zu kompliziert empfunden wurden. Die Ergebnisse des Feedbacks wurden berücksichtigt und der Fragebogen entsprechend überarbeitet, die kritisierten Fragen durch Anpassungen tauglich gemacht und zusätzlich die Skalen angepasst. Diese abschließenden Korrekturen führten zur Entwicklung der endgültigen Version des Fragebogens. Im Mittel ergab sich aus dem Pretest ein durchschnittlicher Zeitbedarf von 13 Minuten, dies wurde auch als Zeitangabe im Einführungstext implementiert.

Die Wahl des Onlinetools für die Erstellung des Fragebogens fiel auf SoSci Survey. Ausschlaggebend waren dafür vor allem datenschutzrechtliche Gründe hinsichtlich der Verarbeitung und Speicherung der Umfragedaten. Gleichzeitig handelt es sich dabei um einen deutschen Anbieter, der garantiert, dass die Daten

---

[476] Vgl. Atteslander, Methoden der empirischen Sozialforschung, S. 295ff.
[477] Vgl. Raab-Steiner/Benesch, Der Fragebogen, S. 63f.

Deutschland nicht verlassen, da explizit nur mit Servern in Deutschland gearbeitet wird, auch die Software selbst wurde hier entwickelt.[478] Die Software selbst war bereits durch andere wissenschaftliche Umfrageprojekte bekannt. Das System ist relativ einsteigerfreundlich, bietet aber auch durch erweiterbare Optionen ein fortgeschrittenes Bearbeiten der eigenen Umfrage über HTML-Befehle. Darüber hinaus wird der Dienst für akademische Zwecke kostenlos angeboten und verfügt über alle notwendigen Funktionen für die hier vorliegende Umfrage. Auch lassen sich für den Datenexport verschiedene open source Formate mit den Rohdaten generieren. Gleichzeitig ist es aber auch möglich, entsprechende Datencontainer für Excel oder SPSS direkt zu erzeugen.

Für die vorliegende Untersuchung wurde das SPSS Containerformat gewählt. Dies verhinderte Daten- und Formatverluste durch Umwandlung des Dateiformats. Die für die Auswertung verwendete Software SPPS kam in der Version 26, Build 1.0.0.1406, von 2020 zum Einsatz. Nach Einspeisung der Rohdaten wurde Zelle für Zelle überprüft, ob die Werte korrekt sind. Danach wurden die einzelnen Variablen abgeglichen, um die Umwandlung der Begriffe in Zahlenwerte und umgekehrt zu überprüfen. Hierbei wurden keine Fehler festgestellt, auch die Skalen wurden korrekt übertragen. Dementsprechend erfolgte aus den Rohdaten eine erste Auswertung im Rahmen der deskriptiven Statistik und die Erstellung von Häufigkeitstabellen.

Da für jedes Item eine Tabelle benötigt wird, erfolgte eine Aufstellung von 159 Häufigkeitstabellen. Darin wird in Summe gezählt, wie häufig eine bestimmte Antwort gegeben wurde und ihren prozentualen Anteil, gleichzeitig wird angegeben, wie viele Teilnehmer die Frage beantwortet haben. In einem weiteren Schritt wurden zusätzlich im Rahmen einer separaten Tabelle für alle 159 Items weitere Parameter bestimmt. Dies dient nicht nur der Information und Vertiefung der

---

[478] Vgl. SoSci Survey, online verfügbar: https://www.soscisurvey.de/, abgerufen am 06.09.2020.

Analyse, sondern auch die Bestimmung der Validität der Daten. Ermittelt und dokumentiert wurden dafür: der Mittelwert, der Standardfehler des Mittelwerts, die Standardabweichung, die Varianz, die Schiefe, der Standardfehler der Schiefe, die Kurtosis, der Standardfehler der Kurtosis, das jeweilige Minimum und Maximum eines Items. Zugleich wurden auch für die Interpretation von einigen Items Balkendiagramme zur Veranschaulichung und für die Implementation in die Arbeit erzeugt.

Letztlich haben 75 Personen einen Fragebogen vollständig ausgefüllt, nicht beendete Fragebögen sind nicht in die Auswertung eingeflossen. Von diesen 75 Personen haben zwei der generellen Nutzung widersprochen und die Fragebögen wurden nicht einbezogen. Somit sind insgesamt 73 Fragebögen für die Datenauswertung verfügbar. Dies entspricht zum Zeitpunkt der Umfrage 13% der Professoren, unter den Rückläufern der Fragebögen waren alle Fakultäten vertreten. Wenn auch mit ungleichmäßiger Verteilung, auch unter Beachtung der Professuren pro Fakultät. So ist zum Beispiel Fakultät 3 nur mit einer Person vertreten, ist aber auch zugleich die Fakultät mit der geringsten Anzahl an Professoren. Da die exakten Zahlen zur Verteilung des Personals für 2019 noch nicht veröffentlich sind, wird dafür auf Zahlen von 2018 zur Berechnung der Beteiligungsverhältnisse zurückgegriffen.

Die vollständigen Ergebnisse der deskriptiven Statistik befinden sich in der entsprechenden Tabellenform als Dokumentation im Anhang und umfassen 97 Seiten. Im weiteren Verlauf wird auf einzelne Tabellen unter Nennung des Items und, falls notwendig, der spezifischen Kennzeichnung des Anhangs Bezug genommen. Bei der Auswertung wird immer mit den gültigen Prozenten der abgegebenen Stimmen gearbeitet. Einige ausgewählte Items werden zusätzlich grafisch als Diagramm zur Analyse in den Text eingebettet. Primär handelt es sich dabei um Balkendiagramme oder andere geeignete Formen der grafischen Darstellung.

9.2 Ergebnisinterpretation

Die Ergebnisse werden nach den zuvor erwähnten Blöcken, also Wissensbeschaffung, Wissensweitergabe, Bewertung des Wissenstransferprozesses, Barrieren und Hindernisse im Wissenstransferprozess und Verortung in der Hochschule eingeteilt und zusammengefasst bewertet. Dabei wird nicht mehr explizit auf jedes der 159 Items separat eingegangen, sondern über die Mittelwerte der Standard und die Extrema einzelner Blöcke definiert und dazu interpretiert. Es wird dabei versucht, schon vor einer Berechnung von Korrelationen potentielle Verbindungen aufzuzeigen und diese dann rechnerisch zu überprüfen.

Die Verteilung der Teilnehmer gestaltet sich auf den ersten Blick wie in Abbildung 34 erkenntlich, relativ heterogen. Fakultät 3 ist mit einem Teilnehmer, was 4,5% entspricht, stark unterrepräsentiert. Mit 30,6% und 27,3% aller Professoren der entsprechenden Fakultät als Teilnehmer an der Studie, sind die Fakultäten 6 und 7 wiederrum überrepräsentiert. Die anderen Fakultäten 1, 2, 4, 5, 8 und 10 liegen nah beieinander in einem Umkreis von knapp 10% teilnehmenden Professoren. Da die Gesamtbeteiligung an der Umfrage über die Hochschule bei 13% liegt, ist dies ein akzeptables Ergebnis für die Repräsentativität der durchgeführten Studie.

Hinsichtlich der Verteilung der Studienteilnehmer und ihre Beschäftigungsdauer sind die Probanden zu 70% bereits länger als fünf Jahre an der RWTH beschäftigt. Im Gesamten sind sogar 17,1% der Studienteilnehmer länger als 16 Jahre Mitarbeiter der RWTH. Somit sind sowohl alteingesessene Hochschulmitglieder als auch neue Mitarbeiter ausreichend repräsentiert, um abzubilden, ob Maßnahmen auf der Hochschulebene entsprechend regelmäßig an alle kommuniziert werden.

Fakultät	Professoren insgesamt an der Fakultät	Professoren Studienteilnehmer	Prozent
1	169	17	10,1
2	22	2	9,1
3	22	1	4,5
4	63	8	12,7
5	52	5	9,6
6	36	11	30,6
7	44	12	27,3
8	27	3	11,1
10	131	12	9,2

Abbildung 34: *Verhältnisse Studienteilnehmer; eigene Darstellung; Datenbasis RWTH Zahlenspiegel 2018 und Ergebnisse Befragung 2019.*

Bei der Größendimension der Mitarbeiter der teilnehmenden Lehrstühle handelt es sich vornehmlich um kleine und mittlere Professuren, diese Gruppe stellt auch generell die größte an der RWTH dar. Von den Teilnehmern gehören 45,1% zu den kleinen Professuren und haben weniger als zehn Mitarbeiter. In die Gruppe der mittleren Professuren mit bis zu 30 Mitarbeitern fallen 32,4% der Teilnehmer. Die restlichen Probanden, 22,5%, sind große Professuren mit mehr als 30 Mitarbeitern.

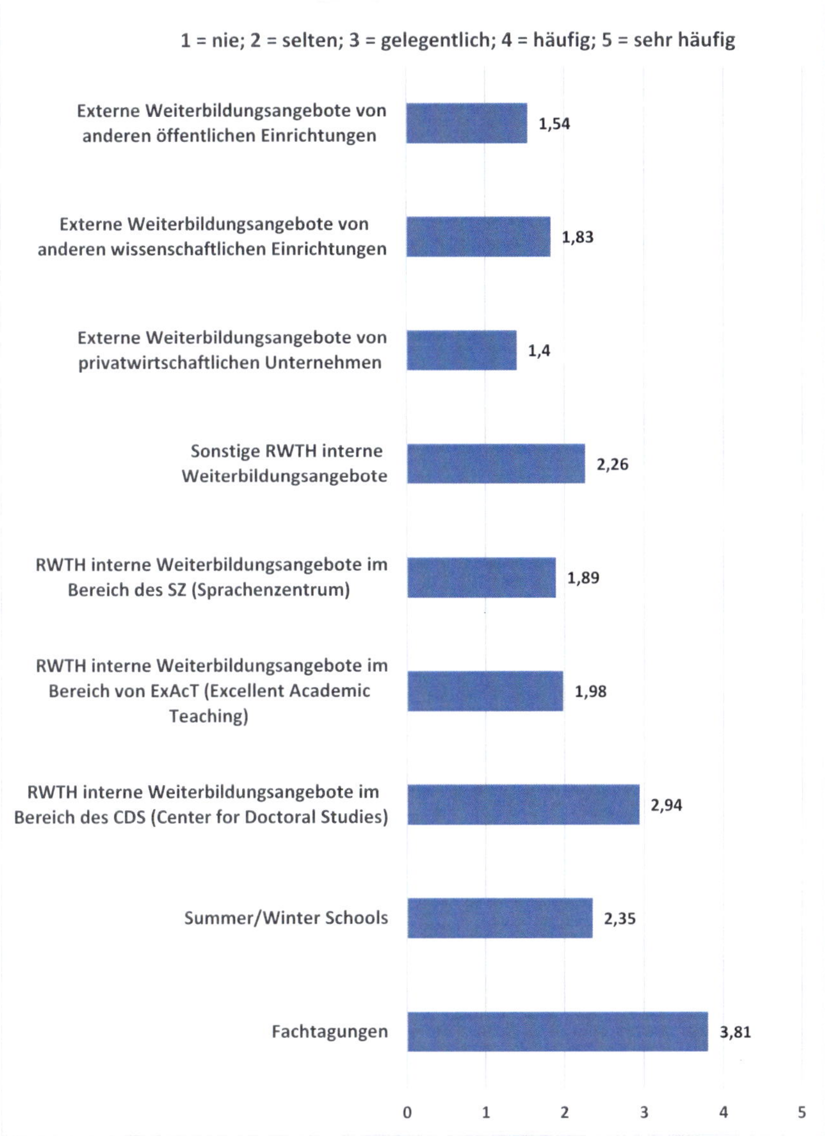

Abbildung 35: *Teilnahme Mitarbeiter, Mittelwerte; eigene Darstellung; Datenbasis Befragung 2019.*

Bei einigen Elementen wird unterschieden zwischen den direkten Wissensprozessen des Befragten und denen der Mitarbeiter. Dies dient hierbei auch als Indikator, inwiefern die Führungsperson Kenntnisse über die Wissensprozesse innerhalb der eigenen Abteilung hat. Basierend auf diesen Werten zeigt sich, dass auf Mitarbeiterebene die Fachtagung als das dominierende Mittel zum Wissensaustausch angesehen wird. Gefragt nach der Häufigkeit der Teilnahme an bestimmten Maßnahmen zeigt sich, dass die Mitarbeiter am häufigsten an Fachtagungen teilnehmen. Knapp 51,6% gaben an, dass ihre Mitarbeiter häufig an Fachtagungen nehmen, als Mittelwert der Antworten ergibt sich ein Wert von 3,8. Auf dem zweiten Platz mit immerhin noch 2,9 liegen RWTH-interne Weiterbildungsangebote im Bereich des CDS. Hierbei muss allerdings der negative Trend beachtet werden, ein Wert von 3 entspricht einer gelegentlichen Teilnahme. Den niedrigsten Wert und die damit als offensichtlich am wenigsten genutzte Möglichkeit sind Weiterbildungsangebote von externen privatwirtschaftlichen Unternehmen, diese erreichen nur einen Wert von 1,4, was einer Antwortoption von sehr selten entspricht (Wert 1). Grafisch verdeutlicht wird dies in der nachstehenden Abbildung.

Die Werte der Kurtosis bestätigen die Validität der Häufigkeitsverteilung und weisen ebenfalls steile Extrema, Abweichungen der zu erwartenden Normalverteilung für Fachtagungen und den externen privatwirtschaftlichen Weiterbildungen auf. Der Standardfehler der Kurtosis mit Werten zwischen 0,59 und 0,662 liegt auch in der Norm und bestätigt die Gültigkeit und schließt bei den Antworten einen statistischen Fehler aus. Allgemein lässt sich dabei aber feststellen, dass die Weiterbildungsangebote, auch die weiteren Angebote der RWTH, mit Ausnahme des CDS, weniger genutzt werden als die unterschiedlichen Konferenztypen und Möglichkeiten von Summer/Winter Schools. Die hohen Werte des CDS müssen jedoch relativiert werden. Hier treten die Unzulänglichkeiten eines rein quantitativen Ansatzes zu Tage, denn eines der Extrema hat eine qualitativ kontextabhängige Ursache. Hinsichtlich der Regularien für Doktoranden, die den Großteil der

Mitarbeiter an den Lehrstühlen stellen, muss beachtet werden, dass an den meisten Fakultäten der Nachweis über den Abschluss von CDS Seminaren ein verpflichtendes Promotionskriterium ist.[479] Doktoranden sind somit gezwungen, an entsprechenden Veranstaltungen teilzunehmen. Daher wird den Konferenzen im Kontext des Wissenstransfers und der Wissensgewinnung von Seiten der Lehrstühle die größte Bedeutung zugeordnet, obwohl eine Weiterbildung Platz zwei der Häufigkeit belegt.

Bei der gezielten Befragung nach potentiellen Hindernissen im Prozess des Wissensaustauschs an der RWTH haben sich zwei Barrieren deutlich als Kernprobleme herauskristallisiert. Es handelt sich dabei einerseits um den Zeitmangel und andererseits um die Informationsflut. Dieses Paar ergänzt sich zu dem in einer Wechselbeziehung weiter negativ, da beide sich kreislaufmäßig gegenseitig verstärken. Beide Items bewegen sich mit ihrem Mittelwert an der oberen Grenze, der Zeitmangel mit 4,47 und die Informationsflut mit 4,14. Die geringste Bedeutung als potentielle Barriere im Transferprozess erreicht die Präsenz von Führungskräften mit einem Wert von 1,98. Hierbei muss allerdings beachtet werden, dass die Fragen sich direkt an die Führungskräfte richteten.

---

[479] Vgl. RWTH Aachen, Amtliche Bekanntmachungen, Promotionsordnungen, online verfügbar: https://www.rwth-aachen.de/cms/root/Die-RWTH/Aktuell/~xhf/Amtliche-Bekanntmachungen/?search=promotionsordnung&page=, abgerufen am 06.09.2020.

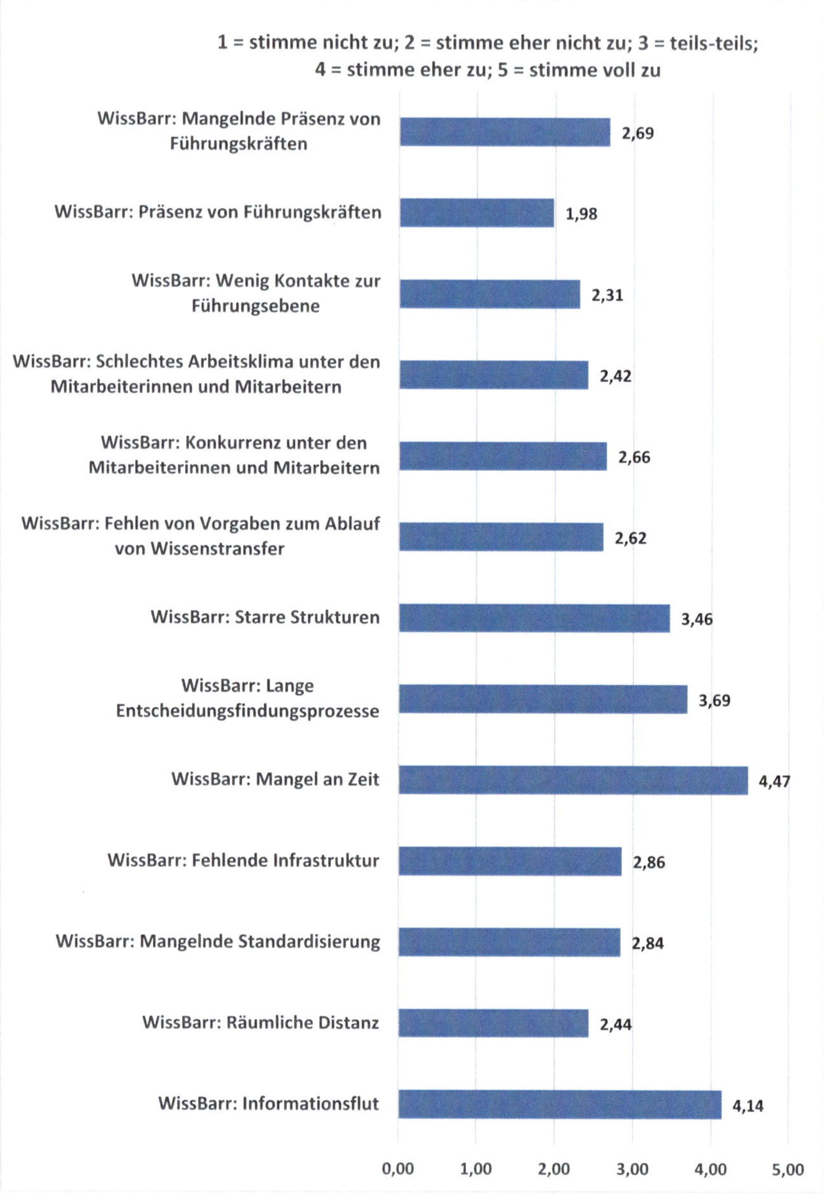

Abbildung 36: *Wissensbarrieren; eigene Darstellung; Datenbasis Befragung 2019.*

Interessant sind auch die Mittelwerte der anderen abgefragten Aspekte. Die befragten Professoren erachten im Mittel weder fehlende Infrastruktur, fehlende Vorgaben zum Ablauf von Wissenstransfer, Konkurrenz unter den Mitarbeitern oder ein schlechtes Arbeitsklima als störend für den Wissensaustausch. Aus dem Gesichtspunkt der Wissenstheorie und den Elementen von Organisationskulturen stellt dieser Trend eine akute Gefahr für die Wissensaustauschkultur dar und somit langfristig eine Bedrohung für die Wettbewerbsfähigkeit der Hochschule und auch der einzelnen Lehrstühle.

In einem weiteren Schritt zur Ermittlung der Barrieren wurden diverse andere Aspekte hinsichtlich Forschungskooperationen abgefragt. Dabei wurde unterschieden zwischen Faktoren, die als relevant für die Kooperation waren, und welche problematischen Situationen aufgetreten sind. Hinsichtlich der Zielkriterien für Kooperationen ergibt sich ein homogenes positives Ergebnis bezüglich der Wichtigkeit von entsprechenden Kriterien. Acht von zwölf Items liegen in ihrem Ergebnis deutlich über dem mittleren Antwortwert von drei und nur vier Items knapp unter drei. Untermauert wird die relative Enge der Verteilung auch durch eine gleichbleibende Schiefe, die bis auf eine Ausnahme konstant unter dem Wert von 0 liegt und eine rechtssteile Verteilung induziert. Der Standardfehler ergibt Werte zwischen 0,299 und 0,306. Dies sind hervorragende Werte, sie induzieren eine hohe Genauigkeit der Häufigkeiten unter den einzelnen Probanden.

Item	Mittelwert	Schiefe	Standardfehler der Schiefe
die technische Ausstattung des Kooperationspartners	3,31	-0,503	0,304
die fachliche Ausrichtung des Kooperationspartners	4,52	-0,628	0,304
die fachliche Kompetenz der Ansprechpartner bei Ihrem Kooperationspartner	4,61	-1,065	0,304
die räumliche Nähe des Kooperationspartners	2,81	-0,131	0,302
staatliche/öffentliche Unterstützung der Kooperation	3,21	-0,056	0,306
bereits bestehende Kontakte zum Kooperationspartner	3,72	-0,812	0,299
neue Kontakte zu knüpfen	3,42	-0,834	0,304
finanzielle Ausstattung des Kooperationspartners	2,48	-0,190	0,302
gesellschaftliches Ansehen des Kooperationspartners	2,59	0,038	0,302
den Kooperationspartner zu stärken	2,83	-0,429	0,302
die eigene Einrichtung zu stärken	3,90	-1,425	0,302
die eigene Position zu stärken	3,49	-1,034	0,302

Abbildung 37: *Kooperationsbedingungen; eigene Darstellung; Datenbasis Befragung 2019.*

Dies deckt sich auch mit den Extrema, die beide stark Richtung Maximalwert tendieren. Als wichtigstes Kriterium für Forschungskooperationen werden fachlich kompetente Ansprechpartner, Mittelwert von 4,61, und die fachliche Ausrichtung mit einem Mittelwert von 4,52 genannt. Die geringste Priorität mit einem Wert von 2,48 wird der finanziellen Ausstattung des Kooperationspartners beigemessen. Daraus ergibt sich, dass immaterielle Wissensparameter deutlich höhere Relevanz aufweisen als Infrastruktur oder materielle Werte. Gestärkt wird dies durch den Aspekt, dass als drittstärkster Faktor mit 3,9 zur Kooperation genannt wird, die eigene Einrichtung zu stärken. Dicht gefolgt von bereits bestehenden Kontakten als Grund für Kooperationen oder noch genauer die eigene Position zu stärken. Es handelt sich dabei zwar auch um die immaterielle Ebene, und stärkt damit die Relevanz dieser Aspekte gegenüber Aspekten beispielsweise der Finanzierung und Ausstattung. Doch deutlich interessanter werden diese Faktoren jedoch erst in Kombination mit den noch folgenden Untersuchungsergebnissen zum Informationsfluss und der Wissensweitergabe.

Zuvor gilt es aber noch die potentiell aufgetretenen Probleme in ihrer Bedeutung zu evaluieren. Die Ergebnisse der vorherigen Frage zu den relevanten Kriterien für Forschungskooperationen implizieren, dass die abgefragten Werte für die potentiellen Probleme überwiegend niedrig sein müssten, da aus der Wichtigkeit der immateriellen Aspekte ein hoher Fokus auf entsprechende Gegenstücke der Problemseite liegen müssten. Daher ist zu erwarten, dass entsprechende Vorkehrungen zur Absicherung in diesem Bereich vorliegen. Für die physischen Elemente, die laut vorheriger Fragestellung als wenig relevant eruiert wurden, sollten auch keine starken Probleme in der Praxis zu finden sein. Dies bedeutet, dass im Idealfall alle Items einen Mittelwert unterhalb von 3 aufweisen und zudem einige nah an 1 liegen.

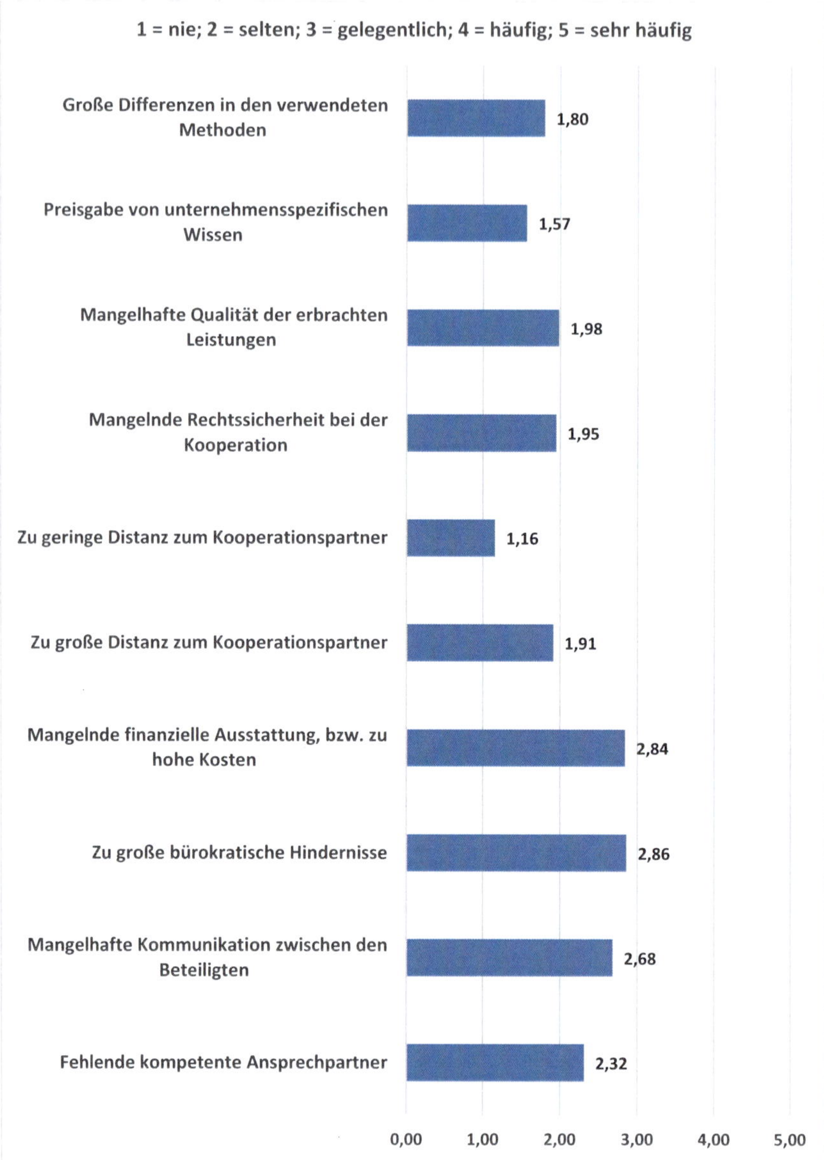

Abbildung 38: *Kooperationsprobleme; eigene Darstellung; Datenbasis Befragung 2019.*

Es zeigt sich, dass die Annahme korrekt war, dass zusätzlich ein Item einen absoluten Extremwert mit 1,16 darstellt. Räumliche Nähe stellt demnach überhaupt kein Problem für Kooperationen dar und hat somit definitiv keine negativen Einflüsse, gleichzeitig wird aber der räumlichen Distanz auch keine starke negative Auswirkung zugesprochen. Es folgt somit, dass Distanz kein ausschlaggebendes negatives Kriterium ist, aber eine Barriere darstellt, die als Katalysator fungieren kann. Dies wird insbesondere in Kombination mit Kommunikationsaspekten relevant.

Da an der RWTH mehrere unterschiedliche Softwarelösungen und ähnliche Plattformdienste zum Wissenstransfer etabliert sind, wurde abgefragt, in wie weit und wie oft einzelne Systeme von den Probanden im Rahmen ihrer universitären Tätigkeit genutzt werden. Dabei wurden sowohl Systeme aus Forschung, Lehre, Organisation und Verwaltung sowie Suchmaschinen ausgewählt. Hinsichtlich der Nutzung liegen zwei der Systeme weit abgeschlagen, MaCoCo mit einem Mittelwert von 1,3 und der Tivoli Storage Manager mit 1,22. Da sich MaCoCo noch in der Projektphase befindet, eine Nutzung und Testung aber allen Lehrstühlen offensteht, ist es nicht verwunderlich, dass das System wenig genutzt wird. Im Gegenteil, es ist sogar positiv zu bewerten, dass immerhin sechs der Probanden dieses System bereits nutzen. Beim Tivoli Storage Manager wiederum ist es eher überraschend, dass dieser nur von acht Personen genutzt wird. Es handelt sich hierbei um die zentrale Softwareressource zur Sicherung von eigenen, Forschungs- oder Institutsdaten auf den Backup Servern des IT-Centers. Dies legt nahe, dass die Notwendigkeit der professionellen Langzeitsicherung von Daten, Informationen und Wissen in digitaler Form noch nicht entsprechend tief im Bewusstsein angekommen ist. Eine rein lokale Speicherung auf einem oder mehreren Medien ohne besondere Berücksichtigung der Datenintegrität scheint somit noch die Norm zu sein.

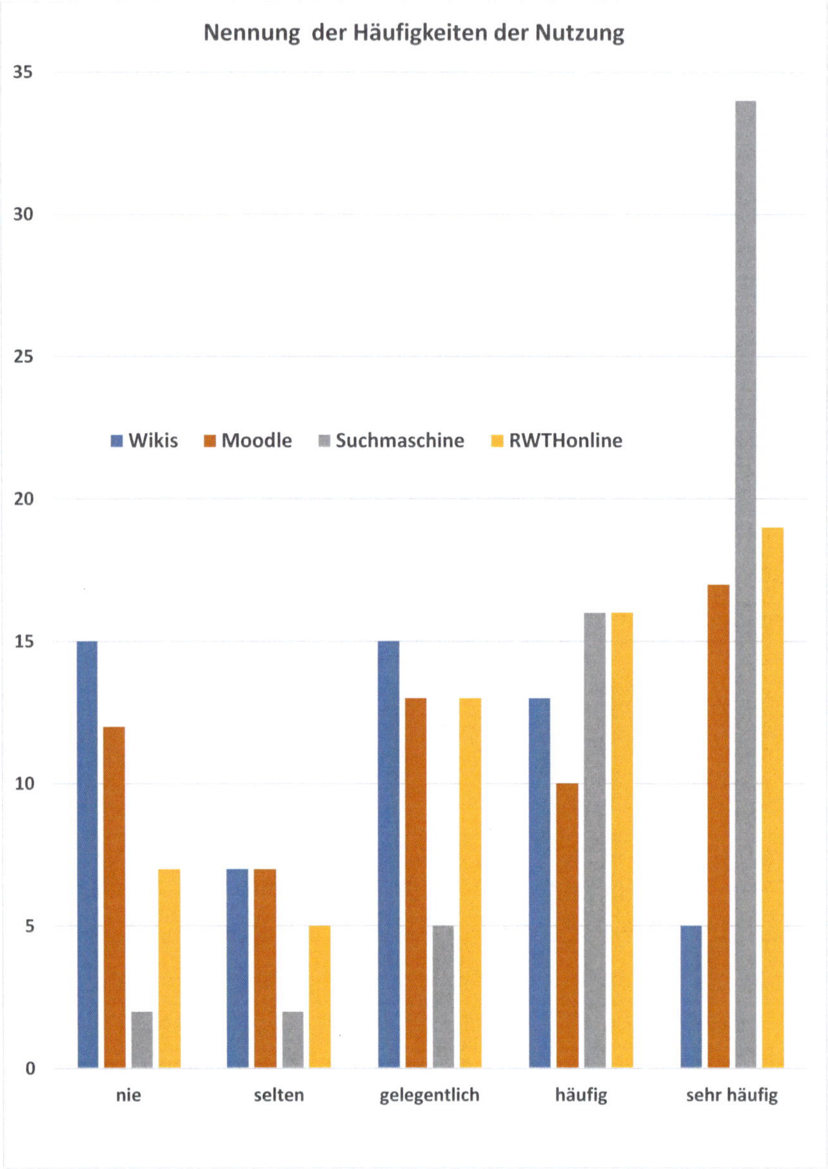

Abbildung 39: *Nutzung von Systemen; eigene Darstellung; Datenbasis Befragung 2019.*

Auf der anderen Seite ist die Suchmaschine die mit Abstand am häufigsten genutzte Systemlösung mit einem Mittelwert von 4,32. Im Angesicht der vorherigen Ergebnisse, dass insbesondere die Informationsflut und Zeitmangel die größten Barrieren darstellen, ist das nicht ungewöhnlich. Es gibt aber auch Grund zur Besorgnis. Die primäre Nutzung von Suchmaschinen aus Zeitmangel, da ein Recherchieren in vorhandenen Textquellen als zu zeitintensiv gesehen wird, führt einen Nutzer direkt in die größtmögliche Informationsflut. Erschlagen durch die massive Anzahl der Ergebnisse aus der Suchmaschine muss wiederum mehr Zeit zum Sortieren und Filtern der Ergebnisse aufgewendet werden. Eine negative Spirale, die sich selbstverstärkt. Als Abhilfe werden seit vielen Jahren diverse Wikis oder Confluence Systeme als Wissensspeicher angelegt, in der Regel zu bestimmten Themen oder intern auf die eigene Organisation bezogen. Wenn auch als Systeme präsent, werden diese jedoch unterdurchschnittlich an der RWTH genutzt. Als Mittelwert ergibt sich für diese Systeme 2,75. Daraus folgen zwei Möglichkeiten: Entweder ist der Nutzen den Probanden nicht klar genug oder die angebotenen Informationen sind nicht aktuell/zielführend. Die Systeme, die direkt in der Lehre eingesetzt werden, erhalten alle überdurchschnittliche Werte.

Als durchaus positiv wird die Informationspolitik der RWTH bewertet. In acht von elf Fällen fühlen sich die Probandenmit mehr als den notwendigen Informationen versorgt. Bezüglich der technischen Ausstattung und der Anschaffung von wissenschaftlicher Literatur wird die Marke mit einem Mittelwert von 2,96 und 2,94 nur knapp verfehlt. Einzig die Informationsflüsse über Baumaßnahmen sind als kritisch einzustufen. Mit einem Mittelwert von 2,21 fühlen sich die Professoren eher schlecht informiert. Unter den aktuellen Bedingungen des Neubaus Campus West und der Situation des Karman Auditoriums ist das ein nicht irrelevantes Kriterium zur Nachbesserung der Informationspolitik. Hervorzuheben ist zudem, dass der Informationsfluss zu Weiterbildungsangeboten den höchsten Wert erzielt mit 4,02 und sich die Probanden somit als mehr als gut informiert fühlen. Dennoch, wie zuvor aufgezeigt, nehmen Weiterbildungen an den Professuren eine den

Kongressen untergeordnete Rolle ein, an dem Wissen über die Angebote kann es somit nicht liegen.

In der Kontrolle, in welcher Form ein Informationsfluss behindert wurde, zeigt sich ein positives Ergebnis. Wie aus der vorangegangenen Frage zu erwarten ist, sind überwiegend selten Fehler oder Verzögerungen in der Vermittlung aufgetreten. Hervorzuheben ist hierbei jedoch, dass gelegentlich Informationen nur über Umwege erhalten wurden. Dies ist ein weiterer entscheidender Aspekt zur Verstärkung der bereits ermittelten Barriere Zeitmangel. Die Qualität der internen Wissensquellen an der RWTH wird als eher neutral eingestuft. Während die Auffindbarkeit eine leicht negative Tendenz aufweist, gilt für Nutzen, Aktualität und Verständlichkeit eine minimale positive Tendenz. Da die Probanden sich zwar gut über verschiedene Themenbereiche informiert fühlen, die Informationen auch korrekt übermittelt werden, aber die Qualität nicht vollkommen überzeugt, besteht hier ebenfalls ein Nachbesserungsbedarf. Eben diese Mittelmäßigkeit bei den Qualitätsaspekten ist ein relevantes Kriterium zur Förderung von Wikis. Diese leiden besonders unter Schwächen von Qualitätskriterien, können aber bei entsprechendem Aufwand diese vorbeugen oder sogar beheben. Für die RWTH zeigt sich aber momentan das typische Bild der in Kapitel 3.2.1 erläuterten Todesspirale. Die Nutzung von Wikis ist wie zuvor aufgezeigt unterdurchschnittlich, die allgemeine Qualität der RWTH-internen Informationen nur auf einem neutralen Level und das Personal leidet unter Zeitmangel und Informationsflut. Eine konzertierte Aktion zum Update, Ausbau und einer Reduktion von Informationen in den verschiedenen Systemen, auf den einzelnen Ebenen und Gremien sowie zwischen den Einrichtungen kann hier Abhilfe schaffen. Eine Hilfestellung bietet hierbei das Ergebnis zu der Frage der Informationsflüsse zwischen einzelnen Akteuren.

Abbildung 40: *Informationsflüsse; eigene Darstellung; Datenbasis Befragung 2019.*

Während die Informationsflüsse innerhalb der Professuren als gut bewertet werden, bricht dieser positive Informationsfluss nach außen stark ab. Bereits in der Kommunikation mit den Dekanaten zeichnet sich ein um 0,5 reduzierter Mittelwert ab, diese sinkt noch weiter, wenn es um direkte Kommunikation zu anderen Professuren geht. Auf dem Level der Kommunikation mit zentralen Einrichtungen, also auch der ZHV, fällt der Wert noch einmal und dabei auch unter die neutrale Marke und weist somit eine leicht negative Tendenz zu schlechten Informationsflüssen auf. Die Dokumentation von Informationen wird zwar auch noch neutral bewertet, allerdings mit einer positiven Tendenz. Dies stellt ein weiteres Indiz dar, dass insbesondere auf Ebene der Informationssysteme Nachbesserungsbedarf besteht. Da im Allgemeinen die ZHV die Verantwortung für diese Systeme trägt, ist es nicht verwunderlich, dass der Informationsfluss zwischen ZHV und Professuren Optimierungsbedarf aufweist. Die nicht als gut eingestufte Kommunikation zwischen beiden Akteuren ist mitverantwortlich für die Probleme sowohl hier als auch auf der Ebene Professuren-Dekanate. Hier sollte zwecks Problemlösung zuerst eingegriffen werden.

Im weiteren Verlauf des Fragebogens wurde ermittelt, wie häufig die Probanden sich das Wissen für die tägliche Arbeit auf die vorgegebene Weise aneignen. Bei den Antworten zeigen sich diverse Cluster. Am häufigsten beschaffen sich die Professoren ihr Wissen in der Form von persönlichen Gesprächen mit den Mitarbeitern, hier liegt ein Mittelwert von 4,3 vor. Die nachfolgenden beiden Plätze mit Mittelwerten von 4,17 und 4,07 entfallen auf Suchmaschinen und Fachliteratur. Der Austausch mit professoralen Kollegen liegt noch hinter den persönlichen Netzwerken. Interessant ist hierbei, dass ZHV und Dekanate erneut eher abgeschlagen liegen und mit Mittelwerten von 2,15 und 2,47 eher selten als Hilfestellung herangezogen werden, um Wissen zu erlangen. In Relation zu den vorherigen Ergebnissen verstärkt dies die Tendenz, dass in den Kommunikationsprozessen zwischen diesen Instanzen Nachbesserungsbedarf besteht. Denn obwohl diese häufig ungeplant stattfinden, werden informelle Gespräche abseits und am Arbeitsplatz stärker in Anspruch genommen. Dies untermauert aber auch die Bedeutung von informellem Austausch, der ein essentieller Bestandteil einer positiven Wissensaustauschkultur ist, und wird auch so wahrgenommen. In Ergänzung zum Verhalten der Mitarbeiter zum Wissensaustausch zeigt sich bei den Professoren selbst ein sehr niedriger Mittelwert von 2,3 bei der Wissensbeschaffung durch Weiterbildung. Dies ist besonders kritisch zu sehen, da diese Praxis auf die Mitarbeiter übertragen wird und ebenfalls Konzepten von lebenslangem Lernen entgegensteht. Es wird dabei das Potential von Weiterbildungen verkannt, als mögliche Ursache kann hier aber auch der hohe Zeitaufwand, der häufig für Weiterbildungen notwendig ist, entscheidend sein.

Die Gegenposition zur Weitergabe von Wissen wird ebenfalls durch die Kommunikation mit den Mitarbeitern dominiert, dies bestätigt damit auch die Gewichtung in der vorherigen Frage. Publikation und Präsentation von Ergebnissen auf Konferenzen sind ebenfalls häufig genannte Optionen und auch die informellen Gespräche werden selbst häufig dazu genutzt. Damit wird vor allem auch die grundlegende Ordnung des Wissensaustausch bestätigt. Es handelt sich auch dabei um einen Prozess des Gebens und Nehmens zwischen Individuen. Die Probanden betrachten den Austausch keinesfalls als ein Einbahnstraßenkonstrukt, mit jedem Prozess des Teilens geht auch ein eigener Wissensgewinn einher. Als absolut wichtigstes Instrument zum Wissensaustausch kristallisiert sich der direkte Kommunikationsprozess zwischen Individuen heraus, also der aktive Wissensaustausch zwischen Personen, die sich am selben Ort befinden. Daher ist es merkwürdig, dass von den Probanden zuvor geäußert wurde, dass ein schlechtes Arbeitsklima unter den Mitarbeitern nicht als Hindernis für den Wissenstransfer angesehen wurde. Je schlechter das persönliche Verhältnis zwischen zwei Individuen, umso geringer der kommunikative Austausch, damit auch weniger Optionen zum Wissenstransfer. Hier bietet sich Raum für weitere Untersuchungen.

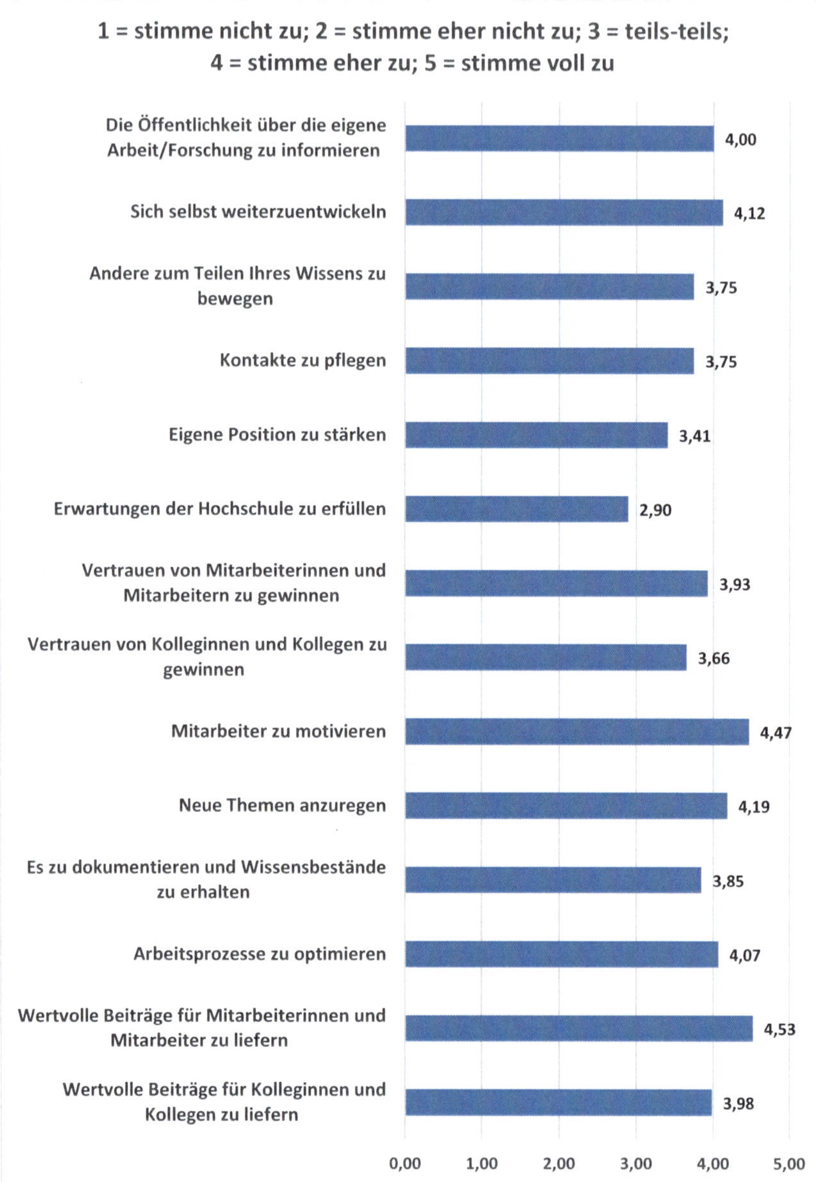

Abbildung 41: *Gründe der Wissensverteilung; eigene Darstellung; Datenbasis Befragung 2019.*

Befragt nach der Motivation für den Wissensaustausch gibt es bis auf einen Aspekt eine klar positiv dominierte Tendenz der Mittelwerte bei der Zustimmung. Einzig der Aspekt, die Erwartungen der Hochschule zu erfüllen, stellt keine Motivation zum Wissensaustausch dar. Im Gegensatz dazu ist die größte Motivation an der jeweils eigenen Professur vorhanden. Die Hilfestellung und Motivation der Mitarbeiter erzielen mit Mittelwerten von 4,53 und 4,47 die höchsten Werte. Dies bestätigt auch die üblichen Tendenzen aus Großunternehmen, dass Abteilungszugehörigkeit die Betriebszugehörigkeit übertrumpft. Während Vertrauensgewinn, Anerkennung und Wissensdokumentation ebenfalls durchwegs hohe Zustimmung finden, auch nach außen, ist dieser Faktor ebenfalls am stärksten auf der Lehrstuhlebene vertreten.

Zuletzt wurden die Probanden nach ihrer Einschätzung zu einigen Strukturen und Abläufen organisatorischer Natur an der Professur und Hochschule befragt. Es zeigt sich, dass das Verhältnis zwischen den Professoren von starker Skepsis und mäßigem Vertrauen geprägt ist. Die Probanden haben den Eindruck, dass die Kollegen nur teilweise offen und ehrlich miteinander umgehen. Dies erklärt auch, warum der Austausch mit den Kollegen teils unter dem zu externen Einrichtungen und natürlich auch zur eigenen Professur liegt. Die starren Strukturen der Fakultäten werden ebenso teilweise als ein Problem angesehen. Dies spiegelt sich auch auf der Lehrstuhlebene wider, allerdings nicht ganz so stark. Die Fähigkeit sich schnell anzupassen weißt mit 3,6 zwar eine positive Tendenz auf, bietet aber noch einiges an Verbesserungspotential. Gleichzeitig wird der Zeitaufwand zur Evaluierung von Erfolg und Misserfolg als angemessen angesehen. Das bedeutet, die Probleme bei der Anpassung liegen in der Umsetzung und nicht in der Analyse.

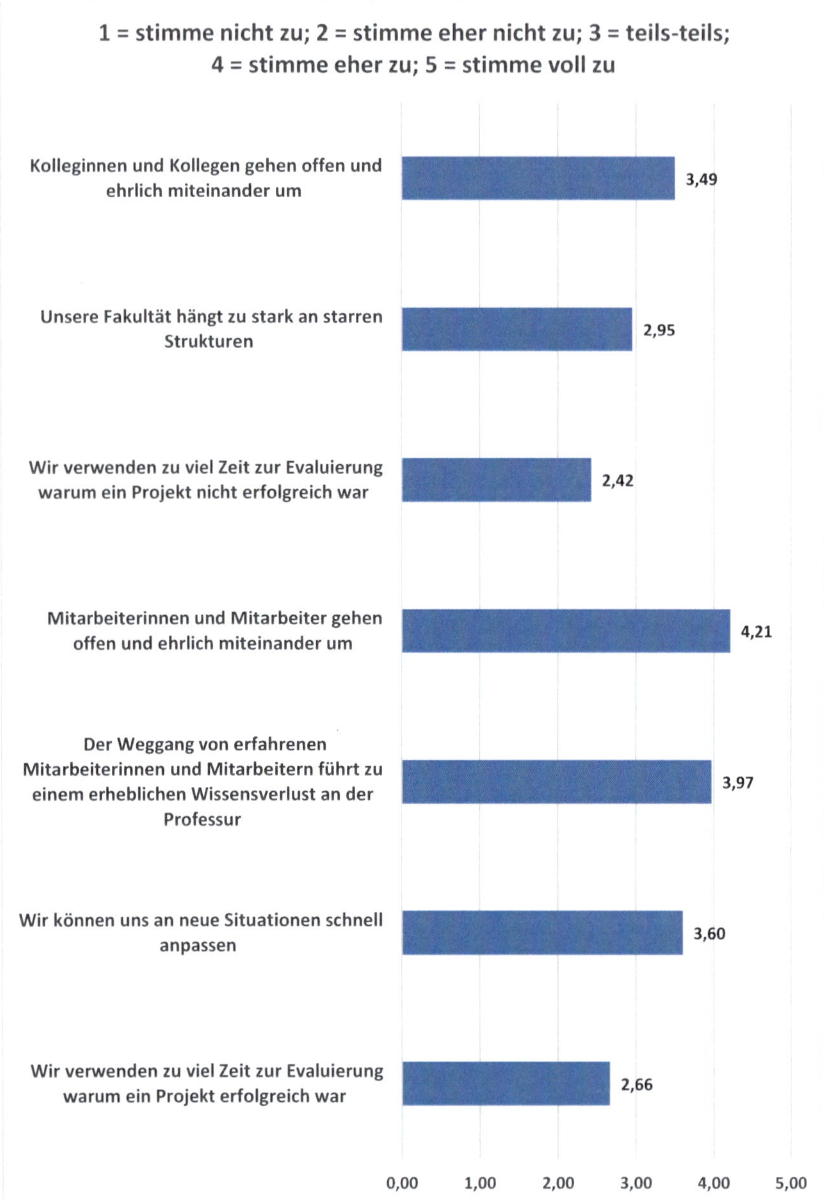

Abbildung 42: *Situationseinschätzung; eigene Darstellung; Datenbasis Befragung 2019.*

Während die Mitarbeiterfluktuation nicht allzu stark negativ wahrgenommen wird, zeichnen sich bei der Übergabe Probleme ab. Der Wissensaustausch und die konkrete Einarbeitung neuer Mitarbeiter erfolgen suboptimal. Die Probanden haben das Problem des Wissensverlusts durch Weggang erfahrener Mitarbeiter deutlich erkannt, es gelingt ihnen aber nicht, einen optimalen Übergang zu erreichen. Nur teilweise ist es möglich, dass der scheidende Mitarbeiter seinen Nachfolger einarbeiten kann. Im Vergleich dazu kommt es aber immerhin etwas häufiger vor, dass ein anderer erfahrener Mitarbeiter die Einarbeitung übernimmt. Teils müssen sich die neuen Mitarbeiter komplett selbst in die Materie und die Aufgaben ihrer Vorgänger einarbeiten. Auch der Aspekt, dass im Idealfall der Einarbeitung durch andere Mitarbeiter, kein nahtloser und vollständiger Wissenstransfer erfolgt, verstärkt die Bedeutung des Aspekts von *Hidden Knowledge*. Eben an dieser Stelle könnten Leitfäden oder auch Regularien zur Dokumentation für scheidende Mitarbeiter Abhilfe schaffen. Als positiv hervorzuheben ist, dass die Probanden den offenen und ehrlichen Umgang unter den Mitarbeitern als deutlich höher einschätzen als auf der professoralen Ebene. Das unterstützt zusätzlich auch den Prozess der Einarbeitung durch andere Kollegen. Zusätzlich würde eine Eigendokumentation der Tätigkeiten, durch den scheidenden Mitarbeiter, als Hilfestellung eine deutliche Verbesserung mitbringen. Nicht alle Tätigkeiten können von den anderen Kollegen erfasst werden, insbesondere Individuallösungen bei bestimmten Problemen, die durch Erfahrung des Mitarbeiters bewältigt werden. Durch diese Brücke würde nicht nur ein nahtloser Übergang gefördert, sondern zugleich auch ein unbewusster Austausch von *Hidden Knowledge*, ohne es explizit zu transferieren.

10 Fazit und Ausblick

Dass es sich im Kernbetrieb der Hochschule nicht um ein klassisches Unternehmen handelt, eine Organisation mit dem Ziel monetäre Gewinne zu erwirtschaften, sollte klar sein. Es muss aber auch festgehalten werden, dass der vornehmliche Auftrag der RWTH die Bildung ist, egal wie sie sich auch entwickelt. Aus rein organisationaler Perspektive, der Struktur und der prozessorientierten Abläufe zum Betrieb der Einrichtung, sieht dies ganz anders aus. Als Teil des Tertiärbereichs des Bildungssektors ist nach wie vor Primäraufgabe die Ausbildung der Studierenden. Dies geht dabei Hand in Hand mit der Forschung, egal ob Grundlagenforschung oder angewandte Forschung. Kurzum: Es geht um das Generieren und Transferieren von Wissen. Gleichzeitig steht dies nicht zwangsläufig im Kontrast zu dem Konzept der Hochschule als ein Unternehmen. Im Gegenteil: Der vermeintliche Drahtseilakt zwischen Forschung und Lehre, Transfer von Ergebnissen in die Wirtschaft und Gesellschaft gelingt deutlich strukturierter aus einer Unternehmensperspektive.

Insbesondere, wenn darüber hinaus Aspekte der Finanzierung Berücksichtigung finden sollen. Eine entsprechende Autonomie der Hochschule und ein teilökonomisches Handeln sind dabei heute zwangsläufig erforderlich, um die Hochschule mit finanziellen Mitteln zu versehen und langfristig national und international wettbewerbsfähig zu halten. Es konstruiert sich ein Prozess, der erfordert, gleich zu bleiben aber zugleich sich stets neu zu erfinden. Das Kerngeschäft Forschung und Lehre muss beibehalten werden, bei gleichzeitiger Weiterentwicklung der Methoden und notwendigen Anpassungen auf restriktive Maßnahmen von innen und außen. Zusätzlich wird die Hochschule konfrontiert mit einer stärkeren medialen Beobachtung von außen und steigendem Konkurrenzdruck. Der Wettbewerb um Studierende, Personal und finanzielle Mittel verschärft sich.

Das beschreibt eine Situation, wie sie für jedes Unternehmen Alltag ist, wobei in der Wirtschaft Kunden analog zu den Studierenden stehen. Es handelt sich um Herausforderungen, die es zu bewältigen gilt, die aber bereits mehrfach von anderen Unternehmen erfolgreich gemeistert wurden, die dabei angewachsen sind und in ihrer Branche eine führende Rolle eingenommen haben. Daher liegt es nahe, auf deren Konzepte zurückzugreifen und vorhandenes Wissen z.B. in Form von Organisationsstrukturen, wie sie in vergleichbar großen Unternehmen vorhanden sind, zu übernehmen.

Mit der Übernahme der Organisationsstruktur allein ist es aber nicht getan, ohne eine Transponierung der entsprechenden Abläufe und interner Strukturen bleibt das System handlungsunfähig. Hierbei gilt es für die Universität nicht 1:1 die Prozesse des Unternehmens zu übernehmen, sondern eigene Dynamiken zu entwickeln oder in anderen Systemen vorhandene zu kombinieren. Dies stellt keinen einfachen Prozess dar, der innerhalb kürzester Zeit abgeschlossen ist. Jahre oder Jahrzehnte können dabei in Anspruch genommen werden bei vollem Bewusstsein darüber, dass die eben noch in Erstellung befindliche Prozessstruktur jeden Moment obsolet werden könnte. Hinzu kommt die Ungewissheit, wie lange eine neue Struktur bestand hat. Die RWTH hat mehrere Anläufe interner Reformierung benötigt, um mit den umliegenden sozioökonomischen Entwicklungen Schritt halten zu können. Einzelne Stationen sind die erwähnten internen Umstrukturierungen der Fakultäten oder aber auch die Neuausrichtung in Folge von Kriegen und Krisen. Aber auch interne Organisationsstrukturen, die sich insbesondere seit der Jahrtausendwende deutlicher gezeigt haben, um auf die heutige Organisationsstruktur hinzuwirken. Nicht zuletzt aber auch die Reaktion auf politische Veränderungen und ein proaktives Mitgestalten der Studienreformen im Rahmen von Bologna oder der forschungsanreizinduzierten Exzellenzinitiative. Die Ergebnisse sprechen für sich, die RWTH hat mehr finanzielle Mittel und mehr Studierende als je zuvor, auch die Mitgliedschaft in den Kreisen der Exzellenzuniversitäten konnte erfolgreich bewahrt werden.

Durch die Bestandsaufnahme zur aktuellen Lage der RWTH bezüglich diverser Aspekte des Wissensmanagements im Rahmen der durchgeführten Umfrage konnte einige bedeutende Erkenntnisse gewonnen werden. Die Ergebnisse dieser Umfrage stützen nicht nur eingangs formulierte Annahmen, sondern beantworten oder untermauern die Lösung der Ausgangsfragen. Gleichzeitig bieten diese wiederum auch für weiterführende Untersuchungen zur RWTH oder im Feld des Wissensmanagements essentielle Hilfe. Die in der Literatur am häufigsten genannten Barrieren für einen erfolgreichen Wissenstransfer, die von Personen bei Umfragen in Unternehmen genannt werden, sind deckungsgleich mit denen aus der RWTH-Umfrage. Es handelt sich dabei um Zeitmangel und Informationsflut, beide wurden in der Umfrage mit weitem Abstand als größte Probleme für den Wissenstransfer benannt. Lange Entscheidungsfindungsprozesse und starre Strukturen folgen auf den darauffolgenden Plätzen. Diese beiden wiederum tauchen in Unternehmen wenig präsent als Barrieren auf, wiederum dafür aber stärker bei öffentlichen Einrichtungen. Dies unterstützt das Konzept, die Universität als ein spezielles Dienstleistungsunternehmen zu klassifizieren, das jedoch seine öffentlichen Funktionen, Aufträge und Einbindungen nicht abwirft, sondern mit dem Unternehmenskonzept verschmilzt.

Die anderen Items, die alle unterhalb der relevanten Marke von drei lagen und somit als nicht einflussstark klassifiziert wurden, sind bei den in Kapitel 9 erwähnten Fallstudien durchaus als relevant im Unternehmenskontext oder im öffentlichen Sektor identifiziert worden. Dies spricht umso mehr für das individuelle, innovative RWTH-eigene Konzept und ist zugleich ein typisches Strukturkonstrukt der Lehrstuhlorganisation deutscher Universitäten. Es handelt sich dabei um kein einfach übertragbares Muster, sondern ein individuell entwickeltes und über die Zeit gewachsenes Herausstellungsmerkmal. Analog dazu findet man ähnliche, jedoch nicht identische Ansätze an anderen Hochschulen, vornehmlich den Technischen Universitäten, die auf der allgemeinen Lehrstuhlstruktur der deutschen Universitäten aufbauen. Hier wäre es interessant, im Rahmen einer

Umfrage die identischen Items abzufragen, um das Ergebnis zu vergleichen. Auch für die nachfolgenden Elemente gilt dies, denn wie in der Untersuchung schon angeschnitten, existieren noch viel zu wenig solche datenbasierten Studien zu dem Tertiärbereich des Bildungssektors.

Hinsichtlich einiger Kriterien im Feld der Wissensaustauschkultur offenbart die Untersuchung einige unerwartete Ergebnisse. Obwohl es sich bei der untersuchten Organisation um eine Bildungseinrichtung handelt, hat die Umfrage ergeben, dass Weiterbildungsangebote nur selten in Anspruch genommen werden. Auf einen Mangel an Angeboten an der Hochschule kann dies nicht zurückgeführt werden, es werden überproportional viele Weiterbildungsangebote für Mitarbeiter zur Verfügung gestellt. Basierend auf eigenen Erfahrungen, aus mehr als 30 Weiterbildungskursen, muss ergänzend festgestellt werden, dass nur ein einziges Mal bei einem Kurs tatsächlich alle Plätze belegt waren. Das am stärksten frequentierte Weiterbildungsangebot an der RWTH, das CDS, wird überwiegend in Anspruch genommen, weil es oftmals verpflichtend ist. Die Vernachlässigung von Weiterbildungskursen zur Wissensaneignung resultiert vermutlich aus dem verhältnismäßig hohen Zeitaufwand. Denn wie zuvor aufgezeigt ist Zeitmangel eines der gravierendsten Probleme an der Hochschule. Hier greift somit noch ein weiteres Element in das Gesamtkonstrukt ein, dass für sich allein genommen harmlos ist.

In Kombination mit den identifizierten Problemen Zeitmangel und Informationsflut birgt es enormes Gefahrenpotential. Als meistgenutztes IT-System für die alltägliche Arbeit wird auf Internetsuchmaschinen zurückgegriffen. In der Hoffnung, schnell eine relevante Antwort zu finden, verfällt man aber zugleich dem größten Problem der Suchmaschinen, die Informations- und Datenflut. Diese sind aber ohnehin schon selbst ein Problem im Wissensalltag. Dies führt zu einer Abwärtsspirale, deren Elemente sich gegenseitig verstärken. Hier könnten spezifische Wikis weiterhelfen, um Informationen bereitzustellen oder vorab zu filtern.

Diese werden zwar bereits genutzt, ihre Bedeutung ist aber noch zu gering im Vergleich zu anderen Systemen an der RWTH, auch ist die Aktualität der Wikis nicht immer gegeben. Diese sind diesbezüglich zeit- und pflegeintensiv.

Gleichzeitig wird aber die Fachkonferenz häufig als Medium zur Wissensaneignung genutzt. Auch wenn der Zeitaufwand bei diesen nicht als gering einzustufen ist, so bieten sie eine fachspezifische Weiterbildung für den Wissenschaftler im eigenen Forschungsbereich. Ebenfalls besteht die Möglichkeit zum Netzwerken innerhalb der eigenen Disziplin und dem direkten Diskurs über eigene Forschungsstände. Da der Großteil der Wissenschaftler auf Qualifikationsstellen beschäftigt ist, sind diese Konferenzen auch relevant für das eigene Vorankommen. Dies mag die Präferenz der Methodenwahl zwar erklären, darf aber nicht über die dadurch implizierten Spezialisierungstendenzen hinwegtäuschen, auf Kosten der interdisziplinären Weiterbildung. Hier sollte nachgebessert werden und das Augenmerk der Mitarbeiter für die Notwendigkeit interdisziplinärer Fertigkeiten geschärft werden. Entsprechende Fertigkeiten fördern die eigene Wettbewerbsfähigkeit und unterstützen das Ziel verstärkter interdisziplinärer Forschung und Lehre der RWTH. Es stellt aber zugleich auch ein Merkmal für Großunternehmen, wenn auch nicht unbedingt positiv, und ihre hohen Spezialisierungstendenzen dar, fördert damit wiederum aber die Vergleichbarkeit der Hochschule mit einem Großunternehmen.

Auf der anderen Seite zeigt sich bei der Organisationskultur, dass der Abteilungsgedanke an der Hochschule enorm ausgeprägt ist. Abteilungen sind hierbei die Professuren. Das Einheitsgefühl der Abteilung sticht die Zugehörigkeit zu einer Division, hier die Fakultät, deutlich aus und auch ein Konkurrenzdenken zu anderen Abteilungen ist immanent präsent. Das Verhältnis des Zugehörigkeitsgefühls zur Gesamtorganisation ist wiederum positiver zu werten, unterliegt aber dem Abteilungsbewusstsein. Kurzum gelten für die Bedeutung der Unternehmenskultur und Wisseneinheiten die Rangfolge Professur>Universität>Fakultät.

Ursachen dafür liegen nicht in einer Kooperationsunwilligkeit. Im Gegenteil, nach Aussage der Probanden verliefen Kooperationen in der Regel, unabhängig vom Partner, relativ problemlos und die Hürden für eine Kooperation waren gering. Dennoch, auch wenn die Zugehörigkeit zur Universität höher bewertet wird, werden die Informationsflüsse zwischen Professur und Fakultät als deutlich besser eingestuft als zu den zentralen Hochschuleinrichtungen, ein Plus für die Divisionsebene.

Für den unmittelbaren Wissensaustausch ist im Ergebnis direkte Kommunikation das Mittel der Wahl für die Probanden. Nichts schlägt dabei die persönliche Kommunikation, egal ob es um informelle oder formelle Gespräche geht. Dieses Ergebnis wird auch durch die Befragung zur Motivation für den Wissensaustausch gestützt. Persönliche Kontakte, denen unweigerlich eine Kommunikation folgt, sind die Hauptmotivation. Die eigenen Mitarbeiter zu motivieren und ihnen Hilfe bei der Arbeit zu bieten sind die am häufigsten und am positivsten bewerteten Motive. Eben diese Konzentration auf die Abteilungsebene, der Professur, noch vor der Gesamtorganisation und die direkte Kommunikationsverbindung zu den Mitarbeitern, die gleichzeitig höchste Priorität genießt, machen die Stärke für den Wissenserhalt der Gesamtorganisation aus. Durch die in gewissem Maße autonom und eigenverantwortlich handelnden Abteilungen wirken diese wie kleine abgeschlossene Systeme. Diese überwiegenden Kleinsteinheiten sind allein deutlich flexibler Wissensverluste zu kompensieren und sind gleichzeitig klein genug, um durch einen internen Wissensverlust den Gesamtbetrieb der Hochschule nicht nachhaltig zu beeinflussen. Die enorme Zersplitterung und Dezentralisierung durch dieses Konzept verhindert trotz der häufigen Mitarbeiterwechsel einen Kollaps der Hochschule.

Der Versuch, ein zentrales System zum Auffangen von Wissensverlusten durch Mitarbeiterweggang zu etablieren, mag sich in der Zentralen Hochschulverwaltung bewähren, würde aber für die enorme Vielfalt an Professuren gravierende

Einschnitte bedeuten. Diese könnten auf der einen Seite die Gräben zwischen Professur und höheren Einheiten verstärken oder das stabile System auf Lehrstuhlebene zersetzen. Obwohl der Weggang von langjährigen Mitarbeitern als großer Verlust auf Lehrstuhlebene, abgesehen von persönlichen Aspekten, für den Wissensbestand erkannt wird, gelingt es nur mäßig, diesen Bestand direkt zu sichern. Eine Einarbeitung des Nachfolgers durch den Vorgänger lässt sich oft kaum realisieren. Überwiegend fällt diese Aufgabe anderen erfahrenen Mitarbeitern zu, unabhängig davon, ob diese denselben Wissensbestand besitzen. Bisweilen muss der neue Mitarbeiter sich alles selbst aneignen. Hier greift wieder oben angesprochener Aspekt, dass der Wissenstransfer primär auf der persönlichen kommunikativen Ebene verläuft und insbesondere, dass die Professur als eine Einheit agiert. Das gezielte und zufällige Zusammenwirken der Mitarbeiter trägt zum Neuaufbau oder aber auch zum Erhalt des Wissensbestands bei. Dadurch, dass die Mitarbeiter alle in derselben Situation sind, abgesehen von unterschiedlichen Forschungsbereichen und damit einhergehenden Schwerpunkten einzelner Tätigkeiten, teilen sie sich dasselbe Aufgabenfeld. Dies gestaltet die Übergänge zwischen den unterschiedlichen Wissensträgern deutlich fließender. Die Kombination mit regelmäßigen Weiterbildungen abseits der eigenen Abteilung kann diesen Effekt um ein Vielfaches verstärken und würde die Wissensverluste nochmals reduzieren. Auch lässt sich dadurch *Hidden Knowledge* leichter erkennen und ein potentieller Transfer umsetzen. Dieses spielt beim Zusammenwirken der einzelnen Mitarbeiter am Lehrstuhl eine essentielle Rolle und fördert auch unbewusst den Wissenserhalt bei Mitarbeiterabgängen.

Als große Herausforderungen für die Hochschule haben sich einerseits der Umgang mit schwankenden Studierendenzahlen, Finanzen, Wettbewerbsdruck und Konkurrenz, sowie die Digitalisierung herauskristallisiert. Die RWTH befindet sich aktuell in einer äußerst erfolgreichen Position. Neben Spitzenplätzen in verschiedenen, fachlichen Rankings, Studierendenzahlen, personeller und finanzieller Ausstattung, sind auch die äußeren Rahmenbedingungen als positiv einzustufen. Als zugleich größter Arbeitgeber profitiert auch die regionale Wirtschaft enorm von der Hochschule. Es hat sich gezeigt, dass die RWTH nicht nur in einer aktuellen Momentaufnahme einen Höhepunkt erreicht hat und einen kurzzeitigen Erfolg feiert, sondern auch in der Langfristperspektive einen dynamischen Erfolgsweg beschritten hat. Dieser war nicht frei von Problemen und Herausforderungen. Mehrfach stand die Hochschule an einem Scheideweg und musste mit starken Einbrüchen kämpfen. Der für eine Technische Hochschule doch nach wie vor noch stark holistisch geprägte Fächerkanon hat dabei mehrfach über Krisen hinweggeholfen. Einerseits dadurch, dass die Einbrüche der Studierendenzahlen in den Ingenieurswissenschaften von anderen Disziplinen aufgefangen wurden, andererseits inhaltlich durch die Interdisziplinarität und die Angebote an entsprechenden überfakultativen Lehrangeboten. Dieser Fächerkanon erlaubt es der RWTH, ganzheitliche Lehr- und Forschungsansätze tiefgreifender anzubieten, als an vergleichbaren Technischen Universitäten ohne solch ausgeprägten nichttechnischen Fachbereichen. Umgekehrt gilt dies auch für reguläre Hochschulen hinsichtlich der Ingenieurswissenschaften. Besonders in Phasen, in denen Probleme nicht nur aus einer Perspektive, sondern in ihrem gesamtgesellschaftlichen Kontext analysiert und behoben werden müssen, kritische Herausforderungen im Bereich Umwelt zum Beispiel, stellt dies einen essentiellen und vorteilhaften Ansatz dar.

Gleichzeitig handelt es sich dabei um ein Charakteristikum, welches die RWTH seit Anbeginn der Gründung auszeichnet. Auch im Gegensatz zu anderen Technischen Universitäten. Eben dieses Spezifikum scheint aber zu kriseln. Der Rückgang nicht naturwissenschaftlicher oder nicht ingenieurswissenschaftlicher Studienangebote und Studierender muss daher mit äußerster Vorsicht und Besorgnis betrachtet werden. Die RWTH läuft Gefahr, sich damit nicht nur eines ihrer Alleinstellungsmerkmale zu berauben, die sie zudem im Umfeld der Technischen

Universitäten hervorgehoben hat, sondern auch um einen Standortvorteil. Aus einer rein wissenstheoretischen Perspektive über lange Zeiträume zeichnet sich damit ein tiefgreifender Wissensverlust ab, der vergleichbar mit dem bereits angesprochenen Wegfall von langjährigen Mitarbeitern in einem Unternehmen ist. Es ist auch noch stärker mit Sorgen zu betrachten, da eben der Wegfall von erfahrenen Mitarbeitern auch von Seiten der Professoren in der Umfrage als ein besonders kritisches Problem klassifiziert wurde. Das Problem ist identifiziert, dennoch zeigen sich in den Strukturen und Prozessen keine Maßnahmen, um dieser Entwicklung entgegenzusteuern. Dies ist erstaunlich, vor allem im Angesicht des seit mehreren Jahren verstärkt aufkommenden Populismus, Bürgerinitiativen und gesamtgesellschaftlichen Engagement zu soziokulturellen und sozioökonomischen Themen in kurz- und langfristigen Perspektiven. Um entsprechenden negativen Entwicklungen in diesem Segment entgegenwirken zu können und die positiven zu unterstützten beziehungsweise deren Fragen und Herausforderungen zu beantworten und zu beheben, ist ein entsprechender interdisziplinärer Diskurs unabdingbar. Die an der RWTH etablierten Profilbereiche und interdisziplinäre Foren stellen zwar einen ersten Schritt in diese Richtung dar, sind allerdings noch nicht ausreichend für die zukünftigen Herausforderungen. Ein tiefgreifender Ausbau und eine stärkere Verknüpfung von z.B. Geisteswissenschaften mit Natur- oder Ingenieurswissenschaften wäre hier der notwendige und zielführende Ansatz.

Mehrfach gelang es der RWTH als Teil der Spitzengruppe von Fortschrittsbewegungen die gesellschaftlichen Entwicklungen mitzugestalten. Dabei konzentrieren sich diese Bemühungen nicht auf einen einzelnen Zeitraum, sondern lassen sich quer durch die gesamte Entwicklungsgeschichte der RWTH auffinden. Ebenso breit gefächert sind die Bereiche, die dabei gestreift werden. Eines der nach wie vor brandaktuellen gesamtgesellschaftlichen Themen ist die Digitalisierung von Industrie, Wirtschaft, Bildung und privatem Alltag. Ohne weiteres hat die Untersuchung gezeigt, dass dieser Bereich ein Spezialfeld der RWTH darstellt und dass der Einstieg in diesen Bereich sowie die begleitenden Entwicklungen an der RWTH sehr früh, wenn nicht sogar mit dem Beginn in Deutschland, aufgegriffen wurden. Ausgehend aus dem Fachbereich Mathematik wurde mit der Anschaffung einer ersten Großrechenmaschine ein Meilenstein für die Informationstechnologie an der Hochschule gelegt. Bei der vollständigen Diffusion in alle universitären Bereiche waren Mathematik, Elektrotechnik und auch die Physik stark involviert. Diese Bemühungen mündeten dann final auch in der Schaffung des Fachbereichs Informatik in den 1970er Jahren. Von da an war auch die Ausbreitung der Digitalisierung an der RWTH nicht mehr zu bremsen. Der stark forcierte Ausbau der Vernetzung innerhalb er 1980er Jahre führte dazu, dass bereits 1989 mit der Immatrikulation eine Emailadresse vergeben wurde.

Dies mag 2020 banal und selbstverständlich erscheinen, 1989 war es aber revolutionär und eine Entscheidung mit weiser Voraussicht. Denn weder der Heimcomputer noch das Internet waren zu diesem Zeitpunkt eine Standardausstattung weder in allen Bereichen der Hochschule noch in den Privathaushalten. Selbst an der RWTH waren die Computerarbeitsplätze für Studierende noch rar gesät. Auch 10 Jahre später, 1999, als schon verstärkt Computer in den Privathaushalten verfügbar waren, war der Internetanschluss noch weit von einem Standard entfernt. Zeitgleich war die Konnektivität an der Hochschule bereits auf dem Weg auf die nächste Ebene und jegliche Kupferkabel wurden durch leistungsfähige Glasfaserkabel ersetzt. Ein zwar mittlerweile 2020 allgemeingültiger Standard für Internetanschlüsse, allerdings sind auch heute, egal ob Städteregion Aachen oder deutschlandweit, immer noch nicht alle Kommunen vollständig an ein Glasfasernetz angeschlossen. Dies stellt einen zentralen Ausgangspunkt für die Digitalisierung von Wissensaneignung im privaten und beruflichen Kontext dar.

Denselben Weg bestritt die Hochschule zur Jahrtausendwende bezüglich kabelloser Internetverbindungen. Bereits vor der Verbreitung von Laptops mit WLAN-Schnittstellen und vor dem Erfolg von Smartphones war ein flächendeckendes

WLAN-Netz vorhanden. Neben infrastrukturellen Maßnahmen stand eine kontinuierliche Digitalisierung von internen und externen Verwaltungsprozessen auf der Agenda. Dazu gehörten neben einer elektronischen Datenverarbeitung, dem Einsatz von Bürokommunikationssystemen auch die Verschiebung der Studienorganisation von Papier in digitale Daten, angefangen von Anmeldeprozessen über die Veranstaltungsbelegung bis hin zur Leistungsverwaltung. Im Hochschulbereich allgemein als Student-Lifecycle bezeichnet.

Parallel zur Digitalisierung der organisationalen und verwaltungstechnischen Prozesse setzte eine intensive Digitalisierung der Lehre ein und rückte seit 2011 im Zuge des Qualitätspakts Lehre verstärkt in den Mittelpunkt. Nach ersten erfolgreichen Projekten und einer Anschlussförderung sind spätestens seit 2016 die Digitalisierung und die damit einhergehenden Möglichkeiten flächendeckend an der RWTH verfügbar. Die Umsetzung wiederum geht ambivalent voran und unterscheidet sich stark je nach Fachbereich und Veranstaltungstyp. Während Vorlesungen zu den noch am einfachsten zu digitalisierenden Veranstaltungen zählen, gestaltet sich dies bei spezifischen Seminaren, in denen der lebendige Diskurs inklusive persönlicher Präsenz und ausstrahlender Wirkung im Rahmen einer Präsentation und die Interaktion mit den Anwesenden im Fokus stehen, noch deutlich schwieriger. Das gilt umso mehr für Praktika und Laborübungen.

Auch auf der Ebene der elektronischen Prüfungen hat die RWTH auf Grund der schieren Masse an Klausurteilnehmern in einzelnen Veranstaltungen und dem damit einhergehenden Korrekturaufwand früh die Vorteile und Notwendigkeiten elektronischer Prüfungen gesehen. Dabei umreißt die Thematik nicht nur standardisierte Testverfahren, sondern auch alternierende Systeme oder Freitextprüfungen bis hin zu sogenannten Serious Games. Rechtliche Freigaben dieser digitalen Prüfungsformen wurden frühzeitig eingeholt, um eine Gleichberechtigung der Studierenden bei unterschiedlichen Prüfungsformaten gewährleisten zu können. Auch wenn diese Systeme bereits fest etabliert sind und die Nutzerzahlen stetig steigen, ist aktuell eine vollständige Abdeckung noch nicht gegeben. Sie stellt ein Ziel mit großem Potential für den weiteren Ausbau dar. Nicht zuletzt die Covid-19-Pandemie, die zeitweise einen vollständigen Stillstand der Präsenzveranstaltungen mit sich zog, bietet einen Nährboden, solche digitalen Lehr- und Lernszenarien weiter auszubauen. Kernanreize sind nach wie vor die zeit- und ortsunabhängige Verfügbarkeit von Bildungsmöglichkeiten. Insbesondere für die Bildungsoffensive hin zu allen Bevölkerungsgruppen unabhängig von Herkunft, Geschlecht oder finanzieller Ausstattung bietet sich hier noch sehr viel Potential. Das Ziel dabei ist ganz klar: ein globaler Wissenstransfer, für alle verfügbar. Durch diese bereits intensiv erprobten und umgesetzten Maßnahmen bewegt die RWTH sich während der Corona-Pandemie deutlich sicherer und besser durch dieses schlagartig neue und ungewisse Szenario als andere Hochschulen.

In exakt diesem zuvor genannten Feld, der Bildungsgerechtigkeit, hat die RWTH bereits seit Gründung erste proaktive Schritte unternommen. Bereits in den 1880er Jahren wurde zumindest auf institutioneller Ebene an der Aachener Hochschule die Zielgruppenbeschränkung auf Männer aufgehoben und somit zumindest ein erster Schritt in Richtung Frauenstudium getan. Dennoch gestattete der preußische Staat Frauen zu diesem Zeitpunkt kein Hochschulstudium. Mit dem Wegfall der staatlichen Schranke immatrikulierten sich auch direkt in Aachen die ersten Frauen. In vielen anderen deutschen Universitäten dauerte es wie gezeigt deutlich länger, bis sich die ersten Frauen einschrieben, insbesondere an Technischen Hochschulen. Gerade unter den Technischen Universitäten zeichnete sich die RWTH als besonders progressiv aus. Die auch heute noch leistungsstärksten Konkurrenten auf dem Feld der TUs, Berlin und München, hatten hier bereits damals das Nachsehen und hinkten den Entwicklungen an der RWTH auch nach der Öffnung des Studiums für Frauen hinterher. Die Technische Universität Berlin kann zwar beim Studienbeginn von Frauen mithalten. Doch spätestens, wenn es um die wissenschaftlichen Weiterqualifikationen in Form von Promotion und der Venia Legendi geht oder der Verleihung eines Ordinariats, brilliert die RWTH.

Wie gezeigt, wurde an der RWTH in Chemie bereits 1949 eine Ordinaria berufen. Die Mitbewerber, Berlin und München, folgten erst danach. An der TU München wurde sogar erst 1994 eine Frau auf eine ordentliche Professur berufen. Jedoch muss hier angemerkt werden, dass die Entwicklung des Frauenstudiums und der wissenschaftlichen Laufbahn sich an regulären Volluniversitäten deutlich schneller weiterentwickelte. Hauptursache ist dabei der dort angesiedelte Fächerkanon, der weniger Ingenieurs- und technische Studiengänge enthält und dafür ein größeres Spektrum weiterer Disziplinen. Diese erfreuen sich weitaus größerer Beliebtheit bei den weiblichen Studierenden. Auf dieser Schiene profilieren sich unter anderem die Universitäten in Münster, Göttingen oder auch die HU Berlin. Alle drei können schon frühzeitig ordentliche Professorinnen aufweisen. Für die technisch ausgerichteten Hochschulen hat die RWTH dennoch schon in der Frühphase eine Leitfunktion eingenommen. Dies darf aber nicht darüber hinwegtäuschen, dass Frauen unter den Studierenden noch in der Minderheit sind, wie auch in Kapitel 6 und 7 aufgezeigt. Dies gilt sowohl deutschlandweit als auch an der RWTH. Weitaus gravierender zeigt sich dies an den Geschlechterverhältnissen, was das wissenschaftliche Personal angeht. Hier sind Frauen mit Abstand deutlich unterrepräsentiert.

Hinsichtlich existenzieller Herausforderungen lässt sich die historische Analyse der Hochschule, wie in Kapitel 7 erläutert, ein zweistufiges System erkennen. In ihren ersten 75 Jahren war die Hochschule noch eher darauf bedacht, den Betrieb aufrechtzuerhalten, positiv zu wirtschaften, sich breiter aufzustellen, neue und mehr Studierende anzuziehen und sich sowohl gesellschaftlich als auch wissenschaftlich zu orientieren. Zusammengefasst: Man wollte sich in der deutschen Wissenschaft, Gesellschaft und Wirtschaft etablieren. Begleitet wurde dieser Prozess insbesondere bis zum Anfang des 20. Jahrhunderts durch die Emanzipation der Technischen Hochschulen im allgemeinen Bildungssektor im Vergleich zu den regulären Universitäten. Die zweiten 75 Jahre prägte im Gegensatz dazu eine intensive Expansion. Nach dem erfolgreichen Neustart nach dem Krieg ging es nicht nur darum sich zu behaupten, sondern explizit den Wettbewerb zu den führenden Universitäten zu suchen, mitzuhalten und dabei auch zu brillieren. Zusätzlich kamen durch unterschiedliche Maßnahmen im Bildungssektor durch die Bundesregierung neue Aufgaben und Herausforderungen hinzu. Durch die Ausweitung der Fachhochschulen kamen mehr Konkurrenten ins System der Bildungseinrichtungen und mit dem Bologna-Prozess ein tiefgreifender Einschnitt in die Hochschulabläufe und Studiengänge. Während politische Entscheidungen und Reformen durchweg markante Einflüsse auf die RWTH haben, gilt dies nicht für Wirtschaftskrisen. Diese Krisen hatten in den vergangenen 150 Jahren keine oder nur marginale Einflüsse auf den Alltag der Aachener Hochschule. Insbesondere nach der Festigung im Zuge der Nachkriegszeit zeigt sich die Hochschule relativ unberührt von solchen Phänomenen.

Zieht man, ganz nüchtern betrachtet, Werte heran, die im Unternehmensbereich als betriebswirtschaftliche Kennzahlen fungieren würden, zeichnet sich bei der RWTH ebenfalls ein positives Bild ab. Da die Organisationsstrukturen und Prozesse unternehmensähnlichen Abläufen unterliegen, ergibt es Sinn, die entsprechende Werte, die auch zuvor herausgearbeitet wurden, zu diesem Zwecke zu nutzen. Als maßgeblich dürfen dabei die räumliche Ausbreitung/Infrastruktur, Auslastung, Studierendenzahlen, Personalstand und Finanzmittel angesehen werden. Abgesehen von der Auslastung, deren Anstieg ab der dauerhaften Überschreitung von 100% als negativ zu bewerten ist, sind die anderen Werte alle von einem positiven Anstieg seit Start der Hochschule gezeichnet. Während einzelne Werte konjunkturähnlichen Schwankungen unterliegen, ist die räumliche Ausbreitung, abgesehen von kurzeitigen kriegsbedingten Schäden, nahtlos ohne Rückgänge angestiegen.

Ebenfalls gilt dies für die Modernisierung der Gebäude und deren zugehörigen Infrastrukturen, allen voran die Versorgungsinfrastrukturen im Bereich der Kommunikationstechnologie. Gebäudeerweiterungen fließen gleichermaßen in die Bereiche Forschung und Lehre und führen neben der Erweiterung der Campus Areale auch zu einem Ausbau derselben. Dem engen Platzangebot in der Stadtmitte ist die RWTH dadurch entwachsen, dass sie mehrere Campusstandorte über die Stadt verteilt hat. Damit trägt sie auch zur Stadtentwicklung bei, hinsichtlich Ausbreitung und flächendeckende Verfügbarkeit von Arbeitsplätzen sowie eine Verteilung der Wohngebiete. Dies hat entzerrende Wirkung auf eine Überbeanspruchung der Stadtmitte, fördert gleichzeitig aber auch Konzepte zur urbanen und innerstädtischen Mobilität in Aachen. Die Hochschule kommt damit nicht nur in die Position, selbst innovative Konzepte bereitzustellen, sondern auch Anreize für weitere Innovationen durch andere zu schaffen.

Selbstredend haben die Studierendenzahlen und die Personalstruktur ebenfalls eine große Auswirkung auf die Region. Beides steht in enger Relation zueinander, wird zugleich aber auch von der Finanzsituation der Hochschule mitbeeinflusst. Je größer die Universität, umso höher auch der Personalbedarf auf allen Ebenen, sprich Wissenschaftler, Verwaltungs- und Technikpersonal, kurzum Arbeitsplätze für die Region. Gleichzeitig werden wiederum auch Personen an den Standort gebunden und setzen ihr Einkommen verstärkt regional um, was so dann auch erneut der Region zu Gute kommt - zumindest in der Theorie. Für die ersten Jahrzehnte lassen sich solche positiven Effekte zwar auch schon erkennen, sie sind aber noch weitaus geringer als die Kostenfaktoren der Hochschule. In Summe herrscht am Anfang aus finanzieller Sicht, trotz der neuen Arbeitsplätze, ein Malus bzw. Nullsummenspiel.

Auch die Anreizeffekte auf Studierende und die Nachfrage von Studierenden, die nach Aachen kommen und somit auch zu dem Wirtschaftskreislauf der Region beitragen, ist noch zu gering. Ansiedlungseffekte von Industrieunternehmen lassen für das 19. Jahrhundert auch noch keine positive Bilanz entstehen. Der entscheidende Wandel tritt hier erst zur Wende zum 20. Jahrhundert ein. Im Vorfeld der beiden Weltkriege und auch der Zwischenkriegszeit kommt der Hochschule jedoch bereits eine tragende Rolle für die Region zu.

Von Bedeutung aus wirtschaftlicher Sicht wird die Hochschule erst in der explosionsartigen Ausdehnung der Nachkriegszeit in der zweiten Hälfte des 20. Jahrhunderts. Für die ersten Lebenshälfte der Hochschule zeigen die Diagramme als mittleren Wert 585 Studierende, mit einer Spitze in 1922 von über 1.400 und halten sich in den gesamten 1920ern über dem Wert von 1.000. Im Vergleich dazu ergibt sich für die zweite Hälfte ein mittlerer Wert von 22.879 Studierenden mit einem Spitzenwert von 45.628 Studierenden im Wintersemester 2019/20. Die Dimensionen sind somit signifikant verschieden. Im Mittel bedeutet das fast 40mal so viele Studierende wie zuvor. Sie zeigen damit umso deutlicher das exponentielle Wachstum der RWTH. In den letzten 20 Jahren haben jeweils mehr Studierende ein Studium an der RWTH begonnen als abgeschlossen. Dadurch wird das Wachstum der Studierendenzahlen zusätzlich befeuert. Wie aber auch in Kapitel 8 erläutert wurde, ist die Zahl der Absolventen ebenfalls stark angestiegen. Das starke Defizit, das Anfang der 2000er bestand, konnte überwunden werden.

Solche Massen an Studierenden haben entsprechend auch Einfluss auf die Stadtentwicklung, einige Bereiche wie zum Beispiel die Gastronomie passen sich gezielt an die Bedürfnisse dieser Gruppe an, gleiches lässt sich auch am Wohnungsmarkt feststellen. Ist die Wohngemeinschaft doch nach wie vor die bevorzugte Wahl der Studierenden. Gleichzeitig bietet dies auch Zusatzpotential für den Tourismus einer Region, denn auch die Studierenden bekommen familiären Besuch oder Besuch von Freunden aus anderen Regionen. So viele Studierende müssen natürlich auch an der Universität entsprechend versorgt werden, dazu kommen noch ergänzend Forschungsprojekte.

Mit den Studierendenzahlen wächst auch das Gesamtpersonal der RWTH und liegt mittlerweile bei knapp 10.000 Beschäftigten. Sie ist damit heute der größte

Arbeitgeber der Stadt Aachen. Zudem auch Ursache für etliche Unternehmensansiedlungen und Spin Offs. Arbeitsplätze, die somit indirekt durch die Hochschule erzeugt werden. Das Finanzvolumen der RWTH wird heute maßgeblich durch zusätzliche Drittmittel bestimmt. Sie sind seit einigen Jahren einer der wichtigsten Leistungsindikatoren der Hochschule geworden. Das Drittmittelvolumen befindet sich wie in Kapitel 8 gezeigt auf dem Niveau der Landesmitteln und auch knapp die Hälfte des Personals wird über Drittmittel finanziert. Zwar haben sich die Landesmittel durchgehend erhöht, aber nicht in dem Maße wie die Drittmittel. Insbesondere nach dem frisch verteidigten Exzellenztitel steht zu erwarten, dass das Drittmittelvolumen die Landesmittel übertrifft.

Es lässt sich resümieren, dass die RWTH sich durch Höhen und Tiefen zu einem erfolgreichen Wissensdienstleister entwickelt hat. Momentan ist die Nachfrage nach den Angeboten der RWTH ungebrochen und hält sich stabil auf einem hohen Niveau. In Anbetracht der kontinuierlichen Topplatzierungen im nationalen und internationalen Wettbewerb, dem sich deutlich positiv entwickelnden Wachstum und den kontinuierlichen Neuerfindungsprozessen, kann sie durchaus als ein innovatives Unternehmen bezeichnet werden.

Abseits der analysierten Fragestellungen gilt es auch aufzuzeigen, welche Bedeutung die Ergebnisse für die RWTH haben. Explizit gilt dies für die Auswertung der empirischen Umfrage, die eine Momentaufnahme abbildet. Was lässt sich daraus für andere Hochschulen ableiten und welchen Beitrag zur Forschung auf dem Gebiet leistet die Arbeit? Dabei gilt es zu aufzuzeigen, welche Handlungsempfehlungen auszusprechen sind. Insbesondere hier bietet die Arbeit großes Potential. Die Fallstudie verdeutlicht, welche bevorzugten Muster oder etablierte Methoden für den Wissenstransfer, den Wissenserhalt und die Wissensaneignung an der RWTH vorliegen. Gleichzeitig identifiziert sie die Hemmfaktoren für den Wissenstransfer. Diese Hindernisse werden aufgeteilt in organisatorische Barrieren, technische Barrieren und individuelle Störfaktoren. Dadurch ist es möglich gezielt einen spezifischen Aspekt zu bearbeiten und auf das entsprechende Wissensmanagementkonzept zurückzugreifen.

Die Kombination der einzelnen Bausteine der Untersuchung, verdeutlicht an Hand der Ergebnisse der historischen Entwicklung, der strukturellen Analyse und der Datenerhebung, welche Mängel im Wissensmanagement an der RWTH auftreten. Vorhandene Schwächen und Probleme im Wissenstransfer werden dabei verdeutlicht. Es zeigt sich, dass teils überhaupt keine Kenntnisse zu Wissensmanagement und dazugehörigen Praktiken vorhanden sind. Dies bedeutet jedoch nicht, dass an den entsprechenden Einheiten vollständig auf Maßnahmen des Wissensmanagement verzichtet wird. Ohne Kenntnisse der übergeordneten Wissensmanagementpraxis wird instinktiv und erfahrungsbasiert auf Methoden zurückgegriffen, die gleichzeitig zum typischen Portfolio des Wissensmanagement gehören. Verschiedene Praktiken und Wissensmanagementsystem kommen jedoch auch gezielt zum Einsatz. Durch diese fehlende einheitliche Struktur wird vorhandenes Potential an vielen Lehrstühlen nicht vollständig ausgenutzt. Die RWTH muss dementsprechend der Thematik Wissensmanagement mehr Aufmerksamkeit widmen. Wissensmanagement sollte an der RWTH hochschulweit eingeführt werden, nicht zuletzt zur Stärkung der eigenen Position.

Hierbei kommt der Klassifikation der Hochschule als Unternehmen zusätzlich eine besondere Rolle zu. Es besteht eine hohe Kongruenz der potentiellen Hemmfaktoren, die im Rahmen der Fallstudie an der RWTH ermittelt und denen die bei Großunternehmen in ähnlichen Studien herausgefunden wurden. Auch für die bevorzugten Transfermethoden lassen sich nur geringe Unterschiede feststellen. In Synthese mit den ähnlichen Organisationsstrukturen ergibt sich somit die Option, voneinander zu lernen und Wissensmanagementpraktiken aus Großunternehmen in die Hochschule zu übernehmen. Es empfiehlt sich zuerst gescheiterte Einführungen von Wissensmanagementsystemen in Unternehmen zu analysieren. Danach sollte unmittelbar eine Betrachtung von erfolgreichen Implementierungen solcher Systeme in anderen Unternehmen erfolgen. Daraus ergeben sich zwei weitere Handlungskonzepte. Die RWTH könnte aufbauend auf diesen Konzepten ein komplett eigenes Wissensmanagementkonzept kreieren oder aber ein fremdes Konzept modifizieren und dieses dann übernehmen. In beiden Fällen ergibt sich zusätzlich die Möglichkeit in einem weiteren Schritt, nach erfolgreicher Umsetzung, eine Blaupause allgemeiner Natur für andere Hochschulen zu erstellen. Dies bietet das Potential, erneut innovativ hervorzutreten und einen großen Beitrag zur Stärkung der deutschen Hochschullandschaft zu leisten.

Die Implikationen der Ergebnisse sind vielfältig sowohl für die Forschung als auch die RWTH selbst. Neben der Unterstützung zur Implementierung eines Wissensmanagementkonzeptes an der RWTH bietet die Arbeit zugleich durch ihren Fokus auf die organisatorische Ebene auch die Grundlage für weitere Untersuchungen zur Erforschung des Wissenstransfers in der Hochschullehre. Die genutzten Methoden und deren Kombination führen dazu, dass ein komplett eigenes und neues Untersuchungsinstrument entsteht. Dieser methodische Werkzeugkasten lässt sich unverändert oder mit leichten Modifikationen auch auf andere Untersuchungsgegenstände übertragen. Ausgehend von der Fallstudie bietet dies zusätzlich den Anreiz zu weiteren Untersuchungen anderer Hochschulen um diese mit den Ergebnissen der RWTH zu vergleichen.

Aus einer anderen Perspektive heraus schließt die Arbeit auch ein Desiderat in der Erforschung der Geschichte der RWTH und bietet zugleich eine andere Herangehensweise für die Hochschulforschung im Allgemeinen. Zugleich birgt der im Rahmen der Arbeit angelegte Datensatz zur RWTH noch ein enormes Potential für weitere Untersuchungen zur strukturellen Entwicklung einzelner Fakultäten, Fachbereiche oder Studiengänge. Die dabei kultivierten Daten zur Finanz- und Personalstruktur können von Seiten der Hochschulleitung auch für zukünftige Entscheidungen zur Hochschulentwicklung konsultiert werden. Sie dokumentieren deutlich, wie sich die RWTH entwickelt hat, und lassen sich auch zeitlich entsprechenden Maßnahmen oder politischen Eingriffen in die Bildungslandschaft zuordnen.

Literaturverzeichnis

A

Aachener Verein zur Beförderung der Arbeitsamkeit, Aachener Verein zur Beförderung der Arbeitsamkeit. Festschrift zum 75jährigen Jubiläum 1834 - 1909. Aachen 1909.

Werner **Abelshauser**, Deutsche Wirtschaftsgeschichte. Von 1945 bis zur Gegenwart. München 2004.

Lisa C. **Abrams** et al., Nurturing Interpersonal Trust in Knowledge-Sharing Networks. In: Academy of Management Executives, Vol. 17 Heft 4, 2003, S. 64-77.

Pervaiz **Ahmed**, Kwang K. **Lim**, Ann Y. **Loh**, Learning through Knowledge Management. Oxford 2002.

Mian M. **Ajmal**, Kai U. **Koskinen**, Knowledge Transfer in Project-Based Organizations: An Organizational Culture Perspective. In: Project Management Journal, Bd. 39 Heft 1, 2008, S. 7-15.

Björn **Alex**, Dieter **Becker**, Jan **Stratmann**, Ganzheitliches Wissensmanagement und wertorientierte Unternehmensführung. In: Klaus Götz (Hg.), Wissensmanagement. Zwischen Wissen und Nichtwissen. 4. Auflage, Mering 2002, S. 47-69.

Ethem **Alpaydın**, Machine Learning. The New Al. London, 2016.

Jenny **Amelingmeyer**, Wissensmanagement. Analyse und Gestaltung der Wissensbasis von Unternehmen. 3. Auflage, Wiesbaden 2004.

Sascha **Armutat**, et al., Wissensmanagement erfolgreich einführen. Strategien - Instrumente - Praxisbeispiele. Düsseldorf 2002.

Peter **Atteslander**, Methoden der empirischen Sozialforschung. 13. Auflage, Berlin 2010.

B

Christof **Backhaus** et al., Autonomie und Loyalität in strategischen Unternehmensnetz-werken - Eine Mehrebenenbetrachtung. In: Georg Schreyögg, Jörg Sydow (Hg.), Verhalten in Organisationen. Managementforschung 19. Wiesbaden 2009, S. 141-178.

Thomas Christian **Bächle** et al., Selbstlernende autonome Systeme? Medientechnologische und medientheoretische Bedingungen am Beispiel von Alphabets Differentiable Neural Computer (DNC), In: Christoph Engemann, Andreas Sudmann (Hg.), Machine Learning-Medien, Infrastrukturen und Technologien der Künstlichen Intelligenz. Bielefeld 2018, S. 167-194.

Saša **Baškarada**, Andy **Koronios**, Data, Information, Knowledge, Wisdom (DIKW): A Semiotic Theoretical and Empirical Exploration of the Hierarchy and its Quality Dimension. In: Australasian Journal of Information Systems, Vol. 18 Heft 1, 2013, S. 5-24.

Carl Heinrich **Becker**, Gedanken zur Hochschulreform. Leipzig 1919.

David M. **Berry**, Anders **Fagerjord**, Digital Humanities. Knowledge and Critique in a Digital Age. Cambridge 2017. Harry Collins, Tacit and Explicit Knowledge. Chicago 2010.

David **Besanko** et al., Economics of Strategy. 6. Auflage, Hoboken 2012.

Lorenz **Blume**, Oliver **Fromm**, Wissenstransfer zwischen Universitäten und regionaler Wirtschaft: eine empirische Untersuchung am Beispiel der Universität Gesamthochschule Kassel. In: Vierteljahrshefte zur Wirtschaftsforschung, Vol. 69, Heft 1, S. 109-123.

Tomas **Bohinc**, Wissenskultur - Begriff und Bedeutung. In: Ulrich Reimer et al. (Hg.), WM 2003. Professionelles Wissensmanagement - Erfahrungen und Visionen, Bonn 2003, S. 371-379.

Hans **Brinckmann**, Die neue Freiheit der Universität. Operative Autonomie für Lehre und Forschung an Hochschulen. Berlin 1998.

Brockhaus Kleines Konversations-Lexikon, 5. Auflage, Band 1. Leipzig 1911.

Gisela **Buchheim**, Rolf **Sonnemann** (Hg.), Geschichte der Technikwissenschaften. Leipzig 1990.

Georg **Büchmann**, Geflügelte Worte. Der Citatenschatz des Deutschen Volks. 13. vermehrte und umgearbeitete Auflage, Berlin 1882.

Hans J. **Bullinger**, Kristina **Wagner**, Peter **Ohlhausen**, Intellektuelles Kapital als wesentlicher Bestandteil des Wissensmanagements. In: Hermann Krallmann (Hg.), Wettbewerbsvorteile durch Wissensmanagement. Methodik und Anwendungen des Knowledge Management. Stuttgart 2000, S. 73-90.

Bundesanzeiger, Amtlicher Teil, Nr 164, 28.10.2010, Bundesministerium für Bildung und Forschung, Bekanntmachung der Verwaltungsvereinbarung zwischen Bund und Ländern gemäß Artikel 91b Absatz 1 Nummer 2 des Grundgesetzes über ein gemeinsames Programm für bessere Studienbedingungen und mehr Qualität in der Lehre Vom 18. Oktober 2010, S. 3631-3633.

Bundesgesetzblatt Teil I, Z1997A, Nr. 10, 1976. Hochschulrahmengesetz (HRG), S. 185-206.

Bundesministerium für Bildung und Forschung, Berufsbildungsbericht 2020. Bonn 2020.

Bundesministerium für Bildung und Forschung, Bildungsforschung 2020. Zwischen wissenschaftlicher Exzellenz und gesellschaftlicher Verantwortung (Bildungsforschung, Bd. 42). Berlin 2014.

Bundesministerium für Bildung und Forschung, Exzellenzinitiative, online verfügbar: https://www.bmbf.de/de/die-exzellenzinitiative-staerkt-die-universitaere-spitzenforschung-1638.html, abgerufen am 05.09.2020.

Bundesministerium für Bildung und Forschung, Exzellenzinitiative, online verfügbar: https://www.bmbf.de/de/die-exzellenzinitiative-staerkt-die-universitaere-spitzenforschung-1638.html, abgerufen am 06.09.2020.

Bundesministerium für Bildung und Forschung, Exzellenzstrategie, online verfügbar: https://www.bmbf.de/de/die-exzellenzstrategie-3021.html, abgerufen am 05.09.2020.

Bundesministerium für Bildung und Forschung, Qualitätspakt Lehre, online verfügbar: https://www.qualitaetspakt-lehre.de/, abgerufen am 31.07.2020.

Bundesministerium für Bildung und Forschung, RWTH Aachen, Einzelvorhaben RWTH 2020 Exzellente Lehre – Wir verbessern gemeinsam die Studienbedingungen und die Lehrqualität, online verfügbar: https://www.qualitaetspakt-lehre.de/de/rheinisch-westfalische-technische-hochschule-aachen-2454.php, abgerufen am 06.09.2020.

Bundesministerium für Bildung und Forschung, Zukunftsvertrag Studium und Lehre stärken, online verfügbar: https://www.bmbf.de/de/zukunftsvertrag-studium-und-lehre-staerken-9232.html, abgerufen am 31.07.2020.

Bundesministerium für Bildung und Forschung, Qualität von Hochschullehre und Studienbedingungen verbessern online verfügbar: https://www.qualitaetspakt-lehre.de/de/qualitat-von-hochschullehre-und-studienbedingungen-verbessern-1764.php, abgerufen am 31.07.2020

Bundesverband Informationswirtschaft, Telekommunikation und neue Medien e.V, Deutsches Forschungszentrum für künstliche Intelligenz GmbH (Hg.), Künstliche Intelligenz. Wirtschaftliche Bedeutung, gesellschaftliche Herausforderungen, menschliche Verantwortung. Berlin 2017.

Bundesministerium des Innern, für Bau und Heimat, Demografie-Radar, online verfügbar: https://www.bmi.bund.de/DE/themen/heimat-integration/demografie/demografie-radar/demografie-radar-node.html.jsessionid=E874FFF2E886CFB4A13597C02C062862.2_cid373, abgerufen am 26.07.2020.

Bundesministerium für Justiz und Verbraucherschutz, Gesetz über befristete Arbeitsverträge in der Wissenschaft (Wissenschaftszeitvertragsgesetz - WissZeitVG).

Peter **Busch**, Tacit Knowledge in Organizational Learning. Hershey and London 2008.

C

Jeffrey **Carpenter**, Erika **Seki**, Do Social Preferences Increase Productivity? Field Experimental Evidence from Fishermen in Toyama Bay. In: Economic Inquiry, Vol. 49 Heft 2, 2011, S. 612-630.

John **Child**, Predicting and Understanding Organization Structure. In: Administrative Science Quarterly, Vol. 18 Heft 2, 1973, S. 168-185.

Ilse **Costas**, Die Öffnung der Universitäten für Frauen — Ein internationaler Vergleich für die Zeit vor 1914. In: Leviathan, Vol. 23, Heft 4 1995, S.496-516.

Rob **Cross**, Lloyd **Baird**, Technology Is Not Enough. Improving Performance by Building Organizational Memory, in: MIT Sloan Management Review, Bd. 41 Heft 3, 2000, S. 69-78.

D

Ernest **Dale**, Planning and Developing the Company Organization Structure. New York 1952David W. **De Long**, Liam **Fahey**, Diagnosing Cultural Barriers to Knowledge Management. In: Academy of Management Executive, Vol. 14 Heft 4, 2000, S. 113-127.

Thomas H. **Davenport**, Laurence **Prusak**, Wenn Ihr Unternehmen wüßte, was es alles weiß... Das Praxisbuch zum Wissensmanagement. Landsberg/Lech 1999.

Thomas H. **Davenport**, Gilbert J. **Probst**, Knowledge Management Case Book - Siemens Best Practises. 2. Auflage, New Jersey 2002.

Der Minister der Geistlichen- Unterrichts- und Medicinal-Angelegenheiten (Hrsg.), Circularverfügung: Anderweite Organisation der Real- und höheren Bürgerschulen (1856). In: Michael Berthold, Heinz-Hermann Schepp, Die Schule in Staat und Gesellschaft. Dokumente zur deutschen Schulgeschichte im 19. und 20. Jahrhundert (Quellensammlung zur Kulturgeschichte, Bd. 22). Göttingen 1993, S. 173-175.

Deutsche Forschungsgemeinschaft, Grundlagen der Wissenschaft und Sicherung guter wissenschaftlicher Praxis, online verfügbar: https://www.dfg.de/foerderung/grundlagen_rahmenbedingungen/gwp/index.html.

Deutscher Bundestag, Drucksache 18/10012, Antrag der Abgeordneten Nicole Gohlke, Sigrid Hupach, Dr. Rosemarie Hein, Ralph Lenkert, Cornelia Möhring, Norbert Müller (Potsdam), Harald Petzold (Havelland), Dr. Petra Sitte, Katrin Werner, Jörn Wunderlich und der Fraktion DIE LINKE. BAföG an die Lebenswirklichkeit anpassen – Keine weiteren Nullrunden für die Studierenden. Berlin 2016.

Deutscher Bundestag, Drucksache 19/275, Unterrichtung durch die Bundesregierung. Einundzwanzigster Bericht nach § 35 des Bundesausbildungsförderungsgesetzes zur Überprüfung der Bedarfssätze, Freibeträge sowie Vomhundertsätze und Höchstbeträge nach § 21 Absatz 2. Berlin 2017.

Deutsches Forschungsnetz, eduroam, online verfügbar: https://www.dfn.de/dienstleistungen/eduroam/, abgerufen am 05.09.2020.

Deutsches Studentenwerk (Hg.), Geschichte und Statistik zum BAföG, online verfügbar: https://www.studentenwerke.de/de/content/geschichte-und-statistik-zum-baf%C3%B6g, abgerufen am 24.07.2020.

Tobias **Dewes**, Anke **Fissabre**, Vom Sorgenkind zum Musterschüler. Lehren und Lernen – die Entwicklung des Bildungswesens in Aachen 1815-1918. (forthcoming)

Nancy M. **Dixon**, Common Knowledge. How Companies Thrive by Sharing What They Know. Boston 2000.

Kurt **Düwell**, Die Neugestaltung der Technischen Hochschulen nach dem Ersten Weltkrieg. In: Technikgeschichte Bd. 36 (1969), S. 220-244.

Stephen **Duffield**, Whitty S. **Jonathan**, Developing a Systemic Lessons Learned Knowledge Model for Organisational Learning through Projects. In: International Journal of Project Management, Vol. 33, Heft 2, 2015, S. 311-324.

E

edX (Hg.), edX RWTH, online verfügbar: https://www.edx.org/school/rwthx, abgerufen am 05.09.2020.

Omar A. **El Sawy**, Robert A. **Josefek Jr.**, Business Process as Nexus of Knowledge, in: Clyde Holsapple (Hg.), Handbook on Knowledge Management 1. Knowledge Matters. Berlin/Heidelberg 2003.

Corinna **Engelhardt**, Karl **Hall**, Johann **Ortner** (Hg.), Prozesswissen als Erfolgsfaktor. Effiziente Kombination von Prozessmanagement und Wissensmanagement. Wiesbaden 2004.

Europäische Kommission, Bologna-Prozess und Europäischer Hochschulraum, online verfügbar: https://ec.europa.eu/education/policies/higher-education/bologna-process-and-european-higher-education-area_de, abgerufen am 26.07.2020.

F

FAZ.NET, Hochschulen, Das Geld der Studenten, 02.12.2008, online verfügbar: https://www.faz.net/-gyq-10yk8, abgerufen am 06.09.2020.

Gerald D. **Feldman**, The Great Disorder. Politics, Economics, and Society in the German Inflation, 1914–1924. New York/Oxford 1993.

Kerstin **Fink**, Knowledge Potential Measurement and Uncertainty. Wiesbaden 2004.

Rolf **Franken**, Andreas **Gadatsch**, Integriertes Knowledge Management. Konzepte, Methoden, Instrumente und Fallbeispiele. Braunschweig/Wiesbaden 2002.

Erich **Frese**, Matthias **Graumann**, Ludwig **Theuvsen**, Grundlagen der Organisation. Entscheidungsorientiertes Konzept der Organisationsgestaltung. 10. Auflage, Wiesbaden 2012.

Martin **Frické**, The Knowledge Pyramid: a Critique of the DIKW Hierarchy. In: Journal of Information Science Vol. 35 Heft 2, 2009, S. 131-42.

Jürgen **Friedrichs**, Methoden empirischer Sozialforschung. 14. Auflage, Opladen 1990.

Michael **Fritsch** et al., Hochschulen, Innovation, Region. Wissenstransfer im räumlichen Kontext. Berlin 2007.

G

Lothar **Gall**, Europa auf dem Weg in die Moderne 1850-1890 (Oldenbourg Grundriss der Geschichte, Bd. 15). 5. Auflage, München 2009.

Paul **Gast** (Hg.), Die Technische Hochschule zu Aachen 1870-1920. Eine Gedenkschrift. Aachen 1920.

GÈANT (Hg.) Eduroam, online verfügbar: https://www.eduroam.org/where/, abgerufen am 05.09.2020.

GESIS Historische Statistik, Datensatz ZA8179, 2005, Rainer Metz Säkulare Trends der deutschen Wirtschaft. In: Michael North (Hg.), Deutsche Wirtschaftsgeschichte. Ein Jahrtausend im Überblick. 2. Auflage, München 2005, S. 427-502.

GESIS Historische Statistik, Datensatz ZA8273, 2006, Carl-Ludwig Holtfrerich, Das Wachstum des Nettoinlandsprodukts in Deutschland 1850 bis 1913, Walther G. Hoffmann: Das Wachstum der deutschen Wirtschaft seit der Mitte des 19. Jahrhunderts. Berlin, Heidelberg und New York 1965.

Dirk U. **Gilbert**, Vertrauen in strategischen Unternehmensnetzwerken. Ein strukturationstheoretischer Ansatz. Wiesbaden 2003.

Alvin I. **Goldman**, Knowledge in a Social World. Oxford 1999.

Armin **Grunwald**, The Hermeneutic Side of Responsible Research and Innovation. London 2016.

Anil K. **Gupta**, Vijay **Govindarajan**, Knowledge Management's Social Dimensions: Lessons from Nucor Steel. In: MIT Sloan Management Review, Vol. 42 Heft 1, 2000, S. 71-81.

H

Klaus, **Habeta** (Hg.), Wissenschaft zwischen technischer und gesellschaftlicher Herausforderung: die Rheinische-Westfälische Technische Hochschule Aachen 1970-1995. Aachen 1995.

Hans-Werner **Hahn**, Die industrielle Revolution in Deutschland (Enzyklopädie Deutscher Geschichte, Bd. 49), München 2011.

David **Hall**, Vortrag auf der ASPE Conference St. Petersburg Oktober-November 2008. Manuskript, PPPs in the EU – A Critical Appraisal, Greenwich 2008, online verfügbar bei der European Federation of Public Service Unions (EPSU): https://www.epsu.org/sites/default/files/article/files/PPPs-summary-011008.pdf, abgerufen am 02.07.2020.

Handelsblatt, Kultur des Scheiterns. Neue Chance nach der Pleite. Online verfügbar: https://www.handelsblatt.com/unternehmen/management/kultur-des-scheiterns-neue-chance-nach-der-pleite/13947066-all.html, abgerufen am 16.08.2020.

Erich **Hartlieb**, Wissenslogistik. Effektives und effizientes Management von Wissensressourcen. 2. Auflage, Wiesbaden 2012.

Ulf **Hashagen**, Walther **von Dyck**, Mathematik, Technik und Wissenschaftsorganisation an der TH München, Stuttgart 2003.

Rüdiger **Haude**, Dynamiken des Beharrens. Die Geschichte der Selbstverwaltung der RWTH Aachen seit 1945, Aachen 1993.

Matthias **Haun**, Handbuch Wissensmanagement. Grundlagen und Umsetzung, Systeme und Praxisbeispiele. Berlin/Heidelberg 2002.

Dieter **Herbst**, Erfolgsfaktor Wissensmanagement. Das professionelle 1x1. Berlin 2000.

Hochschularchiv der RWTH (Hg.), Die ersten Studentinnen, online verfügbar: http://www.archiv.rwth-aachen.de/web/rea/Seite/geschichte_1914.htm#studentin, abgerufen am 05.09.2020.

Hochschularchiv der RWTH (Hg.), Professoren/innen und Dozent/innen der RWTH 1870 – 1995: http://www.archiv.rwth-aachen.de/lehrkoerper/, abgerufen am 05.09.2020.

Hochschularchiv der RWTH, N0316, H.M. Klinkenberg an H. Schwerte v. 15.12.1970.

Hochschulforum für Digitalisierung, Abschlusskonferenz des Hochschulforums Digitalisierung in Berlin am 01.12.2016, online verfügbar: https://hochschulforumdigitalisierung.de/de/news/abschlusskonferenz-1-dezember-videos-livestream, abgerufen am 06.09.2020.

Hochschulrektorenkonferenz, Hochschulen in Zahlen 2019, online verfügbar: https://www.hrk.de/fileadmin/redaktion/hrk/02-Dokumente/02-06-Hochschulsystem/Statistik/2019-05-16_Final_fuer_Homepage_2019_D.pdf, abgerufen am 05.09.2020.

Kerry E. **Howell**, Fenio **Annansingh**, Knowledge Generation and Sharing in UK Universities: A Tale of Two Cultures?. In: International Journal of Information Management, Vol. 33 Heft 1, 2013, S. 32-39.

Robert F. **Hurley**, Tomas M. **Hult**, Innovation, Market Orientation, and Organization-al Learning: An Integration and Empirical Examination. In: Journal of Marketing, Vol. 62 Heft 3, 1998, S. 42-54.

I

IT Center der RWTH Aachen, Chronik 1958 bis 2018 des heutigen IT Centers der RWTH Aachen. Aachen 2018.

J

Brian D. **Janz**, Pattarawan **Prasarnphanich**, Understanding the Antecedents of Effective Knowledge Management: The Importance of a Knowledge-Centered Culture. In: Decision Sciences, Vol. 34 Heft 2, 2003, S. 351-384.

Wolfgang **Jaspert**, Gerrit **Fischer**, Wissensmanagement heute. Strategische Konzepte und erfolgreiche Umsetzung. München 2008.

K

Günther **Kainz**, Führen mit Augenmaß: Vertrauen und Kontrolle. In: Barbara Covarrubias Venegas, Katharina Thill, Julia Domnanovich, Julia (Hg.), Personalmanagement. Internationale Perspektiven und Implikationen für die Praxis. Wiesbaden 2018, S. 305-324.

Ullrich **Kalkmann**, Die technische Hochschule Aachen im Dritten Reich (1933-1945). Aachen 2003.

Olaf **Katenkamp**, Quo Vadis Wissensmanagement? In: Arbeit - Zeitschrift für Arbeitsforschung, Arbeitsgestaltung und Arbeitspolitik, Heft 1 2003, S. 16-36.

Aino **Kianto**, Development and Validation of a Survey Instrument for Measuring Organisational Renewal Capability. In: International Journal of Technology Management, Vol. 42 Heft 1/2, 2008, S. 69-88.

Aino **Kianto**, Pia **Hurmelinna-Laukkannen**, Paavo **Ritala**, Intellectual capital in service- and product-oriented companies. In: Journal of Intellectual Capital, Vol. 11, Heft 3, S. 305-325.

Alfred **Kieser**, Mark **Ebers** (Hg.), Organisationstheorien. 8. Auflage, Stuttgart 2019.

Alfred **Kieser**, Peter **Walgenbach**, Organisation. 5. Auflage, Stuttgart 2007.

Hans M. **Klinkenberg** (Hg.), Rheinisch-Westfälische Technische Hochschule Aachen 1870|1970. Stuttgart 1970.

Jürgen **Kluge** et al., Wissen entscheidet. Wie erfolgreiche Unternehmen ihr Know-how managen - eine internationale Studie von McKinsey. Frankfurt/Wien 2003.

Wolfgang **König**, 100 Jahre Dr.-Ing: ein „Ritterschlag der Wissenschaft", das Promotionsrecht der Technischen Hochschulen und der VDI Verein Deutscher Ingenieure. Festschrift des VDI zum 100-jährigen Jubiläum der Verleihung des Promotionsrechts durch den preußischen König Wilhelm II. im Jahre 1899. Düsseldorf 1999.

Königliche Rheinisch-Westphälische Polytechnische Schule zu Aachen, Programm der Königlichen Rheinisch-Westphälischen Polytechnischen Schule zu Aachen für den Cursus 1870/71. Aachen 1870.

Königliche Technische Hochschule zu Aachen, Abgekürztes Programm der Königlichen Technischen Hochschule zu Aachen für das Studienjahr 1880/81, Aachen 1880.

Königliche Technische Hochschule zu Aachen, Programm der Königlichen Technischen Hochschule zu Aachen für das Studienjahr 1881/82, Aachen 1881.

Königliche Technische Hochschule zu Aachen, Ergänzungsprogramm enthaltend die Änderungen gegen das Programm der Königlichen Technischen Hochschule zu Aachen für das Studienjahr 1914/15, gültig für das Studienjahr 1915/16. Aachen 1915.

Christoph **Körting**, Wirkungsmodell zu Wissensvermittlungs- und Vernetzungsprozessen in Unternehmen. Analyse organisationaler Kompetenzebenen einer akademischen Weiterbildungsmaßnahme in der Automobilindustrie, Wiesbaden 2020.

Holger **Kohl**, Ronald **Orth**, Kai **Mertins** - Trends im Wissensmanagement: Neue Wege zur Steigerung des Humankapitals in Unternehmen in: Controlling, Jahrgang 32 (2020), Heft 1, S. 20-26.

Eberhard **Kolb**, Die Weimarer Republik (Oldenbourg Grundriss der Geschichte, Bd. 16). München 2009.

Nikolai **Kondratjew**, Die langen Wellen der Konjunktur. In: Archiv für Sozialwissenschaft und Sozialpolitik, Tübingen 1926.

Hans-Christof **Kraus**, Kultur, Bildung und Wissenschaft im 19. Jahrhundert. München 2008.

Stefan **Krebs**, Werner **Tschacher**, Vom Heldenkult zur Skandalbewältigung: Überlegungen zur akademischen Erinnerungskultur der RWTH Aachen 2009. In: Geschichte im Westen (Halbjahres-Zeitschrift für Landes- und Zeitgeschichte), Jg. 24 (2009), S. 171-199.

Kultusministerkonferenz, Abkommen zwischen den Ländern der Bundesrepublik Deutschland zur Vereinheitlichung auf dem Gebiete des Schulwesens (Beschluss der KMK vom 28.10.1964 i.d.F. vom 14.10.1971).

Kultusministerkonferenz, Ländergemeinsame Strukturvorgaben für die Akkreditierung von Bachelor- und Masterstudiengängen (Beschluss der Kultusministerkonferenz vom 10.10.2003 i.d.F. vom 04.02.2010),

Martin **Kuppinger**, Michael **Woywode**, Vom Intranet zum Knowledge Management. Die Veränderung der Informationskultur in Organisationen. München 2000.

L

Andreas **Lauermann**, Autonomie von Fertigungssegmenten. Analyse zur Gestaltung neuer Fabrikstrukturen. Wiesbaden 1994.

Franz **Lehner**, Wissensmanagement. Grundlagen, Methoden und technische Unterstützung. 2. Auflage, München 2008.

Leibniz-Institut für Bildungsforschung und Bildungsinformation, **Bundesministerium für Bildung und Forschung**, **Kultusministerkonferenz**, Bildung in Deutschland 2020 Ein indikatorengestützter Bericht mit einer Analyse zu Bildung in einer digitalisierten Welt. Bielefeld 2020.

Michel **Lejeune**, Tacit Knowledge: Revisiting the epistemology of knowledge. In: McGill Journal of Education, Vol46, Nr. 1, 2011, S. 91-105.

Wilhelm **Liebknecht**, Wissen ist Macht – Macht ist Wissen. Vortrag gehalten zum Stiftungsfest des Dresdener Bildungsvereins am 5. Februar 1872. Berlin 1904.

Rensis **Likert**, A Technique for the Measurement of Attitudes. In: Archives of Psychology, Vol. 32 Heft 140, 1932, S. 5-55.

Ludwig-Maximilians-Universität München (Hg.), Organisation der LMU (o.J.), online verfügbar: https://www.uni-muen- chen.de/einrichtungen/orga_lmu/index.html, abgerufen am: 27.06.2020.

Petra **Lütke**, Hochschullandschaft und Entwicklung der Studierendenzahlen. In: Leibniz-Institut für Länderkunde (Hg.), Nationalatlas Bundesrepublik Deutschland Bd. 6, Bildung und Kultur. Berlin/Heidelberg 2002, S. 64-67.

M

Karl-Heinz **Manegold**, Geschichte der Technischen Hochschulen. In: Laetitia Boehm, Charlotte Schönbeck (Hg.): Technik und Bildung (Technik und Kultur, Bd. 5). Düsseldorf 1989, S. 204-234.

Georg **Mannsperger**, 30 Minuten Wissensmanagement als Wettbewerbsvorteil. Offenbach 2010.

Stefanie **Marggraf**, Eine Ausnahmeuniversität? Habilitationen und Karrierewege von Wissenschaftlerinnen an der Friedrich-Wilhelms-Universität vor 1945. In: Humboldt-Universität zu Berlin, Zentrum für transdisziplinäre Geschlechterstudien (Hrsg.), Bulletin Texte Nr. 23, Zur Geschichte des Frauenstudiums und Wissenschaftlerinnenkarrieren an deutschen Universitäten. Berlin 2001, S. 32-47.

Abraham H. **Maslow**, Motivation and Personality. New York 1954.

René **Maubach**, Programmierer, Tüftler, Branchenführer. Zwischen Industrie und Hochtechnologie: Die Geschichte der IT-Branche in der Wirtschaftsregion Aachen. Aachen 2007.

Douglas **McGregor**, The Human Side of Enterprise. In: Reflections: The SoL Journal, Vol. 2 Heft 1, 2000, S. 6-15.

Frank **Meier**, Trends der Hochschulentwicklung. Der Weg zur wettbewerblichen Organisation. In: Birte Fähnrich et al., Forschungsfeld Hochschulkommunikation. Wiesbaden 2019, S. 25-38.

Bernhard **Mescheder**, Christian **Sallach**, Wettbewerbsvorteile durch Wissen. Knowledge Management, CRM und Change Management verbinden. Heidelberg 2012.

Meyers Großes Konversations-Lexikon, Band 11. Leipzig 1907.

Ministerium des Innern des Landes Nordrhein-Westfalen, Gesetz über die Hochschulen des Landes Nordrhein-Westfalen (Hochschulgesetz – HG). Düsseldorf 2014, Stand Oktober 2020.

Ministerium des Innern des Landes Nordrhein-Westfalen, Personalvertretungsgesetz für das Land Nordrhein-Westfalen, Landespersonalvertretungsgesetz LPVG. Düsseldorf 1974, Stand Oktober 2020.

Ministerium für Schule und Bildung des Landes Nordrhein-Westfalen, Weiterentwicklung des Gymnasiums (G8/G9), online verfügbar unter: https://www.schulministerium.nrw.de/docs/Schulpolitik/G8-G9/index.html, abgerufen am 25.07.2020.

Rudolf **Morsey**, Die Bundesrepublik Deutschland bis 1969 (Oldenbourg Grundriss der Geschichte, Bd. 19). München 2007.

Volker **Müller-Benedict**, Bildung und Wissenschaft. In: Thomas Rahlf (Hg.), Deutschland in Daten. Zeitreihen zur Historischen Statistik. Bonn 2015, S. 60-73.

Detlef **Müller-Böling**, Zur Organisationsstruktur von Universitäten. In: Die Betriebswirtschaft, Vol. 57 Heft 5, 1997, S. 603-614.

Albert E. **Musson**, The Great Depression in Britain, 1873–1896: a Reappraisal. In: The Journal of Economic History (1959), 19, S. 199-228.

Mathias **Mutz**, Hochschulstandort in der Krise. Der Erste Weltkrieg und das nahe Ende der RWTH. In: AKV-Sammlung Crous (Hg.) Weststadt statt Weltstadt. Aachens Grenzerlebnisse 1914-29. Aachen 2014, S. 168-177.

N

Ikujiro **Nonaka**, A Dynamic Theory of Organizational Knowledge Creation. In: Organization Science, Vol. 5 Heft 1, 1994, S. 14-37.

Ikujiro **Nonaka**, Hirotaka **Takeuchi**, Die Organisation des Wissens. Wie japanische Unternehmen eine brachliegende Ressource nutzbar machen. 2. Auflage, Frankfurt am Main 2012.

Klaus **North**, Wissensorientierte Unternehmensführung. Wissensmanagement gestalten. 6. Auflage, Wiesbaden 2016.

O

Marcel **Oeben**, Vor 50 Jahren: Zuse kommt nach Aachen, online verfügbar: http://www.archiv.rwth-aachen.de/digitale-angebote/, abgerufen am 05.09.2020.

Marilyn Bailey **Ogilvie**, Marie Curie: A Biography. Westport, Connecticut and London 2004.

P

Naomi **Pasachoff**, Marie Curie: And the Science of Radioactivity. New York/Oxford 1997.

Ada **Pellert**, Expertenorganisationen reformieren. In: Anke Hanft (Hg.), Hochschulen managen?. Zur Reformierbarkeit der Hochschulen nach Managementprinzipien. Neuwied/Kriftel/Berlin 2000, S. 39-56.

Corinna **Pelz**, Annette **Schmitt**, Markus **Meis**, Knowledge Mapping als Methode zur Auswertung und Ergebnispräsentation von Fokusgruppen in der Markt- und Evaluationsforschung. In: Forum Qualitative Sozialforschung, Vol. 5 Heft 2, 2004, o.S.

Jonathan D. **Pemberton**, Georg H. **Stonehouse**, The Importance of Individual Knowledge in Developing the Knowledge-Centric Organisation. In: Elayne Coakes, Dianne Willis, Steve Clarke (Hg.), Knowledge Management in the SocioTechnical World. The Graffiti Continues. London 2002, S. 77-89.

Tilo **Pfeifer**, et al., Querschnittsaufgabe 4: Wissensmanagement, in: Klaus Henning, Regina Oertel, Ingrid Isenhardt (Hg.), Wissen-Innovation-Netzwerke. Wege zur Zukunftsfähigkeit. Berlin/Heidelberg 2003, S. 177-269.

Toni **Pierenkemper**, Die Einkommensentwicklung der Angestellten in Deutschland: 1880-1913. In HSR Nr. 8 (1983), S. 69-92, online verfügbar: https://doi.org/10.12759/hsr.8.1983.3.69-92, abgerufen am 05.09.2020.

Michael **Polanyi**, The Tacit Dimension. Nachdruck, Gloucester 1983.

Rolf **Porst**, Fragebogen. Ein Arbeitsbuch. 2. Auflage, Wiesbaden 2009.

Gilbert J. **Probst**, Organisation. Strukturen, Lenkungsinstrumente, Entwicklungsperspektiven. Landsberg/Lech 1993.

Gilbert **Probst**, Steffen **Raub**, Kai **Romhardt**, Wissen managen. Wie Unternehmen ihre wertvollste Ressource optimal nutzen. 7. Auflage, Wiesbaden 2012.

Publius Vergilius Maro, AENEIDOS LIBER SEXTVS, Lateinischer Originaltext, online verfügbar: http://www.thelatinlibrary.com/vergil/aen6.shtml abgerufen am 23.06.20.

Derek S. **Pugh** et al., Dimensions of Organization Structure. In: Administrative Science Quarterly, Vol. 13 Heft 1, 1968, S. 65-105.

Derek S. **Pugh**, et al., The Context of Organization Structure. In: Administrative Science Quarterly, Vol. 14 Heft 1, 1969, S. 91-114.

R

Elisabeth **Raab-Steiner**, Michael **Benesch**, Der Fragebogen. Von der Forschungsidee zur SPSS-Auswertung. 4. Auflage, Wien 2015.

Jürgen **Raithel**, Quantitative Forschung. Ein Praxiskurs. 2. Auflage, Wiesbaden 2008.

Stefan **Rathswohl**, Entwicklung eines Modells zur Implementierung eines Wissensmanagements (Schriftenreihe Bauwirtschaft I, Forschung, Bd. 28). Kassel 2014.

Gabi **Reinmann-Rothmeier**, Eine integrative Sicht auf das Managen von Wissen, in: Wissensmanagement, Heft 5, 2001, S. 51-54.

Rheinisch-Westfälischen Technischen Hochschule Aachen (Hg.), Amtliche Bekanntmachungen (o.J.), online verfügbar: http://www.rwth-aachen.de/go/id/xhf, abgerufen am: 27.06.2020.

Rheinisch-Westfälischen Technischen Hochschule Aachen (Hg.), Hochschulorgane. Organisationsplan der RWTH Aachen (15.01.2019), online verfügbar: http://www.rwth-aachen.de/cms/root/Die-RWTH/Einrichtungen/~enz/Organisation/, abgerufen am 27.06.2020.

Rheinisch-Westfälischen Technischen Hochschule Aachen (Hg.), Verwaltung (10.01.2018), online verfügbar: http://www.rwth-aachen.de/cms/root/Die-RWTH/Einrichtungen/~eoh/Verwaltung/, abgerufen am 27.06.2020.

Alexander **Richter**, IT-gestütztes Wissensmanagement, Theorie, Anwendungen und Barrieren. 2. Auflage, Berlin 2008.

Klaus **Ricking**, Der Geist bewegt die Materie. Mens agitat molem. 125 Jahre Geschichte der RWTH Aachen. Mainz 1995.

Markus **Reitzig**, Boris **Maciejovsky**, Corporate Hierarchy and Vertical Information Flow Inside the Firm - A Behavioral View. In: Strategic Management Journal, Vol. 36 Heft 13, 2015, S. 1979-1999.

Andreas **Rödder**, Die Bundesrepublik Deutschland 1969-1990 (Oldenbourg Grundriss der Geschichte, Bd. 19a). München 2004.

René **Rohrkamp**, Die „Schlacht um Aachen". Eine Rekonstruktion der militärischen Operationen im September/Oktober 1944. Online verfügbar: https://www.freeaachen44.de/die-schlacht-um-aachen-1944/, abgerufen am 21.07.2020.

Ulf **Rosner**, Regionalökonomische Effekte von Hochschulen: Theorie, Messkonzepte und Wirkungsweisen am Beispiel der Otto-von-Guericke-Universität Magdeburg und der Hochschule Magdeburg-Stendal (FH). Magdeburg 2006.

Murray N. **Rothbard**, A History of Money and Banking in the United States: The Colonial Era to World War II. Auburn 2002.

Jennifer **Rowley**, The Wisdom Hierarchy Representations of the DIKW Hierarchy. In: Journal of Information Science, Vol. 33 Heft 2, 2007, S. 163–180.

RWTH Aachen, 40 Jahre Studiengang Informatik − Erfolgsgeschichte mit Zukunft, Aachen 2012, online verfügbar: https://www.informatik.rwth-aachen.de/cms/Informatik/Fachgruppe/Profil/~mjix/40-Jahre-Informatik/, abgerufen am 05.09.2020.

RWTH Aachen, Aktuelle Informationen im Umgang mit der Corona-Pandemie, https://www.rwth-aachen.de/cms/root/Die-RWTH/Aktuell/~hzsjo/Aktuelle-Informationen-im-Umgang-mit-der/, abgerufen am 06.09.2020.

RWTH Aachen, Aktuelle Studiengänge, online verfügbar: https://www.rwth-aachen.de/cms/root/Studium/Vor-dem-Studium/Studiengaenge/~yev/Liste-Aktuelle-Studiengaenge/?page=1&showall=1, abgerufen am 05.09.2020.

RWTH Aachen, CLS, online verfügbar: https://cls.rwth-aachen.de/, abgerufen am 05.09.2020.

RWTH Aachen, Dezernat 1, Student-Lifecycle-Management, online verfügbar: https://www.rwth-aachen.de/cms/root/Die-RWTH/Einrichtungen/Verwaltung/Dezernate/Akademische-und-studentische-Angelegenhe/~dtsuc/Abteilung-1-6-Student-Lifecycle-Manage/, abgerufen am 05.09.2020.

RWTH Aachen, Dezernate, online verfügbar: https://www.rwth-aachen.de/cms/root/Die-RWTH/Einrichtungen/Verwaltung/~pjj/Dezernate/, abgerufen am 05.09.2020.

RWTH Aachen, Digitalisierungsstrategie der Lehre, online verfügbar: https://www.rwth-aachen.de/cms/root/Studium/Lehre/~hjfu/Digitalisierungsstrategie-der-Lehre/, abgerufen am 06.09.2020.

RWTH Aachen, e-Prüfungs Symposium 2018, Vortrag zum ePrüfungssystem und elektronischen Prüfungen an der RWTH. 29.-30.11.2018.

RWTH Aachen, ExAcT – Excellent Academic Teaching, online verfügbar: https://exact.rwth-aachen.de/, abgerufen am 06.09.2020.

RWTH Aachen, Grundordnung, Amtliche Bekanntmachung Nr. 2020/042.

RWTH Aachen, Gruppenvertretung der wissenschaftlichen Mitarbeiterinnen und Mitarbeiter, online verfügbar: https://www.rwth-aachen.de/cms/root/Die-RWTH/Einrichtungen/Personalrat-Vertretungen/~gkxp/Gruppenvertretung-der-wissenschaftlichen/, abgerufen am 05.09.2020.

RWTH Aachen, Hochschulorgane, online verfügbar: https://www.rwth-aachen.de/cms/root/Die-RWTH/Einrichtungen/~enz/Organisation/, abgerufen am 05.09.2020.

RWTH Aachen, Hochschulrat, online verfügbar: https://www.rwth-aachen.de/cms/root/Die-RWTH/Einrichtungen/Organisation/~pwn/Hochschulrat/, abgerufen am 05.09.2020.

RWTH Aachen, MfL, online verfügbar: https://www.medien.rwth-aachen.de/, abgerufen am 05.09.2020.

RWTH Aachen, Personalräte und Vertretungen, online verfügbar: https://www.rwth-aachen.de/cms/root/Die-RWTH/Einrichtungen/~eoi/Personalrat-Vertretungen/, abgerufen am 05.09.2020.

RWTH Aachen, Rankings 2020, Die Ergebnisse der RWTH Aachen in ausgewählten Hochschulrankings, Stand 06/2020.

RWTH Aachen, Senat, online verfügbar: https://www.rwth-aachen.de/cms/root/Die-RWTH/Einrichtungen/Organisation/~pwl/Senat/, abgerufen am 05.09.2020.

RWTH Aachen, Stabsstellen, online verfügbar: https://www.rwth-aachen.de/cms/root/Die-RWTH/Einrichtungen/Verwaltung/~ifjy/Stabsstellen/, abgerufen am 05.09.2020.

RWTH Aachen, Strategy Board, https://www.rwth-aachen.de/cms/root/Die-RWTH/Einrichtungen/Organisation/~pwo/Strategy-Board/, abgerufen am 05.09.2020.

RWTH Aachen, The Big Picture in Figures, Mai 2020, online verfügbar: https://www.rwth-aachen.de/cms/root/Die-RWTH/Profil/~enw/Daten-Fakten/, abgerufen am 05.09.2020.

RWTH Aachen, Übersicht über die Vorlesungen und Übungen an der Rheinisch-Westfälischen Technischen Hochschule Aachen im Wintersemester 1946/47. Aachen 1946.

RWTH Aachen, Verwaltung, online verfügbar: https://www.rwth-aachen.de/cms/root/Die-RWTH/Einrichtungen/~eoh/Verwaltung/, abgerufen am 05.09.2020.

RWTH Aachen, Virtual Reality and Immersive Visualization, online verfügbar: https://www.vr.rwth-aachen.de/, abgerufen am 05.09.2020.

RWTH Aachen, Virtual Reality Center Aachen (VRCA), online verfügbar: http://www.vrca.rwth-aachen.de/, abgerufen am 05.09.2020.

RWTH Aachen, Weiterbildungsangebote, online verfügbar: https://www.rwth-aachen.de/cms/root/Forschung/Forschungsdatenmanagement/~ngqk/Weiterbildungsangebote/, abgerufen am 06.09.2020.

RWTH Aachen, Zahlen Daten Fakten. Ausgaben der Jahre 1992-2019.

RWTH Aachen, Datenblatt Studierende WS19/20 Stichtag 05.11.2019.

S

Jean-Baptiste **Say**, Ausführliches Lehrbuch der praktischen Ökonomie, Leipzig 1845.

Edgar H. **Schein**, Peter **Schein**, Organisationskultur und Leadership. 5. Auflage, München 2018.

Martin **Schindler**, Wissensmanagement in der Projektabwicklung. Grundlagen, Determinanten und Gestaltungskonzepte eines ganzheitlichen Projektwissens-managements (Wirtschaftsinformatik, Bd. 32). 2. Auflage, Lohmar/Köln 2001.

Hedwig **Schmid**, Barrieren im Wissenstransfer. Ursachen und deren Überwindung. Wiesbaden 2013.

Hans-Georg **Schnauffer,** Brigitte **Stieler-Lorenz**, Sibylle **Peters**, Wissen vernetzen. Wissensmanagement in der Produktenentwicklung. Heidelberg 2004.

Tim **Schneider**, Interne Kommunikation im Unternehmen. Die richtigen Instrumente zum Erfolg. Saarbrücken 2007.

Georg **Schreyögg**, Daniel Geiger, Organisation. Grundlagen moderner Organisationsgestaltung. Mit Fallstudien. 6. Auflage, Wiesbaden 2016.

Marcel **Schütz**, Keine Organisation wie jede andere. Kann die Organisation von Hochschulen kategorisiert werden? In: Forschung und Lehre, Jahrgang 26, Heft 12/19. S. 1090-1092.

Joseph **Schumpeter**, Capitalism, Socialism, and Democracy. New York/London 1942.

Joseph **Schumpeter**, Theorie der wirtschaftlichen Entwicklung: eine Untersuchung über Unternehmergewinn, Kapital, Kredit, Zins und den Konjunkturzyklus. Wien 1911.

Ken **Schwaber**, Jeff **Sutherland**, The Scrum Guide. November 2017, online verfügbar: https://www.scrum.org/resources/scrum-guide, abgerufen am: 05.09.2020.

Murray **Shanahan**, The Technological Singularity. Cambridge 2015.

Herbert A. **Simon** et al., Centralization vs. Decentralization in Organizing the Controller's Department. New York 1954.

Elisabeth A. **Smith**, The Role of Tacit and Explicit Knowledge in the Workplace. In: Journal of Knowledge Management, Vol 5 Heft 4, 2001, S. 311-321.

Heather A. **Smith**, James D. **McKeen**, Instilling a Knowledge-Sharing Culture. Kingston 2011.

SoSci Survey, online verfügbar: https://www.soscisurvey.de/, abgerufen am 06.09.2020.

Robert **Staerkle**, Leitungssystem. In: Erich Frese (Hg.), Handwörterbuch der Organisation (Enzyklopädie der Betriebswirtschaftslehre, Bd. 2). 3. Auflage, Stuttgart 1992, S. 1229-1239.

Statistisches Bundesamt, Bevölkerung im Wandel. Annahmen und Ergebnisse der 14. Koordinierten Bevölkerungsvorausberechnung. Wiesbaden 2019.

Statistisches Bundesamt, destatis, Registrierte Arbeitslose und Arbeitslosenquote nach Gebietsstand, online verfügbar: https://www.destatis.de/DE/Themen/Wirtschaft/Konjunkturindikatoren/Lange-Reihen/Arbeitsmarkt/lrarb003ga.html, abgerufen am 05.09.2020.

Statistisches Bundesamt, destatis, Studierende an Hochschulen, online verfügbar: https://www.destatis.de/DE/Themen/Gesellschaft-Umwelt/Bildung-Forschung-Kultur/Hochschulen/_inhalt.html, abgerufen am 05.09.2020.

Birga **Stender**, Fakultätsmanagement als umfassende (Management-)Aufgabe im Hochschulmanagement. In: Institut für Hochschulentwicklung (Hg.), Beobachtungen zu Struktur und Handlungsfeldern der Organisation Hochschule Festschrift zur Verabschiedung von Dr. Friedrich Stratmann. Hannover 2017, S. 31-46.

Oliver **Stettes**, Arbeitswelt der Zukunft: Wie die Digitalisierung den Arbeitsmarkt verändert. In: Institut der deutschen Wirtschaft, IW-Analysen, Heft 108. Köln 2016.

Alexander **Stoll**, Peter G. Richter, Beeinflusst der Zentralisationsgrad einer Organisation teambezogene Einstellungen und die Qualität der Teamarbeit?. Die Formulierung einer These am Beispiel von Pflegeteams. In: Arbeit, Vol. 11 Heft 4, 2002, S. 309-328, hier S. 320f.

Süddeutsche Zeitung, Der Widerstand gegen Studiengebühren: „Auf die Autobahnen, auf die Autobahnen!", 17.05.2010, online verfügbar: https://www.sueddeutsche.de/karriere/der-widerstand-gegen-studiengebuehren-auf-die-autobahnen-auf-die-autobahnen-1.585645, abgerufen am 06.09.2020.

T

Technische Hochschule zu Aachen, Programm der Technischen Hochschule zu Aachen für das Studienjahr 1919/20, Aachen 1920.

Technische Hochschule Aachen, Verzeichnis der Vorlesungen und Übungen für das Winterhalbjahr 1930/31. Winterhalbjahr 1931/32, Sommerhalbjahr 1932, Winterhalbjahr 1932/33, Winterhalbjahr 1933/34, Aachen 1930-1933.

Technische Hochschule Aachen, Personal- und Vorlesungsverzeichnis für das Studienjahr 1938/39 (Sommersemester 1938 und Wintersemester 1938/39).

The Millennium Project, 15 Global Challenges, online verfügbar: http://www.millennium-project.org/15-global-challenges/, abgerufen am 05.09.2020.

The World University Rankings, online verfügbar: https://www.timeshighereducation.com/world-university-rankings/rwth-aachen-university, abgerufen am 05.09.2020.

Michael **Thiel**, Wissenstransfer in komplexen Organisationen. Effizienz durch Wiederverwendung von Wissen und Best Practices. Wiesbaden 2002.

Paul **Thomes**, 1804-2004. 200 Jahre mitten in Europa. Die Geschichte der Industrie- und Handelskammer Aachen. Aachen 2004.

Paul **Thomes**, Der Krieg als wirtschaftliche und gesellschaftliche Herausforderung. In: AKV-Sammlung Crous (Hg.) Weststadt statt Weltstadt. Aachens Grenzerlebnisse 1914-29. Aachen 2014, S. 112-119.

Paul **Thomes**, Höchste Eisenbahn. Warum vor 175 Jahren die gesamte Region unter Dampf stand – und wie David Hansemann zum „Lokführer“ wurde. In: Wirtschaftliche Nachrichten der Industrie- und Handelskammer, Nr. 07/08 2016, S. 14-16.

Paul **Thomes**, Robert **Peters**, Tobias **Dewes**: Wirtschaft.Wissen.Schaffen. 30 Jahre Fakultät für Wirtschaftswissenschaften: 1986-2016, Aachen 2016.

Paul **Thomes**, Tobias **Dewes**, Unternehmen Wissenschaft - Hugo Junkers als Wissenschaftsunternehmer zwischen Freiheit und Verantwortung. In: Dominik Groß, Julia Nebe (Hg.), Forschung zwischen Freiheit und Verantwortung. Die wissenschaftshistorische Perspektive (Studien des Aachener Kompetenzzentrums für Wissenschaftsgeschichte, Bd. 20). Aachen 2018, S. 167-186.

Paul **Thomes**, Tobias **Dewes**, Gründung und Entwicklung, online verfügbar: https://www.rwth-aachen.de/cms/root/Die-RWTH/Aktuell/Hochschuljubilaeum/~cjxtk/Gruendung-und-Entwicklung/, abgerufen am 05.09.2020.

Paul **Thomes**, Tobias **Dewes**, Ein Prinz als Türöffner? – Die durchaus außergewöhnliche Gründungsgeschichte. (forthcoming)

Uwe C. **Trillitzsch**, Felix **Klostermeier**, Wahl und Ausgestaltung der Werkzeuge als Grundlage einer erfolgreichen Wissensvernetzungs-Strategie. In: Peter Pawlowsky, Rüdiger Reinhardt, Wissensmanagement für die Praxis. Methoden und Instrumente zur erfolgreichen Umsetzung. Neuwied 2002, S. 225-252.

Werner **Tschacher**, „Ich war also in keiner Form aktiv tätig“. Alfred Buntru und die akademische Vergangenheitspolitik an der RWTH Aachen 1948 – 1960. In: Geschichte im Westen (Halbjahres-Zeitschrift für Landes- und Zeitgeschichte), Jg. 19 (2004), S. 197 – 229.

Eric **Tsui**, Brian J. **Garner**, Steffen **Stab**, The Role of Artificial Intelligence in Knowledge Management. In: Knowledge-Based Systems, Bd. 13 Nr. 5, 2000, S. 235-239.

Takala **Tuomo**, Tacit and Explicit Knowledge from the Point of Learning Processes – Sketching Critical Approach. In: Problems and Perspectives in Management, Vol. 6 Heft 3, 2008, S. 64-74.

TU Berlin, Statistik Studierende, online verfügbar: https://www.tu.berlin/ueber-die-tu-berlin/profil/tu-berlin-in-zahlen/, abgerufen am 05.09.2020.

TU München, Statistik Studierende online verfügbar: https://www.tum.de/die-tum/die-universitaet/die-tum-in-zahlen/, abgerufen am 05.09.2020.

U

Volker **Ullrich**, Die nervöse Großmacht 1871–1918. Aufstieg und Untergang des deutschen Kaiserreichs. Frankfurt am Main 1999.

Uniklinik RWTH Aachen, Zahlen Daten Fakten, Fact Sheet vom 01.08.2020.

Universität Augsburg (Hg.), Was ist ein Lehrstuhl? (06.12.2012), online verfügbar: https://www.uni-augsburg.de/einrichtungen/studienberatung/faq/lehrstuhl/, abgerufen am: 27.06.2020.

Universität Hamburg (Hg.), Organisation (15.06.2017), online verfügbar: https://www.uni-hamburg.de/uhh/organisation.html, abgerufen am: 27.06.2020.

Universität zu Köln (Hg.), Organigramm der Zentralen Verwaltung der Universität zu Köln (30.05.2018), online verfügbar: https://www.portal.uni-koeln.de/sites/uni/images/karriere/verw/2018_05_30_ZV_ohne_Namen_Organigramm.pdf, abgerufen am 27.06.2020.

Universität zu Köln (Hg.), Organisation. Informationen zu den Leitungsorganen und Gremien (27.05.2015), online verfügbar: https://www.portal.uni-koeln.de/uni-organisation.html, abgerufen am 27.06.2020.

V

Dietmar **Vahs**, Organisation. Ein Lehr- und Managementbuch. 9. Auflage, Stuttgart 2015.

Charles **Van Doren**, Das Universalwissen der Menschheit. Von der Antike bis zur Gegenwart. Erftstadt 2005.

Fiona **Venn**, The Oil Crisis, London 2002.

Rüdiger **vom Bruch**, Qualifikation und Spezialisierung: Zur Geschichte der Habilitation. In: Forschung und Lehre. 2, 2000.

Dirk **von Felbert**, Wissensmanagement in der unternehmerischen Praxis. In: Pawlowsky, Peter (Hg.), Wissensmanagement. Erfahrungen und Perspektiven. Wiesbaden 1998, S. 119-141.

Georg **von Krogh**, Care in Knowledge Creation. In: California Management Review, Vol. 40 Heft 3, 1998, S. 133-153.

W

Alan M. **Webber**, What's So New About the New Economy?, in: Harvard Business Review, Jg. 1993 Heft Jan-Feb, o.S. Online verfügbar: https://hbr.org/1993/01/whats-so-new-about-the-new-economy, abgerufen am 06.09.2020.

Hans-Ulrich **Wehler**, Bismarck und der Imperialismus, München 1976.

Steffen **Weichert**, Gesine **Quint**, Torsten **Bartel**, Quick Guide UX Management. So verankern Sie Usability und User Experience im Unternehmen. Wiesbaden 2018, S. 195-213.

Matthias **Werner**, Einflussfaktoren des Wissenstransfers in wissensintensiven Dienstleistungsunternehmen. Eine explorativ-empirische Untersuchung bei Unternehmensberatungen. Wiesbaden 2004.

Ulrich **Wiek**, Zusammenarbeit fördern. Kooperation im Team - ein praxisorientierter Überblick für Führungskräfte. Berlin/Heidelberg 2015.

Helmut **Wilke**, Systemisches Wissensmanagement, 2. Auflage, Stuttgart 2001.

Heinrich August **Winkler**, Weimar 1918–1933. Die Geschichte der ersten deutschen Demokratie. München 1998.

Frank H. **Witt** (Hg.), Unternehmung und Informationsgesellschaft Management — Organisation — Trends. Wiesbaden 2000.

Dieter P. **Wynands**, Elementarbildung während der Industrialisierung. Das Volksschulwesen der Stadt Aachen von 1814 bis 1924 (Studien zur Pädagogik, Andragogik und Gerontagogik, Bd. 34), Frankfurt am Main 1997.

Y

Daniel **Yergin**, Der Preis. Die Jagd nach Öl, Geld und Macht. Frankfurt am Main 1991.

Z

Ernst **Zander**, Führung in Klein- und Mittelbetrieben. 7. Auflage, Freiburg im Breisgau 1990.

Zeit Online, Studiengebühren, Die Uni bittet zur Kasse, 11.10.2007, online verfügbar: https://www.zeit.de/2007/42/Die_Uni_bittet_zur_Kasse, abgerufen am 06.09.2020.

Zensus Portal, Berichte und Ergebnisse zum 2011 durchgeführten Zensus, online verfügbar: https://www.zensus2011.de/DE/Home/home_node.html, abgerufen am 26.07.2020.

Dieter **Ziegler**, Die industrielle Revolution. Darmstadt 2005.

Chaim **Zins**, Conceptual Approaches for Defining Data, Information, and Knowledge. In: Journal of the American Society for Information Science and Technology, Vol. 58, Heft 4, S. 479–493.

Anhang

Fragebogen

Lehr- und Forschungsgebiet Wirtschafts-, Sozial- und Technologiegeschichte | RWTH AACHEN UNIVERSITY

KMUNI19 --- KM-Uni

Seite 01

Sehr geehrte Professorinnen und Professoren,

im Rahmen meines Promotionsvorhabens beschäftige ich mich mit Wissensmanagement und Organisationsstrukturen. Dies untersuche ich insbesondere für den Tertiärbereich des Bildungssystems und konkretisiere dies am Fallbeispiel der RWTH. Nachfolgend finden Sie eine etwa 13 minütige Umfrage zu verschiedenen Aspekten des Wissensmanagements an der RWTH. Die dabei erzeugten Daten dienen der Analyse eines Ist-Zustandes aus Sicht der Inhaberinnen und Inhaber von Professuren und damit Ausübenden einer Leitungsfunktion im universitären Kontext.

Im Verlauf der Umfrage werden nur aktiv in den Fragebogen eingetragene und von Ihnen ausgewählte Antwortoptionen in Form von Daten gespeichert. Es erfolgt keine Dokumentation Ihrer IP-Adresse oder Ähnlichem. Die Anonymität Ihrer Angaben wird im Rahmen der technischen Möglichkeiten gewährleistet und es werden keine personenbezogenen Daten wie Alter, Herkunft oder Geschlecht abgefragt

Sollten Sie unter den oben aufgeführten Bedingungen an dieser Umfrage teilnehmen wollen, stimmen Sie der nachfolgenden Option bitte zu.

1. Ich bin einverstanden und nehme an der Umfrage teil.

○ Nein
○ Ja

Die Ergebnisse der Umfrage sollen nach Abschluss des Promotionsvorhabens im Rahmen des Forschungsdatenmanagements an der RWTH gespeichert und, in Form von Rohdaten, der Wissenschaft zur Nachvollziehbarkeit und Nachnutzung zur Verfügung gestellt werden. Es wird angestrebt die Daten als einen Datensatz unter den Bedingungen von RWTH Publications bereitzustellen.

Egal ob Sie der Veröffentlichung zustimmen oder nicht. Sie können trotzdem an der Umfrage teilnehmen und Ihre Daten werden für die Auswertung im Rahmen der Promotion genutzt. Damit dies unter Wahrung Ihrer Rechte erfolgt, beantworten Sie dazu bitte die nachfolgende Frage. Dadurch erfolgt eine Kennzeichnung des Fragebogens für eine spätere Veröffentlichung der Daten.

2. Mit der Veröffentlichung der Daten meines Fragebogens in anonymer Form im Kontext des Forschungsdatenmanagements bin ich einverstanden.

○ Nein
○ Ja

Falls Sie vor, während oder nach der Teilnahme an der Umfrage noch Fragen haben, so können Sie mich gerne unter dewes@wisotech.rwth-aachen.de kontaktieren. Ebenso können Sie sich bei Fragen zu Ihren Daten und dem Datenschutz an den Datenschutzbeauftragten der RWTH wenden.

Mit freundlichen Grüßen
Tobias Dewes

Seite 02

3. In welchem Bereich ist Ihre Professur angesiedelt?

○ Fakultät 1
○ Fakultät 2
○ Fakultät 3
○ Fakultät 4
○ Fakultät 5
○ Fakultät 6
○ Fakultät 7
○ Fakultät 8
○ Fakultät 10
○ Sonstige

Seite 03

4. Wieviele Mitarbeiterinnen und Mitarbeiter sind aktuell 2019 an Ihrer Professur beschäftigt?

○ <10
○ 10-30
○ 31-50
○ 51-70
○ 71-90
○ 91-110
○ 111-130
○ 131-150
○ >150

Seite 04

5. Wie lange haben Sie bereits eine Professur an der RWTH inne?

○ <5 Jahre
○ 5-10 Jahre
○ 11-15 Jahre
○ 16-20 Jahre
○ 21-25 Jahre
○ >25 Jahre

Seite 05

6. Wie häufig ist es in den letzten 12 Monaten vorgekommen, dass Ihre Professur um Hilfe bei der Lösung eines Problems gebeten wurde?

Durch:	nie	selten	gelegentlich	häufig	sehr häufig	kann ich nicht beurteilen
Andere Professuren derselben Fakultät	○	○	○	○	○	○
Andere Professuren aus anderen Fakultäten	○	○	○	○	○	○
Die ZHV	○	○	○	○	○	○
An-Institute	○	○	○	○	○	○
Andere inländische Universitäten	○	○	○	○	○	○
Andere ausländische Universitäten	○	○	○	○	○	○
Fachhochschulen	○	○	○	○	○	○
Privatwirtschaftliche Unternehmen	○	○	○	○	○	○
Andere öffentliche Einrichtungen	○	○	○	○	○	○

Seite 06

7. Wie häufig hat Ihre Professur in den letzten 12 Monaten fremde Dienstleistungen oder technische Infrastruktur (Werkzeuge, Labore, Prüfstände, IT ...) genutzt?

Von:	nie	selten	gelegentlich	häufig	sehr häufig	kann ich nicht beurteilen
Anderen Professuren derselben Fakultät	○	○	○	○	○	○
Anderen Professuren aus anderen Fakultäten	○	○	○	○	○	○
Der ZHV	○	○	○	○	○	○
An-Instituten	○	○	○	○	○	○
Anderen inländischen Universitäten	○	○	○	○	○	○
Anderen ausländischen Universitäten	○	○	○	○	○	○
Fachhochschulen	○	○	○	○	○	○
Privatwirtschaftlichen Unternehmen	○	○	○	○	○	○
Anderen öffentlichen Einrichtungen	○	○	○	○	○	○

Seite 07

8. Wie oft haben Mitarbeiterinnen und Mitarbeiter Ihrer Professur in den letzten 12 Monaten an folgenden Maßnahmen teilgenommen?

	nie	selten	gelegentlich	häufig	sehr häufig	kann ich nicht beurteilen
Allgemeine Kongresse	○	○	○	○	○	○
Fachtagungen	○	○	○	○	○	○
Summer/Winter Schools	○	○	○	○	○	○
RWTH interne Weiterbildungsangebote im Bereich des CDS (Center for Doctoral Studies)	○	○	○	○	○	○
RWTH interne Weiterbildungsangebote im Bereich von ExAcT (Excellent Academic Teaching)	○	○	○	○	○	○
RWTH interne Weiterbildungsangebote im Bereich des SZ (Sprachenzentrum)	○	○	○	○	○	○
Sonstige RWTH interne Weiterbildungsangebote	○	○	○	○	○	○
Externe Weiterbildungsangebote von privatwirtschaftlichen Unternehmen	○	○	○	○	○	○
Externe Weiterbildungsangebote von anderen wissenschaftlichen Einrichtungen	○	○	○	○	○	○
Externe Weiterbildungsangebote von anderen öffentlichen Einrichtungen	○	○	○	○	○	○

9. Bei Kooperationen mit anderen Professuren/Hochschulen/Forschungsinstituten/Unternehmen/sonstige öffentlichen Einrichtungen, wie wichtig war Ihnen dabei...

	unwichtig	weniger wichtig	neutral	wichtig	sehr wichtig	kann ich nicht beurteilen
die technische Ausstattung des Kooperationspartners	○	○	○	○	○	○
die fachliche Ausrichtung des Kooperationspartners	○	○	○	○	○	○
die fachliche Kompetenz der Ansprechpartner bei Ihrem Kooperationspartner	○	○	○	○	○	○
die räumliche Nähe des Kooperationspartners	○	○	○	○	○	○
staatliche/öffentliche Unterstützung der Kooperation	○	○	○	○	○	○
bereits bestehende Kontakte zum Kooperationspartner	○	○	○	○	○	○
neue Kontakte zu knüpfen	○	○	○	○	○	○
finanzielle Ausstattung des Kooperationspartners	○	○	○	○	○	○
gesellschaftliches Ansehen des Kooperationspartners	○	○	○	○	○	○
den Kooperationspartner zu stärken	○	○	○	○	○	○
die eigene Einrichtung zu stärken	○	○	○	○	○	○
die eigene Position zu stärken	○	○	○	○	○	○

10. Welche der nachfolgenden problematischen Situationen sind bei der Arbeit mit Kooperationspartnern aufgetreten?

	nie	selten	gelegentlich	häufig	sehr häufig	kann ich nicht beurteilen
Fehlende kompetente Ansprechpartner	○	○	○	○	○	○
Mangelhafte Kommunikation zwischen den Beteiligten	○	○	○	○	○	○
Zu große bürokratische Hindernisse	○	○	○	○	○	○
Mangelnde finanzielle Ausstattung, bzw. zu hohe Kosten	○	○	○	○	○	○
Zu große Distanz zum Kooperationspartner	○	○	○	○	○	○
Zu geringe Distanz zum Kooperationspartner	○	○	○	○	○	○
Mangelnde Rechtssicherheit bei der Kooperation	○	○	○	○	○	○
Mangelhafte Qualität der erbrachten Leistungen	○	○	○	○	○	○
Preisgabe von unternehmensspezifischen Wissen	○	○	○	○	○	○
Große Differenzen in den verwendeten Methoden	○	○	○	○	○	○

Seite 10

11. Wie beurteilen Sie die Informationspolitik der RWTH?

In Bezug auf Informationen zu:	schlecht	eher schlecht	ausreichend	gut	sehr gut	kann ich nicht beurteilen
Forschungskooperationen	○	○	○	○	○	○
Forschungsförderung	○	○	○	○	○	○
Finanzierungsfragen	○	○	○	○	○	○
Weiterbildungsangeboten	○	○	○	○	○	○
Beratungsangeboten	○	○	○	○	○	○
sonstiger Dienstleistungsangebote	○	○	○	○	○	○
Verfügbarer Technischer Ausstattung	○	○	○	○	○	○
Anschaffung wissenschaftlicher Literatur	○	○	○	○	○	○
Baumaßnahmen	○	○	○	○	○	○
Studierendenzahlen	○	○	○	○	○	○
Lehrveranstaltungsangeboten	○	○	○	○	○	○

Seite 11

12. Wie häufig nutzen Sie die nachfolgenden Systeme/Dienste im Rahmen Ihrer universitären Tätigkeit?

	nie	selten	gelegentlich	häufig	sehr häufig	kann ich nicht beurteilen
Confluence/Wikis	○	○	○	○	○	○
SharePoint	○	○	○	○	○	○
Moodle	○	○	○	○	○	○
Suchmaschinen	○	○	○	○	○	○
MaCoCo	○	○	○	○	○	○
RWTHonline	○	○	○	○	○	○
Git/GitHub/GitLab	○	○	○	○	○	○
Sciebo	○	○	○	○	○	○
Tivoli Storage Manager	○	○	○	○	○	○
RWTH Publications	○	○	○	○	○	○

Seite 12

13. Wie oft beschaffen Sie sich fehlendes Wissen für die tägliche Arbeit/laufende Forschungsprojekte auf folgende Weise?

	nie	selten	gelegentlich	häufig	sehr häufig	kann ich nicht beurteilen
Persönliche Gespräche mit Kolleginnen und Kollegen	○	○	○	○	○	○
Persönliche Gespräche mit Mitarbeiterinnen und Mitarbeitern	○	○	○	○	○	○
Durch das Dekanat/die Fakultät	○	○	○	○	○	○
Durch die ZHV	○	○	○	○	○	○
Ungeplante informelle Gespräche abseits des eigenen Arbeitsplatzes	○	○	○	○	○	○
Ungeplante informelle Gespräche am Arbeitsplatz	○	○	○	○	○	○
Persönliche Netzwerke	○	○	○	○	○	○
Meetings und Telefonkonferenzen	○	○	○	○	○	○
Weiterbildungsmaßnahmen, Trainings, Kurse	○	○	○	○	○	○
Intranet	○	○	○	○	○	○
Fachliteratur	○	○	○	○	○	○
Suchmaschinen	○	○	○	○	○	○

Seite 13

14. Wie oft geben Sie Ihr Wissen an andere Personen auf folgende Arten weiter?

	nie	selten	gelegentlich	häufig	sehr häufig	kann ich nicht beurteilen
Persönliche Gespräche mit Kolleginnen und Kollegen	○	○	○	○	○	○
Persönliche Gespräche mit Mitarbeiterinnen und Mitarbeitern	○	○	○	○	○	○
Ungeplante informelle Gespräche abseits des eigenen Arbeitsplatzes	○	○	○	○	○	○
Ungeplante informelle Gespräche am Arbeitsplatz	○	○	○	○	○	○
Persönliche Netzwerke	○	○	○	○	○	○
Meetings und Telefonkonferenzen	○	○	○	○	○	○
Erstellung von Dokumenten im Intranet	○	○	○	○	○	○
Präsentationen und Vorträge (Konferenzen)	○	○	○	○	○	○
Öffentliche Publikation in digitaler oder analoger Form	○	○	○	○	○	○
Lehrveranstaltungen	○	○	○	○	○	○

Seite 14

15. Wie häufig haben Sie wichtige arbeitsbezogene Informationen in den letzten 12 Monaten ...

	nie	selten	gelegentlich	häufig	sehr häufig	kann ich nicht beurteilen
unvollständig erhalten	○	○	○	○	○	○
verzerrt/verfälscht erhalten	○	○	○	○	○	○
nur über Umwege erhalten	○	○	○	○	○	○
zu spät erhalten	○	○	○	○	○	○
gar nicht erhalten	○	○	○	○	○	○

Seite 15

16. Wie würden Sie die erhaltenen Informationen aus den vorhandenen Wissensquellen der RWTH auf folgende Aspekte beurteilen?

	stimme nicht zu	stimme eher nicht zu	teils-teils	stimme eher zu	stimme voll zu	kann ich nicht beurteilen
Sind leicht auffindbar/erreichbar	○	○	○	○	○	○
Sind immer aktuell	○	○	○	○	○	○
Sind inhaltlich gut brauchbar	○	○	○	○	○	○
Sind nachvollziehbar	○	○	○	○	○	○
Sind verständlich formuliert	○	○	○	○	○	○
Werden rechtzeitig zur Verfügung gestellt	○	○	○	○	○	○

Seite 16

17. Sie teilen Ihr Wissen um:

	stimme nicht zu	stimme eher nicht zu	teils-teils	stimme eher zu	stimme voll zu	kann ich nicht beurteilen
Wertvolle Beiträge für Kolleginnen und Kollegen zu liefern	○	○	○	○	○	○
Wertvolle Beiträge für Mitarbeiterinnen und Mitarbeiter zu liefern	○	○	○	○	○	○
Arbeitsprozesse zu optimieren	○	○	○	○	○	○
Es zu dokumentieren und Wissensbestände zu erhalten	○	○	○	○	○	○
Neue Themen anzuregen	○	○	○	○	○	○
Mitarbeiter zu motivieren	○	○	○	○	○	○
Vertrauen von Kolleginnen und Kollegen zu gewinnen	○	○	○	○	○	○
Vertrauen von Mitarbeiterinnen und Mitarbeitern zu gewinnen	○	○	○	○	○	○
Erwartungen der Hochschule zu erfüllen	○	○	○	○	○	○
Eigene Position zu stärken	○	○	○	○	○	○
Kontakte zu pflegen	○	○	○	○	○	○
Andere zum Teilen Ihres Wissens zu bewegen	○	○	○	○	○	○
Sich selbst weiterzuentwickeln	○	○	○	○	○	○
Die Öffentlichkeit über die eigene Arbeit/Forschung zu informieren	○	○	○	○	○	○

18. Welche Faktoren sind aus Ihrer Sicht ein Hindernis für den Wissenstransfer?

	stimme nicht zu	stimme eher nicht zu	teils-teils	stimme eher zu	stimme voll zu	kann ich nicht beurteilen
Informationsflut	○	○	○	○	○	○
Räumliche Distanz	○	○	○	○	○	○
Mangelnde Standardisierung	○	○	○	○	○	○
Fehlende Infrastruktur	○	○	○	○	○	○
Mangel an Zeit	○	○	○	○	○	○
Lange Entscheidungsfindungsprozesse	○	○	○	○	○	○
Starre Strukturen	○	○	○	○	○	○
Fehlen von Vorgaben zum Ablauf von Wissenstransfer	○	○	○	○	○	○
Konkurrenz unter den Mitarbeiterinnen und Mitarbeitern	○	○	○	○	○	○
Schlechtes Arbeitsklima unter den Mitarbeiterinnen und Mitarbeitern	○	○	○	○	○	○
Wenig Kontakte zur Führungsebene	○	○	○	○	○	○
Präsenz von Führungskräften	○	○	○	○	○	○
Mangelnde Präsenz von Führungskräften	○	○	○	○	○	○

19. Bitte geben Sie für jede der nachfolgenden Aussagen an, inwieweit diese Ihrer Meinung nach zutreffen.

	stimme nicht zu	stimme eher nicht zu	teils-teils	stimme eher zu	stimme voll zu	kann ich nicht beurteilen
Der Informationsfluss von Führungskräften zu den Mitarbeiterinnen und Mitarbeitern funktioniert gut	○	○	○	○	○	○
Der Informationsfluss unter den Mitarbeiterinnen und Mitarbeitern funktioniert gut	○	○	○	○	○	○
Der Informationsaustausch mit anderen Professuren der RWTH funktioniert gut	○	○	○	○	○	○
Der Informationsaustausch mit anderen zentralen Einrichtungen der RWTH funktioniert gut	○	○	○	○	○	○
Der Informationsaustausch mit den Dekanaten funktioniert gut	○	○	○	○	○	○
Mir wäre es lieber, wenn weitergegebenes Wissen öfters dokumentiert würde	○	○	○	○	○	○
Es gibt ausreichend informelle Treffen zwischen Führungskräften und Mitarbeitern	○	○	○	○	○	○
Für meine Arbeit notwendige Informationen sind bereits gut dokumentiert	○	○	○	○	○	○
Informelle Gespräche zwischen den Mitarbeiterinnen und Mitarbeitern erhöhen die Effizienz von Kooperationen	○	○	○	○	○	○

Seite 19

20. Bitte geben Sie an, wie Sie nachfolgende Positionen bzgl. Ihrer Professur einschätzen

	stimme nicht zu	stimme eher nicht zu	teils-teils	stimme eher zu	stimme voll zu	kann ich nicht beurteilen
Die Mitarbeiterinnen und Mitarbeiter lernen nützliche Fähigkeiten von ihren Kollegen	○	○	○	○	○	○
Wir verwenden zu viel Zeit zur Evaluierung warum ein Projekt erfolgreich war	○	○	○	○	○	○
Wir können uns an neue Situationen schnell anpassen	○	○	○	○	○	○
Der Weggang von erfahrenen Mitarbeiterinnen und Mitarbeitern führt zu einem erheblichen Wissensverlust an der Professur	○	○	○	○	○	○
Ausscheidende Mitarbeiterinnen und Mitarbeiter übernehmen die Aufgabe ihren Nachfolger/in einzuarbeiten	○	○	○	○	○	○
Es gibt eine konkrete Einarbeitung neuer Mitarbeiterinnen und Mitarbeiter durch erfahrenere Kollegen/innen	○	○	○	○	○	○
Neue Mitarbeiterinnen und Mitarbeiter müssen sich selbstständig in die Arbeitsaufgaben einarbeiten	○	○	○	○	○	○
Es gibt eine hohe Mitarbeiterfluktuation	○	○	○	○	○	○
Mitarbeiterinnen und Mitarbeiter gehen offen und ehrlich miteinander um	○	○	○	○	○	○
Wir verwenden zu viel Zeit zur Evaluierung warum ein Projekt nicht erfolgreich war	○	○	○	○	○	○

Seite 20

21. Bitte geben Sie an, wie Sie nachfolgende Positionen einschätzen

	stimme nicht zu	stimme eher nicht zu	teils-teils	stimme eher zu	stimme voll zu	kann ich nicht beurteilen
Unsere Fakultät hängt zu stark an starren Strukturen	○	○	○	○	○	○
Unsere Fakultät ist nicht in der Lage aus vergangenen Erfahrungen neues Wissen zu generieren	○	○	○	○	○	○
Kolleginnen und Kollegen gehen offen und ehrlich miteinander um	○	○	○	○	○	○
Über Ziele und Entwicklungen der Fakultät bin ich gut informiert	○	○	○	○	○	○
Ich wünsche mir mehr Weiterbildungsangebote	○	○	○	○	○	○
Über Ziele und Entwicklungen der RWTH bin ich gut informiert	○	○	○	○	○	○

Letzte Seite

Vielen Dank für Ihre Teilnahme!

Sehr geehrte Professorinnen und Professoren,

hiermit bedanke ich mich bei Ihnen für die Teilnahme an der Umfrage und die damit erfolgte Unterstützung meines Promotionsvorhabens. Bei weiteren Fragen oder auch Anregungen zu der Thematik können Sie mich gerne jederzeit kontaktieren.

Tobias Dewes,
Wirtschafts-, Sozial- und Technologiegeschichte
RWTH Aachen University
Kackertstr. 7, 52072 Aachen
Tel.: (0)241/80-99005
Mail: dewes@wisotech.rwth-aachen.de

Ihre Antworten wurden gespeichert, Sie können das Browser-Fenster nun schließen.

Mit freundlichen Grüßen
Tobias Dewes